시장원리와 조직원리의 역사, 국제비교, 현상

일본의 기업간 관계

김용도 저

박영사

머리말

본서는 100년 이상 전부터의 일본의 기업간관계의 역사와 현상을 국제비교를 포함해서 분석한 연구성과이다. 주된 분석의 초점은 부품, 소재 등 이른바 "중간재"라 불리는 재화의 기업간 거래이다.

독자들도 기억하고 있듯이, 2019년 여름, 일본정부가 반도체 생산에 불가결한 중요 소재를 일본에서 한국으로 수출하는 것을 규제하여 한동안 큰 논란이 되었다. 중요산업에 필수불가결한 산업소재에 있어 그만큼 일본기업의 경쟁력이 있고, 또 당장 대체하기가 어려운 상황을 나타내는 일막이었다.

주지하는 것처럼, 우리나라는 만성적으로 대일 무역적자가 크고, 주된 대일수입 품목이 중간재 및 자본재였던 점은 반세기도 이상 전부터 변함이 없다. 이른바 B to B의 대상인 중간재, 자본재산업에서 특히 일본기업의 강점이 있다는 것을 시사한다.

세계시장에서 매우 높은 경쟁력을 가지며 또 세계를 둘러보아도 별다른 경쟁상대가 없을 정도의 위치에 있는 일본의 부품, 소재, 기계기업들이 많다. 이들 산업에서 일본기업의 높아진 것은 경쟁력은 국내의 수요기업과의 거래관계의 역사와 깊은 관련이 있는 경우가 많다. 사실, 이들 중간재는 B to B의 대상인 만큼, 일반인들이 접할 기회가 적어, 중간재의 기업간 관계에 대해서도 막연한 이미지를 가질 수밖에 없다. 그러나, 서장에서 확인하듯이, 일본에서의 기업간 거래의 규모는 최종소비재의 판매보다 몇 배나 크다. 그만큼 일본에서의 기업간 관계가 중요한 것이다.

물론, 기업간 관계만이 일본의 부품, 부재기업의 경쟁력에 공헌했던 것은 아니었다. 기업의 전략과 조직, 경영자, 그리고, 기술력 및 각종 노하우 등 경영자원의 축적, 그 효율적 이용을 가능하게 하는 기업시스템도 중요하다. 이 점에서 본서는 일본기업의 역사의 제한적 측면만을 다루는 한계가 있다. 그럼에도 불구하고 일본의 대기업 뿐 아니라 중소의 소재, 부품기업 중에도 경쟁력이 강한 기업이 많으며, 이들 기업의 "강함"의 중요한 부분이 다른 기업들과의 오랜 기업간 관계에 의해 형성된 경우가 많은 한, 공급기업과 수요기업간의 복잡한 관련의 역사에 분석의 매스를 대는 것이 필요 없는 작업은 아닐 것이다.

본문에서 상세하게 검토하겠지만, 일본의 기업간 관계에 대해서는 일본의 특수성이 강조되는 경향이 강했다. 저스트 인 타임의 조달방식, 계열관계, 하청관계, 메인 뱅크 시스템 등이 자주 언급되고 또 잘 알려져 있기도 하며, 이들 현상에는 당연히 일본의 특수성이 집중된 것으로 생각되는 경우가 많았다. 기업간 관계의 조직적인 면, 본서에서 말하는 "웨트한" 면이 주목되어왔던 것이다. 예컨대, 서로간의 신뢰를 기반으로 오랜 기간 거래를 계속하고, 경우에 따라서는 특정기업에 불리한 면이 있더라도 장기적인 시점에서 상대편 기업과의 거래 관계를 지속한다. 경쟁의 세계와는 무관한 듯한 협력 관계가 굳어져 있고, 관계의 바깥쪽에 있는 기업과 새로 관계를 맺는 일은 드물며, 또 그러한 기업에 대해서는 매우 배타적이다. 따라서, 이러한 이미지들은 시장원리가 작용하는 세계와는 아주 먼 세계의 행동이라 할 수 있고, 따라서, 본서에서 정의하는(조직원리와 시장원리의 개념에 대해서는 서장에서 상세히 정의한다) 조직원리 혹은 조직성이 작용하는 현상으로 보였다.

그러나, 본서의 본문에서 명확하게 밝혀지듯이, 역사적으로 보더라도, 또 최근의 현상을 보더라도, 일본의 기업간 관계에서는 조직원리뿐 아니라 시장원리도 같이 작용해왔고 또 작용하고 있다. 따라서, 시장원리와 조직원리가 어떻게 나타났고, 또한 양 원리가 어떻게 동학적으로 결합되어 작용해 왔는지를 역사적으로 볼 필요가 있다. 이것이 본서의 분석 시점이다.

한마디로 일본의 기업간 관계라 해도, 산업, 기업에 따라, 시장원리와 조직원리, 양자의 결합방식은 다양했고 그 결과, 영향도 다양했을 가능성이 높다. 이 점에 착목해, 본서에서는 일본의 기업간 관계가 어떻게 전개되어 왔는지를 중요한 중간재 산업의 사례를 통해서 살펴본다.

또한, 기업간 관계가 오랜 시간에 걸쳐 동일하게 전개되었을 가능성은 낮다. 과거의 경험이 현재에 영향을 미쳤을 가능성도 적지 않다. 따라서, 장기에 걸친 과정의 관찰이 필요하다. 본서에서 산업화이후의 긴 시간동안의 기업간 관계 역사를 다루는 것도 이 때문이다.

저자는 약 25년 전에 일본의 산업과 기업의 역사를 연구하려 일본으로 유학와, 지금도 같은 연구관심을 가지고 연구를 계속해 오고 있다. 20년 가까이 일본의 대학에서 교편을 잡고 있어, 늘 젊은 대학생, 사회인 대학원생들을 상대로 수업을 하면서, 조금씩 축적된 연구성과를 전하기도 하고, 또 연구의 자극을 받아왔다. 그 성과의 일부가 본서이다.

저자가 유학을 결심했을 당시, 저자의 머릿속에 강하게 자리잡고 있었던 것은, 우리나라의 산업간 관련, 기업간의 관련의 문제였다. 반도체산업과 같은 첨단 산업이 성장하면서도 왜 그러한 부품은 대부분 수출만 되고, 국내에서는 다양한 수요산업이 같이 성장하지를 못하는가, 반도체와 같은 대기업 중심의 부품산업은 성장하면서, 중소기업이 많은 다른 부품산업은 왜 제대로 발전하지 못하고 있는가 하는 것들이었다. 그 해답을 동양의 국가 중 더불게 일찍 공업화에 성공한 일본의 경험을 공부하면 얻을 수 있을 것이라 기대했다. 때문에, 일본의 대학에서 유학생활을 보낼 때부터, 일본의 기업간 관계의 역사가 왜, 어떻게 특수한지, 그리고 그러한 일본 특수성이 어떤 결과를 낳았는지를 자료와 인터뷰를 통해 계속 모으고, 듣고, 생각해왔다.

저자가 근무하는 대학의 재외연구제도로 2009년부터 2년간 미국 보스톤에서 연구할 기회를 얻었다. 그때, 미국의 기업, 그리고 기업간 관계에 대해 자료를 모으고, 일본의 경험과 비교해보았는데, 저자가 얻은 제한된 정보와 지견에도 불구하고, 미국과 일본 기업의 역사적 공통점이 대단히 많은 것에 놀라게 되었다. 일본의 경험이 특수하다는 편견에 치우쳐 있었던 것이 아닐까라는 의문이 커졌다. 각국의 차이점이 관찰되기 쉽기 때문에, 그 차이점에 관심이 사로잡혀, 당연히 나타나 있을 공통점, 보편적인 점 들을 간과하지 않았을까, 이는 큰 인식상의 문제점이 아닐까 라는 생각이 강해졌다. 이렇게 저자의 생각이 변화하기 시작했고, 국제비교의 필요성을 절감하게 되었다. 본서의 Ⅱ부에서 제한적인 사례이기는 하나, 공통점의 발견을 의식하면서 일본과 미국의 철강 및 자동차의 기업관 관계를 분석하고 있는 것은 이러한 문제의식에서였다.

한편, 일본의 기업과 산업의 역사를 일본에서 공부하고 있을 무렵, 버블붕괴 후의 장기 불황이 시작되고 있었다. 산업의 초기에는 일본기업의 존재감이 높았으나, 그 후 일본기업이 한국과 대만, 중국기업과의 경쟁을 통해 쇠퇴하고 말았던 반도체, LCD와 같은 중간재산업도 나타났다. 매스컴이며, 만나는 사람들 중 적지 않은 사람들이 일본의 기업 및 기업간 관계의 행동이 문제투성이라는 주장을 하고 있었다.

그전까지 과거의 일본의 기업간 관계가 비교적 성공적인 것이라는 생각이 강했던 저자로서는 당혹스러웠다. 반드시 효율적이지도, 또 반드시 플러스의 영향, 결과만 낳지 않았을 수도 있었겠다는 생각을 하게 되었다. 플러스와 마이너스의 양면, 좋은 영향과 나쁜 영향의 양면을 같이 들여다봐야 한다는 것을 인식하게 되었다. 당연히, 현재의 일본기업과 기업간 관계의 부정적인 측면만에 집중하는 것도 문제이고 역시 마이너스와 플러스의 양면을 면밀히 살펴볼 필요가 있다는 것도 의식하게 되었다. 본서에서도 될 수 있는 한 이러한 양면성을 함께 보는 것을 분석하는 것에 특히 주의하고 있다.

본서의 한계도 적지 않을 것이다. 특정한 사례를 대상으로 하는 이상, 어느 정도 일반적인 얘기인지가 반드시 확실하지가 않고, 또 사례를 살펴보는 깊이가 충분한지에도 의문을 느끼고 있다. 이론적인 해석이 필요한 부분도 있을 것이며, 우리나라의 경제, 산업, 기업의 발전에 대한 시사점이 명확치 않는 부분도 있을 것이다.

저자의 능력과 지견의 부족으로, 걸린 시간에 비해 내용이 부족할 것이라 걱정되지만, 우리나라와는 근린국가이면서도, 아니 근린국가이기 때문에 복잡한 관계에 있는 일본의 경험이 제대로 알려지기를 기대하며, 또 기업간 관계는 외부인의 조사가 어렵고 정보가 제한되어 있다는 점에서, 저자로서는 처음으로 우리말로 일본의 기업간 관계에 대한 책을 쓰기로 결심했다. 일본의 기업과 산업에 대한 독자의 이해를 높이는데 조금이라도 도움이 된다면, 저자로서는 망외의 기쁨이 될 것이다.

이 책은 저자가 일본에서 연구한 기간 동안 받았던 수많은 분들의 도움에 의한 것이다. 학술적인 장에서, 조사의 장에서, 일상의 생활에서 너무나도 많은 분들의 도움이 있었다. 깊은 감사의 말씀을 드린다.

끝으로, 일본에서의 오랜 연구와 교육의 시간동안, 항상 따뜻하게 뒷바라지해준 아내 숙현과, 내 아들 재중, 내 딸 소현에게도 감사한 마음을 전하고 싶다.

코로나 바이러스가 기승을 부리는 2020년 여름 도쿄에서
김 용도

차 례

서장

제1부
일본의 기업간 관계의 역사

제1장 철강의 기업간 관계의 역사

제2장 반도체IC의 기업간 관계의 역사

제2부
기업간 관계 역사의 국제비교

제3장 기업간 관계사의 국제비교 시점: 일본 특수론 비판

제4장 자동차산업의 기업간 관계 역사의 일미 비교

제3부
일본의 기업간 관계의 현상

제6장 LCD부재의 기업간 관계의 현상

결 론

서장

제1절 문제의식

본서는 20세기 초두에서부터 현재에 이르기까지의 100여 년에 걸쳐, 일본의 기업간 관계가 어떻게 형성, 전개되어 왔는지를 시장원리와 조직원리의 결합이라는 시각에서 분석한 연구성과이다.

일본사회에서 인간관계에 나타나는 개인의 행동패턴, 그 배경의 사고방식을 묘사하는 경우, 독립된 개인보다는 개인간의 관계가 중시된다. 그리고, 이러한 관계의 특징으로서 삭막하고 비정한 "드라이(dry)"한 측면보다는 인간으로서의 정리, 신뢰, 충성 등 "웨트(wet)"한 측면이 강조된다. 이러한 이미지는 일본의 조직 혹은 집단, 그리고 조직과 개별성원간의 관계에 대해서도 똑같이 적용되어 묘사되는 경우가 많다. 예컨대, 조직성원보다 조직이 우선시되고, 조직구성원으로서의 개인은 그 조직과의 관계를 늘 중시하며 그것에 의해 크게 영향받는 존재로 그려진다. 대표적인 현대조직으로서의 일본기업도 똑같은 이미지로 채색된다. 일본기업과 종업원개인 사이에서는 기업이 우선이고, 기업과 종업원의 관계 자체가 중시된다. "회사주의", "가족경영주의", "종신"적인 고용보장 등이 자주 일본기업의 모습을 상징하는 표현으로 이용된다.

이러한 일본의 개인간, 개인과 조직간 관계에 대한 이미지는 일본의 기업간 관계에도 그대로 연장되어 묘사된다. 기업간에는 끈끈한 관계 자체가 무엇보다도 중시되고, 형성된 상호신뢰 위에서 관계가 오래 지속되며, 그러한 기업간의 관계의 바깥에 있는 기업들에게는 배타적이라고 한다. 기업간의 거래관계에서도 "웨트"한 관계가 강하다고 인식되어온 것이다. 예를 들면, 부품기업과 그 부품을 조립해서 완성품을 제조하는 기업간, 제조업체와 유통업체간, 유통업자간, 그리고, 기업과 금융기관간에, 계열, 하청, 기업집단, 업계단체, 메인뱅크 시스템 등의 형태로 "웨트"한 관계가 형성되어 있다고 본다. 그리고, 이러한 기업간 관계야말로 일본인, 일본기업의 행동과 지향, 사고방식의 특성을 나타낸다고 생각되어 왔다.

하지만, 일본의 기업간 관계에 대한 이러한 통념이 지금까지의 실태를 얼마나 정확히 나타내는 것인지는 그다지 명확하지 않다. 먼저, 일본의 모든 기업간 관계가 "웨트"한 특성으로 가득 차 있다고는 도저히 생각할 수 없다. 오히려, 자본주의 경제에서 사업의 전개는 "드라이"한 관계가 일반적이라고 보는 것이 자연스러울 것이다. 이렇게 생각해보면, 현실의 일본의 기업간 관계에는, "웨트"와 "드라이"의 양면이 존재하고, 더욱이, 이 양면이 복잡하게 얽혀 작용하고 있다고 생각하는 것이 타당할 것이다. 나중에 정의하듯이, "웨트"와 "드라이"의 양 원리는 본서에서 각각 조직원리와 시장원리라 부르는데, 이 두 원리가 일본의 현실의 기업간 관계에서 어떻게 결합되어 나타났던지에 대한 연구는 거의 없다고 해도 과언이 아니다.[1]

또한, 장기의 역사를 놓고 보면, 일본의 기업간 관계의 특징은 많이 변화

---

[1] 이러한 분석시점을 의식하고 있다고는 할 수 없지만, 결과적으로 이러한 대조적인 두 측면이 어떻게 얽혀서 작용하는지를 분석하는 문제의식을 나타내는 연구가 없지는 않다. 예컨대, Bradach & Eccles(1989)는 기업간 관계에 있어, 신뢰, 권한, 가격이라는 3종류의 제어 메커니즘이 결합되어 작용한다고 보는데(Bradach & Eccles(1989), pp.97, 101, 104, 110-111, 116), 이 세 가지 제어 메커니즘은 각각 관계적 계약, 계층조직, 시장에 대응하고, 전자의 둘은 조직원리, 셋째의 시장은 시장원리에 해당한다. 본서에서 주장하는 조직원리와 시장원리의 결합이라는 시각과 유사한 시각에서 기업간 관계를 실증한 해외의 연구로는, Abolafia, M.(1984), Mariotti & Cainarca(1986), Eccles & Crane(1988) 등을 들 수 있다. Abolafia, M.(1984)는 시카고선물거래소에서 거래를 관리하는 공식, 비공식 메커니즘에 대한 실증연구이다. 거래당사자들이 다른 거래자들과 지속적으로 충돌하고 무리를 범하는 동시에, 서로 의존하는 양면적 관계를 실증하고 있는데, Bradach & Eccles(1989)의 가격과 권위의 역할에 대한 연구과 문제의식이 닿아 있는 연구라 할 수 있다. Mariotti & Cainarca(1986)는 이탈리아의 섬유, 의류산업에서의 하청관계를 분석하고 있으며, Eccles & Crane(1988)는 투자은행 업계에서의 대은행과 기업간의 긴밀한 관계, 그보다 하층의 은행들에게는, 원하는 금융서비스를 얻지 못한 기업들이 찾아드는 유동적 관계를 묘사하고 있다.
경제인류학자 칼 폴라니의 경제와 사회간의 "embedded"라는 시점을 계승하는 경제사회학자 그라노베터(Granovetter(1985))도 시장원리와 조직원리의 결합에 관련되는 연구라 할 수 있다(그라노베터의 "embedded" 개념에 입각한 연구에 대해서는 金(2020), pp.11-18에서 상세하게 다루고 있다). 그러나, 구체적인 실증분석에까지는 나아가지 않고 있다.

해왔을 가능성이 매우 높다. 실제로, 1990년부터 현재까지 겨우 30년 동안에
도 일본의 기업간 거래관계의 특징이 꽤 많이 변화했다는 점을 밝힌 조사 연
구도 있다.[2] 100년의 역사를 통해 일본의 기업간 관계를 살펴본다면, 그 사이
에 훨씬 더 큰 변화가 있었을 것은 쉽게 짐작할 수 있다.

물론 과거의 역사적 경험에 의해 정착된 기업간 관계의 제도와 그 이후의
시기에 영향을 주는 것도 당연하며, 따라서, 일본의 기업간관계의 특징에는 변
화뿐 아니라 연속의 면도 있을 것이다. 무엇이 어떻게 바뀌고, 무엇이 연속되
어 왔을까? 또, 그 속에서 정말로 일본에서만 나타나는 특징들이 무엇이고, 다
른 나라에서는 전혀 다른 기업간의 관계가 형성, 전개되어왔는가? 일본의 기업
간 관계에 대한 의문은 끝도 없이 이어진다.

이러한 의문에 대해 저자 나름의 해답을 얻기 위한 연구 성과의 일부가
본서이다. 따라서, 본서에서는 일본의 기업간 관계의 역사와 현상을 분석하고,
거기에 더해, 일본의 기업간 관계의 경험과 미국에서의 기업간 관계와의 비교
분석도 시도한다.

제2절 왜 기업간 관계인가

(1) 경제학의 고전적 연구로부터

잘 알려져 있는 것처럼, 경제학의 시조인 아담 스미스는 산업의 발전을
한 나라 경제의 부의 증가와 축적, 즉 경제성장의 원천으로 본다. 시장의 규모
가 분업의 발전을 규정하고, 이 분업의 발전은 작업의 분할과 직업의 분화를
통해 노동생산성, 노동의 생산력을 향상시키는 가장 큰 요인이 된다.[3]

그런데, 아담 스미스가 상정하는 분업은 두 가지로 나눌 수 있다. 하나는
작업장내 또는 기업내의 분업이고, 다른 하나는 작업장간, 좀 더 넓게 기업간
분업이다. 전자의 분업의 발전은 기업 조직의 발전과 기업성장을 낳는다. 후자

2) 宍戸(2017).
3) スミス(1978), pp. 9−13, 31.

의 분업의 발전은 기업수 및 사업분야의 증가, 그리고 기업간 거래의 확대를
촉진한다. 특히 산업혁명 이후 선진국에서 나타난 바와 같이, 생산 공정이 세
분될 수 있는 조립산업이 발전하게 되면, 분업의 발전은 기업간 거래를 급속
히 늘린다. 따라서 분업의 발전에 따른 경제성장은 필연적으로 기업간 거래의
양적, 질적 확대를 낳는 과정이라 할 수 있다. 아담 스미스의 분업의 주장에서
기업간 관계의 중요성을 도출할 수 있는 것이다.

　　또한, 오스트리아학파 경제학자 오이겐 폰 뵘바베르크(Eugen von Böhm-
Bawerk)에 의하면, 이러한 분업의 발전은 장기적인 우회생산(roundabout
method of production)의 발전과정이기도 하다.4) 우회생산은 토지나 노동 등 본
원적 생산요소 모두를 최종소비재 생산에 직접 사용하지 않고, 그 일부를 생
산재 생산에 우회적으로 사용하여, 이를 통해 소비재를 더 효율적으로 증산하
는 생산방식을 가리킨다. 뵘바베르크는 우회생산을 나무의 나이테 수의 증가
에 비유하고 있다. 덜 발전된 자본주의 국민경제에서는 나이테의 수가 적은
반면, 보다 발전된 자본주의 국민경제에서는 이 나이테가 많다. 더 바깥쪽에
나이테가 생기면, 나무의 면적이 넓어지는 것이고 이 면적이 부를 나타내므로,
우회생산이 증가하면, 부가 더욱 늘어나는 것이라고 한다.5) 뵘바베르크에 따
르면, 이 우회생산이 발전하는 것은 시간적인 희생이라는 불리함을 훨씬 능가
하는 기술적 이득을 얻을 수 있기 때문이다. 따라서, 자본주의 생산방식에서
본래적인 생산력을 투자하는 방법으로 우회생산이 보다 현명한 선택이며, 직
접생산보다 더 많은 혹은 더 나은 재화를 생산할 수 있다고 한다.6)

　　이러한 뵘바베르크의 연구에서 우회생산의 발전이 경제를 성장시키고, 경
제성장은 우회생산을 더 진전시키는 상호촉진의 관련을 발견할 수 있다. 기업

---

4) 좀 덜 세련된 형태이긴 하지만, 뵘바베르크보다 먼저 우회생산의 개념을 제시한 것은 칼 멩
　거였다. 멩거는 아담 스미스의 분업론을 계승하여, 한계효용가치설의 입장에 서서, 低次재화
　의 생산에서 高次재화의 생산으로 진행하는 우회생산구조의 발전이야말로 국민의 복지를 증
　진한다고 주장한다. 멩거에 의하면, 소비욕망을 기점으로 이를 충족시키는 1차 재화, 1차 재
　화의 생산수단이 되는 2차 재화, 또한 2차 재화의 생산수단이 되는 3차 재화처럼, 저차재화
　를 고차재화에 이동시키는 이 재화관련에 의해, 향락재화에까지 이른다고 한다(カール・メ
　ンガー(1999)).
5) ベェーム・バヴェルク(1937); ボエーム・バヴェルク(1994); ボェーム・バヴェルク(1932).
6) 岸本(1957), p.195. 뵘바베르크는 우회생산에 의해 가능한 수확체증분, 혹은 개선을 "우회생
　산의 잉여생산성"이라 한다.

내에서 우회생산이 진전되면, 기업의 성장과 기업조직의 발전을, 개별기업의 외부에서 우회생산이 진전되면, 기업수의 증가와 기업간 거래의 확대를 가져 오는 것을 쉽게 추론할 수 있다. 따라서, 뵘바베르크가 주장하는 경제의 우회 생산의 진전은 기업간 관계의 확대의 필연성을 논리적으로 뒷받침하는 것이라 할 수 있다.

또한 앨린 영(Allyn A. Young)은 우회생산의 발전이 산업간 분업보다 넓은 범위의 분업을 발전시키고, 이를 통해 수확체증이 가능해지는 것을 이론화하 고 있다. 즉, 산업간의 분업의 진전은 기업간 거래를 증가시켜 기업간 거래의 발전이 경제성장을 가져 온다고 본다.[7] 구체적으로, 영에 따르면, 우회생산의 발전을 규정하는 것은 최종 소비재 시장의 규모이고,[8] 이 최종소비재 시장규 모의 확대에 따라 다양한 생산공정에 특화된 기업이 독립하여, 새로운 중간재 산업들이 분화(differentiation)되어간다. 그 결과, 새로운 산업간 분업의 진전이 라는 형태로 우회생산이 발전된다. 자본주의의 우회생산은 현대의 분업 중, 가 장 중요한 분업, 즉 산업간 분업에 의해 수확체증을 실현한다. 이 경우, 새로 운 중간재산업의 주된 주체는 특화된 기업들이기 때문에 기업간 거래관계가 발전하게 된다. 이를 통해 우회생산은 수확체증을 가져와, 각 산업은 규모의 경제의 이익을 누릴 수 있다.[9]

요컨대, 시장의 확대에 따른 우회생산의 발전은 전문화된 기업의 창업 속 출과 새로운 기업간의 거래의 확대, 그에 따른 산업간 분업의 발전을 이끌어 내고, 그 결과, 수확체증이 실현되어, 국민경제의 성장이 가능하게 된다. 이처 럼, 아담 스미스, 뵘바베르크, 영 등의 고전적 경제학의 연구는, 자본주의 경제 의 발전과정은 기업간 관계의 중요성을 높이는 과정이기도 했다는 것을 이론 적으로 뒷받침하고 있는 것이다.

---

7) Young(1928).

8) Young(1928), pp.530−531.

9) Young(1928), pp.538−539. 영은 이러한 분화의 사례로, 미국의 초기의 인쇄업을 들고 있 다. 또한 노동력이 상대적으로 희소했던 미국이 다른 나라에 비해 노동절약적인 기계의 도입 에 적극적이었다는 점을 고려하면, 노동력이 희소하고 또 생산적일수록, 우회생산의 기술적 이점이 커진다고 주장한다(Young(1928), p.532).

(2) 일본의 기업간 관계의 양적인 중요성

기업간 거래는 이른바 B to B의 활동이기 때문에 소비자가 직접 접할 기회가 적다. 따라서 기업간 거래가 경제에 있어 얼마나 중요한지를 실감하기도 어렵다. 사람의 신체에 비유하자면, 기업간 관계는 혈액의 흐름과 유사하다고 할 수 있다. 혈관계의 건강에 문제가 없는 사람들이 자신의 몸에 흐르는 혈액의 양이 얼마나 되는지, 혈액이 제대로 순환되지 않으면 어떤 일이 벌어질 수 있는지 그다지 관심을 가지지 않는 것처럼 일반적으로, 기업간 관계에 대해서 관심을 가지려 하지도 않을 뿐더러 가지기도 어렵다. 그러나 항상 흐르고 있는 혈액의 양은 대단히 많고, 또 그것이 인간의 건강에 매우 중요하다는 것은 의심의 여지가 없다. 기업간 관계도 이와 유사하다.

실제 일본의 경제활동에서 기업간 거래의 규모가 어느 정도인지를 정확히 계산하는 것은 어렵지만, 개략적으로나마 추산해 보자. 기업간에 거래되는 것은 재화뿐 아니라 서비스도 있지만, 이 서비스의 기업간 거래를 정확하게 추산하는 것은 거의 불가능하다. 때문에 재화에 한정해서 기업간 거래의 규모를 추산해 보자. 한 가지 추산방법은 도매판매액 및 소매판매액의 상대적 규모를 비교하는 것이다. 즉, 도매판매는 기업간의 거래, 소매판매는 유통업자와 최종소비자와의 거래의 규모를 나타내므로, 그 크기를 비교하여, 기업간 거래 규모의 중요성을 개략적으로 추측할 수 있다. 구체적으로, 일본 경제산업성의 "상업통계"를 이용해서, 최종 소비판매액을 분자로 도매판매액을 분모로 하여 비율을 계산한 것이 [표 1]이다.

이 표에 따르면 1980년과 90년에 도매판매는 소매판매의 약 4배나 되었다. 버블 붕괴 후의 긴 불황이 계속된 속에서, 도매판매 규모가 축소 일변도였고, 따라서, 소매판매액에 대한 비율이 하락했지만, 그럼에도 불구하고 2010년대에도 도매판매액은 소매판매액의 2~2.5배이다. 개인소비자가 최종적으로 구입하는 물건의 가격총액의 수배를 업자들간에 거래하고 있는 것이다.10)

---

10) 영국의 사회학자 로널드 도어는 1990년 기준으로, 일본은 이 비율이 4배인 데 반해, 영국에서는 2배에 불과해, 일본에서는 기업간 거래의 양적 중요성이 영국보다 훨씬 크며, 여기에 일본의 기업간 거래의 특수성의 일단이 있다고 한다(ドアー(2001), p.50). 국가별로, 기업간 거래의 양적 중요성에 차이가 있으며, 특히 일본의 경우, 그 중요성이 특별히 높다는 것이다.

표 1 일본의 소매판매액과 도매판매액 및 상대비율의 추이(1980~2018년)(단위:10억엔, 배)

연도	도매판매액(A)	소매판매액(B)	A/B
1980년	359,991	87,920	4.09
1981년	382,331	92,849	4.12
1982년	412,107	95,421	4.32
1983년	408,491	98,571	4.14
1984년	421,506	100,915	4.18
1985년	435,470	104,550	4.17
1986년	414,988	106,629	3.89
1987년	425,644	112,252	3.79
1988년	463,492	118,354	3.92
1989년	502,472	127,310	3.95
1990년	545,643	137,946	3.96
1991년	566,370	145,709	3.89
1992년	541,864	146,170	3.71
1993년	511,656	143,328	3.57
1994년	501,854	144,842	3.46
1995년	489,813	144,810	3.38
1996년	478,550	146,305	3.27
1997년	474,394	145,300	3.26
1998년	489,807	143,494	3.41
1999년	465,007	141,528	3.29
2000년	448,341	139,435	3.22
2001년	423,996	136,808	3.10
2002년	400,657	132,280	3.03
2003년	402,879	132,446	3.04
2004년	414,402	133,649	3.10
2005년	407,595	134,828	3.02
2006년	414,347	134,911	3.07
2007년	422,542	135,417	3.12
2008년	428,088	136,019	3.15
2009년	317,980	132,961	2.39
2010년	325,163	136,479	2.38
2011년	331,300	135,157	2.45
2012년	324,618	137,585	2.36
2013년	327,237	138,897	2.36
2014년	327,659	141,219	2.32
2015년	319,477	140,666	2.27
2016년	302,406	139,877	2.16
2017년	313,439	142,514	2.20
2018년	326,585	144,965	2.25

자료: 経済産業省.

다만, "상업통계"에 나타나는 도매판매액은 소비자가 직접 사용하지 않는 재화, 예를 들면, 소재, 부품·부분품, 기계 등의 중간재, 자본재의 거래 중 일부 밖에는 포함되지 않다. 중간재 중 도매업자에게 판매된 부분만이 조사 대상이 되고 있기 때문이다. 따라서, 이 통계에서는 기업간 거래규모가 과소계산되어 있을 가능성이 높다.

이 문제를 개선하기 위해, "공업통계"에 나와 있는 중간재 및 자본재 기업의 출하액을 더하고, "상업통계"에서 "생산업체에서 구매"한 부분을 빼서 도매판매액을 수정계산해 보면, 2014년 그 규모는 소매판매액의 3배를 훨씬 초과하고 있다. 재화에 한정해 보면, 일본의 기업간 거래의 규모가 최종소비재의 거래보다 훨씬 크다는 것을 확인할 수 있다. 이 점에서도 일본의 기업간 관계의 중요성을 주장할 수 있을 것이다.

(3) 기업활동이 경제 및 제산업에 미치는 영향의 증가

기업활동 중, 제품 판매, 원료 조달은 일부의 내부생산을 제외하면 기업 외부와의 관련이 깊은 대표적인 활동이다. 이 경우 "외부"와 관련되는 활동으로는 최종 소비자에게 판매되는 재화를 제외하면, 전후방의 기업과의 거래가 주된 활동이 된다.

앞서 본 앨린 영의 연구가 시사하는 것처럼, 기업간 거래가 확대되어 가는 것은 우회생산의 진전으로 새로운 산업이 계속해서 출현하고, 산업간의 새로운 수요와 거래가 창출되어,[11] 그 산업의 주역인 기업이 외부와의 관련을 넓혀가는 과정이기도 하다. 기업간 거래를 통해 수요의 연쇄 및 공급의 연쇄가 길어져, 사회와 경제에 있어 산업연관이 심화되고 확대된다. 그리고 그 주체가 기업이며, 따라서, 기업간 거래는 해당기업과 산업뿐만 아니라 다른 많은 산업에 영향을 미치는 중요한 행동이라고 할 수 있다. 기업간 관계는 산업과 경제 전반에 넓고 깊게 영향을 미치는 활동인 것이다. 이 점에서도 기업간 관계를 분석하는 의의를 찾을 수 있다.

---

11) Young(1928), pp.530, 538.

제3절 본서의 분석시점: 시장원리와 조직원리의 결합

(1) 시장원리와 조직원리의 정의

이미 언급한 바와 같이, 본서에서는 "웨트"한 관계와 "드라이"한 관계가 공존함과 동시에 국면에 따라 양자가 복잡하게 결합되어 작용한다는 시점에서 일본의 기업간 관계의 분석을 진행한다. 본서에서는 이 "웨트"한 관계에 작용하고 있는 원리를 시장원리, "드라이"한 관계에 작용하고 있는 원리를 조직원리라 보는데, 먼저, 본서에서 시장원리와 조직원리가 어떤 의미로 사용되는지를 정의해 두자.

본서에서 시장원리와 조직원리를 나누는 기준은 크게 두 가지이다. 제1기준은 자원의 배분이고, 제2기준은 경제주체 사이의 관계이다. 경제주체의 활동을 규정하는 중요한 원리가 자원의 배분에 관한 것이라는 데는 이의를 제기하기 어려울 것인데, 이 제1기준인 자원의 배분과 관련하여 중요한 기준은 무엇을 중심으로 자원배분이 이루어지는지, 또한 어떻게 이루어지는지이다. 전자가 자원배분의 지표 및 수단, 후자가 자원이동의 자유도이다. 시장원리의 자원배분 지표 및 수단은 가격(또는 가격에 준하는 시그널)이며, 조직원리의 자원배분 및 수단은 계획, 명령이다.[12] 후자의 자원이동의 자유도라는 기준에서는 시장원리가 자유로운 이동, 조직원리가 제한된 이동으로 정의된다. 제2의 기준인 경제주체 사이의 관계는, 주체간의 경쟁 정도, 이해관계, 관계의 거리 및 밀접도라는 세 가지 기준으로 나뉜다. 이 기준에서 시장원리는 경제주체간의 경쟁,

표 2 시장원리와 조직원리의 개념 정의

기준		시장원리	조직원리
자원배분	지표, 수단	가격(혹은 가격에 준하는 시그널)	계획, 명령
	이동의 자유의 정도	자유	제한(높은 이동장벽)
경제주체간 관계	경쟁의 정도	경쟁	협조
	이해관계	대립	일치
	관계의 거리 및 긴밀도	원거리	가까움, 밀접

12) 이 제1기준은 조직원리와 시장원리의 상호침투를 강조하는 今井, 伊丹 등 중간조직론자의 개

이해대립, 원거리로 정의되고, 조직원리는 경제주체간의 협력, 이해의 일치, 가깝고 밀접한 관계로 정의된다(표 2).[13]

(2) 왜 시장원리와 조직원리의 결합이라는 시점인가

다음으로, 왜 본서에서 시장원리와 조직원리의 결합이라는 시점에서 일본의 기업간 관계의 역사와 현상을 분석하는지를 명확히 해두자.

① 논리적 추론으로부터

기업은 조직이며, 따라서 기업간 관계도 조직의 활동의 일부이다. 물론 개인간, 기업과 개인간의 관계에도 조직원리가 작용할 가능성이 있지만, 기업간 관계에 조직원리가 작용하고 있다고 보는 것은 그다지 이상한 추론은 아닐 것이다. 한편, 기업간 관계도 자본주의 시장 경제에서 이루어지는 행동인 이상, 시장원리와 무관한 활동일 수는 없다. 따라서, 기업간 관계에서는 시장원리와 조직원리가 같이 작용하고 있고, 또 결합되어 작용하고 있다고 볼 수 있다.

다만, 시장원리와 조직원리는 추상적인 개념이므로, 현실에 그대로 나타날 수는 없다. 이러한 추상적인 개념을 도입하는 이유가 복잡한 현실을 설명하는 데 있다고 하면, 그 설명력을 높이기 위해서는 단순히 개별원리를 현실에 적용해 보는 것만으로는 한계가 크다. 그러나, 현실에서 관찰할 수 있는 기업간 관계를 추상적 두 가지 원리가 동학적으로 결합되는 과정으로 파악하여, 그 과정을 이 두 가지 원리의 구체화로서 보는 것은 유력한 분석시점이 될 수 있다.

② 실증분석 방법으로서의 유효성

일반적으로 기업간 관계에 대해서는 그 형태를 유형화해서 분석하는 경향이 있다. 예컨대, 기업간 관계를 시장관계, 네트워크 관계로 나눈다든지, 기업간 거래를 시장거래와 장기거래로 나눈 후, 그 각각의 형태의 특징을 열거하면서, 현실의 기업간 관계와 그 장점 및 문제점을 설명하는 식이다. 그러나, 이러한 유형화, 타입 분류에 입각한 분석은, 결과적으로 형성된 형태에 초점을

념 정의와 유사하다(今井·伊丹(1984)).

13) 金(2019), p.14.

맞추기 때문에, 과정의 분석, 특히, 변화과정에 대한 분석을 어렵게 하는 결점이 있다. 당연히, 그 변화의 원인을 구명하는 과제에도 도달하기 어렵다.

또한, 유형화는 서로 다른 유형간의 공통점을 분석의 시야에 포함하기 어렵게 한다. 기본적으로 유형간의 차이점이 중시되기 때문이다. 예컨대, "일본적", "장기적" 등의 유형은, "비일본적", "단기적" 등의 대립 유형으로, 따라서 당연히 차이점 만이 부각된다. 그러나, 현실에서는 각 유형의 기업간 관계의 차이점만으로 설명될 수 없는 현상이 많이 나타난다. 타입별의 특수성뿐 아니라, 타입을 초월한 공통점, 보편성이 다른 한편에는 존재하고, 더욱이 특수성과 보편성이 함께 맞물려 있는 경우가 많기 때문이다. 차이점의 지나친 강조에 의한 편향을 시정하여, 특수성을 상대화할 필요가 있다. 이에는 서로 다른 두 가지의 원리를 먼저 상정하고, 그 원리가 현실에서 어떻게 구체적으로 맞물려 작용하는지를 분석하는 것이 설명력을 높이는 방법이라 할 수 있다.

③ 기존연구와의 관련에서

일본의 기업간 관계에 대한 기존연구의 한계 혹은 기존연구의 시사점으로부터도, 시장원리와 조직원리의 결합이라는 분석시점의 중요성을 도출할 수 있다.

첫째, 일본의 기업간 거래에 대한 기존연구는 주로 "웨트"한 관계, 즉 조직적인 거래 또는 거래의 조직적 관계를 주목한다. 그러나 일본에서도 조직적인 거래가 많았다고 하지만 시장거래가 드물었던 것은 아니다. 예를 들면, 표준부품, 범용적인 소재는 시장거래의 대상이 되는 경우가 많았다. 또한, 기존연구에서는 거래의 형태를 너무 중시해, 그 형태의 형성요인, 특징을 고정적으로 보는 경향이 있었다. 그러나, 예컨대, 장기상대거래가 이루어지는 경우에도 그 거래를 둘러싼 모든 활동이 조직원리만으로 설명될 수 있는 것은 아니다. 장기상대거래가 효율적으로 이루어지는 것도 시장원리와 조직원리가 함께 작용하기 때문이라고 볼 수 있다.

둘째, 일본의 기업간 거래에 대한 기존연구는 그 특징과 영향에 대한 일면적인 인식에 치우치는 경향이 강했다. 즉, 오로지 "협조"의 측면에 방점을 두고 기업간 거래를 묘사하고, 또 그 플러스의 영향이 특히 강조된다. 그런 점에서, 일본경제사의 전문가인 타케다 하루히토가 지적하고 있는 것처럼, 기존

연구는 현실의 일본의 거래관계 활동을 규정하는 요인으로 "협조"의 측면만을 일방적으로 강조하고, 또, 그 관계의 "칭찬"받을 만한 점만 논하는[14] 문제점이 있다고 할 수 있다. 기업간에는 협력뿐만 아니라 대립도 존재하기 마련하고, 기업간의 협조 및 공동작업도 이해의 예정조화로부터 발생하는 것이 아니라, 대립 위에서 행해진 행동이라고 볼 수 있기 때문이다.[15]

본서의 정의에 의하면, 이러한 대립과 협조는 각각 시장원리와 조직원리를 나타내는 것이며, 따라서 기업간 관계의 현실을 분석하는 데는 조직원리와 시장원리가 맞물려 있는 부분을 중시할 필요가 있다. 또한 협력에 기초한 플러스면의 공헌만이 기업간 관계의 영향의 전부라고도 하기 어렵다. 협조의 내용에 따라 부정적인 결과를 낳을 수 있다. 거꾸로 이해대립이 긍정적인 결과를 낳을 수도 있다. 따라서, 이러한 기업간 관계의 양면의 영향을 객관적으로 보기 위해 위해서도, 시장원리와 조직원리의 결합이라는 분석시점이 유효하다.

셋째, 기업간 관계와 관련되는 기존의 이론연구, 역사연구 중에도, 본서의 시장원리와 조직원리의 결합이라는 시점과 유사한 시점을 강조하는 연구들이 있다. 예를 들어, 경제학자의 조지 리처드슨, 올리버 윌리엄슨, 역사학자그룹의 LRT(Lamoreaux, Raff and Temin)[16] 등이다. 이들 연구에서는 자원배분 메커니즘의 형태로, 먼저 시장과 조직이라는 서로 대체적인 두 가지 제도가 있을 뿐 아니라, 그 사이의 "혼합형(하이브리드)"으로 조정이라는 제3의 형태가 있다고 한다. 시장에서 작용하는 원리를 시장원리, 기업조직에서 작용하고 있는 원리를 조직원리라 생각하면, 양 원리가 결합되는 자원배분 메커니즘을 인정하고 있는 것이다.[17]

---

14) 武田(2019), p.408.

15) ウィリアムソン(1980), p.8.

16) Richardson(1972); ウィリアムソン(1980); Lamoreaux, Raff & Temin(2003).

17) 다만, 현실의 기업간 관계를 이해하는 방식에 있어, 저자의 생각은 이들 연구자들과 다르다. 즉, 이들은 시장과도 조직과도 다른 제3의 조정형태로 혼합형(하이브리드)이 있다고 하지만, 저자는 현실의 모든 기업간 관계는 기본적으로 하이브리드일 수밖에 없다고 본다. 순수한 시장, 순수한 조직만으로 이루어지는 기업간 관계는 현실에서 있을 수 없다고 생각하기 때문이다.

제4절 본서의 분석대상: 철강, 반도체IC, 자동차부품, LCD부재

　　기업간 관계의 연쇄의 귀착점은 최종소비자이며, 따라서, 최종소비의 앞 단계까지의 기업간에 거래되는 것은 최종소비재가 아니다. 넓은 의미에서의 "중간재"라 해도 될 것이다. 이 "중간재"는 부품 및 부분품, 소재 등 B to B의 대상을 포함하므로, 광범위하다. 따라서, 모든 중간재를 다 다룰 수는 없고, 분석대상을 한정할 수밖에 없다. 개별산업의 기업간 거래의 사례를 볼 수밖에 없다. 분석대상이 한정된다는 한계가 있지만, 거꾸로, 사례분석에 의해, 시장원리와 조직원리의 구체적인 결합과정과 그 양태를 상세히 관찰할 수 있는 장점도 있다.

　　본서에서 분석하는 사례는 대표적인 "중간재"인 소재, 부품들이다. 먼저, 기업간 거래의 역사의 분석대상으로는 철강, 반도체 IC이다. 철강과 반도체IC는 "산업의 쌀"이라 불릴 정도로 많은 산업, 많은 기업에 필수적인 부품, 소재로 사용되고 있는 핵심 부품 및 기초 소재이다.

　　일본의 철강, 반도체IC산업에서는 모두 당초에는 수입이 많았다. 그러나, 일정시기부터 일본국내기업간의 거래가 늘었고, 또, 국내기업간의 거래가 중요해졌다. 이러한 국내기업간의 거래는 이들 "중간재"를 구매하는 다양한 수요산업 및 수요기업의 성장에 기여하는 한편, 이들 중간재산업 자체가 고부가가치의 고급제품분야에서 높은 국제경쟁력을 가지게 되는 데도 공헌했다. 기업간 거래를 통해 일본의 공급기업과 수요기업 모두가 성장하고 경쟁력을 높일 수 있었다는 점에서도 이러한 "중간재"의 기업간 거래는 중요했다. 이 점에서도 본서가 이들 산업의 기업간 관계의 역사를 분석하는 의의를 주장할 수 있을 것이다. 그리고, 일본의 기업간 관계에 대한 기존연구가 주로　전후의 시기를 대상으로 하고 있는 점에서, 본서가 철강의 전전기의 기업간 관계를 분석하는 의의도 있다. 더욱이, 철강과 반도체IC의 기업간 거래에 있어, 수요자와 공급자뿐 아니라 상사, 도매상이 깊숙히 개입해왔는데, 이는 서구제국의 중간재 거래에서는 드문 일로, 일본의 중요한 특수성이다. 따라서 이들 산업의 기업간 거래를 보는 것은 일본의 기업간 관계의 특수성을 재평가할 수 있는 의의가 있다. 이에 더해, 철강에 대해서는 기업간 관계의 역사뿐만 아니라, 그 현상에 대해서도 분석한다. 따라서, 많은 수요산업에 이용되는 기초소재의 기업간 관계를 보다 장기간에 걸쳐 관찰하는 의의가 있다.

제2부의 기업간 관계 역사의 일미비교에서는 자동차부품과 철강을 분석대상으로 한다. 철강을 분석대상으로 하는 이유는 앞서 서술한 대로이고, 자동차산업에서는 수많은 부품기업이 자동차기업과 거래관계를 맺고 있어, 폭넓은 부품기업의 기업간 관계를 관찰할 수 있다는 점에서 자동차부품을 분석대상으로 하는 의의가 있다.

한편, 최근으로 올수록, 일본의 중간재 산업에 있어 해외시장, 해외생산의 중요성이 높아지고 있다. 국내외 시장에서 해외기업과의 경쟁이 격화되고 있으며, 일부 제품 영역에서는 후발국기업에 밀려 경쟁력을 잃어 가고 있다. 이른바 글로벌화의 물결이 이들 산업에도 밀려와 기업간 관계도 그 영향을 받아 변화하고 있다. 이러한 문제의식에서 철강에 대해서는 현재의 기업간 관계도 분석한다.

이처럼 급변하는 시기에 일본기업들이 고성장을 달성하고 높은 경쟁력을 가지고 있는 대표적인 중간재산업이 LCD부재산업으로 이 산업의 기업간 관계도 분서에서 분석한다. 동산업은 LCD산업이 급성장한 1990년대 이후에 개화한 신산업으로, 비교적 이른 시기부터 해외수요기업과의 거래가 중요했던 사례이다. 그러므로, 새롭게 출현한 중간재의 기업간 관계가, 역사를 가진 다른 중간재의 기업간 관계와 어떤 공통점과 차이점을 갖는지를 관찰할 수 있는 의의가 있다 하겠다.

제5절 본서의 구성

본서는 세 개의 부로 구성된다. 제1부에서는 중간재의 기업간관계의 역사를, 제2부에서는 비교의 시점에서 미국과 일본의 기업간 관계 역사를, 제3부에서는 중간재의 기업간 관계의 현상을 각각 분석한다. 먼저, 제1부에서는 대표적인 소재와 부품인 철강, 반도체IC의 기업간 관계의 역사를 1장, 2장에서 차례로 다룬다. 다음의 제2부에서는 일본과 미국의 기업간 관계를 역사적으로 비교분석하는데, 3장에서는 일본의 기업간 관계의 역사가 세계적으로 보아 특수하다는 주장에 대한 문제제기를 정리한다. 4장과 5장에서는 각각 자동차부품과 철강의 기업간 관계를 대상으로, 미국과 일본의 역사적 경험을 비교분석한다. 마지막의 제3부에서는 2000년대 이후의 기업간 관계의 현상을 분석한다. 6장에서는 새로운 소재산업인 LCD부재, 7장에서는 오랜 역사를 갖는 소재인 철강을 대상으로 최근의 기업간 관계를 분석한다.

참고문헌

일본문헌(일본어 50음순)

アダム・スミス(1978)『国富論』Ⅰ，中公文庫.

今井賢一・伊丹敬之(1984)「日本の内部組織と市場－市場原理と組織原理の相互浸透」
　　(今井賢一・伊丹敬之・小池和男『内部組織の経済学』東洋経済新報社，8章).

Ｏ・Ｅ・ウィリアムソン(1980)(浅沼萬里・岩崎晃訳)『市場と企業組織』日本評論社.

カール・メンガー(1999)『国民経済学原理』(安井琢磨，八木紀一郎訳)，日本経済評
　　論社.

岸本誠二郎(1957)「ベエム バウエルクの迂回生産論」『経済論叢』(京都大学)，80巻
　　4号.

金容度(2019)「組織間関係論再考(1)－組織原理と市場原理のとらえ方を中心に－」
　　『経営志林』(法政大学経営学会)，第56巻第2号.

金容度(2020)「組織間関係論再考(3・完)－組織原理と市場原理のとらえ方を中心に－」
　　『経営志林』(法政大学経営学会) 第57巻第1号.

経済産業省『商業統計』.

宍戸善一「「日本的取引慣行」の実体と変容: 総論」『商事法務』 No.2142,
　　2017年 8月25日.

武田晴人(2019)『日本経済史』有斐閣.

ベエーム・バヴェルク(1937)『価値理論要綱』(大山千代雄訳)，有斐閣.

ボエーム・バウェルク(1932)『經濟的財價値の基礎理論: 主觀的價値と客觀的交換價
　　値』(長守善譯)(岩波文庫)，岩波書店.

ボエーム・バヴェルク(1994)『国民経済学: ボエーム・バヴェルク初期講義録』(塘
　　茂樹訳)，嵯峨野書院.

ロナルド・ドアー(2001)『日本型資本主義と市場主義の衝突』東洋経済新報社.

영문문헌

Abolafia, M.(1984). "Structured anarchy: formal organization in the commodities
　　futures market," in *The Social Dynamics of Financial Markets*, ed. P. Adler, P.
　　Adler. Greenwich, Conn: JAI.

Allyn A. Young(1928), 'Increasing return and economic progress', Economic Journal, vol.38, No4.

Bradach, Jeffrey L. & Eccles, Robert G.(1989). "Price, Authority, and Trust: From Ideal Types to Plural Forms," *Annual Review of Sociology*, Vol. 15

Eccles, Robert G.(1981), "The Quasifirm in the construction industry," *Journal of Economic Behavior and Organization*, Vol.2.

Eccles, R., Crane, D.(1988). *Doing Deals: Investment Banks at Work.* Boston: Harvard Business School Press.

Granovetter, Mark(1985), "Economic Action and Social Structure: The Problem of Embeddedness," *American Journal of Sociology* Vol. 91 No.3.

Lamoreaux, Naomi R., Raff, Daniel M. G. and Temin,Peter(2003). "Beyond Markets and Hierarchies: Toward a New Synthesis of American Business History" *American Historical Review*, Vol.108, No.2.

Mariotti, S., Cainarca, G.(1986). "The evolution of transaction governance in the textile－clothing industry." *Journal of Economic Behavior Organization*. Vol.7.

Richardson, George B.(1972). "The Organization of Industry," *The Economic Journal*, Vol.82, No.3.

제 1 부

일본의 기업간 관계의 역사

제1장
철강의 기업간 관계의 역사

철강은 다양한 산업에 필수적인 기초소재로 사용되며, 그런 의미에서 중간재로서의 소재 중에서도 대표성을 갖는다고 할 수 있다. 철의 생산과 이용의 역사는 매우 오래지만, 현대의 철강업이 형성, 성장한 것은 19세기 후반 이후이고, 일본에서의 현대적인 철강업의 시작은 1900년 관영 야하타제철소(八幡製鉄所)의 설립부터라 할 수 있다. 따라서, 본장에서는 20세기 일본의 철강의 기업간 관계의 역사를 분석한다. 특히, 시장원리와 조직원리가 어떻게 얽히고 결합되어 작용했는지에 초점을 맞추어, 철강기업과 수요기업, 그리고 철강상사 혹은 철강상인 등이 어떻게 거래에 관여했는지를 분석한다.

철강의 수급상황이 철강의 기업간 거래에 큰 영향을 주지만, 제2차 세계대전의 이전과 이후에는 철강의 공급과 수요의 양면에서 큰 변화가 있었기 때문에, 전전기[1]와 전후의 두 시기를 나누어 철강의 기업간 관계를 살펴보도록 하자. 사실 일본 철강업의 역사에 대해서는 연구의 축적이 매우 두텁다. 그러나, 철강의 기업간 거래의 역사를 본격적으로 분석한 연구는 찾아보기 어렵다.[2] 이 점에서 본장의 분석의 의의를 주장할 수 있다.

---

1) 본장에서의 전전기는 제2차 세계대전 이전을 말한다.

2) 예를 들어, 전전 일본의 철강업에 대한 대표적인 연구로서는, 岡崎(1993); 奈倉(1984); 長島(2012) 등을 들 수 있다. 岡崎(1993)에서는, 선철 및 강재의 거래를 둘러싼 카르텔간 관계에 대한 분석이 있고, 奈倉(1984)는 전전기 철강의 시장분석을 하고 있다. 長島(2012)도 16장에

　　종래 일본의 기업간 관계에 대한 연구는 주로 대기업간 보다는 대기업과 중소기업간의 관계에 집중되어 왔으며, 대기업간 기업간 거래의 실증연구는 매우 부족하다.[3] 그러나, 20세기 일본철강업의 성장을 이끈 것은 대형고로업체들이며, 철강을 사용하여 성장한 주된 플레이어들도 대기업들이었다. 그리고, 중요한 수요기업도 대기업들이었다. 그러므로, 이 장에서는 주로 대기업간의 철강거래에 초점을 맞춘다. 이 점에 있어서도, 대기업간의 기업간 관계를 분석하는 본장의 분석 의의를 주장할 수 있다.

제1절 전전기 철강의 기업간 관계

(1) 제1차 세계대전기

　　철강 수급상황이 시기에 따라 크게 변한 점을 기준으로, (1) 제1차 세계대전기 및 종전 직후, (2) 1920년대, (3) 1930년대의 세 시기로 나누어 각 시기의 시장수급상황을 고려하면서, 철강의 기업간 관계의 역사를 보도록 하자.

① 수급상황

　　일본의 철강수요가 본격적으로 증가한 것은 제1차 세계대전기였다. 제1차 세계대전의 발발로, 철강수요가 급증했다. 서구로부터의 중공업 제품 수입의 어려움 및 선박 부족이 일본의 국산 중공업제품의 수요를 급증시킨 데다, 가격을 급격히 상승시켜, 해운업, 조선업, 기계산업, 금속산업에 높은 이윤을 낳았다. 이러한 산업에서의 투자가 선박과 설비투자 관련 기계의 수요를 창출하였고, 그것이 또 철강수요를 급증시켰다.[4] 일본의 철강수요는 1914년 65만톤에서 18년에는 1.7배인 약 112만톤으로 급증했다(표 1-1).

　　서, 야하타제철의 판매정책에 대해서 기술하고 있다. 그러나, 어떤 연구도 강재의 기업간 거래에 대해 본격적으로 분석하고 있지는 않다.

3) Kim(2015b), p.2; 金(2018a), p.161.

4) 金(2014), p.22.

표 1-1 일본의 강재 수요, 수입, 자급률 추이(1912-1919년, 추정) (단위: 천톤, %)

연도	수입	수요	자급률
1912	612	806	3
1913	519	751	4
1914	389	649	7
1915	229	551	8
1916	435	797	9
1917	660	1,155	13
1918	623	1,122	23
1919	722	1,165	33

출처: 奈倉(1984), p.302.

특히, 戰禍로 유럽국가의 선박 건조가 어려워진 가운데, 선박 부족이 심화된 것을 계기로, 일본 조선업이 호황을 보이며, 1915년의 "조선 붐"을 반영해, 조선용 철강수요의 증가가 두드러졌다. 제1차 세계대전 말기의 18년, 민간 조선용, 군함용 강재 수요는 40~50만톤을 기록했고(표 1-2), 그 해 전체 강재 수요의 약 30%로, 철강의 최대 단일수요부문이었다. 농상무성 임시 산업조사국의 조사에 따르면, 18년 종업원 30명 이상의 민간기계기업의 강재수요 중 조선업이 절반을 넘었다.[5]

이러한 조선용으로의 수요 집중은 제1차 세계대전 이전의 강재수요 구성과는 크게 다른 현상이었다. 예를 들면, 1910년대 초반, 철강재 수요 150만톤(주철 약 22만톤을 포함) 중 철도가 약 25만톤, 토목, 건축용이 45~50만톤이었던 데 반해, 민간 조선용 철강재 수요는 3~4만톤에 불과했다.[6] 제1차 세계대전 발발 전, 철도용 강재가 차지하고 있던 수요부문으로서의 지위를, 대전기에 조선용이 대체한 셈이었다.

이러한 철강 수요의 급증을 국내생산 능력이 따라잡지 못했다.[7] 수요가 많았던 조선용에 대해 보면, 제1차 세계대전의 전 시기를 통해, 각조선소가 수주했던 52척의 선박 건조에 필요한 강재 11만톤 중 야하타제철소에서 공급한

---

5) 吉田(1928), pp.59-60.

6) 奈倉(1984), pp.300, 301, 306.

7) 飯田・大橋・黒岩編(1969), p.192; 金(2014), p.25.

표 1-2 철강의 용도별 소비 추정표(1918년)   (단위: 만톤)

용도	소비량
조선, 함선용	약 40~50
철도용(차량, 객화차용도 포함)	약 25
육해군용(함선건조용은 제외)	17
기계, 기구용(선박용 및 철도용은 제외)	12~15
토목, 건축용, 기타	45~50
합계	134~157

출처: 小島·日本鉄鋼史編纂会編(1984a), p.51.

강재수량은 27,000톤에 불과했다.[8] 따라서 국내수요를 수입에 의해 충족하는 정도가 높았다. 이미 제1차 세계대전 이전부터 일본의 강재 내수의 대부분은 수입에 의해 조달되고 있었지만,[9] 대전기에도, 수입이 어려워졌음에도 불구하고, [표 1−1]에서 보듯, 일본의 철강자급률은 낮은 수준에 머물러 있었다. 이 시기 수요증가가 현저했던 조선용 강재에서도 자급률이 낮았던 반면, 수입의 존도는 높아, 1918년에는 90%를 초과했다(표 1−3).

표 1-3 조선용 강재 수급표   (단위: 천톤)

	국내수요	내지 공급	수입	국산율	수입의존도
1914	44	11	34	25.0	77.3
1915	43	10	33	23.3	76.7
1916	75	15	60	20.0	80.0
1917	149	20	129	13.4	86.6
1918	254	20	234	7.9	92.1

출처: 小島·日本鉄鋼史編纂会編(1984a), p.41.

한편, 일본에 대한 서구제국의 철강수출 금지가 잇따랐다. 독일과 벨기에가 일본으로의 철강 수출을 금지한 데 이어, 1916년 4월과 17년 8월부터 영국과 미국이 각각 일본으로의 철강수출 금지조치를 단행했다.[10] 그 결과, 이른바 "철 기근"이라는 심각한 철강 공급부족 현상이 계속되었다. 특히, 철강조

---

8) 『造船協会会報』 第17号, p.37; 柴(1978), p.99.

9) 金(2014), pp.22−23.

10) 通商産業省(1970), p.168; Yonekura(1994), p.79.

달을 둘러싼 조선업체간의 쟁탈전이 치열하여, "철"이라는 이름이 붙은 재료
는 모두 매입하려 할 정도였다고 한다.[11] 18년에 일본과 미국 사이에 체결된
"미·일 船鉄 교환"도 심각한 철강 부족문제를 해결할 수는 없었다.[12]

다만, [표 1−3]에서 알 수 있듯이, 미일 선철 교환에 의해 일시 조선용
강재의 수입이 늘었던 것은 틀림없다. 강재 공급부족이 해소되지는 못했지만,
조선용에 한해서는 "철 기근" 현상이 다소 완화되었던 것이다. 그러나 [표
1−1]을 보면, 일본의 강재전체의 수입이 줄고 있었기 때문에 조선용 이외의
용도의 강재시장에서는 공급부족이 더 심각했음을 짐작할 수 있다. 이러한 공
급부족으로 철강가격은 폭등을 계속했다. 1915년 10월에 이미 대전 발발전의
2배까지 등귀하고 있었는데, 그 후 강재의 시중가격은 더 빠르게 상승했다. 18
년의 강판가격은 개전시의 약 10배에 달했으며, 14년 5월 62엔이었던 봉강의
톤당 가격은 18년에는 423엔까지 올랐다.[13] 14년을 100으로 하면 토쿄 도매
물가 지수가 18년에 201.7이었던[14] 것과 비교하면 철강가격의 상승이 얼마나
급격했던지를 알 수 있다.

② 설비투자와 시장원리의 작용

한편, 수요가 급증하는 가운데, 심각한 공급부족과 가격앙등이 이어졌다
는 것은 철강기업에게는 비즈니스 찬스이기도 했다. 실제로, 대전기 후반 제철
소의 신설을 포함해 철강기업의 설비증강이 잇따랐다. 강재부족이 심각했던
만큼, 설비투자는 압연공정에 집중되는 경향이 있어, 후판, 대형강판, 함정용
강관, 대형 단주철제품, 특수강 등의 설비확장이 많았다.[15] 그 결과, 수입의존
도가 높긴 했으나, 일본의 국내생산도 꾸준히 증가했다.[16] 16년까지 한 자리
에 불과했던 강재 자급률도 18년에 23%, 19년에 33%로 상승했다(표 1−1).

11) 全国鉄鋼問屋組合(1958), p.35.
12) 日米船鉄交換同盟会(1920), p.225; 日本経営史研究所(1978), p.370.
13) 『販売旬報』第188号, pp.1−2; 『鉄と鋼』第15年2月号, p.321.
14) 飯田·大橋·黒岩編(1969), p.193.
15) 奈倉(1981), p.6; 奈倉(1984), p.355; 小島·日本鉄鋼史編纂会編(1984a), pp.38−39, 165; Yonekura(1994), p.90; 金(2014), pp.23−24.
16) 日本経営史研究所(1978), pp.369−370; 飯田·大橋·黒岩編(1969), p.194; 金(2014), p.25.

가격이 지속적으로 상승하는 가운데, 철강기업들은 양호한 수익성을 바탕으로 이익을 축적했으며, 그것이 철강기업의 설비투자를 촉진하는 요인이 되었다.17) 공급부족으로 공급자에게 유리한 공급자시장이 지속되는 가운데, 가격상승에 촉발되어 철강기업들이 적극적인 설비투자를 했던 것은 가격변화에 따른 자원 이동이라는 점에서 시장원리의 작용을 나타낸다.

③ 민수용 판매에서의 조직원리와 시장원리18)

강재의 공급부족이 심각했던 이 시기에 관영 야하타제철소는 군 및 관으로의 판매에 집중하고 있었으나,19) 호황으로 철강수요가 확대되는 중에 민간에 대한 판매도 늘리고 있었다. 예를 들어, 1918년 수량기준으로 약 40%, 금액 기준으로는 60%를 초과하는 강재가 민간에 판매되고 있었으며, 전술한 바와 같이, 제1차 세계대전 당시 최대의 수요부문이었던 조선용에서는, 15년 야하타제철소의 철강제품의 3분의 2가 민간조선소로, 16년, 17년에도 각각 65%와 48%가 민간 조선소로 판매되고 있었다.20)

야하타의 민간용 강재판매는 주로 일부 도매상을 통한 배타적 판매방법에 의해 이루어졌다.21) 예를 들어, 야하타가 일반시장에 판매한 강재의 65%를 미츠이물산이, 나머지 35%를 오사카의 키시모토상점, 토쿄의 모리오카상점 및 오오쿠라組가 취급하고 있었다.22) 이처럼 철강기업이 일부 도매상 및 수요기업으로 판매를 제한한 것은 조직원리가 강하게 작용한 것을 나타낸다. 전술한 것처럼, 가격상승에 촉발되어 철강기업들이 적극적인 설비투자를 했던 것은

---

17) 예를 들면, 1915년부터 조선용 강재의 사내생산을 시작한 카와사키조선은 17년 하반기부터 20년 하반기까지 거액의 이익을 계상하고 있었으며, 이것이 동사의 제강능력을 확충하는 자금원이 되었다(小島・日本鉄鋼史編纂会編(1984a), p.220).

18) 이곳의 기술은, 金(2014), p.27; Kim(2015a), pp.25−26에 많이 의존한다.

19) 長島(1987), pp.64−65.

20) 佐藤(1967), p.63.

21) 강재의 수요기업이 강재를 입수할 경우,특정상사에 크게 의존하는 사례도 있다(白石編(1950), p.102; 柴(1978), p.108).

22) 三井物産『第4回(大正5年)支店長会議議事録』(三井文庫所蔵); 同『第5回(大正6年)支店長会議議事録』(三井文庫所蔵). 또한, 미츠이(三井)물산, 이와이(岩井)물산은 각각 관계하는 상인과 미츠이 구매조합, 이와이조합을 결성하였고, 키시모토(岸本)상점과 시바모토(芝本)상점도 각각의 상인단체의 지반을 갖고 있었다(三島(1975), p.9).

시장원리의 작용을 나타내므로, 시장원리와 조직원리가 결합되고 있었다고 할
수 있다.

④ 시장거래에 있어서의 조직원리의 작용

그러나 야하타제철소의 철강제품을 일부 도매상을 통해서만 판매하는
것은 불공평하다는 목소리도 높아져, 1916년부터 야하타는 일정 수량의 재
고품이 축적되면 수시로 희망자 입찰에 의한 현물판매 방식을 취했으며,[23]
더욱이, 18년 봄부터 11월까지는 재고품의 민간판매 경쟁입찰 혹은 순수한
공적 입찰방식으로 전환했다. 그 결과, 기존의 재벌계 상사뿐만 아니라, 중소
철강도매상, 조선기업, 철강2차제품기업 등이 입찰에 참여하는 등,[24] 입찰에
참가하는 업체가 급격히 증가했다. 제1차 세계대전 말, 철강의 공급부족이
심각했던 시기에, 야하타제철소의 판매에 시장원리가 더 강하게 작용했던 것
이다.

한편, "철 기근"으로 가격폭등이 계속되었기 때문에, 투기 이익을 노리는
상인들의 활동이 활발해져 "비정상적인 투기열"이 높아졌다.[25] 수입이 완전히
두절될 때까지는 중소 상인들뿐 아니라, 대규모 상사들까지 수입에 적극적으
로 나섰다. 예를 들어, 미츠이물산은 US 스틸과 베들레헴스틸의 양사에서 강
재를, 그리고 웨스턴스틸사에서 브리키 및 흑박판을, 피츠버그철강으로부터
선철못을 각각 수입했다. 미츠비시상사도 미츠비시조선과 해군용으로 영국에
서 조선용 강재를 수입했다.[26]

앞서 언급한 것처럼, 일본으로의 각국의 철강수출이 금지되어, 수입강재를
입수할 수 없게 되자, 상사 및 철강상인들은 국산강재의 매매가격차에 의한 이
익을 노리고 국산철강제품의 거래에 집중했다. 대규모 철강기업의 제품은 대형
상사 및 도매상간에 중개매매되었던 반면,[27] 중소철강기업들은 친밀한 거래관

---

23) 『鉄と鋼』 1916年第7号, p.771; 同, 1916年第8号, p.881; 『近代日本の商品取引－三井物産を
中心に』(1998), p.157.

24) 長島(2012), pp.654－655.

25) 小島・日本鉄鋼史編纂会編(1984a), p.101.

26) 『稿本三井物産株式会社100年史(上)』(1978), p.372; 三島(1975), p.9.

27) 三菱商事株式会社(1958).

계가 있는 중소 철강도매상을 경유해서 판매하고 있었다. 철강의 공급부족 상황에서, 이 후자의 유통경로에 판매되는 철강의 투기적 거래가 특히 늘고, 그 와중에 폭리를 취하는 중소 철강상인이 속출하였다.[28] 극심한 가격 변동에 편승한 자원이동이 이루어지고 있었던 점에서 시장원리가 강하게 작용하고 있었던 것이다.

그러나, 한편으로는 대형 철강기업을 중심으로 이러한 투기적인 판매를 제한하려는 움직임도 나타났다. 즉, 야하타제철소를 중심으로, 국내철강제품의 판매에 관해서는 철강도매상의 활동을 통제하려고 했다. 그 결과, 그전까지의 "양철 시대의 30년간이 철도매상의 황금기였던 것과는 반대로, 국산철강제품 시대에는 철강도매상들의 수난 시대"[29]가 되었다고 한다. 이처럼 제1차 세계대전기에는 대규모 철강기업에 의해 자원의 이동이 제한되었다는 점에서 조직원리가 작용하는 가운데 결과적으로, 투기적인 철강상인의 활동에 나타나는 시장원리가 함께 얽혀 작용하였다.

⑤ 상대거래에 있어서의 조직원리와 시장원리의 결합

전술한 바와 같이, 이 시기에는 철강의 군수 및 관수가 많았는데, 이러한 수요자에 대한 판매는 특정 소수의 수요자와 공급자간의 상대거래라고 할 수 있다. 또한, 민간 수요로 유통되는 철강의 상당량도 상대거래를 통해 유통되었다. 예를 들어, 1918년 야하타제철소가 공개입찰을 통해 판매한 강재는 63,000톤이었다고 하는데, 같은 해 야하타의 민간판매량은 그것보다 훨씬 더 많은 152,000톤이었다.[30] 즉, 대전 말기, 야하타의 민간판매의 60%가 공개입찰 이외의 방법으로 판매되고 있었던 것으로 추산된다. 이 60%의 부분이 구체적으로 어떻게 거래되고 있었는지에 대해서는 상세한 정보가 없다. 그러나, 당시의 일본철강업을 조사한 『日本鉄鋼史』에 의하면,[31] "대전기의 대부분의 시기를 통해 대형도매상과 대규모수요자에 대해서는 수의계약의 판매방법을 취

---

28) 小島・日本鉄鋼史編纂会編(1984a), pp.101－102; 全国鉄鋼問屋組合(1958), pp.35, 37; 『販売旬報』 第181号.

29) 『販売旬報』 第188号, 1932年3月2日, pp.1－2; 『鉄と鋼』 1932年2月号, p.321.

30) 長島(2012), p.256; 小島・日本鉄鋼史編纂会編(1984a), p.104.

31) 小島・日本鉄鋼史編纂会編(1984a), pp.101－102.

하고 있었다"는 기술이 있는데, 이 기술이 하나의 단서가 된다. 즉, 야하타가 대규모수요자에 대해서는 직판, 즉, 상대거래를 하고 있었을 가능성이 있는 것이다.

제1차 세계대전기, 수급면에서 강재시장은 수요자 시장이 되어 있었고, 이것은 철강기업이 거래기업을 선택할 수 있는 여지가 넓어진 것을 의미했다. 그리고, 대규모철강기업은 우량의 대규모 수요기업을 거래대상으로 우선적으로 선택했을 가능성이 높았는데, 이러한 대규모 수요기업의 수는 제한되었고, 따라서, 이들 대규모수요자에 대한 직판은 상대거래라 할 수 있다. 조직원리가 강하게 작용하는 거래형태의 비중이 확대되었던 것이다.

한편으로, 수요자 시장이었기 때문에 상대거래에서 철강기업의의 교섭력은 상승했다.[32] 이 시기의 철강가격의 급등과 철강기업의 이윤 확대는 이러한 철강기업의 거래교섭력 강화를 방증한다.

이처럼, 조직성이 강한 거래형태인 상대거래가 확대되는 가운데, 거래교섭력을 둘러싼 수요자와 공급자의 이해 대립이 나타났던 것이다. 따라서, 이 시기 거래형태면의 조직원리와 이해 대립이라는 시장원리가 결합되어 작용했다고 할 수 있다.

(2) 제1차 세계대전 후와 1920년대

① 공급과잉과 자급률의 상승

제1차 세계대전 종전부터 1920년대에 걸쳐 철강수급 상황은 급격히 변했다. 종전 후 철강수요는 감소했고, 20년대 초반에도 철강수요가 부진했다. "조선붐"의 종언과 조선용 철강 수요의 급격한 감소에 이어, 22년 워싱턴조약 체결에 따른 해군 군축은 군수 및 군함용 철강 수요를 크게 감소시켰다.[33]

당시 일본 최대의 군함건조기업이었던 미츠비시조선의 철강수요 변화를 보면, 이 시기 조선용 수요 감소가 얼마나 급격했는지를 알 수 있다. [표 1-4]

32) 金(2014), p.26.
33) 小島・日本鉄鋼史編纂会編(1984), pp.30-31, 173; 奈倉(1984), p.303; 飯島・大橋・黒岩編(1969), pp.204, 206; 長島(1987), p.65.

표 1-4 나가사키조선소의 철강구입(1918-1924년) (단위: kg, 엔)

연도	강판		형강		봉강		(강재합계)	
	수량	금액	수량	금액	수량	금액	수량	금액
1918	8,890,722	6,953,112	3,286,332	1,495,176	3,119,161	1,422,911	15,296,215	9,871,199
1919	3,938,498	3,203,417	2,082,650	922,693	2,258,570	508,557	8,279,718	4,634,667
1920	1,952,130	542,659	3,559,337	1,007,371	886,128	212,312	6,397,595	1,762,342
1921	1,755,977	368,503	1,134,556	196,684	1,727,539	312,976	4,618,072	878,163
1922	1,557,470	336,309	-	-	735,746	114,634	2,702,391	509,987
1923	2,483,032	418,080	882,457	118,150	1,074,264	154,475	4,439,753	690,705
1924	1,507,545	451,636	434,784	60,205	1,405,024	200,769	3,347,353	712,610

자료: 三菱造船長崎造船所『長崎造船所年報』.

에 의하면, 동사의 주력 조선소였던 나가사키조선소의 철강 구입은 종전 후인 1919년, 수량, 금액모두 전년인 18년의 절반 이하로 줄었다. 수요구성이 가장 높았던 강판의 구입이 급속히 감소했을 뿐 아니라, 형강, 봉강 등의 구입도 마찬가지였다. 이러한 감소세는 22년까지 이어졌고, 23년과 24년 다소 증가하긴 했으나, 제1차 세계대전 말기의 철강 구매보다는 훨씬 작았다.

표 1-5 1차 세계대전 후의 강판의 생산, 무역, 수요, 자급률 (단위: 톤, %)

연도	생산량(A)	총이입량		총이출량	수요량(B)	자급률 (1-A/B)×100
		합계	(수입)			
1919	143,932	243,646	241,204	17,315	370,263	34.9
1920	124,184	392,161	380,459	18,948	497,397	23.5
1921	135,488	241,793	224,951	14,700	362,581	38.0
1922	145,105	401,788	392,307	9,860	537,033	26.9
1923	175,187	244,041	242,716	11,261	407,967	40.5
1924	193,058	394,285	392,969	16,148	571,195	31.2
1925	241,521	149,467	148,977	17,564	373,425	60.1
1926	291,887	261,125	260,886	16,610	536,402	51.4
1927	349,460	240,210	239,677	18,787	570,883	58.0
1928	434,730	272,648	270,824	25,962	681,416	60.3
1929	543,948	168,989	168,563	29,385	683,552	75.3

자료: 商工省鑛山局

반면, 공급 측면에서는 전쟁말기의 "미·일 선철 교환 협정"에 의한 수입 강재가 종전 후에서야 일본에 들어온 데다, 종전 후, 독일, 영국 등이 철강의 과잉설비로 인한 생산과잉분을 수출시장으로 돌린 결과, 저렴한 수입품이 일본에 속속 입하되었다(표 1-5). 더욱이, 1921년의 관세법개정도 철강수입을 촉진하였으며, 관동 대지진에 대한 대응으로 긴급강재수입이 늘어난 데다 지진 후의 부흥수요를 기대한 수입도 더해졌다.[34]

　한편, 국산강재의 공급량은 수입보다 더 빨리 늘었다. 첫째, 종전 직전부터 건설이 시작된 철강생산설비가 종전 직후에 속속 완성되었다. 특히, 전술한 바와 같이, 카와사키조선과 아사노조선은 전시 중에 철강의 내부생산을 시작했지만, 실제 생산이 본격화된 것은 종전 후인 1919년부터였다. 20년대 후반이 되면, 소형 압연공장의 신증설이 활발해지고,[35] 박판, 주석판 등 그간 주로 수입에 크게 의존하던 품종을 중심으로 국내생산이 급증해 자급률이 높아졌다. 29년에는 각종 철강제품의 국제카르텔 성립을 계기로, 유럽철강시장이 호전되고, 일본의 환율이 하락한 결과, 수입량이 감소하여 자급률은 더 높아졌다(표 1-5). 이처럼 20년대 초반 수요침체가 극심했고, 그 후로도 수요보다 공급, 특히 국내공급의 증가세가 빨랐다. 그 결과, 20년대 전체를 통해 일본의 강재시장은 전반적인 공급과잉상태에 있었고, 수요자 시장이 지속되고 있었다.

② 시장거래로의 철강 유통 이동과 철강기업간 경쟁의 격화

　공급과잉 경향의 철강시장에서 압도적인 존재감을 보이고 있었던 것은 관영 야하타제철소였는데, 이 야하타제철소가 특히 "워싱턴 군축"의 영향으로 해군으로부터의 주문이 급감하자, 민수시장으로의 적극적인 판매 확대를 꾀했다.[36] [표 1-6]에 의하면 야하타의 철강판매 중 관수는 1922년 40%를 넘었으나, 28년에는 20% 미만이었다. 매우 급격한 "민수전환"이 이루어졌던 것이다. 그 결과, 이 민수시장을 주력시장으로 하던 민간철강기업과의 경쟁이 격화되었다.

　민수시장으로의 판매 중점 이동과 함께 야하타의 거래형태도 크게 바뀌었다. [표 1-6]에 의하면, 야하타의 판매 중 "철강도매상" 경유의 비중이

---

34) 全国鉄鋼問屋組合(1958), p.43; 川崎製鉄株式会社社史編集委員会編(1976), p.262; 小島·日本鉄鋼史編纂会編(1984a), pp.82, 158.
35) 小島·日本鉄鋼史編纂会編(1984b), pp.336, 338.
36) Yonekura(1994), p.90.

표 1-6 관영 야하타제철소의 판매처별 판매액의 구성비(1922-1928년) (단위: %)

판매처	1922	1923	1924	1925	1926	1927	1928
철도성	22.5	12.5	18.0	17.1	14.7	14.2	13.2
육군	1.3	0.3	0.5	0.1	0.1	0.7	0.1
해군	6.7	2.7	3.5	1.5	1.0	1.9	1.3
그 외 관공청	7.5	5.4	3.7	3.7	5.5	5.1	3.2
제철소내부	2.7	3.4	2.5	1.7	1.6	1.1	1.7
(관수 합계)	40.7	24.3	28.3	24.0	22.9	22.9	19.5
철강상인	33.1	44.6	45.5	57.9	57.1	59.2	70.2
조선업	6.6	3.6	5.8	6.5	5.7	4.1	0.8
철공업	15.6	21.7	19.1	8.3	11.4	12.6	8.9
철도업	3.2	5.1	0.6	1.7	2.1	0.7	0.1
광산업	0.1	0.1	0.5	0.9	0.4	0.0	-
기타	0.8	0.5	0.2	0.7	0.4	0.5	0.5
(민수 합계)	59.3	75.7	71.7	76.0	77.1	77.1	80.5
(합계)	100.0	100.0	100.0	100.0	100.0	100.0	100.0

출처: 奈倉(1984), p.305.

1922년에 약 3분의 1이었으나, 28년에는 70%도 넘게 되었다. 민수시장으로의 판매의 대부분이 철강도매상을 통해 판매되고 있었던 것이다. 이 철강 도매상을 통해 판매되는 제품의 최종수요자는 주로 중소기업이었기 때문에, 이 경로의 철강 판매는 불특정 다수 수요자를 위한 거래였다. 따라서 이 시기 일본철강시장에서의 구성비를 높이고 있던 민수에서 기업간 거래의 압도적인 부분은 시장거래를 통해 이루어지고 있었다고 할 수 있다.

대조적으로, 민수 중 다른 루트의 판매는 1할 정도의 구성비로 급감하였다(표 1-6). 예를 들어, 앞서 언급 한 바와 같이, 제1차 세계대전 당시 최대의 철강시장이었던 조선용은 1920년대에 시장의 극히 일부를 차지하는 데 불과했다. 이 수요부문에서는 주요한 조선기업과의 상대거래를 많이 포함하고 있었기 때문에, 이 시기, 철강의 상대거래는 상당히 축소되었음을 알 수 있다. 특정 수요기업에 판매되는 상대거래가 축소되는 대신 시장거래의 중요도 상승이 현저했다. 이 시장거래는 시장원리의 작용을 나타낸다고 할 수 있으므로, 20년대의 철강거래에서는 시장원리가 앞서의 시기보다 더 강하게 작용했다고 보아도 될 것이다.

이처럼 중요도가 높아진 시장거래에서, 철강기업간 경쟁이 치열해졌다.

전술한 바와 같이, 야하타가 민간철강기업의 강재제품영역에 진입하여, 민수시장을 기반으로 하는 민간철강기업와의 경쟁이 심화된 것이다. 야하타는 경쟁이 격화된 민수시장으로의 전환에 따라 판매에 더욱 힘을 쏟았다. 1919년 판매부를 독립적인 조직으로 만들었고,[37] 25년에는 판매부를 본사인 큐슈에서 강재소비시장의 중심인 토쿄로 이전했다. 이 토쿄출장소에서는 재고목록을 공개하고 대량의 재고를 시장가격 이하로 판매하는 등 민수시장에서 과감한 재고감소를 도모하는 판매전략을 취했다.[38] 민수시장에서 경쟁이 격화된 것을 나타낸다.

야하타의 민수전환으로 민간철강기업들은 대부분의 품종에서 야하타의 경쟁압박을 받지 않을 수 없었고, 민간기업은 이것을 이른바 "민업 압박"이라 주장하며 반발하였다.[39] 1925년 민간철강기업으로 구성된 제강간담회가 농상무성대신에게 청원서를 제출하기까지 했다.[40]

민간 철강기업들은 이처럼 반발했을 뿐 아니라, 각사가 강점을 가진 특정 품종에 특화해 전문화의 이점을 살려 생산성 향상과 비용절감의 성과를 올렸다. 그 결과, 민간 철강기업은 각각의 품종시장에서 존재감을 높였고 전문업체로서의 지위를 확립했다.[41] 반대로, 야하타은 거의 전종목의 생산을 포함하는 다품종 생산의 문제가 발생해, 비용상승이 초래되고 합리화에도 난점이 있었다.[42] 민간기업이 전문화해 있는 품종들에서 야하타는 비용면의 우위를 상실하였고, 많은 품종시장에서 민간기업의 시장점유율이 높아졌다. 민업 압박이 오히려 야하타의 시장점유율 하락으로 귀결되었던 것이다.[43] 민수시장에서 기업별 시장점유율의 변동을 수반하면서 경쟁이 치열해져 시장원리가 보다 강하

---

37) 판매부에 영업과와 완제품과를 설치했는데, 영업과는 판매만을 담당하고, 완제품과는 주문품의 생산계획, 제작의뢰 및 충당, 배송업무와 제품창고 업무 및 발생품 등의 현지계약업무를 담당했다(八幡製鐵所所史編さん実行委員会編(1980), p.511).

38) 飯田・大橋・黒岩編(1969), p.207; 八幡製鐵株式会社八幡製鐵所編『八幡製鉄所五十年誌』(1950), pp.59, 228-229; 八幡製鉄所所史編さん実行委員会編, pp.505, 510; 通商産業省(1970), p.213.

39) 小島・日本鉄鋼史編纂会編(1984b), p.505. 사실 이러한 민간기업의 반발은 이미 제1차 세계대전기에도 있었으나, 20년대에 더욱 강해졌다고 볼 수 있다.

40) 通商産業省(1970), pp.214-215; 小島・日本鉄鋼史編纂会編(1984b), p.509.

41) 通商産業省(1970), p.269.

42) 小島・日本鉄鋼史編纂会編(1984b), pp.333-334, 502.

43) 岡崎(1985), p.108.

게 작용하고 있었음을 나타낸다.

③ 가격 형성을 둘러싼 시장원리와 조직원리

이러한 경쟁 격화가, 전술한 것처럼, 1920년대 중반 이후의 민간철강기업의 활발한 설비투자를 촉진함으로써, 결과적으로 공급과잉을 초래했다. 그 결과, 철강시장이 수요자 시장으로 변화하였고, 공급자인 철강기업의 거래 교섭력이 낮아져,[44] 철강가격은 하락세를 보였다. 예를 들어, [표 1-7]을 보면, 야하타의 대민간판매 제품의 가격이 하락세를 계속했던 것을 알 수 있다.

이러한 가격 하락은 철강기업의 수익성을 악화시켰고, 경영난을 겪는 기업이 속출하였다. 사업을 접을 수밖에 없는 기업조차 적지 않았다. 전술한 민간 철강기업의 품종별 특화도 그 대응의 하나이기도 했다. 이처럼 1920년대 민수 철강거래의 가격변화의 영향을 받아, 자원의 재분배가 이루어진 것은 시장원리가 강하게 작용하고 있었다는 것을 나타낸다.

표 1-7 야하타제철소의 대민간 판매의 평균단가   (단위: 엔/톤)

연도	민간용	(철강상인용)	(조선용)
1922	116.0	112.8	157.3
1923	111.6	110.5	146.5
1924	110.6	114.0	139.7
1925	107.1	108.4	97.8
1926	98.7	100.2	99.5

자료: 佐藤(1967), p.59.

한편, 철강기업들은 철강가격 하락을 억제하기 위한 집단적 노력도 했다. 그 예가 강재의 카르텔 결성과 운영, 외주 追隨 가격정책이었다.[45] 첫째, 1920년대 후반에는 条鋼분야협정회, 관동강재판매조합, 강재연합회 등 철강 카르텔이 잇따라 결성되었다.[46] 이러한 강재 카르텔은 야하타가 설정한 가격을 고려한 판매가격을 결정해, 강재가격의 안정을 도모했다. 20년대의 공급과잉 속

---

44) Kim(2015a), p.31.
45) 金(2014), pp.31-32.
46) 이 시기의 강재 카르텔에 대해서는, 長島(1976); 長島(1987), 第5章; 岡崎(1985); 岡崎(1993) 이 상세하다.

에서, 공급자가 거래 협상력을 높이기 위한 노력의 하나가 강재 카르텔이었던 것이다.[47] 시장가격을 의도적으로 제어하려 했다는 점에서 조직원리가 작용하는 한편, 가격 수준을 둘러싼 수요자와 공급자의 이해 대립이 나타난 점에서는 시장원리가 작용한 것이다. 같은 행동이 시장원리와 조직원리의 양 원리의 작용을 반영했다고 할 수 있다.

둘째, 1926년 2월부터 실행된 외주 추수 가격정책은 일본내 수급상황과는 관계없이, 야하타가 수입외주가격(=수입 채산점)을 보고 그것보다 약간 낮은 수준에서 가격을 책정하는 것이었다.[48] 그리고, 민간철강기업들도, 야하타가 설정한 가격에 맞춰 가격을 설정하고, 이 가격수준이 유지될 수 있도록, 야하타와 민간제강기업이 수량조정을 시도했다. 이러한 외주 추수 가격정책의 목적은 수입강재에 대해 가격면에서 대항하여 외국강재를 구축하면서, 가격을 안정시키는 것이었다. 수요자 시장이 지속되는 중에서도, 수입을 배제하면서 가격을 안정시키기 위한 공급자의 대응이었다. 시장의 수급상황에 따라 가격이 하락하는 가운데, 공급자가 인위적으로 가격 하락을 제어하려는 집단적 대응을 했던 것으로, 따라서 가격의 형성에 시장원리와 조직원리가 얽혀 작용하고 있었다고 할 수 있다.

④ 철강기업과 상인 간의 거래에 있어서의 시장원리와 조직원리

전술한 바와 같이, 1920년대 야하타의 민간수요판매는 대부분 철강상인 또는 철강도매상을 통해 판매되었기 때문에, 철강거래에 있어, 철강기업과 도매상의 관계가 중요하였다. 유력 도매상들 중에는 국산 철강제품뿐만 아니라 수입제품도 판매하는 업자들도 있었고, 국내제품의 가격과 해외가격을 비교, 저울질하면서 단기이익을 노리는 투기적 거래를 하는 경우도 많았다.[49] 때로는 해외의 시가에 현혹되어 덤핑으로 시장에 철강제품을 내어놓는 도매상들도

---

47) 金(2014), p.40; 通商産業省(1970), p.265. 물론, 기존연구에서 지적하는 것처럼, 이 시기의 강재 카르텔 형성에 대해서는, 다른 여러 요인도 작용했다. 예컨대, 먼저 결성되어 있던 선철 카르텔에 대한 대항, 정부 개입의 영향 등을 들 수 있다.

48) 日本製鉄株式会社史編集委員会編(1959), p.757; 渡邊(1934); 白石(1933), p.5; 常盤(1957), p.6; 飯田・大橋・黒岩編(1969), pp.292-302; 岡崎(1985), pp.101-112; 岡崎(1993), pp.101-108.

49) 『販売旬報』第188号, 1932年3月2日, pp.1-2; 『鉄と鋼』, 1932年2月号, p.321; 長島(2012), pp.655-656; 金(2014), p.31.

있었으며, 의도적인 투매가 시황을 무너뜨리는 현상도 있었다.[50] 시중의 철강 가격 등락이 극심하였고, 이에 편승하여 기대 수입, 투매가 빈발하여, 이러한 행동이 철강가격의 등락을 증폭시켰다. 가격 변화에 따른 자원의 이동, 가격의 급등과 급락에 따른 철강기업과 철강도매상의 이해대립과 갈등이 빈발한 점에서 시장원리의 작용을 관찰할 수 있다.

그 후, 야하타 등 철강기업들은 이러한 철강도매상의 투기적 행동을 제어하기 위해 판매방법을 바꾸었다. 예컨대, 야하타는 1925년, 指定商 제도를 도입했다. 지정상 제도에서, 야하타는 미츠이물산, 미츠비시상사, 이와이물산, 아타카산업의 4개 상사를 지정상으로 하여, 매월 1회 선물계약의 建値(타테네, 철강기업이 도매상이 판매할 때의 가격을 지정한 것)를 결정하였다. 그 후, 월별 신청 마감일까지 각 도매상이 지정상에 주문수량을 신청하고, 지정상은 이를 취합하여 야하타와 인수수량 협상을 하여, 최종적으로 인수 결정수량을 각 도매상에게 할당하였다. 이러한 지정상 제도에 의한 판매로 야하타는 대규모상사를 제어함으로써, 해외 시황변동, 판매량 변동, 대금회수 불안 등을 완화할 수 있었다.[51]

사실은 1925년 여름부터 야하타의 민간시장판매 방법이 현물 불하계약에서 선물계약제로 이행했는데,[52] 야하타가 지정상 제도를 도입한 것은 이 선물계약의 실행을 위한 것이기도 했다. 이 시기 야하타가 선물계약제를 도입한 주된 목적은 철강도매상과 수입업자의 투기적 수입을 제거하기 위해서였다. 구체적으로, 야하타는 지정상에 대해 야하타의 강재제품의 독점판매권을 보장하는 대신, 수입가격과 동일한 수준의 가격에서 선물계약을 하고 지정상은 수입강재의 주문을 금지한다는 조건을 붙였다.[53] 26년, 야하타는 지정상뿐만 아니라 도매상도 참가시킨 선물협의회를 발족해, 지정상 제도를 확립, 체계화하였다.[54] 또한 야하타는, 28년 8월 지정상에 대해, 외주(=수입)의 가격, 수량,

50) 小島·日本鉄鋼史編纂会編(1984a), pp.101, 159.

51) 日本製鉄株式会社史編集委員会編(1959), p.756.

52) 金(2014), pp.38-39; 常磐(1957), p.6; 長島(2012), pp.657-658;『販売旬報』第188号, 1932年3月2日; 日本製鉄株式会社史編集委員会編(1959), p.757.

53) 金(2014), pp.40-41.

54)『日鉄社史営業編─販売関係回顧座談会』(1955), pp.12-13; 長島(2012), p.658.

품질 등의 보고의무를 부과하고, 위반할 시에는 계약 할당을 하지 않는 등의 제재 규정도 만들었다. 이리하여, 이 지정상 제도를 통해 강재판매의 조직화를 실현했다고 보이는데,[55] 이러한 판매방법의 변화는 철강기업이 철강도매상 및 상사의 투기적 행동을 제어하기 위한 것으로, 조직원리가 시장원리와 얽혀 작용한 예라 할 수 있다.

더욱이, 지정상은 산하에 중소 도매상을 두고, 계열을 형성하고 있었으며, 따라서, 각 지정상은 이러한 산하의 중소 도매상을 활용하면서 각 지정상간에 치열한 판로 확장 경쟁을 벌였다.[56] 예를 들어, 지정상은 도매상으로부터 수수료를 징수하는 대신, 도매상을 위해 신용을 공여하였고 공동판매(共販)의 경우에는 일괄판매되는 강재를 지정상이 계열 도매상에 판매했다.[57] 결국, 각 지정상은 산하 중소 도매상을 포함해, "철강기업 → 지정상 → 중소 철강도매상으로 이어지는 거래의 사슬을 통해 다른 지정상과 치열한 판매경쟁을 벌이고 있었던 것이다. 지정상간의 경쟁과 거래의 사슬이 맞물려 전개되는 형태로, 시장원리와 조직원리가 결합되어 작용했다.

(3) 1930년대

잘 알려져 있는 것처럼, 1930년대, 일본경제는 세계 대공황의 여파로 경기부진의 늪에 빠졌지만, 비교적 빨리 회복세로 돌아섰고, 또 그 후 급속한 확장의 시기가 길었다. 이러한 경기변동의 영향으로, 이 시기 철강수요의 증가가 두드러졌다. 철강 수요 증가에 자극되어, 철강의 국내 공급능력이 높아졌고, 철강의 국내자급이 거의 달성되었다. 이 시기, 일본의 철강업은 기계공업 등 중공업과의 산업연관을 강화하였고, 이들 철강수요산업에 기초 소재를 공급하는 중요산업으로 자리매김하였다.[58]

이처럼 철강의 국내자급이 달성된 것은 일본의 철강기업들이 국내시장 장악력을 높여, 국내 수요자와의 거래가 더 중요해진 것을 의미한다.[59] 따라

---

55) 飯田・大橋・黒岩編(1969), pp.268, 293; 長島(2012), p.659.

56) 安宅産業(1968), pp.166-167; 岩井産業編(1963), p.303; 三島(1975), p.10.

57) 小島・日本鉄鋼史編纂会編(1984b), p.579; 『販売旬報』第188号(1932), pp.1-2.

58) 橋本(1984), p.300.

59) 金(2018a), pp.161-162.

서, 1930년대 철강기업과 수요기업의 거래관계를 분석할 필요가 있는데, 먼저, 이 시기 일본의 철강시장의 수급 상황부터 살펴보자.

① 공급부족과 자급 달성

1929년 말부터의 대공황기에, 철강 수요도 급감했으나, 32－33년경부터 경기 회복과 함께, 철강 수요도 증가세로 반전되고, 강재 수급도 균형을 되찾기 시작했다. 그러나, 30년대 후반에는 군수를 중심으로 철강 수요가 급증하는 한편,[60] 국내 철강 생산능력증대는 이러한 수요증가를 따라가지 못한데다, 수입도 제한되어, 36년 가을경부터는, 극심한 "철 기근" 현상이 나타나는 등,[61] 국내 철강시장의 공급부족이 심각하였다. 이러한 수급상황의 변화로, 철강시장은 공급자 시장이 되었다. 20년대의 공급과잉에 따른 수요자 시장과는 완전히 다른 수급상황으로 바뀐 것이다. 이러한 수급상황 변화로, 철강 거래에 있어, 공급자인 철강기업의 거래 교섭력이 높아져, 철강기업으로서는 20년대보다 유리한 수급 상황에서 거래를 할 수 있었다.[62] 이 점에서는 공급부족으로 "철기근" 현상이 나타나고, 공급자 시장이 계속된 제1차 세계대전기와 유사했다. 이러한 수급상황 변화 속에서, 앞서 언급했듯이 일본의 철강자급률은 30년대에 100% 전후를 기록하여 자급을 실현했다.[63] 수입의존도가 높았던 20년대까지와는 상황이 달라졌다.

한편, 수입이 한정되어 있었다는 점에서, 30년대는 제1차 세계대전기와 유사했다. 그러나 30년대에는 설비투자와 생산기술 향상을 통해 국내 공급능력이 크게 증가했다는 점에서는 제1차 세계대전기의 일본의 철강업과는 달랐다. 30년대에는 그전보다 확대된 규모로 국내의 철강 공급자와 수요자가 거래를 하고 있었던 것이다.

---

60) 金(2014), p.45.

61) 金(2014), p.46; Kim(2015a), p.21; 通商産業省(1970), p.326; 小島・日本鉄鋼史編纂会編(1984c), p.143.

62) Kim(2015a), p.32.

63) 金(2014), p.46; Kim(2015a), p.21.타카하시 코레키요 당시 大蔵大臣의 저환율안정정책과 보호관세정책도 강재의 자급달성에 영향을 미쳤다는 것이 일본경제사 연구의 통설이다(橋本(2004), 136; 日本製鉄株式会社史編集委員会編(1959), p.753).

표 1-8 기계공업 중의 강재수요 구성비 (단위: %)

	1929년	1931년	1935년
증기관	0.33	1.87	2.03
원동기	4.42	1.66	2.53
전기기계기구	0.96	1.68	10.81
농업용기계기구	0.24	0.41	1.27
토목건축기계	1.81	3.09	2.11
광산기계	2.14	1.73	1.96
방직기계기구	1.38	2.03	5.28
공작기계기구	0.61	2.04	2.81
요업용기계기구	0.01	0.18	0.36
제지기계	0.08	0.28	0.52
화학기계	0.26	4.37	3.41
식료품제조기계	0.36	0.28	1.24
인쇄제본기계	0.05	0.10	0.16
기중기	0.55	0.25	2.60
펌프	0.41	0.46	0.45
수압송풍압축기	0.01	0.07	0.75
도량기기	0.01	0.04	0.22
철도차량	11.05	18.63	7.15
자동차	0.13	0.55	2.73
자전거류	0.80	5.14	4.94
조선업	33.33	42.76	31.12
기계공업 합계	100.00	100.00	100.00

출처: 橋本(1984), p.303(원자료는 商工省 『工場統計表』).

② 조선용 강재의 기업간 관계

1930년대 철강 수요증가가 특히 두드러졌던 것은 기계공업이었다. 자급을 실현하면서 철강업이 급속히 발전한 것은 국내시장이 급격히 확대된 것을 의미하는데, 그 중에서도, 특히, 기계공업의 발전이 철강업의 발전을 촉진했다.[64]

구체적으로 철강 수요구성을 보면 32년 이후 군수, 조선, 광산, 기계산업에 사용되는 강재수요가 급속히 증가해 전체 강재 수요에서 차지하는 구성비를 높였다.[65] 기계산업 중에서 이 시기 철강의 최대 수요산업은 조선업이었

---

64) 金(2018a), p.162; 橋本(2002), pp.136－137.

65) 金(2014), p.46; 飯田·大橋·黒岩編(1969), p.299.

다. [표 1-8]에서 확인할 수 있듯이, 기계산업 중에서도 조선업은 30년대 중반 이후의 호황 지속으로 압도적인 철강 수요 산업이었다.

카르텔간의 상대거래

이미 언급한 바와 같이, 1920년대에는 철강 수요 침체 속에서 철강거래에서 상대거래의 비중이 낮아진 대신, 도매상을 경유한 시장거래 비중이 높아졌는데, 30년대에는 이러한 철강유통경로가 일변했다. 조선 등 특정 수요부문을 중심으로, 강재의 특정 수요기업과 특정공급자 간의 상대거래가 급속히 늘었다. 이 시기에 수요가 가장 많았던 조선용 강재의 사례를 중심으로, 상대거래의 전개에 대해 살펴보자.

1930년대 중반부터 조선용 강재 수요가 급격히 증가하는 가운데, 조선기업에 있어 중요 재료인 강재를 확보하는 문제가 중요하게 되었고, 이 때문에, 특정한 철강기업으로부터 안정적으로 강재를 조달할 수 있는 상대거래의 유인이 강해졌다. 더욱이, 조선용 강재산업과 조선업 모두 진입기업수가 적어 과점구조시장을 이루고 있었다. 이러한 쌍방 과점 상황에서, 강재거래의 다수는 상대거래의 형태가 될 수밖에 없었다.

먼저, 조선업에서는 미츠비시조선, 미츠이 타마가와조선, 카와사키조선의 상위 3사의 시장점유율이 높았고, 조선용이 많았던 후판생산에서는 야하타

표 1-9 기업별 후판생산량과 시장점유율 및 상위5사 집중도 (단위: 톤, %)

1931年			1934年			1937年		
기업명	후판생산량	점유율	기업명	후판생산량	점유율	기업명	후판생산량	점유율
야하타	121,970	43.5	일본제철	303,615	48.6	일본제철	500,092	45.0
아사노조선	69,709	24.9	아사노조선	116,223	18.6	아사노조선	216,577	19.5
카와사키조선	60,558	21.6	카와사키조선	98,653	15.8	카와사키조선	159,387	14.4
(상위 3사)	252,237	89.9	(상위 3사)	518,491	83.0	(상위 3사)	876,056	78.9
토카이강업	13,385	4.8	토카이강업	36,328	5.8	나카야마제강	59,473	5.4
토쿠야마철판	10,225	3.6	토쿠야마철판	24,463	3.9	오오사카제판	37,222	3.4
기타	4,595	1.6	토쿠야마철판	20,952	3.4	토카이강업	34,734	3.1
			기타	24,249	3.9	아즈마제강	32,443	2.9
						토쿠야마철판	28,314	2.6
						기타	41,890	3.8
(합계)	280,442	100.0	(합계)	624,483	100.0	(합계)	1,110,132	100.0

자료: 商工省鑛山局編.

표 1-10 조선용 후판 가격의 추이   (단위: 엔/톤)

기간	시설용 후판 가격	후판가격	후판의 공판가격
1933년 하반기	130	131	122
1934년 상반기	120	136	124
1934년 하반기	116	153	125
1935년	121	112	108
1936년	120	116	106

자료: 시설용후판가격은 船舶改善協会(1943), pp.218－233; 橋本(2004), p.213. 후판가격 및 후판의 共販가격은 日本製鉄(1955).

(1934년부터는 일본제철), 카와사키조선, 아사노조선의 3사가 높은 시장점유율을 기록하고 있었다. 그리고, 이 상위 3사 중 일본제철의 시장점유율이 높아지고 있었다(표 1-9). 앞서 지적했던 것처럼, 카와사키조선, 아사노조선은 사내 조선부문으로의 철강공급이 적지 않았던 것을 고려하면, 조선용 강재의 외판시장에서 일본제철의 지위는 [표 1-9]의 점유율보다 더 높았을 가능성이 크다.

이처럼, 공급산업과 수요산업 양쪽 모두가 과점산업이었던 것은, 상대거래의 유인을 높였다고 생각되는데, 양산업 모두에서 카르텔이 형성되어 있었고, 이들 카르텔간에 조선용강재의 상대거래가 적잖이 이루어지고 있었다.

이 두 카르텔간의 상대거래에는 정부도 개입하였다. 그 대표적인 예가 선박개선조성이었다. 당시의 일본은 해외에 비해 해체선박 수입이 많았던 데다[66] 노후 선박의 해체는 적었다. 이를 문제로 인식한 일본정부는, 1933년 5월 선박수입허가제를 시행하는 한편, 노후선박 해체와 우량선박 건조를 촉진하는 사업으로서 선박개선조성을 32년 10월부터 37년까지 3차례에 걸쳐 실시했는데,[67] 이 사업에서 조선용강재의 카르텔간 거래에 정책적으로 개입했다.

이 정책에서 새로운 선박 건조를 위한 강재 거래는 모두 카르텔간에 이루어졌다. 구체적으로 1932년 11월 조선업의 카르텔인 조선연합회는 이사회를 열고, 강재시장 가격앙등에 대한 대책으로 강재의 공동수주를 검토하였고, 다

---

66) 당시 일본에는 伸鉄업자들이 많아, 노후선박을 해체하는 업체들은 외국의 경쟁업체들보다 노후선박을 약간 높은 가격으로 사들였다. 이 때문에, 해체선의 수입이 많았다. 값싼 외국 해체선을 구입해, 그것을 동남아시아에 두고, 일본인을 승무원으로 승선시키는 탈법적 방식의 외국기선 수입까지 이루어지고 있었다(『神戸新聞』, 1936年12月17日).

67) 船舶改善協会(1943); 浦賀船渠株式会社編(1957), p.269;『中外商業新報』, 1937年5月31日.

음 달인 12월 선박개선협회가 건의안을 제출하였다. 이 건의안에 따라서, 선박
개선협회와 조선연합회가 개선조성정책의 대상이 되는 선주로부터의 주문을
모아, 후판 카르텔의 대표기업인 야하타제철과의 사이에 거래교섭을 진행했다.
그 결과, 수차례에 걸쳐 양 카르텔 간의 가격 및 수량 협정이 맺어졌다.[68]

　　두 카르텔은 개선조성건조용의 강재를 "특별하게 취급"해서, 카르텔간의
강재 협정가격의 변동이 시장가격의 변동보다 억제되었다(표 1-10). 철강가격
상승이 현저했던 1930년대 후반, 이 용도의 강재계약가격은 앙등하던 시장가
격보다 낮은 수준에서 유지되었다. 예를 들어, 후판의 시중가격이 급등하고
있던 37년 3월, 조선연합회의 대표가 일본제철을 방문하여 가격 등귀 억제를
진정하였고, 일본제철 측은 "원가주의를 기조로 하여 다소의 가격 인하"로 이
에 응답하였다. 조선 및 해운 산업의 육성을 위해, 철강가격을 수요기업에 유
리하도록 낮게 설정했던 것이다. 공급자시장 하에서 가격이 급상승하는 속에
서, 카르텔간의 협의와 조정으로 가격을 안정화시키려는 조직원리가 작용하
고 있었다.

　　그러나, 수급 불균형이 커지면, 이러한 카르텔간 협상에 의한 가격변동 억
제는 용이하지 않게 된다. 실제, 양 카르텔 간의 강재 가격협상에서, 수급자간
의 이해 대립이 명확히 나타난 경우도 적지 않았다. 예를 들어, 1932년 말 조
선연합회가 요구한 조선용 강재가격은 톤당 96-97엔이었지만, 후판 카르텔측
에서 통보한 가격은 톤당 103엔이었다.[69] 또한 후판 카르텔이 37년 3월 초에
제시한 새 공시가격(建値)에 대해, 조선연합회는 일본제철을 방문하여, 조선기
업의 채산성에 맞지 않고, 조업이 곤란한 수준이라는 점을 진정한 적도 있다.

　　이처럼 카르텔간의 거래 협상에서 수급자간 요구가격수준이 크게 달라,
그 조정이 어려웠던 것은 조직원리가 순조롭게 작용하지 못했던 것을 나타내
고, 그런 점에서 시장원리가 작용할 여지가 넓었다는 것을 시사한다. 카르텔
간의 협정가격 형성과정에도 시장원리와 조직원리가 함께 작용했던 것이다.

　　한편, 후판 카르텔에 공동구매를 신청해 오던 조선 카르텔에서 구입조건
을 둘러싸고, 1933년 초, 참가기업간의 대립이 발생해, 단일 카르텔로서의 강

---

68) 金(2018a), pp.167-168.
69) 『日刊工業新聞』, 1933年1月20日; 同, 1933年1月24日.

표 1-11 후판 카르텔의 기업별 구입신청 점유율   (단위: %)

	카와사키조선	아사노조선	토카이제철	야하타	무지정	합계
1933년3·4月물	14.1	14.0	1.2	31.5	39.2	100.0
1933년4·5月물	9.2	16.0	1.4	35.0	38.3	100.0
1933年5·6月물	11.4	16.4	4.9	30.5	21.7	100.0
1933年6·7月물	6.6	13.2	0.3	30.6	83.4	100.0
1933年7·8月물	12.8	14.4	0.4	36.6	35.9	100.0
1933年8·9月물	6.4	11.5	2.9	45.5	33.7	100.0
1933年10·11月물	13.3	16.1	8.4	34.9	27.3	100.0
1933年11·12月물	9.9	14.1	7.2	42.0	26.8	100.0
1933年12·1月물	13.9	14.8	7.2	46.5	17.6	100.0
1934年1·2月물	12.9	17.6	6.4	43.2	19.8	100.0
1934年2·3月물	12.6	9.1	5.4	47.8	25.0	100.0
1934年3·4月물	-	-	-	16.6	83.4	100.0
1934年4·5月물	5.2	12.8	4.5	40.6	36.9	100.0
1934年5·6月물	5.3	14.8	4.7	41.5	33.6	100.0
1934年6·7月물	13.4	15.6	5.4	60.6	4.9	100.0
1934年7·8月물	11.2	12.9	7.3	64.3	4.3	100.0
1934年8·9月물	9.1	11.7	7.4	55.2	16.6	100.0
1934年9·10月물	8.5	13.8	8.4	52.5	16.7	100.0
1934年10·11月물	13.8	7.6	6.9	48.9	22.8	100.0
1934年11·12月물	-	25.4	14.3	45.3	15.0	100.0
1934年12·1月물	4.8	25.6	14.1	38.7	16.8	100.0
1935年1·2月물	13.5	17.7	6.5	38.1	24.1	100.0
1935年2·3月물	13.7	17.0	6.9	37.2	25.3	100.0
1935年3·4月물	17.4	13.9	4.6	35.7	28.3	100.0
1935年4·5月물	25.7	36.1	-	30.8	7.4	100.0
1935年11·12月물	18.0	9.3	3.3	65.6	4.0	100.0
1935年12·1月물	22.4	15.8	-	49.4	12.4	100.0

자료: 八幡·日鉄 『販売旬報』.

판 공동구매가 불가능하게 되어, 카르텔의 구성기업들이 개별적으로 후판 카르텔과 협상하는 경우까지 있었다고 한다.[70] 게다가, 37년의 신문보도에 의하면, 정부(체신성)은 조선연합회가 강재를 공동구매할 것을 권고하고 있었는데,

_____

70) 『日刊工業新聞』, 1933年2月5日; 1933年2月9日.

그 배경에는 강재공급 부족으로 조선기업간에 강재의 쟁탈전이 전개되고 있었던 사실이 있다.[71] 수요산업의 카르텔에서 참가기업간의 이해 대립이 현저했던 것이다. 시장원리의 작용을 시사하고 있다.

후판 카르텔의 거래에 참여하는 철강도매상의 행동에서도 시장원리가 관찰된다. 조선용 후판 시장이 공급자 주도 시장이 되고 있었던 1933년 하반기 이후, 도매상이 후판 카르텔에 신청한 후판기업별 수량 점유율을 보면(표 1-11), 변동이 매우 심했던 데다 無指定의 주문도 많았다. 이 시기, 수요자의 요구를 취합해 후판 카르텔에 구입신청한 것은 철강 도매상이었는데, 도매상간의 조정이 원활히 이루어지지 않았고, 후판 카르텔과 개별 조선기업간의 거래를 중개하는 도매상의 수량조절 기능도 제대로 발휘되지 못했음을 알 수 있다. 즉, 수요기업과 공급 카르텔의 사이에서 거래를 조직화하는 철강상인의 기능이 약했던 것으로, 이는 시장원리가 강하게 작용하고 있었음을 나타낸다.

또한, 이 시기에는 후판 카르텔에 대한 신청수량의 변동도 심했다. 수요 급증과 가격 앙등으로 철강 도매상이 시황 변동에 편승하여 투기적인 행동을 취했던 면이 있었다. 이러한 현상도 조선용 강재의 거래에 있어, 카르텔의 조직적인 기능 및 영향력에 한계가 있었음을 나타내는 것으로, 이는 곳 시장원리가 작용하고 있었음을 반증한다.

개별기업간의 상대거래

이러한 카르텔간 거래뿐만 아니라 개별기업간에도 조선용 철강의 거래가 적지 않았다. 그 정확한 규모는 알 수 없지만 당시의 상황을 나타내는 단편적인 수치를 조합해 보면, 조선용 강재의 개별기업간 거래가 적지 않았음을 확인할 수 있다.[72]

"船舶改善協会事業史"(1943)에 따르면, 1934년도에 선박개선조성의 대상이 되는 후판은 약 6만톤이었다. 그리고, "제철업 참고자료"에 따르면 같은 해의 후판 생산은 60만톤을 약간 넘고, 그 40%인 약 24만톤이 조선용으로 추정된다. 카르텔 간의 후판 거래가 주로 선박개선사업용이라고 가정하면, 생산된

---

71) 『中外商業新報』, 1937年 2月 12日.
72) 이 시산에 대해서는 金(2018a), pp.173-175을 참조.

표 1-12 오사카철공소의 재고, 저장품 추이   (단위: 엔)

결산기	재고품(저장품)	결산기	재고품(저장품)
1929年6月30日	4,529,097	1934年6月30日	1,697,744
12月31日	7,143,462	12月31日	1,755,106
1930年6月30日	7,077,570	1935年6月30日	1,783,260
12月31日	1,065,799	12月31日	1,621,019
1931年6月30日	1,115,416	1936年6月30日	1,906,305
12月31日	1,332,016	12月31日	3,093,607
1932年6月30日	1,203,209	1937年6月30日	4,977,948
12月31日	1,396,295	12月31日	5,610,780
1933年6月30日	1,593,540		
12月31日	1,583,118		

자료: 大阪鉄工所 『営業報告書』.

후판의 약 4분의 3은 카르텔간 거래 이외의 루트로 판매된 셈이다. 또한 "공
장통계표"에 의하면, 34년의 조선용 강재 소비는 약 32만톤이었으므로 조선용
강재 중 후판의 비중을 고려하여 그 절반이 조선용 후판 소비라 가정하면, 34
년도의 선박개선사업용 후판 6만톤은 같은 해 조선용 강재 소비의 약 40%에
해당된다. 나머지 6할 이상이 카르텔간 거래 이외의 방법으로 판매된 셈이다.
개략적인 추산이긴 하지만, 30년대 중반 조선용 강재 거래에서 많게는 생산
량의 4분의 3, 소비량의 60% 이상이 개별기업간의 거래인 것으로 추산할 수
있다.

조선용 강재기업의 기록에도 개별기업간에 빈번한 거래가 있었음을 시사
하는 기술이 많다. 예를 들어, 조선용 강재를 내부생산하던 카와사키조선의 기
록에 의하면, 1933년 이후 조선용 후판에 대한 대량주문이 쇄도하여 동사의
후키아이(葺合) 후판공장이 매우 바빴다는 기술이 반복해서 나타나고 있다.[73]
조선용 강재시장에서 개별기업 간의 거래가 확대되고 있었음을 알 수 있다.

이러한 개별기업간 철강거래는 대부분이 상대거래였다고 생각된다. 앞서
본 것처럼, 조선기업도 조선용 후판기업도 그 수가 제한되어 있었기 때문이다.
또한, 전술한 바와 같이, 1930년대의 조선용 강재시장은 공급이 수요증가를
따라가지 못해, 공급자 시장상태였기 때문에, 수요자인 조선기업들은 안정적

---

73) 川崎造船(1936), p.147; 川崎造船所 『営業報告書』 第76期－第83期.

인 강재 확보를 위해 상대거래의 유인이 강했다. [표 1－12]에서 오사카철공소(전후의 히타치조선)의 예를 보면, 조선용 강재 수요가 증가하는 가운데, 35년 말까지 강재의 재고를 그다지 늘리지 않았다. 이 시기 오사카철공소와 같은 조선기업은 강재부족으로 사내에 강재 재고를 많이 보유하려는 유인이 강했음에도 불구하고, 그렇게 하지 않았던 것은 특정 철강기업과의 상대거래를 통해 조선용 강재를 안정적으로 조달하고 있었기 때문일 것이다. 개별 수급자간, 특히 수요자에게 상대거래의 유인이 강했던 것이다.

철강기업들에게 있어서도, 철강의 공급부족이 지속되고, 수입품과의 경쟁도 거의 없는 가운데, 특정 조선기업에 대한 공급을 선호하는 경향이 있었을 가능성이 높다. 실제로, 당시 일본제철의 판매상황을 보면, 상대거래가 많았던 것을 추측할 수 있다. 예를 들어, 1930년대 중반 이후, 일본제철의 판매 계약 방법은 정기계약, 선물계약, 수의계약의 세 가지였는데, 이 중 "대부분 품종"은 앞의 두 가지 계약방법으로 판매되고 있었다. 그 중 정기계약 판매가 절반 이상을 차지하고 있었으며, 조선업과 같은 과점의 수요산업의 기업과는 주로 정기계약에 의해 강재가 거래되었을 가능성이 매우 높다. 그리고, 이 정기계약에 의한 판매는 상대거래가 대부분이었으리라 생각된다.

또한, 일본제철은 세 개의 판매경로를 통해 강재를 판매하고 있었다. 첫째, 실수요자들에 대한 직접판매(직판), 둘째, 상사를 통해 실수요자에게 판매하는 경로, 셋째, "상사－도매상"을 통해 실수요자에게 판매하는 경로이다. 그 중 범용의 일반강재의 거래는 배급의 원활과 시장통제의 필요로, 특정 상사 혹은 도매상이 이용되었다고 한다. 야하타는 제1경로인 직판이 이용되는 조건을 특정하고 있다. 즉, 직판의 조건으로, ① 시세차익을 노린 투기성 주문이 아닌 실수요자의 주문일 것, ② 오랜 거래관계가 있거나 신용이 있는 거래처일 것, ③ 주문량의 규모가 상당 수준에 달하고, 또 정기적인 구입일 것, ④ 직접 거래하는 것이 시장통제 혹은 판매정책상 특별한 지장이 없을 때, ⑤ 신제품으로의 판로확장의 필요가 강하거나, 공장의 가동유지를 위해 그 제품 전부 또는 대부분을 독점판매하는 경우는 제외하는 것 등이 명시적으로 규정되었다. 이러한 직매는 장기상대거래의 성격이 강했다고 생각된다.[74] 1930년대

---

74) 金(2014), p.47.

특정 수요자와 공급자간의 상대거래, 즉 조직적인 거래가 높은 비중을 차지하고, 따라서 거래에 있어서 조직원리가 강하게 작용하고 있었다고 할 수 있다.

그러나, 다른 한편, 장기상대거래의 형태로 거래되는 경우에도, 시장원리가 작용하여, 시장원리와 조직원리가 결합되어 있었다.[75] 수요자와 공급자간의 이해 대립이 항상 존재하였기 때문이다. 좀 더 구체적으로 살펴보자.

전술한 바와 같이, 1930년대 전반, 대공황에서의 회복 이후, 조선용 강재 시장에서 수급불균형이 자주 발생했다. 예를 들어, 1933년, 카와사키조선의 사장이었던 히라오 하치헤이(平生 釟三郎)의 일기에 의하면,[76] 그가 商工省 광산국을 방문했을 때, 강재업체가 조선용 강재를 충분히 공급하지 않는 것에 조선기업의 카르텔에서 불만을 가지고 있으며, 또한 카와사키의 강재공장이 조선용 강재의 증산능력이 있음에도 불구하고, 더 수익성이 좋은 강재품종에 생산을 집중하고 있다고 조선기업들이 의심하고 있다는 것을, 당시의 商工省 관료로부터 들었다고 한다. 공급량을 둘러싼 수급자간의 이해 대립이 있어, 시장원리가 작용하고 있었음을 알 수 있다.

③ 철강상인 경유의 판매에 있어서의 조직원리와 시장원리

이 시기 철강도매상 또는 상사를 통한 철강판매에 있어서도, 조직원리와 시장원리가 결합되어 작용하고 있었다. 1930년대 중반 이후, 수요자 시장의 경향이 강해지는 가운데, 시장원리를 나타내는 도매상들의 행동이 많았다. 예를 들어, 시황의 변동이 계속되는 가운데, 재무악화로 덤핑판매를 계속하는 상인, 또는 부당한 이익을 취득하기 위해 架空 판매를 하는 상인이 나타났다. 또, 금수출 금지해제 때, 일본제철과 거래하는 상인 중에도 투기적인 거래를 위해 일본제철에 구입을 신청해, 부당한 폭리를 취하는 상인들까지 있었다.[77] 가격 변화를 이용하여 자원을 움직여 이익을 얻고자 하는 거래행위가 적지 않았다는 점에서 시장원리가 작용했다.

이러한 乱売행위를 제어하기 위해 일본제철은 상사나 도매상을 통제하는

75) 金(2018a), pp.175-178.
76) 『平生釟三郎日記』, 1934年6月6日. 이 일기에는 강재기업인 카와사키와 일관고로기업 사이의 이해 대립도 현저했다는 것을 시사하는 기술도 있다.
77) 『日鉄社史營業編─販売関係回顧座談会』(1955), p.24; 小島·日本鉄鋼史編纂会編(1984c), p.228.

행동을 취했다. 예를 들어, 일본제철 출범 직후인 1934년 5월에, 동사 판매부장은 ① 지정상의 수수료를 선물가격의 1.5%로 설정하고, ② 선물판매량은 전부 도매상에 넘기며, ③ 지정상은 각도매상에 대한 배분수량을 일본제철에 상세히 보고할 것 등을 지시했다. 즉, 지정상에 대한 수수료를 일정비율로 제한하며 지정상의 투기적 주문 경쟁을 제어하려 했던 것이다.[78]

또한, 일본제철은 1935년 8월 판매분부터 지정도매상 제도를 실시했다. 이미 언급했듯이, 25년부터 실시되어온 지정상 제도에 더해, 일본제철과 직접 거래하는 상사뿐만 아니라, 그 밑 단계의 도매상까지 포함하여 철강의 판매과정을 더욱 강하게 조직화하려 했던 것이다.[79]

구체적으로 첫째, 토쿄, 오사카, 나고야 등 세 도시 도매상 중에서 기존의 지정상과 일본제철이 충분히 신뢰할 수 있는 도매상을 선정하여, 이들을 일본제철의 지정 도매상으로 하며, 둘째, 다른 도매상들은 이 지정 도매상으로부터 강재를 배분받게 했다. 셋째, 도매상의 취급 품종은 일본제철의 독점분야로 한정하고, 이들 품종의 과거 수년간의 취급 실적을 고려해, 일본제철 및 지정상 4사가 지정도매상별 품종과 수량을 결정했다. 넷째, 품종마다 지정하는 주 도매상(A클래스라 칭하고, 선물 도매상을 B 클래스라 했다)에 대해서는 매월 일본제철 판매수량당 최소 책임인수수량을 설정하고 이 책임수량을 거부하지 못하도록 하며, 가급적 책임수량 이상을 신청하는 것으로 했다. 다섯째, 일본제철은 이러한 주 도매상에 수량책임을 의무지우는 대신, 주 도매상에 대해 권한을 부여하고 지원했다. 여섯째, 주 도매상은 지정된 강재 품종에 한해서는, 일본제철제품 이외, 예컨대, 아웃사이더의 제품을 절대 취급해서는 안 되며, 만일 취급할 시에는 그 도매상은 주 도매상으로서의 일체의 자격을 박탈하기로 했다.[80] 주요 철강기업에 의한 상인의 행동 통제가 대폭 강화된 것이다. 여기에 조직원리의 작용을 볼 수 있다.

한편, 이러한 지정상 제도 및 지정 도매상 제도하에서, 지정상인들간의 치

---

78) 金(2014), p.46; 小島·日本鉄鋼史編纂会編(1984c), pp.189-190.
79) 지정상은 이러한 지정 도매상을 각각 산하에 소속시켜 자기 방위체제를 강화했는데, 그 후 이들 지정 도매상이 증가해, 점차 지정상 중심의 체제에서 유력 지정 도매상 중심 체제로 전환하는 경향이 나타나고 있었다(小島·日本鉄鋼史編纂会編(1984c), p.191).
80) 小島·日本鉄鋼史編纂会編(1984c), pp.190-191.

열한 경쟁이 전개되었다. 예를 들어, 각지정상은 중소도매상에게 신용을 제공
하면서까지 일본제철에 대한 신청수량의 확대를 꾀했다. 또한 도매상에 대한
통제가 강화된 1937년까지 강재시장에서는 자유로운 도매활동의 여지가 상당
히 남아 있었고, 36년 가을 이후 상상을 초월하는 도매상의 투기적 상행위가
빈발해, 일본제철 판매부에 의한 경고 정도로는 제어할 수 없는 상황이 계속되
었다.[81]

지정상과 도매상 간의 이해 대립도 첨예화했으며, 이러한 현상에서 철강
거래에 있어서의 조직원리의 작용의 한계를 엿볼 수 있다. 예를 들어, 1933년
4월 철강도매상들에 의해 東京丸鋼商会가 출범되고, 같은 해 8월에는 日本丸
鋼판매조합이 결성된 것은 도매상들이 지정상에게 대항하기 위해서였다.

또한 34년의 일본제철 창립 당시, 지정상에 필적할 정도의 자산신용과 판
매능력을 가진 도매상들이 있었음에도 불구하고, 이들이 직접 일본제철과 거
래할 수 없는 것에 대해 도매상들의 불만이 높아지고 있었으며, 종종 도매상
과 지정상 사이에 분쟁이 벌어지기까지 했다.[82]

불특정 다수 수요자를 위한 철강판매를 둘러싸고 상사와 철강도매상간,
또한 도매상간에 이해 대립과 경쟁의 발현이라는 형태로 시장원리가 작용하였
고, 이에 철강기업과 상사간의 조직적인 거래형태라는 조직원리가 더해졌던
것이다.

제2절 전후 고도성장기에 있어서의 철강의 기업간 관계

다음으로, 전후 고도성장기에 일본의 철강거래를 둘러싸고 어떤 기업간
관계가 전개되었는지를 살펴보자. 제1절에서 본 바와 같이, 1930년대부터 일

81) 金(2014), p.49; 小島·日本鉄鋼史編纂会編(1984b), p.588; 小島·日本鉄鋼史編纂会編(1984c),
    pp.190, 244.
82) 全国鉄鋼問屋組合(1958), p.72; 日本製鉄株式会社史編集委員会編(1959), p.764.

표 1-13 일본의 철강내수의 수요구성(1960-1973년) (단위: %)

연도	조선	자동차	산업기계	전기기계	가정용, 사무용기기	용기	건설	토목	철강2차 제품	기타	합계
1960	7.6	8.0	8.0	6.4	2.4	4.8	21.6	25.2	17.7	3.6	100
1963	8.0	7.8	7.8	5.2	2.7	3.6	18.3	28.6	12.2	5.8	100
1964	9.2	8.3	8.0	5.0	3.0	3.1	17.2	27.6	12.3	6.3	100
1965	11.0	9.0	7.9	3.8	2.0	3.4	21.4	26.3	12.6	2.6	100
1966	11.4	9.3	7.8	4.0	2.1	3.5	20.7	26.1	12.1	3.0	100
1967	10.3	9.1	8.8	4.8	2.9	3.2	19.7	28.4	10.8	2.8	100
1968	9.5	10.3	8.0	4.8	2.0	2.7	18.8	31.3	9.8	2.8	100
1969	9.5	10.1	7.9	4.8	2.1	2.8	18.1	32.6	9.7	2.4	100
1970	9.6	9.9	8.8	4.6	2.3	2.8	17.4	33.0	10.7	1.4	100
1971	10.0	10.6	8.1	4.5	2.7	2.9	18.4	31.6	9.4	1.8	100
1972	9.7	10.5	7.3	4.2	2.6	2.9	18.3	33.6	9.1	1.8	100
1973	10.3	10.5	8.0	4.7	2.2	2.8	16.8	34.3	8.8	1.7	100

출처: 流通システム開発センター (1975), p.8.

본의 철강업은 실질적인 자급을 달성했는데, 전후 고도성장기에도 철강의 수입의존도는 낮고, 내수의 대부분은 국내기업의 공급에 의해 충족되었다. 철강의 수요기업에 있어, 국내 공급자는 중요한 거래상대였던 것이다.

또한, 전전기와 마찬가지로 고도성장기에도 철강의 수출비중은 그리 높지 않아, 국내수요가 일본의 철강제품 수요의 약 80%를 차지했다. 이 시기 일본의 철강기업들에 있어서도, 국내 수요자가 중요한 거래상대였으며, 그러므로, 철강 거래에 있어서 국내기업간의 관계가 매우 중요했다.

일본국내기업간의 철강 거래 중, 본절에서는 조선용 강재와 자동차용 강재에 초점을 맞춘다. 이들 시장 세그먼트가 전후 일본의 주요한 철강수요시장이었기 때문이다. 조선용 강재 수요는 1950년대부터 60년대에 걸쳐, 기계 및 건설 수요와 함께 철강수요 중 높은 비중을 차지하고 있었다(표 1-13).[83] 자동차용 강재 수요도 빠르게 증가하여 국내수요 중 높은 비중을 차지했으며, 자동차산업은 70년대 초반경에는 제조업 중 최대의 철강 수요산업이었다(표 1-13). 특히, 자동차산업은 고품질의 철강제품을 요구했기 때문에, 자동차용

---

83) 미국 등과 비교하면 일본의 건설, 토목용 강재 수요 구성이 높았다. 그러나, 이 시장 세그먼트의 제품은 주로 시장거래에 의해 매매되었기 때문에, 시장원리와 조직원리의 결합에 초점을 맞추고 있는 본절에서는 분석하지 않는다.

표 1-14 보통강 품종별의 내수 중 상대거래비중(1957-1963년)　　　　(단위: %)

	1957년	1959년	1960년	1961년	1962년	1963년
레일	97.6	96.6	95.0	93.9	94.4	95.0
강철판	100.0	98.1	92.1	93.1	92.7	91.2
형강	67.0	68.5	64.7	67.6	49.0	52.2
봉강	75.7	74.6	75.8	71.5	70.8	73.3
선재	100.0	99.8	99.9	99.8	99.4	98.9
후판	83.0	80.4	76.9	75.7	65.4	75.3
광폭대강(広幅帯鋼)	90.9	69.3	72.8	67.4	56.6	52.5
박판	69.3	73.5	70.6	69.7	76.1	75.6
대강	93.1	84.7	90.1	89.0	79.3	87.5
규소강판	97.9	99.4	99.8	99.8	97.7	97.6
캔(브리키)	99.6	99.4	99.4	99.7	99.5	99.0
아연철판	9.8	13.5	10.7	11.6	13.9	15.9
강관	72.1	71.9	75.0	69.1	63.0	65.5
보통강합계	75.9	77.1	75.1	73.7	67.7	72.6

주: 판매업자로의 판매를 제외한 내수를 상대거래로 보았다.
자료: 鉄鋼用途別統計委員会.

강재시장은 철강제품의 품질수준을 높였다는 의미에서도 중요한 수요산업이
었다.

　　철강제품의 유통경로는 크게 나누어 紐付("히모츠키", 이하, 히모츠키라 한
다) 판매와 店賣("미세우리", 이하 미세우리라 한다) 판매가 있다. 히모츠키 판매는
특정 수요자와 공급자 간의 거래로, 대기업간의 거래에 이용되는 판매경로이
다. 거래형태로서는 조직원리가 강하게 작용하는 상대거래라 할 수 있다. 반
면, 미세우리 판매는 철강도매상이 중개하여, 불특정 다수의 공급자와 수요자
간에 이루어지는 거래이다. 주로 건설, 토목용, 철강2차제품 등의 범용제품이
거래대상으로, 시장원리가 강하게 작용하는 스폿(spot) 거래라 할 수 있다.

　　1956년 전국 철강도매상조합의 조사에 의하면 당시 국내 보통강 출하량
의 약 65%가 히모츠키 거래였으며,[84] 63년에는 보통강 강재의 대부분인 약 8
할이 철강도매상(상사, 철강전문상사 등을 포함)을 경유해 판매되었는데, 또 그
중의 8할 정도가 히모츠키 거래였다고 한다.[85] 고도성장기 전반의 약 10년간

---

84) 全国鉄鋼問屋組合(1958), p.281.
85) 따라서, 철강도매상을 경유하는 철강거래 중 8할이 실질적으로는 수요자와 공급자 간의 직접

전체 보통강 판매의 약 3분의 2가 히모츠키 거래였던 것이다. 시장거래를 통해서는 각 수요자 특정 사양의 강재의 안정적 확보가 어려운 경우가 많았고, 따라서 대규모수요기업을 중심으로, 상대거래가 많았다고 볼 수 있다.[86]

　　그러나 [표 1-14]에서 알 수 있듯이, 품종에 따라 장기상대거래의 비중은 다양했다. 레일, 硅素강판, 강철 플레이트, 양철 같은 일부 주요 철강기업의 독점품종에서 장기상대거래의 비율이 특히 높았던 반면, 아연철판과 같은 2차제품, 형강, 광폭 스트립 강철 등 중소기업의 생산이 많은 범용 경쟁품에서는 상대거래의 비중이 낮았다.

　　본절의 분석대상인 조선용, 자동차용 강재 거래의 압도적인 부분은 히모츠키 거래, 즉 상대거래였다. 따라서, 이들 시장에서의 강재 거래를 살펴보는 것은, 철강의 상대거래에서 어떠한 기업간 관계가 나타났는지를 관찰하기에 적절한 작업이라 할 수 있다.

　　본절의 자료로는, 철강업과 철강기업, 자동차산업과 자동차기업에 대한 공표 자료 및 기존연구, 각사의 유가증권보고서, 1950년대 후반부터 60년대에 철강의 기업간 거래에 종사한 중요 인물에 대한 저자의 인터뷰 기록 등을 활용한다.

(1) 상대거래에 있어서의 複社발주: 시장원리와 조직원리의 결합

① 조선용 강재 시장

고도성장기 조선용 강재시장에서는 특히 표준 후판을 중심으로 히모츠키 거래가 많았다. 예를 들면, 조선용 후판 거래량의 약 90%가 히모츠키 거래였다고 한다.

　　선행연구[87]에서 제시된, 1960년대 초 각조선기업의 후판 구매통계를 정리

거래라 볼 수 있다. 이 경우, 철강도매상이 거래에 개입해 절차적인 업무를 대행하고 수수료를 취득하고 있었다.

86) 철강기업들은 1950년대 초에 철강가격의 극심한 등락을 경험하였으며, 이것이 50년대 후반이후 가격의 심한 변동에 대한 대응책으로, 비교적 안정된 가격에서 거래가 가능한 장기상대거래를 늘린 한 이유라 생각된다(金(2006), p.35). 1940년대 말에서 50년대에 걸쳐 철강가격의 등락의 실태와 원인, 그에 대한 철강기업의 대응에 대해서는 金(2008)을 참조.

87) 隅谷編(1967).

표 1-15 조선기업의 후판철강기업별 구입비중(1961년, 1963년)　　　　(단위: %)

기업명	연도	鉄鋼A社	B社	C社	D社	合計
조선사	1961년	74.0	18.5	0.0	0.0	100.0
	1963년	71.1	12.2	0.0	5.4	100.0
J사	1961년	5.3	27.2	0.0	65.4	100.0
	1963년	4.5	44.1	1.5	48.9	100.0
K사	1961년	0.0	0.0	69.9	29.1	100.0
	1963년	5.5	0.0	92.0	0.3	100.0
L사	1961년	13.3	54.5	11.3	10.0	100.0
	1963년	15.0	36.6	14.5	27.3	100.0
M사	1961년	19.8	4.8	73.8	0.8	100.0
	1963년	8.5	0.0	86.6	0.0	100.0
N사	1961년	65.0	5.2	0.0	23.6	100.0
	1963년	55.4	7.0	0.0	28.5	100.0
O사	1961년	33.2	24.0	5.7	27.2	100.0
	1963년	24.8	13.5	1.6	46.1	100.0
P사	1961년	8.4	82.4	0.0	4.7	100.0
	1963년	0.2	81.7	1.2	2.5	100.0
Q사	1961년	8.8	13.7	66.6	10.5	100.0
	1963년	0.0	2.1	54.7	41.4	100.0

자료: 隅谷編(1967), p.183.

한 것이 [표 1-15]이다. 이 표에 따르면, 대부분의 대형 조선기업는 소수의 철강기업으로부터 집중적으로 철강을 구입했다. 예를 들어, 조선 I, J, K, M, P사는 61년과 63년에 각각 2사의 철강기업으로부터 90% 이상의 철강을 구입했다. 조선 L사와 Q사도 2사의 철강기업으로부터 80% 이상의 강재를 구입하고 있었다.

　주요 철강기업도 소수의 조선기업에만 후판을 판매하고 있었다. [표 1-16]에 의하면, 철강기업 A사, B사, F사는 각각 조선 2사에만 10% 이상의 후판을 판매하고 있었으며, 철강기업 E사, G사는 각각 조선 3사에만 10% 이상의 후판을 판매했다. 철강기업 C사와 D 사는 4사의 조선기업 각각에 10% 이상의 철강을 판매했다. 또한 철강각사는 주요 고객이 겹치는 것을 가능한 피하여, 일종의 분업을 하는 경향도 보였다. 예를 들어, 조선용 후판 판매에서 철강기업 A사, B사, C사, E사의 최대 판매처는 서로 달랐다(표 1-16). 주요 고객기업의 중복을 피하면서, 후판을 특정 소수의 조선기업에 한정하여 판매하는 상대거래 체제가 형성되어 있었던 것으로 보인다. 조직원리가 작용하고 있

표 1-16 후판각사의 조선기업별 판매 구성비(1961년에서 1963년까지의 합계) (단위: %)

	철강A사	B사	C사	D사	E사	F사	G사	H사
대형 조선기업	76.7	85.8	84.4	82.0	77.9	39.3	67.3	26.8
(I사)	35.9	9.6	0.0	2.5	9.2	16.8	21.0	4.9
(J사)	1.0	8.0	0.2	17.2	3.5	0.0	0.0	1.2
(K사)	0.3	0.0	26.5	3.2	3.7	0.0	0.0	0.0
(L사)	7.6	32.0	12.8	21.2	16.1	0.0	21.5	6.6
(M사)	2.7	0.5	30.6	0.0	3.0	1.8	0.0	7.0
(N사)	20.8	2.7	0.0	15.5	0.5	5.1	16.9	1.0
(O사)	6.7	5.5	1.5	15.5	23.9	5.0	6.4	0.0
(P사)	1.4	26.6	0.2	1.3	15.9	10.6	1.5	0.0
(Q사)	0.3	0.9	12.6	5.6	2.1	0.0	0.0	6.1
중소조선기업	23.3	14.2	15.6	18.0	22.1	60.7	32.7	73.2
합계	100.0	100.0	100.0	100.0	100.0	100.0	100.0	100.0

출처: 隅谷編(1967), pp.169, 177.

었던 것이다.

이처럼 전후 고도성장기에 조선용 강재의 상대거래가 많았던 한 이유는 1930년대의 조선용 강재의 거래와 마찬가지로 공급산업 및 수요산업 모두가 과점구조였던 것이다.

먼저, 수요산업인 조선업에서는 1960년대에 기업간의 합병 및 합리화에 의해 과점화가 진전되었다. 즉, 61년 이시카와지마(石川島)와 하리마(播磨)의 합병, 그리고, 64년 미츠비시 계열의 조선3사의 합병 등 1960년대 전반, 조선업의 집약화가 진행되어, 조선업의 집중도가 높아짐과 동시에 상위기업의 시장점유율이 안정되었다. 예를 들면, 상위기업의 집중도를 보면 59년까지 조선업의 상위 3사 집중도와 상위 5사 집중도는 하락 추세에 있었으나, 상위 3사의 집중도가 60년 이후 상승세로 돌아서, 미츠비시중공업, 이시카와지마 하리마 등 상위 3사가 60년대 후반에 50%대의 점유율을 차지하고 있었다. 60년대 후반에도, 상위 3사에 미츠이조선과 카와사키중공업을 더한 5사 집중도는 상승세를 이어갔다.[88]

조선용 후판시장도 과점구조였다. 제2차 세계대전 당시, 해군의 생산능력

88) 熊谷編(1973), p.205; 金(2011a), p.236; 金(2011b), p.12.

표 1-17 조선용 규격후판의 기업별 시장점유율 (단위: %, 천톤)

企業名	1955	1957	1959	1961	1963
(야하타제철)	22.9	26.1	31.3	34.5	28.5
(후치제철)	19.2	17.1	20.4	25.4	22.1
(닛폰강관)	21.6	19.6	18.5	15.8	17.7
(카와사키제철)	21.2	16.6	14.1	15.3	20.2
(닛폰제강)	10.2	11.0	7.8	2.6	2.6
생산합계	661.3	813.7	678.4	835.2	1,191.1

출처: 隅谷編(1967), p.150.

확충의 영향으로, 조선용 후판시장에서는 반관반민의 일본제철이 압도적인 우위를 점하고 있었지만, 고도성장기에 들어와서는 다른 철강기업들도 적극적인 설비투자로, 일본제철이 분할된 1위, 2위 기업, 야하타제철, 후지제철에 더해, 카와사키제철과 닛폰강관 등 4사가 조선용 표준 후판의 유력한 업체로 과점을 형성하고 있었다(표 1-17).

이처럼 수요와 공급 양산업의 과점구조 하, 수요기업과 공급기업의 "소수성"에 근거한 상대거래가 많았던 것인데, 이 점에서도 조직원리의 작용을 관찰할 수 있다. 수급기업의 소수성에 의한 상대거래가 많았던 점은 전전기의 조선용 철강시장과의 공통점이기도 했다. 조직적 거래의 장기적인 연속성이 나타나고 있었던 것이다.

한편, 앞서의 [표 1-15]에 의하면, 일본의 대형 조선기업은 복수의 철강기업으로부터 철강을 구입하였고 그 복수의 철강기업이 각조선기업의 강재조달량에서 차지하는 비중이 근접해 있었다. 즉, 일본의 과점조선기업들은 조선용 강재를 구입할 때, 複社발주정책을 실시하여, 철강기업간의 경쟁을 활용했던 것이다. 또한, 미츠비시 조선과 야하타제철은 1956년 9월부터 59년 5월까지 98,000톤의 수출선박용 후판의 장기거래계약을 체결했지만,[89] 경기변동이 심해, 결국 그 계약이 중단되었다. 이러한 사례는 조선용 강재시장에서 조직성이 강한 거래 형태가 보급되는 한편으로 시장원리가 작용하여, 조직원리와 시장원리가 얽혀서 움직였음을 나타낸다.

---

89) 三菱重工業(1967), p.276.

표 1-18 주요 자동차기업과 철강기업의 거래관계(1962년)

자동차기업	철강기업
토요타	야하타제철이 가장 유력, 다음이 토카이제철
닛산	카와사키제철 60%, 후지제철 20%
동양공업	카와사키제철 31%, 후지제철 26%
미츠비시자동차	—
이스즈자동차	후지제철, 닛폰강관, 야하타제철
프린스	후지제철 55%, 야하타제철 10%, 닛폰강관 10%, 스미토모금속 10%
히노	닛폰강관 35%, 스미토모금속 15%, 후지제철, 야하타제철

출처: 隅谷編(1967), p.48; 金(2007), p.12.

② 자동차용 강재시장[90]

1950년대 후반부터 60년대 당시의 철강기업 영업담당자에 대한 인터뷰에 의하면,[91] 일본의 자동차용 철강제품의 약 70%는 장기 계약되고 있었다고 한다. 히모츠키 거래를 하고 있던 것은, 주로 상위의 자동차기업이며, 예를 들어, 토요타는 59년 야하타제철과의 사이에 강판의 장기거래 계약을 맺었다.[92]

[표 1-18]을 보면 1962년에 자동차 상위기업 토요타와 닛산은 특정 철강기업에서 철강을 구입하고, 또한 각각 다른 철강기업에서 철강을 구입한 것으로 나타났다. 그리고, 다른 일본 자동차기업도 제한된 수의 철강기업에서 강재를 구입했다. 특정 소수의 기업간에 거래하는 형태로 조직원리가 작용하고 있었던 것이다.

한편, 대부분의 일본 자동차기업은 적어도 2사의 철강기업으로부터 철강을 구입했다. 즉, 철강제품의 구입에서 複社발주를 하고 있었다. 예를 들어, [표 1-18]에 의하면, 토요타는 야하타제철뿐 아니라 후지제철의 사실상의 자회사인 토카이제철로부터도 철강제품을 구입했다.[93] 같은 시기 조선기업뿐 아

---

90) 이곳의 기술은 주로 金(2007)에 의거한다.

91) 일본의 철강상사 A사의 영업담당 OB에 대한 인터뷰(2005년 12월 15일).

92) 磯村(2007).

93) 1958년, 후지제철이 51.7%를 출자하고, 나고야지역 경제계의 공동출자로 토카이제철이 설립되었다. 동사는 나고야제철소를 주력공장으로 하였으며, 후지제철이 동사제품의 독점판매권을 가졌으며, 67년에 후지제철에 흡수합병되었다(富士製鉄(1981);『日本経済新聞』2010年10月1日, 地方経済面 中部, p.7).

표 1-19 자동차기업의 철강조달선별 구성비(1976년)　　　　　　　　(단위: %)

	토요타	닛산	동양공업	미츠비시자동차	이스즈자동차
신일본제철	41.4	27.5	48.5	33.7	56.1
닛폰강관	41.5	28.7	9.5	13.4	14.4
스미토모금속	10.6	11.9	21.8	8.1	0.0
카와사키제철	0.0	26.2	21.2	41.5	29.4
코베제강	6.6	5.8	2.6	3.2	0.0
(합계)	100.0	100.0	100.0	100.0	100.0

출처: 岡本(1984), p.141.

니라 자동차기업도 강재의 複社발주로 철강기업간의 경쟁을 이용하고 있었다는 것을 알 수 있다.

　　고도성장기의 조금 후인 1976년에도 일본의 주요한 자동차기업은 복수의 철강기업에서 강재를 구입했다. 예를 들어, [표 1－19]에 의하면, 토요타는 신일본제철(1970년 야하타제철과 후지제철이 합병하여 설립된 기업)과 닛폰강관에서 각각 40% 이상의 강재를 조달하고 있었고,[94] 닛산도 카와사키제철, 닛폰강관을 포함한 자동차용 강재의 상위 3사로부터 집중해서 강재를 구입하고 있었다. 동양공업(마츠다), 미츠비시, 이스즈도 3사 이상의 철강기업으로부터 철강을 조달했다. 실제, 1970년대 초반, 일본의 모자동차기업에서 강재 조달업무를 담당했었던 OB의 증언에 따르면,[95] 자동차기업은 거래하고 있는 복수의 철강기업별로 구매비율을 항상 체크하고 조정했다고 한다. 자동차용 강재시장에서 수요자인 자동차기업이 거래 상대방인 철강기업간의 경쟁을 면밀히 활용하고 있었던 것이다.

　　따라서, 일본의 자동차기업들은 소수이지만, 반드시 복수의 철강기업으로부터 강재를 조달하여 철강기업간 경쟁을 활용하였던 점에서, 조직원리와 시장원리가 결합되어 작용하고 있었다고 할 수 있다.

---

94) 토요타가 카와사키제철로부터 전혀 강재를 구입하지 않은 점이 특징적인데, 거기에는 역사적인 경위가 있다. 즉, 토요타가 제2차 세계대전 후부터 한국전쟁 직전까지 자금부족과 경영위기에 시달리고 있는 상황에서 카와사키제철에 대해 철강의 공급을 요청했지만, 카와사키제철은 이를 거절했다. 이러한 이유로, 그 이후 토요타는 카와사키와 일체 거래를 하지 않았고, 토요타가 카와사키제철로 철강을 구입하기 시작한 것은 1991년이 되어서였다(『日經産業新聞』 2004年11月26日, p.32).

95) 일본의 자동차기업 B사의 철강 구매담당 OB에 대한 인터뷰(2008년 7월 10일).

(2) 가격형성에 있어서의 조직원리와 시장원리의 결합

① 조선용 강재시장에 있어서의 가격형성

전후 일본의 조선용 강재시장에서는 "계획조선"용 강재의 거래가 컸다. 계획조선이란, 조선업 및 해운업의 진흥을 위한 정책으로, 정부가 해운기업에 저리융자를 해 조선기업에 계획적으로 발주하게 함으로써, 무역에 필요한 선박량의 확보와 조선업에 대한 안정적 수요 창출을 도모한 정책이었다.

구체적으로, 정부가 먼저 연도별로 필요한 선박수에 따라 선박 종류별의 건조계획을 수립하고 필요한 자금규모을 추산한 후, 그 일정비율을 융자하는 계획을 입안하였다. 그 후, 해운기업의 신청을 취합해, 신청기업의 경영상황과 조선소 가동상황 등을 감안하여 계획조선의 대상을 결정했다. 1948년도부터 제1차 계획조선이 실시된 후 주로 50년대까지 정기 화물선을 대상으로 계획조선이 활발하게 이루어졌다.[96]

정부는 이 계획조선에 필요한 강재 조달을 위한 조선기업과 후판기업간의 가격 협상에 개입했다. 그 결과, "계획조선"용 강재 계약 가격은 상당히 안정되어 있었다. 예를 들어, [표 1-20]은 1960년대 조선각사 유가증권보고서에 기재된 강재 조달가격을 정리한 것이다. 이 표에 따르면, 주요 조선기업의 강재 조달가격이 1960년대의 전 시기에 걸쳐 매우 안정되어 있었던 것을 알 수 있다. 이러한 가격 안정성은 조직원리를 나타낸다.

한편, 조선용으로 많이 사용되었던 후판의 시장가격은 1950년대 후반과 60년대에 매우 극심하게 변동하면서, 하락 추세에 있었다.[97] 전술한 바와 같

---

96) 제1차, 제2차 석유위기 이후, 해운불황이 계속되면서, 1986년에 해운조선 합리화 심의회가 선박과잉에 대응하여 조선업의 발본적 합리화를 제안하기에 이르러, 87년의 제43차 계획조선을 마지막으로 "계획조선"은 종료되었다. 그 사이에 1,272척(4,238만 총톤)의 선박이 계획조선에 의해 건조되었던 것으로 알려져 있다.

97) 후판의 월별가격에 대해서는 日本鐵鋼連盟(1969)를 참조. 1960년대의 후판가격 하락세는 철강기업의 활발한 설비투자 경쟁과 깊이 관련되어 있었다. 첫째, 60년대 초반에는 해외에서 조선수주를 둘러싸고 조선기업간의 가격경쟁이 치열했다. 그 결과, 조선기업의 채산성이 악화되어(熊谷編(1973), p.228), 조선기업은 철강기업에 대해 강재의 가격인하 압력을 가했다. 한편, 60년대 후반에는 해외수주가 급증하는 등, 조선업이 지속적으로 성장해, 조선용 강재 수요도 증가세를 지속했다. 게다가, 선박의 대형화가 진행되어, 조선기업은 철강기업에 더

표 1-20 1960년대, 조선기업의 후판구입가격　　　　　　　　(단위: 엔/톤)

결산기	미츠비시조선	미츠이조선	히타치조선	이시카와지마하리마
1960.9	47,000	48,000	47,000	48,100
1960.12	48,000	48,000	45,000	48,100
1961.3	48,000	48,000	46,000	48,100
1961.9	48,000	45,000	46,000	48,100
1961.12	48,000	45,000	48,000	48,100
1962.3	48,000	45,000	48,000	48,100
1962.6	48,000	40,710	-	48,100
1962.9	46,000	40,710	46,000	46,100
1962.12	46,000	38,210	-	46,100
1963.3	44,000	38,210	44,000	46,100
1963.9	46,000	38,500	46,000	46,100
1963.12	46,000	38,500	-	46,100
1964.3	46,000	38,500	46,000	46,100
1964.9	46,000	41,000	46,000	46,100
1964.12	46,000	38,000	-	46,100
1965.3	46,000	35,000	46,000	46,100
1965.6	43,000	44,000	46,000	46,100
1965.9	44,000	45,000	46,000	46,100
1966.4	44,000	45,000	46,000	46,100
1966.9	44,000	45,000	46,000	46,100
1967.4	44,000	46,000	46,000	46,100
1967.9	44,000	44,000	46,000	46,100
1968.4	44,000	43,000	46,000	46,100
1968.9	44,000	43,000	46,000	46,100
1969.4	44,000	43,000	46,000	46,100
1969.9	44,000	43,000	46,000	46,100
1970.4	44,000	46,000	47,500	46,100

자료: 각사 유가증권보고서.

이, 상대거래 가격이 안정적이었던 것과 대조적으로, 시장가격은 불안정하고 변동이 심했다. 시장원리가 작용했던 것이다. 따라서, 조선용 강재의 가격형성

폭이 넓고, 무겁고, 더 높은 품질의 철강제품을 요구했다. 이러한 요구에 대응하여 철강기업은 대형의 최신설비를 적극적으로 도입했는데, 이러한 철강기업간의 치열한 설비투자 경쟁이 만성적인 생산능력과잉을 낳았고, 이것이 철강가격하락 추세의 중요한 요인이 되었다(金(2011a), p.254).

에 있어서, 가격 종류별로 시장원리와 조직원리가 각각 작용하고 있었다고 할 수 있다. 또한 시장 가격과 조직적인 거래 가격이 완전히 독립적으로 형성된 것도 아니었다. 전술한 바와 같이 시장가격은 수급상황에 민감하게 반응했기 때문에 변동이 심했으나 이러한 시장 가격 변동이 상대거래의 가격형성에도 부분적으로 영향을 미치고 있었다. 예를 들어, [표 1-20]에 의하면, 대형 조선기업의 철강 구매가격은 안정되어 있었지만, 경향을 보면 하락 추세에 있었다. 이 가격하락 추세는 시장가격과 시장수급상황의 영향을 받은 것임에 틀림 없다. 조선용 강재 가격 형성에서 시장원리가 조직원리에 영향을 주고 있었던 것이다.

② 자동차용 강재시장에 있어서의 가격 형성

1950년대 후반부터 60년대에 걸쳐 자동차용 철강 수요가 급속히 증가해, 철강각사는 적극적으로 스트립 밀을 건설했다. 자동차용 강재시장으로의 신규진입을 포함해 철강기업간 설비투자 경쟁이 치열했다.[98] 이미 50년대 중반부터 스트립 밀 설비를 건설한 최상위 기업, 야하타제철과 후지제철뿐만 아니라, 58년 4월, 카와사키제철도 자동차용 강재시장에 본격 진출함으로써,[99] 이 3사간에 설비투자 경쟁이 격화되었다. 더욱이, 50년대 말부터 60년대 초반에 걸쳐, 닛폰강관, 스미토모금속, 코베제강도 자동차용 강재시장에 차례로 진입하여 설비투자 경쟁에 합류했다.

그 결과, 가동되고 있는 핫 스트립 밀의 생산능력은 57년 말 4기, 연 생산 능력 240만톤에서 62년 말 13기, 연 생산능력 2,580만톤으로 급증했다.[100] 그런데, 자동차용 철강 생산능력은 불연속적인 계단형태로 증가하였다. 설비의 건설에 시간이 걸리고, 신설비 가동개시가 연속적으로 나타나지도 않았기 때문이다. 치열한 설비투자의 경쟁으로 이러한 계단형태의 생산능력 점프가 계속해서 나타났다. 따라서 급속한 자동차용 강재 수요증가에도 불구하고, 자동차용 강재시장은 만성적인 공급과잉의 위험을 안고 있었다. 그 때문에, 항상

---

98) Kim(2015b), p.58; 金(2007), p.11.

99) 川崎製鉄株式会社社史編集委員会編(1976), pp.101, 140, 138, 271, 341, 343.

100) 日本鉄鋼連盟(1969), p.292.

가격이 급락할 가능성이 있었던 것이다.

실제로 이 시기에 자동차용 강재 가격은 조선용 강재의 가격과 마찬가지로 하락세에 있었다.[101] 특히 경기 침체기에 수요의 급격한 감소로 자동차용 강재가격이 크게 하락했다. 예를 들어, 냉연강판의 가격은 1963년 10월부터 64년 10월에 걸쳐 급락하였고, 그 이후의 불황으로 일부 철강기업은 대규모 고객기업에 할인가격으로 강재를 판매하여, 경우에 따라서는 중요 고객기업에게 리베이트까지 지불했다고 한다.[102] 이처럼 철강시황변화에 따라 시장가격이 민감하게 변화했다는 점에서 시장원리가 기능하고 있었다고 할 수 있다.

한편, 장기상대거래의 경우 일정기간 동안 고정된 가격에 강재가 거래되는 경우가 많다. 따라서 장기상대거래가격은 시장가격에 비해 변동률이 작고 변동의 빈도도 낮아지는 경향이 있다. 이 시기 일본의 자동차용 강재의 거래에서도 그러하였다.

예를 들면, 1960년대 토요타와 닛산의 유가증권보고서에 기재된 기준 강재품종의 조달가격 추이를 보면, 토요타와 닛산의 철강조달가격이 매우 안정되어 있었다는 것을 알 수 있다. 이 10년간 추세적으로 저하되는 경향이 있었지만, 가격이 변화하는 시기와 폭은 제한되어 있었고, 몇 년간 가격이 동결된 경우도 있었다(그림 1-1).

당시 자동차기업에서 강재조달업무를 담당했던 OB의 증언에 의하면,[103] 주요 철강기업과의 자동차용 강재가격협상은 정기적이 아니라, 신제품 강재의 수급과 비용에 큰 변화요인이 발생했을 때 실시되었다고 하는데, 자동차용 강재의 가격교섭은 향후의 철강기업의 설비투자계획 등을 감안하여 장기적인 관점에서 이루어졌다고 한다. 예를 들어, 협상가격은 철강기업의 제안을 중시하는 형태로 양사 담당임원들에 의해 "정책적"으로 결정되었다고 한다. 또한 철강과 자동차의 가격 협상시 단기적인 시장가격 변동은 고려하지 않았다고 한

101) 金(2011a), pp.260-262. 국내의 과잉공급으로 인해, 1960년대 후반부터 철강수출이 가속화되었다. 예를 들어, 67년 야하타제철은 장력강판을 미자동차 "빅 스리"에 수출하여 높은 평가를 얻었다고 한다(八幡製鉄(1980), pp.275-276).

102) 日本鉄鋼連盟(1969), p.188.

103) 일본의 자동차기업 B사의 생산관리 및 구매담당 OB에 대한 인터뷰(2005년 6월 2일 및 6월 27일). 교섭이 진행되는 중이라도, 매일매일의 거래는 계속할 수밖에 없었으므로, 최종적인 가격수준은 후일 결정하여 소급해서 적용하는 예가 많았다고 한다.

그림 1-1 토요타와 닛산의 강판 구입가격 추이(1960-1970년)

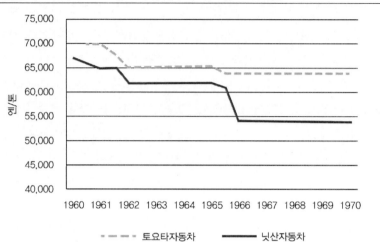

주: 토요타의 강판은 C-3, 0.9mm×3×6(C는 냉연강판, 3은 등급을 각각 나타낸다).
    닛산의 강판은 SPK-1, 1mm.
자료: 토요타자동차 및 닛산자동차의 유가증권보고서.

다. 자동차기업의 또 다른 강재구매 담당 OB의 증언에 의하면,[104) 1960년대 후반과 70년대 초반에, 일본의 철강기업과 대규모자동차기업간의 철강가격협상은 같은 시기의 조선용 철강시장의 경우와는 달리, 시장가격의 영향을 거의 받지 않았다.

그 결과, 1960년대를 통해 특정 주요 철강기업으로의 자동차용 강재 조달가격은 상당히 안정되어 있었다. 수급 상황이 직접적으로 반영되지 않도록 가격이 인위적으로 조정됐다는 점에서 조직원리가 작용했다고 할 수 있다. 조선용 강재뿐만 아니라 자동차용 강재에서도 거래가격 형성에 시장원리와 조직원리가 결합되어 작용했던 것이다.

(3) 저스트 인 타임의 도입에서의 시장원리와 조직원리의 결합

1960년대부터 일본의 자동차기업은 부품, 소재 등 중간재 조달에 저스트 인 타임(Just in time, JIT) 방식을 도입하여 효율적인 재고관리에 성공했다고 알려져 있다. 철강의 거래에 있어서도, 자동차기업들은 60년대 초반부터 필요

---

104) 일본의 자동차기업 B사의 철강 구매담당 OB에 대한 인터뷰(2008년 7월 10일).

한 강재를 필요한 양만큼 필요할 때 반입하는 저스트 인 타임시스템을 도입하였는데, 이 시스템의 도입을 둘러싸고도 조직원리와 시장원리가 결합되어 작용하고 있었다.

① 조선용 강재 거래에 있어서의 저스트 인 타임 도입

1950년대 후반부터 60년대에 걸쳐, 철강업과 조선업 모두 성장하는 가운데 양자간의 강재 거래량이 증가하였다. 특히 조선경기의 변동에 따라 강재주문의 변동이 심했기 때문에 강재의 수급불균형의 가능성이 높았고 또 수급 갭의 규모도 커졌다. 따라서 조선기업의 효율적인 철강 재고관리의 필요성이 높아졌다.[105]

이러한 필요성에서 조선기업은 강재의 재고관리를 위한 노력의 일환으로 1960년대 전반, 철강 거래에 "저스트 인 타임"을 도입했다. 조선용 후판의 경우 수요의 가격 탄력성이 매우 작고 품질이 규격화되어 있던 것도, 저스트 인 타임의 도입을 용이하게 했다.[106]

그 결과, 강재의 재고관리의 효율성이 높아졌다. 당시 일본 조선업에서는 히타치조선과 미츠이조선처럼 조선사업의 비중이 높은 기업과, 조선사업의 부진으로 다각화를 적극적으로 추진한 미츠비시중공업과 이시카와지마하리마 등의 기업이 있었는데, 조선사업 비중이 높은 히타치조선과 미츠이조선을 대상으로, 1960년대의 철강재고의 변화를 나타낸 것이 [표 1−21]이다. [표 1−21]에 따르면, 60년대를 통해 이들 조선기업은 강재소비가 급증하는 가운데, 강재 재고율이 계속 하락하였고 재고 규모의 증가도 억제할 수 있었다.[107]

그런데, 사실은 저스트 인 타임 방식 자체는 도입에 의해 수요자와 공급자 모두에게 이점만을 낳는 제도는 아니다. 공급자에게 새로운 부담을 낳았다. 예를 들어, 철강기업의 배송 빈도가 높아져 그에 따른 비용이 증가하는 데다,

---

105) 金(2011a), pp.256−257; Kim(2012), p.54. 예를 들면, 후지제철의 회사사에 의하면, 수요기업으로부터의 엄격한 납기관리 요구가 강해져, 1962년, 조선기업으로부터 후판의 납기관리 체제강화의 요구가 줄을 이었다고 한다(富士製鐵(1981), p.569; Kim(2012), p.56).

106) 隅谷編(1967), pp.154−155, 186; 일본철강연맹 담당자에 대한 인터뷰(2006년 12월 10일).

107) 고도성장기의 개시연도인 1955년부터 63년의 3사 합병까지의 미츠비시조선(당시 명칭)의 통계를 보면 강재소비가 늘어나는 가운데, 재고는 59년부터 감소하였으며, 63년 철강재 재고비율은 58년보다 낮았다(金(2011a), p.257; Kim(2012), p.55).

표 1-21 히타치조선, 미츠이조선의 강재 사용량, 기말재고, 재고율(단위: 톤, 백만엔, %, 개월)

	히타치조선				미츠이조선			
	당기 사용량	기말 재고량	조선사업 매출액의 전사 비중	재고율	당기 사용량	기말 재고량	조선사업 매출액의 전사 비중	재고율
1961년 3월기	49,873	22,404	73.7	2.70	34,522		58.5	1.12
1961년 9월기	63,581	22,232	66.1	2.10	29,650	6,053	65.5	1.22
1962년 3월기	70,751	27,932	78.1	2.37	35,611	16,534	72.3	2.79
1962년 9월기	51,548	14,695	72.5	1.71	28,718	6,634	44.7	1.39
1963년 3월기	47,506	9,310	64.7	1.18	34,513	6,757	73.2	1.17
1963년 9월기	63,694	13,827	71.1	1.30	45,857	8,577	61.8	1.12
1964년 3월기	98,882	28,721	76.9	1.74	65,494	17,361	77.2	1.59
1964년 9월기	105,311	30,943	63.9	1.76	59,345	18,573	55.5	1.88
1965년 3월기	117,374	20,398	69.0	1.04	20,690	9,122	53.4	2.65
1965년 9월기	119,619	23,701	70.9	1.19	76,054	10,363	73.4	0.82
1966년 3월기	150,735	25,299	69.2	1.01	80,471	9,809	78.3	0.73
1966년 9월기	164,063	19,755	75.9	0.72	81,702	10,140	65.6	0.74
1967년 3월기	155,906	26,309	73.7	1.01	131,272	11,072	65.5	0.51
1967년 9월기	186,099	42,742	80.2	1.38	140,856	18,680	67.7	0.80
1968년 3월기	197,909	29,544	73.9	0.90	150,153	17,203	69.5	0.69
1968년 9월기	178,582	22,849	67.9	0.77	156,175	13,112	74.8	0.50
1969년 3월기	184,795	19,520	73.8	0.63	165,286	11,924	72.2	0.43
1969년 9월기	180,761	14,567	73.4	0.48	179,011	17,748	67.5	0.59
1970년 3월기	197,008	14,337	76.1	0.44	176,144	15,969	63.5	0.54
1970년 9월기	208,102	15,786	74.1	0.46	204,892	20,231	62.3	0.59

자료: 각사 유가증권보고서.

주문에 즉시 대응할 수 있기 위해서는 일정한 재고를 항시 보관할 필요가 있었고 이것도 공급자에 있어 비용을 높이는 측면이 있었다. 따라서 저스트 인 타임의 도입은 철강기업과 조선기업 간의 이해 대립을 수반하는 것이었으며,[108] 이 점에서 시장원리가 작용하고 있었던 것이다.

그럼에도 불구하고, 왜 철강기업이 이 방식의 도입에 협력했을까? 이에 대한 해답에 시장원리와 조직원리가 결합되어 있었다. 첫째, 조직원리가 작용했다. 즉, 철강기업들에게 있어, 조선기업은 오랫동안 거래를 해온 중요 고객기업이고, 향후 이 수요기업의 강재수요 규모도 확대될 것으로 기대되고 있었

---

108) Kim(2012), p.56.

기 때문에, 거래관계를 계속할 유인이 강했다. 이것이 철강기업들이 저스트 인 타임의 도입에 협력한 이유의 하나였다. 장기상대의 거래관계의 유지가 철강 기업들의 협력 행동을 낳았다고 할 수 있다. 조직원리가 작용했던 것이다.

철강기업이 조선기업의 저스트 인 타임 도입에 협력한 또 다른 중요 이유 는 거래 교섭력의 변화였다. 거래교섭력이 수요업체인 조선기업에 유리하게 변화하였고, 그것이 철강기업의 위험과 비용 부담을 증가시켜, 조선기업의 요 구를 받아들이지 않을 수 없게 되는 요인이 되었다. 양자간의 이해대립을 반 영하는 거래교섭력에 변화가 있었던 것은 시장원리가 작용했다는 것을 보여준 다.[109] 좀 더 구체적으로 보자.

조선용 강재 거래에 있어서 1960년대 전반까지는 조선기업의 교섭력이 약했다. 예를 들어, 일시적인 불황이 닥쳤던 62년 이후 경기가 호전되어, 63 년의 가격 협상시, 공급자인 철강 과점기업간 협의에 의해 수출선박용 강재 가격을 일률적으로 인상했다. 또한, 64년 통산성과 철강업계에 의해 철강 시 황 대책위원회 내에 수요기업부회가 설치되었을 때, 이 모임의 활동은 수요예 측 조사를 보조하는 정도에 그쳤다.[110] 수요기업의 발언력이 약했던 것이다. 이러한 사실은 60년대 전반까지 철강기업과의 거래관계에서 조선기업의 교섭 력이 약했던 것을 보여주고 있다.

그 후, 조선기업의 거래교섭력은 높아졌다. 첫째, 조선용 강재시장에서 공 급자간의 경쟁이 격화되었고, 이것이 수요자인 조선기업의 거래교섭력을 높였 다.[111] 구체적으로, 1960년대 후반 잇단 수출 선박 붐 속에서 조선수주의 증 가와 선박의 대형화가 현저하여, 철강기업은 조선기업의 요구를 충족시키기 위해 폭이 넓고 무거운 후판제품의 설비투자를 활발히 추진했다. 이러한 설비 투자 경쟁은 설비의 높은 조업률 유지를 위한 철강기업간의 판매경쟁으로 연 결되어, 생산과 판매의 양쪽에서 기업간 경쟁이 격화되었다.

둘째, 전술한 것처럼, 조선업에서 1960년대 전반에 합병, 합리화에 의해 과점화가 더욱 진전되었다. 강재 수요산업에서의 산업조직의 변화가 60년대

---

109) 金(2011a), pp.257－258.

110) 隅谷編(1967), pp.214－216.

111) 金(2011b), p.11; Kim(2012), p.56.

후반의 강재수요 급증과 함께, 조선용 후판시장의 수요자 시장화를 심화시켜, 조선기업의 거래교섭력 상승을 촉진했다.112)

셋째, 일부 조선기업는 강재의 집중구매를 강화해 교섭력을 높였다. 예를 들어, 미츠이조선은 1965년 5월에 본사 "자재 구매부"를 강화하여, 구매시스템의 집중화를 개시했다.113) 이러한 집중구매의 강화는 재료비를 줄이고, 강재조달의 수량과 가격을 안정시킴과 동시에 강재구매시의 거래교섭력을 높였다. 집중구매로, 조달규모가 커져, 그에 따른 이점이 가격협상에서 유리하게 작용했기 때문이다.114)

거래교섭력은 수급자간의 이해 대립을 반영하므로, 수요자의 거래교섭력이 높아진 것은 시장원리의 작용을 나타낸다고 할 수 있다. 저스트 인 타임이라는 수요기업과 공급기업의 협력을 기반으로 조직원리가 작용하는 시스템이 시장원리와 결합되어 도입되었던 것이다.

② 자동차용 거래에 있어서의 저스트 인 타임의 도입

일반적으로 철강가격의 변화는 철강재고의 변화와 負의 상관관계가 있다.115) 따라서, 전술한 바와 같이, 1960년대의 자동차용 철강가격 하락세는 철강재고의 증가세를 의미했다.116)

한편, 자동차용 강재 소비는 1960년대에 이른바 "모터리제이션"(자동차의 대중화)에 의해 급속하게 증가했다(표 1-22). 이러한 강재소비의 증가로 자동차기업의 재고도 확대될 가능성이 있었다. 철강재고의 증가는 자동차 기업의 재고관리비용을 높일 뿐 아니라 철강의 보관 공간의 부족 및 보관비용의 상승이라는 문제도 일으킨다. 또한 재고의 강재가 장기간 사용되지 않을 경우 부

---

112) 金(2011b), p.12.

113) 三井造船(1968), pp.313-314.

114) 金(2018b), p.12. 물론 조선기업의 강재 집중구매는 철강기업들에게도 일정한 이점이 있었다. 예를 들어, 개별조선소와 거래협상을 일일이 계속하는 데 따른 번거로움을 줄이고, 거래비용을 절감할 수 있었으며, 협상가격이 통일되지 못하여 거래기업에 따라 제각각이 되는 문제점도 개선할 수 있었다. 안정적인 수량을 장기적으로 판매할 수 있는 이점도 있었다(金(2018b), p.18).

115) 流通システム開発センター(1975), p.51.

116) 단, 후술하는 것처럼, 저스트 인 타임의 도입으로 강재재고의 증가는 억제되었다.

표 1-22 토요타와 닛산의 강재의 소비, 재고율 추이(1960-1970년)　　(단위: %, 톤, 개월)

결산기	토요타			결산기	닛산		
	소비	기말재고	재고율		소비	기말재고	재고율
1960.12-61.5	70,022	18,478	1.58	1960.10-61.3	38,730	9,884	1.53
1961.6-61.11	77,259	15,240	1.18	1961.4-61.9	41,016	6,475	0.95
1961.12-62.5	76,884	13,992	1.09	1961.10-62.3	46,591	9,973	1.28
1962.6-62.11	69,718	10,551	0.91	1962.4-62.9	39,502	5,645	0.86
1962.12-63.5	88,784	9,332	0.63	1962.10-63.3	46,581	5,050	0.65
1963.6-63.11	89,769	12,520	0.84	1963.4-63.9	48,689	8,921	1.10
1963.12-64.5	93,891	8,148	0.52	1963.10-64.3	61,448	8,057	0.79
1964.6-64.11	100,798	9,570	0.57	1964.4-64.9	65,853	9,673	0.88
1964.12-65.5	113,710	9,626	0.51	1964.10-65.3	67,364	10,348	0.92
1965.6-65.11	94,204	7,155	0.46	1965.4-65.9	66,626	9,510	0.86
1965.12-66.5	110,885	7,193	0.39	1965.10-66.3	71,235	11,448	0.96
1966.6-66.11	126,137	7,005	0.33	1966.4-66.9	88,186	14,282	0.97
1966.12-67.5	148,417	7,824	0.32	1966.10-67.3	122,570	13,096	0.64
1967.6-67.11	166,421	7,479	0.27	1967.4-67.9	129,912	12,624	0.58
1967.12-68.5	184,451	6,480	0.21	1967.10-68.3	151,157	9,825	0.39
1968.6-68.11	209,655	7,240	0.21	1968.4-68.9	157,642	5,382	0.20
1968.12-69.5	241,158	7,544	0.19	1968.10-69.3	184,724	4,383	0.14
1969.6-69.11	275,197	9,779	0.21	1969.4-69.9	187,728	4,458	0.14
1969.12-70.5	258,672	9,714	0.23	1969.10-70.3	230,800	5,990	0.16
1970.6-70.11	309,414	6,374	0.12	1970.4-70.9	223,418	4,752	0.13

주: 재고율은 기말재고를 월평균생산량으로 나누어 계산.
자료: 각사 유가증권보고서.

식되기 쉽고 가공성도 저하했다. 따라서 자동차기업은 철강재고 관리를 중시
하게 되었다.[117]

　　토요타를 비롯한 상위의 자동차기업이 1960년대 전반, 철강 거래에 저스트
인 타임을 도입한 것은 이 때문이었다.[118] 저스트 인 타임의 도입의 결과, 일본
의 자동차업체들은 철강의 재고관리 능력을 높였다. 예를 들어, [표 1-22]에
따르면 토요타와 닛산 모두 60년대에 철강 소비가 급증하는 가운데, 강재의 재
고는 그다지 늘지 않았으며, 강재 재고율은 급격히 하락하여, 70년경 양사의 강

---

117) 일본의 자동차기업 B사의 철강 구매담당 OB에 대한 인터뷰(2008년 7월 10일); Kim(2012),
　　 p.46.
118) 金(2011a), pp.262-263.

재재고율은 60년대 초반의 10분의 1에서 8분의 1의 수준까지 떨어졌다.[119]

　　그런데, 자동차용 강재의 거래에 있어서도, 저스트 인 타임은 철강기업에 어려운 과제를 강요하는 것이었다. 첫째, 수요기업의 주문에 신속하게 대응하기 위해서, 철강기업들은 즉납 체제를 갖출 필요가 있고, 따라서, 일정정도의 재고를 보유해야 했다. 그리고, 자동차용 강재의 거래량이 급속히 증가한 반면, 철강상사, 코일센터 등의 재고 보유 공간은 한정되어 있었기 때문에, 저스트 인 타임에 대응하기 위해 자동차기업으로의 납입횟수, 납입빈도를 늘릴 수밖에 없었다. 따라서 철강기업들은 배송의 번거로움과 비용이 늘어나게 되었다.[120] 때문에, 조선용 강재의 경우와 마찬가지로, 저스트 인 타임의 도입을 둘러싸고 자동차와 철강기업 간의 이해대립이 발생하였고, 이는 시장원리의 작용을 나타낸다.

　　그럼에도 불구하고, 철강기업들은 자동차기업의 저스트 인 타임 도입 요구를 받아들였다. 왜였을까? 그 이유는 조선용 강재의 경우와 유사했다. 첫째, 이미 언급했던 것처럼, 자동차용 철강제품의 대부분은 장기상대거래였기 때문에, 철강기업은 유력한 고객기업과의 거래를 유지하기 위해서 이 자동차기업의 요구에 따르지 않을 수 없었다. 이러한 수요기업과 공급기업간의 협력이라는 유인은 조직원리의 작용을 나타낸다.

　　제2의 도입 이유는 자동차기업의 대철강기업 거래교섭력이 높아진 것이다.[121] 1960년대 초반까지 자동차용 강재의 거래에서는 철강기업의 교섭력이 압도적으로 강했다고 한다. 철강기업에게 있어, 자동차기업은 많은 "신흥"수요기업 중의 하나에 불과했던 반면, 철강기업은 "권위"를 갖는 중요기업으로, 자동차기업과는 격이 다르다는 인식이 상호간에 있었다고 한다. 거래협상시 자동차기업의 "제안을 받아들일지 여부"를 결정하는 것은 철강기업이었으며, 자동차기업은 어디까지나 "부탁하는 입장"에 있었다고 한다.[122] 그러나, 60년대

---

119) 자동차용 강재의 재고관리를 철저히 시행한 것은, 원단위의 감소, 강재 양품률의 향상과 함께, 강재 수요증가가 자동차 생산증가 만큼 급격하지 않았던 이유이기도 했다(日本鉄鋼連盟 (1969), pp.228-229). 이러한 강재수요 억제 요인은 결과적으로 철강의 공급과잉 확대, 수요기업의 거래교섭력 향상의 한 요인이 되기도 했다.

120) 金(2011a), p.264; Kim(2012), p.47.

121) 金(2011a), p.264; Kim(2012), p.46.

122) 이곳의 기술은 주로일본의 자동차기업 B사의 생산관리 및 구매담당 OB에 대한 인터뷰

후반부터 자동차용 강재의 거래협상에서 자동차기업의 교섭력이 높아졌다. 때문에, 자동차기업도 철강기업과의 교섭에서 어느 정도 "무리한 가격수준"을 요구할 수 있게 되었다.[123)]

이처럼 1960년대를 통해 자동차기업의 거래교섭력이 높아진 이유는 첫째, 강재의 공급측의 산업조직이 보다 경쟁적으로 변했던 것이다. 자동차용 강재의 주요품종인 냉연강판 시장에서 경쟁이 치열해지고 있었다. 예를 들어, 55년, 야하타제철과 후지제철의 2사가 시장을 장악하고 있었지만, 58년, 카와사키제철이 동제품시장에 본격 진출하여, 동사의 시장점유율이 급속히 높아진 반면, 상위 2사의 시장점유율은 하락했다. 또한, 60년대 초반에는 낮은 점유율에 머물러 있던 닛폰강관이 점유율을 높였고, 65년에는 스미토모금속과 코베제강도 신규진입해(표 1-23), 자동차용강재시장은 대형고로업체 6사 전부가 진입한 치열한 경쟁시장이 되었다.[124)]

둘째, 시장수급상황이 변화했다. 철강수요가 크게 증가했지만 철강기업들의 적극적인 설비투자가 반복되어, 자동차용 철강시장에서는 계속적으로 과잉

표 1-23 냉연강판 시장에서의 기업별 시장점유율   (단위: %)

기업명	1955년	1960년	1965년
야하타제철	44.4	25.1	17.7
후지제철	33.6	16.1	14.4
일본강관	0.0	4.1	9.5
카와사키제철	2.3	16.3	16.0
스미토모금속	0.0	0.0	5.3
코베제강	0.0	0.0	6.5
(상위 6사 합계)	80.1	61.6	69.4

출처: 飯田, 大橋,黒岩編(1969), p.583; 金(2011b), p.262.

(2005년 6월 2일 및 6월 27일)에 의거한다.

123) 1970년대 중반이 되면, 자동차기업과 대형철강기업간의 거래교섭력은 대등해졌고, 80년대가 되면, 철강제품의 "경박 단소화"와 엔고의 영향으로 철강업의 불황이 심화되어, 자동차기업들이 철강기업보다 거래 교섭력이 강해졌다(일본의 자동차기업 B자의 철강 구매담당 OB에 대한 인터뷰(2008년 7월 10일); 『日本経済新聞』 2019年1月21日; 『日経産業新聞』 2004年11月26日, p.32).

124) 金(2011b), pp.10-11; 金(2007), pp.10-14.

공급이 초래되어, 자동차용 강재시장이 수요자시장으로 변화했다. 그 결과, 철강기업들의 대형 설비투자의 의도하지 않은 결과로서, 거래 상대편인 자동차기업의 거래교섭력이 높아졌다.[125]

셋째, 앞서 언급한 것처럼, 1960년대에는 자동차의 대중화로, 자동차기업이 빠르게 성장하여, 그 성장속도는 철강기업의 그것을 상회했다. 또한 철강수요 중 자동차용의 비중이 높아지면서 철강산업의 거래처로서의 자동차기업의 중요성이 높아졌다. 이러한 자동차기업의 급속한 성장과 그에 따른 강재수요기업으로서의 중요성의 상승도 자동차기업의 거래교섭력을 높이는 요인이 되었다.[126]

거래교섭력이 수급자간의 이해 대립을 반영하는 한, 거래협상력의 변화는 시장원리의 작용을 나타낸다. 따라서 자동차용 강재 거래에서 저스트 인 타임 방식이 도입되는 과정에서 시장원리과 조직원리 결합되어 작용하고 있었다고 할 수 있다.

(4) 경쟁 격화와 장기상대거래의 확대: 시장원리와 조직원리의 결합

고도성장기에 조선용 강재시장 및 자동차용 강재시장에서 철강기업간의 경쟁이 치열해진 점을 이미 언급했는데, 이러한 설비투자경쟁은 철강기업의 판매확대 경쟁으로 연결되었다. 설비투자에 의해 공급능력이 증가한 상황에서 철강의 거래관계는 확장된 생산설비에 맞는 수요의 확대를 요구하였던 것이다. 따라서 철강기업의 적극적인 설비투자에 따른 공급능력 증가가 철강기업 간의 치열한 판매경쟁으로 이어진 것은 당연한 귀결이었다.[127] 이 점에서 설비투자는 강한 공급압력을 내재화했다고 할 수 있다.

치열한 판매경쟁에서 살아남기 위해서는 기존의 수요기업에 대한 판매를

---

125) 金(2011b), pp.10−11.

126) 金(2011b), p.12. 이 시기뿐 아니라, 자동차기업의 철강 집중구매(거래하는 부품 업체들이 사용하는 철강까지 자동차기업이 대량으로 구입하여 부품기업에 그 철강을 지급하는 상관습)도 자동차기업의 거래교섭력을 높이는 요인이었다. 역사적으로 볼 때 일본 자동차기업들은 철강의 집중구매 비중이 높았고, 집중구매를 실시한 시기도 길었다. 예를 들어, 토요타는 이미 제2차 세계대전기 중에도 철강을 집중구매하였고, 전후 집중구매정책을 중단하였지만, 70년경부터 다시 부활시켰다(磯村(2011), pp.32−33, 36, 40, 43).

127) 金(2011b), p.12.

늘리는 것은 물론, 장래 많은 수요를 제공해 줄 수 있는 우량 수요기업을 새롭게 개척하는 것이 중요한 과제가 되었다. 특히, 전술한 바와 같이, 강재의 공급과잉 가능성이 늘 존재했기 때문에, 철강기업에게 남아도는 공급 여력을 소화해 줄 수 있는 새로운 수요기업의 확보가 불가결했다.[128] 이 경우, 새로운 수요기업으로서 주목된 기업들은 주로 대기업들로, 따라서 철강기업들은 이 시장에서 시장거래가 아니라 히모츠키 거래, 즉 상대거래를 확대하려는 노력을 기울였다. 실제로 철강기업은 핫 스트립 밀 및 콜드 스트립 밀 설비의 가동이 궤도에 오른 후, 장기적이고 안정적인 히모츠키 거래 확대를 위해, 판매조직의 정비, 조사 통계의 충실, 수요분석 등에 경영자원을 투입한 것으로 알려졌다.[129] 그 결과, 히모츠키계약에 의한 장기상대거래가 빠르게 확대되었다.

자동차용 강재시장에 진입해 있던 카와사키제철과 스미토모금속을 사례로, 설비투자에 의한 공급능력 상승이 특정수요기업과의 상대거래 확대로 연결된 실태를 살펴보자. 카와사키제철은 1958년 4월, 치바제철소에서 스트립 밀을 가동함에 따라, 스트립 밀 제품의 신규수요 개척방법으로 히모츠키계약의 확대를 중시하고 있었다. 즉 카와사키제철은 히모츠키 수요에 대한 공급을 집중하는 전략을 정해, 안정적으로 수요를 제공해줄 수 있는 자동차기업과의 신규 거래관계 강화를 꾀했다. 예컨대, 카와사키제철은 64년부터 스즈키자동차와, 65년부터 혼다와 처음으로 자동차용 강재공급계약을 맺었으며, 이 시점에서, 일부의 기업을 제외하고, 주요한 일본자동차기업들과의 강재의 히모츠키계약을 실현했다.[130]

스미토모금속[131]도 후발이었지만, 콜드 스트립 밀에 의한 냉연강판제품을 자동차용 시장에서 판매하기 시작했는데, 이때, 히모츠키 수요를 우선적으로

---

128) 八幡製鉄(1981), p.542.

129) 철강각사의 판매조직의 정비, 강화에 대해서는, 富士製鉄(1981), pp.139, 517－518, 530－531, 553; 八幡製鉄(1981), pp.50, 117－118, 541－542; 住友金属工業(1977), pp.172－173, 285－288; 川崎製鉄株式会社社史編集委員会編(1976), pp.112－113, 157, 638; 岡本(1984), p.142를 참조.

130) 川崎製鉄(1976), pp.635, 639; 川鉄商事(1980), p.162; 川崎製鉄株式会社社史編集委員会編 (1976), pp.639, 648; 金(2006), p.44.

131) 이곳의 기술은 주로 住友金属工業(1967), pp.284-285, 294-297, 400; 住友金属工業(1977), pp.106-107; 金(2011b), pp.12－13에 의거한다.

개척하는 정책방침을 정했다. 동사는 원래 주문생산에 의한 히모츠키 판매가
많은 강재품종에 강했는데, 냉연강판 등 새롭게 진입한 스트립 밀 제품에 대해
서도 히모츠키 거래방법으로 수요를 개척하는 방침을 견지하고 있었다. 특정
수요기업과의 거래관계를 중시하는 동사의 판매방침이 일관되었던 것이다.

예를 들어, 1961년부터 매년의 사장 연두회견에서 "히모츠키 수요 중점주
의"를 판매정책으로 강조했다. 구체적으로, "히모츠키 중점주의"란 "가능한 최
종수요기업과 밀접한 연계를 유지하고, 서비스에 부족함이 없도록 최선을 다
하며", "수요기업을 직접 방문해, 요구품질에 대해 논의하고 그 구입시의 수요
자의 요구를 충족하기 위해" 노력하는 것이었다.

실제로 스미토모금속는 1963년에 와카야마(和歌山)제철소에서 콜드 스트
립 밀을 가동한 이래, 자동차부품기업에 대한 납품 실적을 쌓아, 주요 자동차
기업과의 히모츠키거래를 새로이 확대해갔다. 동사는, 60년대 후반, 강판의 비
율을 더욱 높이고, 카시마제철소의 열연, 냉연, 후판 등 각 제조설비를 완성하
여, 특히, 자동차기업에 대한 판매 확대에 주력하였다. 예를 들어, 66년, 동사
가 지금까지 강재를 납입해온 프린스자동차가 닛산에 합병된 것을 계기로, 닛
산에 납품을 시작했고, 이어 67년에는 동양공업, 69년에는 토요타자동차, 71
년에는 미츠비시자동차와 상대거래를 개시했다.

일반적으로 어떤 수요기업과 공급기업이 장기상대거래관계를 맺고 있으
면, 다른 공급자가 그 수요기업과의 거래관계를 도중에 만들기가 어렵다. 때문
에, 장기상대거래가 많으면, 공급자간의 경쟁의 여지는 좁아지는 것으로 생각
되어 왔다. 그러나, 전후 일본의 자동차용 강재, 조선용 강재 시장에서는 설비
투자경쟁, 판매경쟁이 장기상대거래를 확대시켰던 것이다. 철강기업간의 설비
투자경쟁이라는 시장원리가, 장기상대거래라는 조직적 거래의 확대를 통해 조
직원리의 작용을 촉진하였던 것이다.

맺음말

20세기의 대부분의 시기에, 일본 국내에서 거래된 철강제품은 주로 국산
의 철강이었으며, 또한 국내에서 생산되는 철강의 대부분은 국내 시장에서 판
매되고 있었다. 철강의 수요면에 있어서도 공급면에 있어서도 국내기업간의
거래가 중요하였던 것이다.

일본의 경제와 산업의 발전에 따라 철강의 국내거래규모도 확대일로에 있었던 가운데, 철강수급상황의 변화에 따라, 거래형태는 바뀌어왔다. 1920년 대처럼 공급 과잉으로 수요자시장이 된 시기에는 시장거래 비중이 높아진 반면, 제1차 세계대전기와 30년대처럼 공급부족으로 공급자시장이던 시기에는 상대거래의 비중이 높아졌다. 수급 상황의 변동에 따라 거래형태면에서 시장원리가 강해지는 시기와 조직원리가 강해지는 시기가 교대로 나타난 것이다.

그러나 전후가 되면, 전반적으로 전전기보다 철강의 상대거래 비중이 높아졌다. 급속한 국내수요 증가에도 불구하고, 철강기업의 설비투자경쟁으로 만성적인 공급 과잉 가능성이 잠재되어 있어, 지속적으로 가격이 급등락을 반복하는 가운데, 특정 수요자와의 안정적인 거래의 필요성이 높아진 때문이었다. 또한, 대규모의 철강 수요를 제공하는 대기업, 급성장 기업 등의 수요기업이 속출했기 때문이기도 했다. 그러나 이처럼 상대거래의 비중이 높아진 것이 철강의 기업간거래를 둘러싼 환경에 일본적인 면이 강하게 작용했기 때문은 아니었다. 그보다는 전후 철강시장의 수급상황 및 거래에 참여한 플레이어들의 판단 및 행동의 변화에 기인하는 면이 컸다.

어느 시기에도 상대거래와 시장거래라는 서로 다른 두 거래형태가 공존하고 있었던 것도 중요했다. 20세기를 통해 일본의 철강의 기업간 거래에서는 조직원리가 강하게 작용하는 거래형태와 시장원리가 강하게 작용하는 거래형태가 함께 존재한 것이다. "일본 특수"의 거래형태가 형성, 확대되어 왔다고는 말하기 어렵다.

1900년 관영 야하타제철소의 탄생을 일본에서의 현대 철강업의 시작이라고 보면, 일본의 현대 철강업이 처음으로 대량수요의 혜택을 입은 것은 제1차 세계대전기였다. 이후 1920년대의 수요침체기, 30년대 초의 공황기와 이후의 호황기를 거치면서 철강수급 상황이나 시장 상황은 항상 변화가 극심하였으며, 그에 영향을 받는 형태로 철강기업의 설비투자 및 판매활동, 철강상인들과 상사의 매매행위가 이루어졌다. 가격 변동에 따라 경영주체가 자원을 자유롭게 이동했다는 의미에서 전전의 철강의 기업간 거래에서는 시장원리가 강하게 작용했던 것이다.

그러나, 전전기 일본의 철강의 기업간 거래에서는 조직원리와 시장원리와 결합되어 작용하는 경우가 많았다. 우선, 제1차 세계대전기에 일본의 주요 철강기업들은 일부의 철강도매상 및 수요기업으로 주요 거래처를 제한했다. 주요 철강기업에 의해 자원의 이동이 제한된 의미에서 조직원리도 기능하고 있었던 것이다. 공급자시장 하에서 가격상승에 영향을 받아, 철강기업 및 철강상인이 경영자원을 자유로이 이동시키는 시장원리가 그것을 억제하는 조직원리와 결합되었다고 할 수 있다. 마찬가지로, 1930년대에도 시장원리와 조직원리가 얽혀 기능했다. 즉, 가격 변화에 편승해서 자원을 이동시켜 이익을 얻으려고 한 상인이 적지 않았다는 의미에서 시장원리가 작용했지만, 주요 철강기업들은 상사나 철도매상의 乱売를 제어하는 행동을 취했다.

시장원리의 작용이 조직원리에 의해 억제되는 현상은 기업간 거래의 다른 장면에서도 나타났다. 1920년대 이후의 철강기업의 카르텔활동이었다. 20년대 철강 공급과잉 추세 속에서 압도적인 존재감을 보이고 있던 관영 야하타 제철소가 민수시장에 대한 판매를 본격적으로 늘려, 민간철강기업과의 경쟁이 격렬해졌다. 이처럼 가격과 수급 상황의 변화 속에서 경쟁이 치열해진 데다, 20년대까지 철강수입이 많았고, 이에 대한 일본 철강기업의 대응이 철강카르텔의 결성과 그 활동이었다. 격심한 수급변화와 가격변동, 그리고 경쟁이라는 시장원리에 대응하여, 그것을 억제하는 행동으로서의 카르텔이 형성된 것은 시장원리를 조직원리가 억제한 예라 할 수 있다.

그러나 참가기업간의 이해대립으로, 카르텔이 제대로 기능하지 않는 경우도 많았다. 예를 들어, 1930년대 후반 강재공급 부족하, 조선기업간의 치열한 경쟁으로 기업간의 이해 대립이 표면화되어, 특히, 강재의 구매조건을 둘러싸고 카르텔의 내부분규를 초래하기도 했다. 그 결과, 조선 카르텔로서는 강판 공동구매가 불가능한 지경까지 이른 때가 있었으며, 그 때문에, 일부 철강기업은 단독으로 조선기업과 거래협상을 하는 경우도 있었다. 또한 카르텔에 의한 판매에 있어, 입찰에 참가한 철강 도매상간의 조정이 제대로 이루어지지 않아, 후판 카르텔과 개별조선기업 사이에서 후판 거래를 중개하는 도매상의 수량조절 기능이 그다지 발휘되지 못하는 때가 많았다. 오히려, 카르텔을 통한 판매에 참가한 철강 도매상이 시황변동에 편승하여 투기적인 행동을 취한 흔적까지 있었다. 이러한 현상은 조선용 강재 거래에서 카르텔을 통한 거래라는 조직성이 강한 거래형태에 한계가 있었음을 나타내고 있으며, 이는 조직원리가 작용하기 어려운 부분이 넓게 존재했다는 점에서 시장원리가 함께 작용했다는 것을 시사한다.

수요기업과 공급기업간의 이해대립과 이해일치가 함께 나타난 사실에서도 기업간 거래에 있어서의 시장원리과 조직원리의 결합을 관찰할 수 있다. 1910년대에 조직원리가 강하게 작용하는 상대거래의 비중이 높아지는 가운데, 수급상황에 의해 공급자시장이 지속되어, 공급자인 철강기업의 거래교섭력이 높아졌다. 즉, 이 시기의 거래형태면에서 조직원리가 강하게 작용하였으나, 거래교섭을 둘러싼 수요자와 공급자의 이해대립이 첨예화되어, 결과적으로 공급기업이 거래교섭상 유리한 입장이 되었다. 이 사실로부터도 조직원리와 시장원리가 얽혀 있었던 것을 알 수 있다.

1920년대, 전반적인 철강공급과잉 추세 속에서, 가격 급등락에 편승하여 철강 도매상이나 상사의 투기성輸入 및 투매가 빈발하였고, 또한 이러한 도매상의 투기적 행동이 가격불안을 증폭시켜 철강기업과의 이해대립과 갈등이 발생했다. 시장원리의 작용을 나타낸다. 한편으로는 철강도매상과 상사의 투기적 행동에 대해 철강기업은 "철강기업 － 지정 상인 － 중소 도매상"으로 이어지는 거래의 연쇄를 구축하여, 거래의 조직성을 높이려 하였다. 시장원리와 조직원리가 얽혀 작용했던 것이다.

1930년대에도 가격형성을 둘러싼 수급자간의 이해대립이 첨예화된 가운데, 철강의 수요 급증에 의해 수요자시장으로 바뀌어, 철강기업의 거래교섭력이 높아졌다. 이러한 수급자간의 이해대립과 거래교섭력의 변화는 시장원리를 나타낸다. 또한 조선용 강재의 거래에서 보듯이, 반드시 수요기업 카르텔과 공급기업 카르텔간의 거래 조정이 순조롭게 이루어진 것도 아니었다. 일부의 카르텔간 거래에는 정부까지 개입했음에도 불구하고 여전히 수급의 극단적인 불균형을 완화할 수가 없었다. 이 시기에는 공급 부족으로 장기상대의 거래형태가 확산되어 조직원리가 보다 강해진 반면, 수급자간의 이해대립도 첨예화해, 시장원리와 조직원리가 결합되어 작용했던 것이다.

거래가격 형성을 둘러싸고도 시장원리는 조직원리와 결합되어 작용하였다. 1930년대, "선박개선조성시설"용과 같은 정책적 대상의 기업간 거래처럼, 카르텔간의 조정에 의해 그 계약가격이 시장가격보다 안정적으로 추이한 경우도 있었다. 공급부족에 의한 공급자시장하, 시장가격이 상승하는 가운데 카르텔간의 협상에 의해 강재가격 상승이 억제된 것은 공급자에게 불리한 결과였지만 양 카르텔간의 협상, 조정에 의해 인위적으로 강재가격 변동이 억제된 것으로, 여기에서도 조직원리와 시장원리의 결합을 발견할 수 있다.

그러나 카르텔간의 거래협상에서 수요자 카르텔과 공급자 카르텔이 요구하는 가격수준이 크게 달라, 그 조정이 순조롭지 않았던 것은 조직원리의 기능에 한계가 있었던 것을 나타내고, 그 점에서 시장원리가 함께 작용하고 있었음을 시사한다. 또한 카르텔간의 협정가격의 안정성이 시장가격의 안정에 공헌한 것도 아니었다. 이 점에서도 조직원리의 작용의 한계가 나타난다. 따라서 1930년대의 조선용 강재의 가격 형성에 있어서도 조직원리는 시장원리와 결합되어 작용했다고 할 수 있다.

전후 고도성장기에도 전전기와 마찬가지로 철강기업간 거래에 있어, 시장원리와 조직원리가 복잡하게 얽혀 있었으며, 그러한 속에서 일본의 철강업은 더 안정적인 거래구조의 형성과 급속한 성장을 이루게 되었다.[132]

첫째, 전후에는 전전보다 장기상대거래의 비중이 높아지면서 자동차용 강재도 조선용 강재도 장기상대거래를 통해 거래되는 부분이 많았으며, 이러한 조직성이 강한 거래에서 수요기업들이 복수 공급자간의 경쟁을 활용하는 형태로 조직원리와 시장원리가 결합되어 있었다.

둘째, 전후, 철강기업간 설비투자 경쟁이 특정한 우량고객기업 획득을 둘러싼 상대거래 확대경쟁으로 이어져 결과적으로 장기상대거래가 확대되었다. 시장원리를 나타내는 기업간 경쟁이 조직원리를 나타내는 장기상대거래의 확대를 촉진하는 형태로 시장원리와 조직원리가 결합한 것이다. 시장원리와 조직원리가 보완적으로 작용한 예인데, 전전에는 설비투자 경쟁이 격화되어도 그것이 반드시 장기상대거래의 확대로 이어지지는 않았던 사실에 비추어보면, 전후의 새로운 현상이라고 할 수 있다.

셋째, 1960년대 초반, 조선용 강재, 자동차용 강재의 기업간 거래에 저스트 인 타임이 도입되었는데, 이 시스템의 도입을 둘러싸고도 조직원리와 시장원리가 얽혀 있었다.

1950년대 후반부터 60년대에 걸쳐, 철강업과 그 중요 수요산업이었던 조선업, 자동차산업이 모두 빨리 성장하면서, 강재의 거래량이 증가해 강재 재고의 효율적인 관리가 중요해졌다. 특히 조선업에서는 조선경기와 주문의 변동

---

132) 金(2018), p.183.

이 심했기 때문에 강재의 수급불균형의 규모가 커져 조선기업의 철강재고증가에 따른 위험 및 비용부담이 커졌다. 자동차용 강재시장에서도 철강재고의 증가는 보관비용의 부담을 확대시켰을 뿐 아니라, 재고의 강재가 장기간 사용되지 않을 경우 부식되기 쉽고 가공성이 저하하는 문제도 발생했다. 따라서, 조선기업과 자동차기업이 철강의 재고관리를 중시하게 되었고, 이에 대응하여, 강재의 거래에 저스트 인 타임이 도입되었다.

그런데, 저스트 인 타임 방식은 공급자에게 있어서는, 재고 유지비용, 운송비 등 새로운 비용부담을 낳는 것이었으며, 따라서 철강기업과 수요기업들 간의 이해 대립이 존재하였고, 그런 의미에서 시장원리가 작용하고 있었다. 그럼에도 불구하고 철강기업이 수요기업의 요구를 수용하여 저스트 인 타임 도입에 협력한 데는 두 가지 이유가 있었다. 하나는 철강기업들이 장기간의 거래를 통해 고객기업과 양호한 관계에 있었고, 또한, 이 관계를 지속하는 유인이 있었던 것이고, 다른 이유는 거래 교섭력이 수요기업에 유리하게 변화한 것이었다. 전자는 협력의 조직원리, 후자는 이해 대립의 시장원리를 각각 나타내고있다. 그러므로 저스트 인 타임 방식의 도입과정에서 시장원리와 조직원리가 얽혀서 작용했다고 할 수 있다.

마지막으로, 가격형성을 둘러싸고도 시장원리와 조직원리는 결합되어 작용하였다. 자동차용 강재도 조선용 강재도 장기상대거래가 많았지만, 시장거래가 없었던 것은 아니었다. 두 가지 거래형태가 공존했던 것인데, 이러한 거래형태의 차이에 따라 철강 가격 형성의 원리가 달랐다. 장기상대거래에서의 가격은 상당히 안정적이었다. 이에 반해 시장거래의 가격은 수급 변동에 매우 민감하게 반응하여 변화가 심했고 또 불안정하였으며, 60년대의 만성적인 철강공급과잉 지속으로 하락하는 추세에 있었다. 이를 보면, 장기상대거래의 가격 형성에는 조직원리가, 시장거래의 가격형성에는 시장원리가 강하게 작용했다고 할 수 있다. 같은 용도의 강재 시장에서도 서로 다른 거래형태의 가격 형성에 시장원리와 조직원리가 함께 작용했던 것이다.

참고문헌

일본문헌(일본어 50음순)

安宅産業(1968) 『安宅産業60年史』.

飯田賢一・大橋周治・黒岩俊郎編(1969) 『現代日本産業発達(Ⅳ)鉄鋼』 交詢社.

磯村昌彦(2011) 「自動車用鋼板取引における集中購買システムの進化」 『経営史学』 第45巻第4号.

磯村昌彦(2017) 「自動車用鋼板取引制度の形成－集中購買システムの進化－」 『経営史学会第43回全国大回自由論題報告』, 10月20日.

浦賀船渠株式会社編(1957) 『浦賀船渠六十年史』.

岡崎哲二(1985) 「関東鋼材販売組合と鋼材連合会」(橋本寿朗・武田晴人編 『両大戦間期日本のカルテル』御茶ノ水書房).

岡崎哲二(1993) 『工業化と鉄鋼業－経済発展の比較制度分析』 東京大学出版会.

岡本博公(1984) 『現代鉄鋼企業の類型分析』 ミネルヴァ書房.

岩井産業編(1963) 『岩井百年史』.

川崎製鉄株式会社社史編集委員会編(1976) 『川崎製鉄二十五年史』.

川崎造船(1936) 『川崎造船所四十年史』.

川崎造船 『営業報告書』.

川崎勉(1968) 『戦後鉄鋼業論』鉄鋼新聞社.

川鉄商事(1980) 『川鉄商事25年の歩み』.

金容度(2006) 「長期相対取引と市場取引の関係についての考察－高度成長期前半における鉄鋼の取引－」 『経営志林』 第42巻第4号.

金容度(2007) 「高度成長期における自動車用鋼材の取引」 『イノベーション・マネジメント』(法政大学イノベーション・マネジメント研究センター), No.4.

金容度(2008) 「鉄鋼業―復興期後半の製品価格乱高下と競争構造」 金容度(武田晴人編 『戦後復興期の企業行動』有斐閣).

金容度(2011a) 「鉄鋼業―設備投資と企業間取引」(武田晴人編 『高度成長期の日本経済―高成長(論・単) 実現の条件は何か』 有斐閣).

金容度(2011b) 「高度成長期における鉄鋼取引-取引交渉力と設備投資の関連を中心に-」 『経営志林』(法政大学経営学会) 第48巻第3号.

Kim, Yongdo(2012). "The inter—firm relationship and 'just—in—time' in Japan's steel industry, 1955-1970", *Journal of Innovation Management* (Hosei University), No. 9.

金容度(2014) 「鉄鋼の設備投資と取引の関連ついての史的考察―両大戦間期を中心に―」『イノベーション・マネジメント』(*Journal of Innovation Management*)(法政大学イノベーション・マネジメント研究センター), No.11.

Kim, Yongdo(2015a). *The Dynamics of Inter—firm Relationships: Markets and Organization in Japan.* Cheltenham: Edward Elgar Publishing Ltd..

Kim, Yongdo(2015b)."The Inter—firm Relationship in Japanese Steel Industry of Prewar Period: Case of Steel for Ships"『経営志林』52巻3号.

金容度(2018a) 「1930年代における造船用鋼材の企業間取引」(武田晴人, 石井晋, 池元有一編『日本経済の構造と変遷』日本経済評論社).

金容度(2018b) 「日米企業システムの比較史序説(2)-鉄鋼の企業間取引史の日米比較-」『経営志林』54巻4号.

『近代日本の商品取引-三井物産を中心に』(1998), 東洋書林.

熊谷尚夫編(1973)『日本の産業組織Ⅰ』中央公論社.

小島精一・日本鉄鋼史編纂会編(1984a)『日本鉄鋼史(大正前期篇)』文生書院.

小島精一・日本鉄鋼史編纂会編(1984b)『日本鉄鋼史(大正後期篇)』文生書院.

小島精一・日本鉄鋼史編纂会編(1984c)『日本鉄鋼史(昭和第1期篇)』文生書院.

佐藤昌一郎(1967) 「戦前日本における官業財政の展開と構造(Ⅲ)―官営製鉄所を中心として-」『経営志林』3第3号.

柴孝夫(1978) 「大正期企業経営の多角的拡大志向とその挫折―川崎造船所の場合」『大阪大学経済学』Vol.28 No.2・3.

白石元治郎(1933) 「鉄鋼取引」『市場経済講座(第2巻)』春秋社.

白石友治編(1950)『金子直吉伝』金子柳田両翁頌徳会.

住友金属工業(1967)『住友金属工業最近十年史』.

住友金属工業(1977)『住友金属工業最近十年史』.

商工省鉱山局編『製鉄業参考資料』.

船舶改善協会(1943)『船舶改善協会事業史』.

全国鉄鋼問屋組合(1958)『日本鉄鋼販売史』.

通商産業省(1970)『商工政策史17巻: 鉄鋼業』.

常盤嘉一郎(1957)『鉄鋼カルテル変遷史』綜合経済研究所出版局.

長島修(1976)「第1次大戦後日本の鉄鋼流通機構」『経済論叢』第118巻第5・6号.

長島修(1987)『戦前日本鉄鋼業の構造分析』ミネルヴァ書房.

長島修(2012)『官営八幡製鉄所論』日本経済評論社.

奈倉文二(1981)「両大戦間日本鉄鋼業史論」『歴史学研究』第489号.

奈倉文二(1984)『日本鉄鋼業史の研究-1910年代から30年代前半の構造的特徴』近藤
　　出版社.

日米船鉄交換同盟会(1920)『日米船鉄交換同盟史』.

『日鉄社史営業編—販売関係回顧座談会(昭和30年10月14日速記録)』(1955).

日本経営史研究所(1978)『稿本三井物産株式会社100年史(上)』.

日本製鉄(1955)『日鉄社史編集資料No.196』.

日本製鉄株式会社史編集委員会編『日本製鉄株式会社史』(1959).

日本造船学会(1977)『昭和造船史(第1巻),戦前・戦時編』原書房.

日本鉄鋼連盟(1969)『鉄鋼十年史,昭和33年〜42年』.

日本鉄鋼連盟(1979)『鉄鋼界』4月号.

橋本寿朗(1984)『大恐慌期の日本資本主義』東京大学出版会.

橋本寿朗(2004)『戦間期の産業発展と産業組織I: 造船業』東京大学出版会.

橋本寿朗(2004)『戦間期の産業発展と産業組織I　戦間期の造船工業』東京大学出版会.

『平生釟三郎日記』,1933年10月6日.

三井造船(1968)『三井造船株式会社50年史』.

三井物産『支店長会議議事録』(三井文庫所蔵).

三島康雄(1975)「戦前の鉄鋼カルテルと総合商社−三菱商事を中心に」『甲南経営
　　研究』16第2号.

三菱重工業(1967)『三菱重工業株式会社史』.

三菱商事株式会社(1958)『立業貿易録』.

三菱造船長崎造船所『長崎造船所年報』.

八幡製鉄(1981)『炎とともに:八幡製鉄株式会社史』新日本製鉄.

八幡製鉄所所史編さん実行委員会編『八幡製鉄所八十年史(総合史)』(1980).

八幡製鉄所所史編さん実行委員会編『八幡製鉄所八十年史(部門史,上)』(1980).

八幡製鐵株式会社八幡製鐵所編『八幡製鉄所五十年誌』(1950).

八幡・日鉄『販売旬報』.

富士製鉄(1981)『炎とともに:富士製鉄株式会社史』新日本製鉄.

吉田豊彦(1928)『本邦製鉄工業に対する素人観』偕行社.

Yonekura, Seiichir(1994). *The Japanese Iron and Steel Industry, 1850~1990: Continuity and Discontinuity*, New York: St Martin's Press.

渡邊政人(1934)「鉄鋼取引の発展過程・現況・将来」『経営研究』2巻3号.

인터뷰

일본의 자동차기업 B사의 생산관리 및 구매담당 OB에 대한 인터뷰(2005년 6월 2일 및 6월 27일).

일본의 철강상사 A사의 영업담당 OB에 대한 인터뷰(2005년 12월 15일).

일본철강연맹 담당자에 대한 인터뷰(2006년 12월 10일).

일본의 자동차기업 B사의 철강 구매담당 OB에 대한 인터뷰(2008년 7월 10일).

제2장
반도체IC의 기업간 관계의 역사

이 장에서는 1960년대부터 80년대까지 일본의 반도체IC(Integrated Circuit) 거래를 둘러싼 기업간 관계에 있어 시장원리와 조직원리가 어떻게 작용했는지를 분석한다.

반도체IC산업은 전후에 등장한 새로운 산업이며, 거의 모든 산업에서 불가결한 필수부품으로 이용되므로, "산업의 쌀"이라고까지 말하는 사람도 있다. 따라서, 이러한 "쌀"의 생산자와 그것을 섭취하는 수요자와의 관계의 역사를 보는 의미는 크다. 본장에서 반도체IC의 기업간 관계를 분석하는 이유이다.

1970년대 이후 일본의 반도체IC산업은 다른 많은 제조업의 성장을 기술적으로 견인하였다. 예를 들어, 70년대의 석유위기 이후, 일본의 반도체 IC제품은 공장자동화(FA) 및 사무자동화(OA)로 알려진 일본의 "마이크로 일렉트로닉스화(ME화)"의 기초를 제공하였다. 가전제품, 전자계산기, 전자시계, 카메라 등의 산업에서 일본의 반도체IC 칩을 사용하여 일본기업들이 세계시장에서 지배적인 위치를 차지한 적도 있다. 반도체산업은 일본의 여러 산업의 성장에 중요한 역할을 했던 것이다.

일본반도체산업의 초기단계에 대해서는 적지 않은 연구가 있으며, 이들 연구에서도 기업간 관계가 부분적으로 검토되고 있다.[1] 그러나, 이들 연구에

---

1) 이들 연구에서 일본의 반도체기업과 수요기업의 관계에 대해서는 주로 미국과 비교하고 있

서는 IC기업과 수요기업간의 긴밀한 협력관계의 긍정적 영향만을 강조한다.

그러나, 반도체IC의 기업간 거래를 둘러싼 수요자와 공급자의 관계는 기존연구의 분석보다 훨씬 더 복잡했고 다면적이었을 가능성이 높다. 또한 그러한 기업간 관계의 경험이 그 후에 미친 영향도 다양했을 가능성이 있다. 이러한 문제의식에서, 본 장에서는 1960년대와 70년대 일본의 반도체IC산업을 대상으로, 인터뷰조사를 포함해 다양한 정보수집을 통해, 기업간 관계를 분석한다.

제1절에서는 1960년대와 70년대 일본의 반도체IC의 수요측면에 중점을 두고, 시장의 특성을 살펴본다. 제2절에서는 IC기업과 수요기업간의 공동개발에서 시장원리와 조직원리가 어떻게 나타났고 어떻게 결합되어 있었는지를 분석하는데, 통신기용IC와 전자계산기용IC의 공동개발사례에 초점을 맞춘다. 제3절에서는 IC기업과 수요기업간의 거래관계가 IC기업간의 경쟁과 어떻게 관련되었는지를 조직원리와 시장원리의 동학적인 결합이라는 관점에서 분석한다.

제1절 일본의 반도체IC 시장

(1) 반도체 IC 제품과 분류

반도체(semiconductors)는 전기가 흐르는 도체와 전기가 전혀 흐르지 않는 절연체의 양쪽의 성격을 가진다. 일종의 스위치 기능인데, 이러한 특성 때문에 도체의 "반"이라는 의미에서 반도체라 부른다. 한마디로 반도체제품이라 해도 매우 다양하므로, 반도체제품의 분류에 대해 먼저 살펴보자.

먼저, 하나의 스위치기능을 실행하는 개별반도체와, 칩에 많은 스위치 기능을 집적한 집적회로(IC, Integrated Circuit, 이하 IC라 한다)로 나뉜다. 개별반도

는데, 크게 두 가지 유형의 연구로 나눌 수 있다. 첫째는 민간수요와 군수의 영향을 비교하는 연구이다. 예를 들어, 岡本(1988); 相田(1992); 柳田(1984); Okimoto et. als(1984); Prestowitz(1988)을 들 수 있다. 두 번째 유형의 연구에서는 가전용 IC와 산업용IC을 비교한다. 伊丹(1988); 新井(1996); 産業学会編(1995); 大内(1990); 志村, 牧野(1984); 機械振興協会 経済研究所(1980) 등이 그 예이다.

체에는 트랜지스터, 다이오드 등이 포함되며, IC 중 집적도가 높은 칩을 LSI(Large Scale IC)라 부른다.[2] 기술면에서도 시장규모면에서도 반도체IC가 개별반도체보다 더 중요하다.

IC는 몇 가지 기준에서 더욱 세분할 수 있다. 첫째, 제조 방법을 기준으로, MOS(Metal Oxide Semiconductor)형 IC(이하 MOS IC라 한다)와 바이폴라(Bipolar) IC로 나뉜다. 바이폴라 IC는 고속에 적합하기 때문에 MOS IC보다 일찍 컴퓨터용으로 상용화되었다. 그러나, 바이폴라 IC는 MOS IC와 비교해 소형화가 어렵고 집적도를 높이기 어려운 단점이 있다. 때문에, IC 시장이 본격적으로 성장한 1970년대 이후 MOS IC가 IC시장의 주요한 제품이 되었다.

두 번째 기준은 반도체 칩의 기능이 기억인가, 제어연산인가의 차이에 따라, 메모리IC와 논리(로직) IC로 나뉜다. 전자의 메모리 IC는 데이터의 기억에 특화된 반도체 칩인데, 이를 더 세분하면, RAM(Random Access Memory)과 ROM(Read Only Memory)으로 나뉜다. RAM제품에는 DRAM(Dynamic Random Access Memory), SRAM, 플래시 메모리 등이 포함된다. 한편, 논리IC는 계산 및 제어의 기능을 실행하는 칩으로, 1970년대까지는 대부분의 논리IC는 바이폴라형 IC였으나, 80년대 이후에는 MOS IC가 주류가 되었다.

셋째, 칩의 회로의 신호처리방식을 기준으로, 디지털IC와 아날로그IC(리니어IC)로 구분된다. 디지털IC 시장은 아날로그IC 시장보다 빠르게 성장해, 지금은 일부 아날로그 칩이 이용되고 있지만, 대부분 디지털IC이다.

넷째, 고객의 사양의 특수성 정도에 따라 표준품IC와 커스텀IC로 나뉜다. 표준품IC는 대부분의 고객이 공통으로 이용하는 사양의 칩인 반면, 커스텀IC는 특정 고객기업을 위한 특정 사양의 칩이다. 물론 당초 커스텀IC였더라도, 동일한 사양의 칩을 많은 수요기업들이 공통적으로 사용하게 되면, 표준품IC로 바뀔 수도 있다. 일반적으로, 커스텀IC는 특정사양의 칩이 일정 정도의 규모로 이용되지 않으면, 칩 개발 및 생산의 채산성이 맞지 않으므로, 수요기업이 대기업인 경우가 많다. 따라서, 이 커스텀IC 칩은 반도체기업이 직판(직접판매)하는 경우가 많다. 반면, 표준품IC는 모든 수요기업 동일의 사양이므로, 개별기업의 수요가 그리 크지 않더라도 수요기업수가 많으면, 공급자가 채산을

---

2) 지금은 대부분의 IC칩이 집적도가 높으므로, LSI를 IC와 같은 의미로 사용하는 경우가 많다.

맞출 수 있다. 따라서, 대기업뿐 아니라 중소기업도 표준품IC의 중요한 수요자
이다. 따라서, 일반적으로 이러한 표준품IC의 수요자는 대단히 많아, 반도체기
업이 직접 중소기업과 거래하는 것은 비효율적이다. 때문에 반도체 상사를 경
유해서 판매되는 경우가 대부분이다. 그리고, 나중에 상술하듯이, 커스텀IC와
표준품IC의 양쪽의 특성을 갖춘 세미커스텀IC도 있다.

(2) 일본의 반도체IC산업초기의 시장구조

① 용도별 수요구성

기업간 관계를 보기 위해, 다음에는 일본의 반도체IC산업의 초기, 시장구
조가 어떠하였는지를 살펴보자. 먼저, IC칩이 어떤 산업에 사용되고 있었는지
를 보자. 미국에서 반도체IC산업의 초기 단계인 1950년대 말과 60년대 전반,
주된 시장은 군(육군, 해군, 공군)수요와 미NASA의 우주선용이었고, 60년대 후

표 2-1 일본국내의 반도체IC 수요구성(1969-1980년)　　　　　　　　　(단위: %)

연도	컴퓨터	통신기 및 측정기	전자계산기	가전제품	(TV)	(오디오)	(VTR)	디지털 시계 및 자동차	카메라
1969	(28.6)	–	(53.4)	(7.5)	–	–	–	–	–
1970	(35.0)	–	(42.2)	(9.9)	–	–	–	–	–
1971	36.1	14.0	28.3	20.3	–	–	–	–	–
1972	24.9	9.7	30.3	29.8	17.3	12.5	–	1.0	–
1973	19.4	13.3	35.1	28.6	15.5	13.1	–	1.8	–
1974	24.6	11.9	33.8	22.1	11.1	11.0	–	2.6	–
1974	(35.0)	(13.9)	(30.0)	(14.6)	–	–	–	(2.0)	(0.3)
1975	20.5	9.3	33.9	28.3	12.8	15.5	–	3.6	–
1975	(37.0)	(13.7)	(27.0)	(15.2)	–	–	–	(2.4)	(0.5)
1976	27.3	12.1	18.6	29.5	11.9	17.6	0.9	6.5	–
1977	22.0	12.5	9.7	–	–	16.3	6.9	–	(0.9)
1978	30.3	8.2	15.7	27.8	9.3	18.5	2.9	8.7	–
1979	30.2	9.1	10.6	26.6	8.5	18.1	4.5	9.6	–
1980	25.5	11.9	9.3	21.9	8.4	13.5	9.1	9.4	–

주: ① 원칙적으로, 국내출하를 기준으로 구성비를 계산하였다. 1971년의 구성비는 일본의 반
　　도체 상위 8사를, 72년과 73년의 구성비는 상위 9사를, 74년 이후에는 상위 12사를 기준으
　　로 계산하였다. ② 괄호안은 수입IC를 포함해서 계산한 구성비이다.
출처: 『電子年鑑』;志村(1979).

반 이후 대형컴퓨터 및 통신기 등의 산업용 수요가 성장했다. 반면, 일본IC산업의 초기, 그러한 군 및 우주개발용 수요는 없었고, 민간용 수요였다. 이 민수를 산업별로 세분한 것이 [표 2-1]이다. 이 표에 의하면, 일본에서는 60년대와 70년대에 반도체IC는 주로 가전, 전자계산기, 통신기, 컴퓨터 등 네 산업에 많이 사용되었다. 특히, 일본반도체IC산업의 초기에 전자계산기와 가전의 비중이 높았던 것은 미국과의 큰 차이점이었다.

통신기용 수요는 주로 NTT(1985년까지 일본전신전화공사)에 사용되었으며, 나중에 살펴보듯이, 이 NTT의 통신기용 반도체수요는, NTT와 반도체기업간의 공동개발 등 상호의 빈번한 정보교환과 협력을 통해, 일본의 반도체기업들이 최첨단의 고품질, 고속의 칩제품을 개발, 제조하는 능력을 축적하는 데 기여했다.

② 사내 수요와 외부 판매

일본의 경우, IC의 수요는 반도체기업의 외부뿐 아니라, 기업 내에도 있었다. 출하액에 대한 기업내 수요의 비율을 사내소비율이라 하는데, 일본의 반도체산업 초기에 이 사내소비율이 상당히 높았다. 이러한 "겸업기업"으로서의 특성은 반도체사업만에 특화해 성장한 "전업"기업이 대부분이었던 미국의 반도체산업과의 또 한 가지의 차이점이다.

제품별로 보면, 일본의 컴퓨터 및 통신기 제조기업, 가전기업 등이 반도체사업을 겸업으로 개발, 생산하고 있었다. 바이폴라 디지털IC는, 주로 컴퓨터에 사용되었고 리니어IC는 주로 가전제품에 사용되었던 사실을 바탕으로 [표 2-2]를 보면, 1970년대 초, 바이폴라 디지털IC 시장의 상위 4사에서는 출하량의 50% 이상을 사내에서 소비했으며, 상위 9사의 사내소비율은 상위 4사의 그것보다도 높았다. 이러한 높은 사내 소비율은 80년대에도 유지되었다. 예를 들어, 83년에 바이폴라 디지털IC에 포함되는 스탠다드셀 및 게이트 어레이와 같은 세미커스텀IC(ASIC, Application-Specific Integrated Circuits)의 경우, 사내소비율이 후지츠(富士通), NEC(日本電気), 히타치(日立)의 경우, 60% 이상이었다.[3]

또한, 바이폴라 리니어IC 시장에서도 상위기업의 사내소비율이 매우 높았

---

3) Borrus(1988), p.157; Malerba(1985), p.17.

표 2-2 바이폴라IC의 사내소비율(1972-1979년)   (단위: %)

연도	바이폴라 디지털(Bipolar digital) IC		Bipolar linear(바이폴라 리니어) IC	
	상위 4사	상위 9사	상위 4사	상위 9사
1972	68.7	75.9	47.7	59.0
1973	54.3	67.1	41.0	53.5
1974	56.0	70.7	30.5	45.2
1975	55.5	72.9	20.4	39.5
1976	54.6	68.9	14.6	27.7
1977	50.4	52.8	14.2	27.6
1978	51.4	61.1	18.0	30.0
1979	-	47.7	—	25.8

출처: 『機械統計年報』; 『電子年鑑』.

다. [표 2-2]에 의하면, 1970년대 동시장의 상위4사는 출하의 약 30~50%를 사내에서 소비했다. 또한 상위 9사의 사내소비율도 30~60%였다.

단, 본장에서는 기업간 관계에 분석의 초점을 맞추고 있으므로, 기업내 수요에 대해서는 더 이상 깊이 관찰하지는 않을 것이다.

대조적으로, MOS IC의 경우에는 반도체기업의 사내소비가 거의 없었고, 대부분이 전자계산기기업이나 디지털시계기업 등 외부의 고객기업에 판매되었다. 예를 들어, 1970년대에, MOS IC의 국내총출하액의 80% 이상을 외부 고객에게 판매하고 있었다.

한편, 1970년대 중의 변화를 보면, 바이폴라 리니어IC시장에서, 사내소비율이 낮아지고 외부 판매 비율이 상승하는 경향을 보였다(표 2-2). 자동차 전장부품, 카메라 등의 산업에서 바이폴라 리니어IC 수요가 는 데다, 가전제품에 사용되는 바이폴라 리니어IC에서 외부판매에 적합한 표준품 칩의 비중이 급속히 높아졌기 때문이다.

③ 커스텀IC와 표준품IC 시장

이미 언급한 것처럼, 반도체IC 시장에는 커스텀IC와 표준품IC라는 서로 다른 두 종류의 칩이 존재한다. 대규모의 IC수요기업은 제품차별화를 꾀하고, 따라서, 표준품IC보다 커스텀IC를 선호하는 경향이 있다. 이러한 커스텀IC의 거래에서는, 수요기업들은 공급자를 특정한 반도체기업으로 제한하기 때문에, 조직원리가 작용할 가능성이 높다.

반면, 일반적으로 대규모 IC기업들은 커스텀IC보다 표준품IC를 선호하는 경향이 있다. 소수의 고객기업에게만 판매되는 커스텀IC만으로는 사업 확대에 한계가 있기 때문인데, 이러한 표준품IC의 수요기업은 불특정다수이므로, 그 거래에는 시장원리가 작용할 가능성이 높다.

따라서, 대규모의 반도체기업과 수요기업의 거래에서는 조직원리와 시장원리가 함께 작용하는 가운데, 양자간의 이해 대립이라는 시장원리가 작용한다고 볼 수 있다.

실제로, 1960년대 후반과 70년대에, 일본의 음향기기업체는 반도체기업에 대해 커스텀IC를 공급해줄 것을 요구했지만, IC기업은 표준품IC 사업을 선호하는 경향이 있어, 음향기기용 커스텀IC의 개발 및 생산을 망설였다. 이 때문에 결국, 음향기기업체들은 자신들이 직접 사내에서 커스텀IC를 개발, 생산하기에 이르렀다.[4] 음향기기업체와 반도체기업간의 이해가 대립되었다는 점에서 시장원리가, 음향기기업체가 조직내에서 IC를 개발, 제조했다는 점에서는 조직원리가 작용했다. 시장원리와 조직원리가 결합되어 나타났던 것이다.

표준품IC 확대의 유인인 시장원리와 커스텀IC 확대의 유인인 조직원리가 결합되어 나타났던 다른 예로, 커스텀IC 비중이 높아지는 시기와 표준품IC의 비중이 높아지는 시기가 약 10년을 주기로 교대로 나타났던 사실을 들 수 있다.[5]

일본의 IC시장을 제조하는 기업들간에서는 1967년부터 76년까지는 커스텀IC 비중이 높아졌으나, 77년부터 86년까지는 거꾸로 표준품IC의 비중이 상승했으며, 그 후 약 10년간에는 다시 커스텀IC의 비중이 높아졌다.[6]

구체적으로 보면, 1960년대 후반에서 70년대 전반까지는 커스텀IC가 일본시장에서의 비중을 높였다. 컴퓨터, 가전사업도 하고 있던 일본 IC기업들이 이들 사내 반도체 수요부문에 커스텀IC를 많이 공급했다. 이들 사업에서 커스

---

4) 일부 IC기업들은 이처럼 IC를 사내에서 개발, 생산하기 시작한 오디오업체들과 경쟁하기 위해 거꾸로 음향기기시장에 신규진입했다.

5) 일본의 일부 IC 엔지니어들은 이 주기적 변화를 전 히타치 반도체사업부장의 이름을 따서, "마키모토(牧本) 주기설"이라고 불렀다. 마키모토 씨가 이 주기설을 제창했기 때문이다.

6) 金(2006), 1장; 日立(1999), p.201; 마츠시타 전자의 반도체 기술자 OB 카메야마 타케오 씨에 대한 인터뷰(2000년 12월 1일).

표 2-3 일본의 마이콘 이용(1978-1980년)

기기	마이콘 이용개수(천개)			마이콘 이용률(%)		
	1978년	1979년	1980년	1978년	1979년	1980년
전기 오븐	464	530	639	25.0	30.0	40.5
전자 레인지	15	48	553	1.0	3.0	51.7
에어컨	190	820	1,275	4.9	15.0	25.0
냉장고	95	250	350	2.0	5.0	6.9
세탁기	21	44	110	0.4	1.0	2.5
컬러 TV	536	1,043	1,834	6.0	11.0	19.0
VTR	234	920	1,560	15.0	41.0	55.0
카 스테레오	-	320	530	-	3.0	4.8
스테레오 셋트	-	60	140	-	2.0	5.0
확성기	-	110	310	-	2.0	5.0
튜너	50	140	200	1.9	5.0	6.8
레코드 플레이어	190	280	580	3.0	5.0	10.1
보청기	-	-	20	-	-	5.1
카세트 데크	1,400	2,800	6,100	5.0	9.9	19.9
라디오	-	200	350	-	5.0	10.0
카 라이오	80	460	500	1.0	5.0	5.0
회계기기	5.8	14.4	10	39.7	80.0	47.4
복사기	84	307	595	15.0	40.0	70.0
타자기	181	354	517	10.0	20.0	30.0
금전 등록기	596	922	959	80.0	90.0	95.0
팩시밀리	17.6	38.2	70	50.3	69.5	89.7

주: 마이콘 이용률＝각기기별 마이콘 총이용개수/각기기의 생산대수×100.
출처: McLean, M.(1982), p.28.

팀IC의 도입에 의해 제품 차별화를 꾀했기 때문이다. 또한, 앞서 본 것처럼, 이 시기 일본에서의 최대 IC시장이었던 전자계산기에도 커스텀IC가 많이 이용되었다. 그리고, 전자시계용 그리고 자동차용으로 커스텀IC가 사용되었다.

그러나, 1970년대 후반에서 80년대 전반까지는 일본IC시장에서 표준품IC가 커스텀IC보다 더 빠르게 증가했다. 표준품 중 가장 많았던 것은 "마이콘"(마이크로프로세서, microprocessor, MPU)[7]이라 불리는 논리IC였다. 마이콘은 당초에는 커스텀IC로 개발되었으나, [표 2-3]에서 확인할 수 있는 것처럼, 70년

---

7) 마이콘이란 마이크로컨트롤러의 줄임말이고, 마이크로컨트롤러는 마이크로프로세서에 포함된다. 따라서, 마이크로컨트롤러를 마이크로프로세서라 부르는 예도 많다.

대 말에, 많은 가전기업 및 사무용기기업체들이 제품에 마이콘을 도입하였다.
이리하여, 마이콘은 표준품IC로서의 성격이 더욱 강해졌고, 거꾸로 표준품IC
가 됨에 따라, 마이콘은 더욱 많은 수요기업에 도입되어 IC시장에서의 비중을
높였다.

또한, 70년대 후반 이후 가전용IC 칩이 커스팀IC에서 표준품IC의 일종인
ASSP(Application Specific Standard Products)[8]로 바뀌어, 이 표준품IC가 가전기업
에 급속히 도입되었다.[9] 게다가, 디지털시계에 사용된 IC도 초기의 도입단계에
서는 대부분 커스팀IC였지만, 70년대 후반에는 세미 커스팀IC 및 표준품IC로
바뀌어 그 수요가 폭발적으로 증가하였다. 예를 들어, 오키전기(沖電機)는 70년
대 초 시계제조업체인 카시오로부터의 주문으로 시계용 커스팀IC를 많이 개발,
납입했는데, 그 제품을 개량한 반도체 칩이 스위스 등 많은 시계제조업체들에
공통적으로 이용되어, 세미 커스팀IC 혹은 표준품IC 칩이 되었다. 내구소비재
에 탑재되는 IC제품들에 특히 70년대 후반 표준품IC가 많아졌던 것이다.

특히, 1970년대 후반 들어, 일부의 표준품IC는 커스팀IC보다 저렴했기 때
문에, 대기업들이 주로 이용했던 커스팀IC와는 달리, 중소기업들이 비용절감
을 중시해 많이 구입했다. 그 결과, 표준품IC 수요가 급속히 늘었다. 반도체산
업의 전반적인 공급과잉으로 불황에 빠져 있을 때인 84년에, 이 표준품IC가
단기 소량거래되는 현물시장(spot market)이 동경 아키하바라(秋葉原)에 형성되
기까지 했다.[10]

이처럼 표준품IC의 비중이 높아지는 시기와 커스팀IC의 비중이 높아지는
시기가 주기적으로 나타났는데, 표준품IC의 거래에서는 시장원리가, 커스팀IC
의 거래에서는 조직원리가 강하게 작용하므로, 각원리가 강하게 작용하는 시
기가 교대로 나타나는 형태로 시장원리와 조직원리의 결합되었다 하겠다.

한편, 앞서 언급한 것처럼, 1970년대 말부터 세미 커스팀IC 칩이 출현해,
이 세미 커스팀IC의 수요자가 80년대 중반에서 90년대 초반까지 폭발적으로

---

8) ASSP란 예컨대, TV, 오디오 등의 각 가전제품 시장세그먼트간에는 사양이 다르나, 세그먼트
안에서는 각 수요기업들이 동일한 사양의 칩을 사용하는 경우를 말한다.
9) 토시바의 반도체 기술자 OB 쿠보 다이지로 씨에 대한 인터뷰(2000년 4월 26일 및 2001년
3월 14일).
10) 『日本經濟新聞』 1988年 4月 1日.

증가하였다.

세미 커스텀IC란 칩 회로 사양의 80~90%는 미리 만들어 놓고, 개별 고객의 다양한 요청에 따라 남은 부분의 회로의 설계변경을 할 수 있게 한 반도체이다. 따라서, 커스텀IC와 표준품IC의 특성을 모두 가지고 있어, 커스텀IC와 표준품IC 사이의 이른바 "그레이 존"의 제품이라 할 수 있다. 컴퓨터에 이용되는 게이트 어레이 및 스탠더드 셀, 디지털 시계에 이용되는 세미 커스텀IC 등이 대표적인 제품이었다.

이 세미 커스텀IC는 커스텀IC를 선호하는 대규모 수요자들의 이해와 표준품IC 생산을 선호하는 대규모 공급자간의 이해가 타협되어 만들어진 제품이라 할 수 있다. 표준품IC에는 시장원리가, 커스텀IC에는 조직원리가 강하게 작용하는 가운데, 양자의 원리가 절충되는 형태의 결합이 나타났던 것이다.

④ 국내수요와 수출

일본의 반도체IC의 수요기업이 국내기업인지, 해외기업인지를 나누어 보면, 일본의 경우, 1970년대 중반까지 국내수요가 압도적으로 많았다. [표 2-1]에서 확인한 것처럼, 중요한 수요시장이었던 컴퓨터, 가전, 전자계산기, 통신기 등의 수요기업들은 주로 국내기업들이었고, 또 앞서 언급한 것처럼, 일본의 반도체기업 사내에도 이러한 수요들이 많았기 때문이다. 70년대 중반까지는 IC의 국내수요자는 주로 대기업이어서 특히 커스텀IC의 수요가 많았던 것도 앞서 언급한 대로이다.

그러나 1970년대 후반 수출이 급증하면서, 수출비율이 빠르게 높아졌다. [표 2-4]에서 반도체IC 중 그 구성비율을 높여, IC 제품 시장에서 다수를 점했던 MOS IC의 경우를 보면, 마스크 ROM을 제외하고 대부분의 메모리IC제품의 수출비율이 높았다. 반면 전자기기 및 사무용기기의 제어기능에 이용되었던 표준품 마이크로프로세서는 앞서 [표 2-3]에서 본 것처럼 국내의 가전업체, 사무기기업체들에게 주로 판매되어, 수출비율이 매우 낮았다.

메모리 칩 중에서는 표준품 칩인 DRAM의 수출비율이 특히 높았다. 일본개발은행의 보고서에 따르면,[11] 1980년, 16K DRAM과 64K DRAM제품의 수

---

11) 日本開発銀行(1984), pp.48-49.

표 2-4 일본의 MOS IC의 판매시장별 구성(1980년) (단위: %)

제품		국내의 사외판매	사내 소비	수출
MPU		64	15	21
메모리IC	(DRAM)	25	18	57
	(SRAM)	42	10	48
	(PROM)	43	11	47
	(마스크 ROM)	57	32	11
	(기타)	38	17	45

출처:『電子工業年鑑』1983年版, p.803.

출비율은 각각 약 60%와 70%에 달했다. 80년대 중반, 세계 반도체시장에서 일본기업의 점유율이 높아져, "미일 반도체역전"이라 얘기되었던 것도 수출비율이 높았던 이 DRAM제품을 염두에 둔 것이었다.

거꾸로 말하면, 1970년대 일본국내의 IC시장에서는 DRAM에 대한 수요가 상대적으로 적었다고 할 수 있다. 따라서 80년대에 세계 DRAM 시장을 일본반도체기업들이 장악했을 정도의 강한 경쟁력은 70년대 국내의 DRAM 고객기업과의 관계에서 축적한 기술력에 의한 것이라고는 하기 어렵다. DRAM의 주된 수요는 당초부터 일본시장이 아니라 외국시장에 있었기 때문이다. 따라서, 70년대까지 국내에서 수요가 많았던 커스텀IC의 개발과 생산을 통해 축적한 능력의 일부가 DRAM의 개발과 제조에 전용되어, 이 제품시장에서의 국제경쟁력을 높이는 데 기여했을 가능성이 높다.

실제 일본 반도체기업들이 과거의 커스텀IC의 개발 경험을 통해 축적한 설계 및 제조 기술력을 표준품 시장에 전용해 경쟁력을 발휘하고 업적확대에 성공한 사례는 많다. 2절과 3절에서 살펴보겠지만, 국내의 표준품 마이콘시장을 창출해서 시장점유율을 높였던 일본의 상위 반도체기업들은 그 기술력을 70년대 전반까지 전자계산기용 커스텀IC의 개발과 생산과정에서 축적했다. 또한, NEC는 SSIH그룹 및 오메가그룹 등 스위스의 디지털 시계기업의 요구로 커스텀IC를 개발하였고, 그 몇 년 후, 그 칩의 사양을 일부 변경하여 다른 시계제조업체들에게도 판매할 수 있는 시계전용의 표준품IC 칩(ASSP)을 개발하여, 홍콩, 일본의 시계제조업체들에게도 판매했다.[12] 또한, 특정 가전기업과의

12) NEC의 반도체 마케팅담당 OB 이노우에 코우이치로 씨에 대한 인터뷰(1999년 5월 21일);

공동개발에 의해 개발한 커스텀IC 칩의 개발, 제조 경험을 살려, 국내와 해외의 대부분의 가전기업들이 채용하는 표준품IC인 ASSP를 제조하여 수출을 빠르게 확대했다.[13]

2절에서 보듯이, 커스텀IC의 공동개발에서는 조직원리와 시장원리가 결합되어 나타났는데, 이러한 커스텀IC제품의 개발과 제조에서 축적한 능력이 시장원리가 강력하게 작용하는 표준품IC제품의 세계 시장에서의 성공에 기여했던 것이다. 이처럼 공동개발의 경험을 바탕으로 서로 다른 시장에서의 시차를 둔 관련을 통해서도, 시장원리와 조직원리가 결합되었다.

제2절 수요자와 공급자 간 공동개발에서의 시장원리와 조직원리

반도체IC산업의 초기, 미국기업과 유럽기업보다 후발업체였던 일본IC기업으로서는 갑자기 수출시장에서 판매를 늘리기는 어려웠다. 따라서, 이 시기에는 국내수요, 그리고, 국내기업으로의 판매를 중시할 수밖에 없었다. 그리고, 이 시기는 반도체IC 보급의 초기단계였던 만큼, 먼저 IC를 채용한 기업들은 대기업들이었다. 이들 일본 대기업들은 각제품시장에서 상위에 있어 제품차별화에 주력하였으며, 따라서, 제품차별화를 위한 커스텀IC를 요구하는 경향이 강했다. 때문에, 특히 1970년대 중반까지 일본국내의 반도체IC 거래는 특정한 수요대기업과 공급기업 간의 커스텀IC를 중심으로 이루어졌고, 특정수요기업의 요구를 만족시키는 칩의 공급을 위해서 수요기업과의 공동개발이 필

NEC의 반도체 마케팅담당 OB 나카노 토미오 씨에 대한 인터뷰(1999년 6월 8일); NEC의 반도체 마케팅담당 OB 스미토모 스스무 씨에 대한 인터뷰(1999년 9월 2일).

13) 토시바의 반도체 기술자 OB 쿠보 다이지로 씨에 대한 인터뷰(2000년 4월 26일 및 2001년 3월 14일). 전자계산기용 반도체IC시장에서도 반도체기업들이 특정 수요기업과의 커스텀IC의 공동개발을 통해 축적된 경험 및 기술력을 표준품IC 시장에 활용하려 하였다. 예를 들어, 후술하는 것처럼, NEC는 샤프, 카시오와의 공동개발에서 기술력을 축적하여, 다른 전자계산기업체들에 대한 커스텀 IC 판매를 모색하였으며, 더욱이, 대부분의 전자계산기업체들이 도입할 수 있는 표준품IC의 개발에도 노력을 기울였다.

요했다. 이 시기에 수급기업간의 공동개발이 빈번하게 이루어졌고 또 중요했던 것이다.[14]

　일본의 반도체기업의 공동개발에 대해서 기존연구에서는 기업간의 협력의 측면을 강조하고 또 공동개발의 경험이 기술축적을 통해 일본반도체기업의 경쟁력 향상에 기여했다는 긍정적 측면만을 강조한다. 본서의 개념정의에 따르면, 주로 공동개발에 있어서의 조직원리의 작용과 그 플러스의 영향만이 일방적으로 강조되어 왔던 것이다.

　그러나 후술하는 바와 같이, 일본의 반도체IC 공동개발에서는 IC의 공급업체와 수요기업 간의 협력과 같은 조직원리뿐 아니라 시장원리도 강하게 작용했으며, 또 그 후에 반드시 좋은 영향만을 낳았다고도 보기 힘들다. 물론 기술변화가 빠른 반도체산업에서 기술개발이 중요하며, 따라서 칩의 개발 활동의 중요성이 높으므로, 칩의 공동개발이 반도체의 기업간 거래의 핵심적인 활동인 것은 틀림없지만 이 공동개발의 내용과 영향이 블랙박스인 채 남겨져 있는 것이다.

　이러한 문제의식에서, 본절에서는 반도체 수요기업과 반도체기업간의 공동개발을 시장원리와 조직원리에 중점을 두고 분석한다. 분석되는 시장은 1960년대와 70년대 일본의 대표적 반도체수요시장이었던 전자계산기용과 통신기용이다. 전자계산기용 칩에 대해서는 샤프 및 카시오와 NEC 간의 공동개발, 샤프와 토시바 간의 공동개발, 그리고, 통신기용 칩에 대해서는 NTT(구 일본전신전화공사, 약칭 電電公社)[15]와 NEC 간의 공동개발을 분석한다.

　자료에 대해서는, 공동개발의 실태에 대해 상세히 분석한 기존문헌은 존재하지 않으므로, 1960년대와 70년대에 수요기업과의 반도체IC 공동개발에 직접 참여했던 NEC, 토시바, 후지츠의 반도체 엔지니어 OB들에 대해 실시했던 저자의 인터뷰 기록을 활용한다.[16]

---

14) Kim(2012). 일반적으로 공동개발은 동업자간의 공동개발을 포함하지만, 본장에서 말하는 공동개발은 반도체기업과 반도체수요기업 간의 공동개발이다. 그리고, 공동개발은 시험생산 단계뿐 아니라 공동개발한 칩을 대량생산하기 시작한 시기까지를 포함한다.

15) NTT가 1985년 4월에 민영화되기 이전의 조직명은 일본전신전화공사이지만, 지금의 회사명이 (지역분할되어 있으나) NTT이므로 본서에는 주로 NTT라 표기하고, 문맥상 필요에 따라 일본전신전화공사라는 기업명을 사용한다.

16) 증언의 사실적합성을 높이기 위해, 가능한, 같은 수요기업과의 공동개발에 참여한 복수의 반도체 엔지니어와 인터뷰를 실시했으며, 인터뷰 후 작성한 인터뷰기록의 초안을 인터뷰했던

(1) 전자계산기용 반도체IC의 공동개발 사례

1절에서 본 것처럼 1960년대 말과 70년대에, 전자계산기용 IC 시장은 일본의 반도체시장 중 가장 큰 시장 세그먼트였다. 이미 60년대 후반, 일부 전자계산기제품에는 커스텀IC가 이용되고 있었으나, 70년대 초반에는 보다 집적도가 높은 커스텀LSI의 이용이 급격히 증가했다. 앞서 본 것처럼, 그때까지는 대부분의 전자계산기가 기업의 사무부서에서 이용되고 있었으나, 70년대 들어, 반도체IC의 도입에 의해 전자계산기의 경량화, 소형화, 저가화가 가능해져, 전자계산기 시장에서 개인용 계산기가 주류 제품이 되었기 때문이다. 전자계산기업체들은 개인용 계산기 시장에서의 치열한 경쟁에서 살아남기 위해, 제품차별화를 가능하게 하는 커스텀LSI의 개발에 승부를 걸었으며, 개인용 계산기에는 하나의 커스텀LSI를 장착하는 것만으로도, 중요한 기능을 할 수 있게 될만큼, 커스텀LSI가 중요해졌다.[17] 이처럼 커스텀LSI가 중요해진 것은, 앞서 본것처럼, 반도체의 거래에 있어, 공급기업의 이해보다 수요기업의 이해가 보다강하게 관철되었다는 것을 나타낸다.

세계전자계산기 시장에서 최종적으로 승리한 것은 일본의 샤프와 카시오였다. 이들 기업들은 자사 전자계산기에 이용되는 커스텀LSI를 일부의 일본반도체기업들과 공동개발해, 그 후 대량생산된 칩이 그 특정 수요기업에 납입되었다. 개발과 생산의 양면에서 수요기업과 공급기업간의 협력이 이루어졌고, 양자간의 이해가 일치하는 부분이 있었다는 점에서 조직원리가 작용하였다고 할 수 있다.

그러나, 이러한 공동개발에서도, 협력과 이해 일치에 입각한 조직원리뿐 아니라, 시장원리가 작용하여, 조직원리와 시장원리가 결합되어 나타났다. 이하에서는 시장원리와 조직원리의 동학적인 결합이라는 관점에서, 전자계산기업체가일본의 반도체기업들과 어떻게 커스텀LSI를 공동개발했는지를 분석한다.

본인에게 확인해, 잘못된 부분, 부정확한 부분의 수정을 받았다. 1회의 인터뷰 시간은 대체로 2시간에서 3시간이었다.

17) 山田(1989), p.145; 『日刊工業新聞』 1973年7月4日; 同, 1975年4月30日. 이는 1971년과 72년에 걸쳐, 일부의 미반도체기업들이 전자계산기사업에 신규진입했던 이유 중의 하나이기도 했다.

① 조직원리

1960년대와 70년대에 일본의 IC기업들은 상위의 전자계산기업체들과 정보를 교환하면서 커스텀LSI를 공동개발하는 경우가 많았다. 반도체기업의 회로설계 엔지니어들뿐 아니라, 생산라인에서 품질관리를 담당하는 엔지니어들까지, 전자계산기업체와의 칩 공동개발에 참여하여 양사간의 긴밀한 협력이 이루어졌고, 이는 조직원리의 작용을 나타낸다. 그리고, 이러한 공동개발을 통해, 기술, 노하우 및 경험이 이들 기업에 축적되었다.

조직원리의 작용을 나타내는 일본의 전자계산기기업과 IC기업의 커스텀 IC의 공동개발의 사례로서, 1960년대 후반의 샤프와 NEC의 공동개발,[18] 70년대 전반의 카시오 및 샤프와 NEC간의 공동개발,[19] 그리고 같은 시기 샤프와 토시바의 공동개발[20]을 살펴보자.

전자계산기에 처음으로 반도체IC를 도입한 것은 샤프였다. 즉, 샤프는 1966년부터 IC를 도입한 전자계산기 "CS−31A"제품을 개발했는데, 이 제품에는 28개의 바이폴라 IC칩이 사용되어, 67년 2월에 출시되었다. 또, 같은 해, 샤프는 처음으로 MOS IC를 사용한 전자계산기도 시장에 내어놓았으며, 69년에는 MOS LSI를 사용한 계산기도 제작하였다. 이 MOS LSI는 당시로는 최첨단의 반도체제품이었는데, 샤프의 성공에 자극받아, MOS LSI를 제품에 장착한 다른 전자계산기업체들도 늘었다.

샤프가 최초로 전자계산기용의 IC를 공동개발한 것은 NEC와였다. 1966년 1월 17일 샤프는 NEC에 전자계산기용 커스텀IC 칩의 개발을 요청했다. 이 칩은 구형의 트랜지스터 기술을 사용하는 것보다 저렴하고 작으며 또 가벼웠다. 당시 샤프는 전자계산기에 IC를 이용한 경험이 없었고, NEC도 컴퓨터용으로 많이 쓰이던 표준품 논리IC를 전자계산기업체나 자신의 컴퓨터부문에 판매

---

18) NEC의 반도체 기술자 OB 사카이 미츠오 씨에 대한 인터뷰(1999년 9월 9일). 공동개발 실태에 대한 상세한 내용에 대해서는 Kim(2012)을 참조.

19) NEC의 반도체 기술자 OB 엔도 마사시 씨에 대한 인터뷰(1999년 6월 1일 및 8월 13일); NEC의 반도체 기술자 OB 고 쿠로사와 토시오 씨에 대한 인터뷰(1999년 6월 24일)

20) 토시바의 반도체 기술자 OB 스즈키 야소지 씨에 대한 인터뷰(2000년 6월 23일 및 7월 28일); 토시바의 반도체 기술자 OB 오다가와 카이치로 씨에 대한 인터뷰(2000년 4월 14일); 東芝半導体事業本部(1991).

하고 있었지만, 커스텀IC를 개발한 적은 없어, 관련되는 기술 정보도 없었다. 따라서, 양사간에 공동개발을 할 필요가 있었다.

먼저, IC제품 및 기술에 대한 중요 정보가 NEC와 샤프 이외로 유출되는 것을 막기 위해 "守秘義務계약"을 체결하고, 1966년 6월 2일 샤프와 NEC는 최대 16자리 숫자를 표시하는 계산기에 사용될 IC의 기본사양을 결정했다. 그 후, 공동개발을 거쳐, 66년 말, 7품종의 엔지니어링 샘플(ES) 칩이 완성되어, 67년 들어 NEC가 이 칩을 대량생산해서 샤프에 납입하였다.

공동개발 과정을 보면, 먼저 샤프가 전자계산기의 회로설계 도면을 작성하여 NEC에게 넘긴 후, NEC는 그것을 바탕으로 반도체IC의 회로설계도 및 패턴설계도를 작성했다.[21] 그런 다음, 샤프와의 조정을 거쳐, NEC는 반도체 칩의 시험생산을 시작해, 그 후, 엔지니어링 샘플을 만들어 샤프에 넘겼다. 샤프는 전자계산기의 시작품을 만들어, 시험을 계속했으며, 그 과정에서 발견되는 여러 가지 문제와 그 해결에 대해 공동개발에 참여한 NEC의 엔지니어들과 의견 및 정보의 교환을 계속했다.

다음으로, 1970년대 초 카시오와 NEC의 LSI 공동개발을 보면, 먼저, 카시오는 납입되는 반도체 칩의 수량, 납입단가, 납입시기까지 요구하는 한편, 공동개발되는 제품과 관련된 정보가 유출되는 것을 방지하기 위한 守秘義務 규정도 계약에 삽입했다.

공동개발에 있어서는, 생산과정 및 검사에 대한 세부사항을 양사간에 논의해 결정하였다. 그 후 설계과정에서, NEC의 IC설계 엔지니어는 논의를 위해 종종 카시오를 방문했다. 설계 변경의 필요성, 또는 문제점이 발견되는 경우, 양사의 엔지니어가 상의하면서, 계약까지도 수정하였다. 그리고 반도체의 설계단계에서 엔지니어링 샘플을 완성하기까지 양사 엔지니어는 매우 긴밀히 정보교환하면서 협력했다.

그런데, NEC는 LSI 패턴은 설계했지만, 앞서의 샤프와 NEC의 공동개발과 달리, LSI의 회로설계는 수요기업인 카시오가 담당하였다. 당시, 카시오는 반도체의 대량생산은 하지 않았지만, 설계와 시험생산까지는 자사내에서 하고

---

21) IC의 회로설계는 반도체 칩이 특정 기능과 성능을 수행하는 데 필요한 회로 흐름을 설계하는 것인데 반해, IC의 패턴설계는 이 회로설계에 따라 칩 내부에 회로를 효율적으로 배치하는 설계이다.

있었기 때문이다. 그리고, 1974년 주력 신제품 전자계산기의 디스플레이 표시를 8자리에서 6자리로 줄였는데, 이는 NEC 반도체 엔지니어의 제안에 따른 것이라고 한다. 수요기업이 반도체기업의 능력에 대한 신뢰를 가지고 있었던 것을 나타낸다. 그리고, NEC와 카시오 간의 커스텀LSI 공동개발은 한 번으로 끝나지 않고, 다른 신제품의 전자계산기를 개발할 때도, 양사는 공동개발을 반복했다. 이 사실로부터도 양사간에 신뢰가 형성되어 있었다는 것을 알 수 있다. 양사간의 신뢰관계를 나타내는 다른 예도 많다. 예를 들면, NEC는 카시오의 개인용 전자계산기뿐만 아니라 과학용 전자계산기 제품에도 LSI를 공동개발했으며, 카시오가 전자시계 및 전자악기 사업에 새로 진출했을 때도, NEC 경영진의 조언을 받아 결정을 했다고 한다.

일반적으로, IC기업들이 고객기업과 커스텀IC를 거래할 때, 그전까지 장기거래를 해오지 않았거나, 고객기업에 대한 신뢰가 그다지 강하지 않을 경우에는, IC 개발비 회수의 리스크를 낮추기 위해, 납입 전에 미리 개발비를 받는다. 그러나, NEC가 카시오를 위한 커스텀LSI를 개발했을 때는, IC개발비를 카시오에 대한 납입가격에 반영하였다. 수요기업 카시오의 능력에 대한 신뢰가 있었던 것이다. 사실, NEC는 1960년대 후반 샤프와 공동개발할 때에도 개발비를 카시오와의 공동개발시와 같은 방식으로 부담시켰다. 공동개발비의 분담에 있어, 상위 전자계산기업에 대한 신뢰관계에 입각한 수요기업과 공급기업 간의 협력이라는 형태로 조직원리가 작용하였던 것이다.

또한, 샤프와 토시바가 CMOS(Complementary Metal Oxide Semiconductor) IC[22] 공동개발을 했을 때도, 양사간의 신뢰를 바탕으로 하는 협력이라는 조직원리의 작용을 관찰할 수 있다. 좀 더 상세하게 살펴보자.

1971년 봄, 토시바의 젊은 반도체 설계 엔지니어였던 스즈키 야소지는 보다 소비전력이 절감되는 CMOS LSI를 사용하여 시작품 전자계산기를 스스로 만들어, 그 가능성을 확인했고, 동사의 전자계산기사업의 담당부서 상사에게 상용화를 건의했다. 그러나, 이 건의는 거부되었고, 스즈키는 동일한 설계의 칩을 도입할 것을 샤프에 제안하였다. 이 제안을 받아들여, 71년 9월 16일 샤

___
22) MOS IC에는 PMOS형, NMOS형, CMOS형의 세 유형이 있다. PMOS IC는 양전하를 띠는 正孔이 전류를 전달하는 반면, NMOS IC는 음전하를 띠는 正孔이 전류를 전달하는 타입의 반도체이다. CMOS IC는 NMOS IC와 PMOS IC을 조합한 형식으로 소비전력 절약의 강점이 있다.

프는 12자리수를 표시할 수 있는 전자계산기에 이용될 CMOS LSI 칩을 공동
개발할 것을 공식적으로 토시바에게 요청했다.[23]

이리하여, 새로운 개인용 전자계산기에 도입되는 CMOS LSI의 공동개발
이 개시되었는데, 이 공동개발에서도 양사간의 긴밀한 협력 작업이 이루어졌
다. 예를 들어, 샤프는 전자계산기의 설계 담당자를 토시바에 파견해, 3개월
동안 토시바에 상주시키면서 동사의 IC 엔지니어와 공동작업을 하게 했다. 그
후에, 토시바의 반도체 설계 엔지니어 수 명이 기차로 1주일에 2~3번 샤프 본
사가 있는 나라의 코오리야마 공장을 방문해서, 샤프의 사양 요구를 듣고, 반
도체 칩의 설계에 어떻게 반영할 것인지를 상의하였다. 카와사키의 토시바 거
점으로 돌아와서는 LSI회로 설계도를 수정하여, 다시 나라로 가서 샤프의 엔
지니어와 정보교환하는 것을 반복하였다.

이 공동개발에서 LSI의 회로설계를 한 것은 토시바였다. 이는 앞서 본
NEC와의 공동개발에서 수요기업인 카시오나 샤프가 반도체의 회로설계까지
한 것과는 대조적이었다. 그 배경에는 당시 전자계산기용 반도체의 주류는
PMOS LSI였고, CMOS LSI를 전자계산기에 이용한 예가 없었던 사실이 있다.
아직 실적이 없었던 유형의 칩이었던 만큼, 샤프의 엔지니어들이 CMOS LSI를
설계하는 데는 무리가 있었다. 특히, PMOS LSI와는 달리 CMOS LSI는 서로
다른 유형의 트랜지스터를 결합한 타입이어서 칩 사이즈가 커지기 때문에, 칩
사이즈를 줄이기 위해서는 LSI 설계에 대한 전문지식이 PMOS LSI 칩보다 중
요했다. 따라서 샤프는 CMOS LSI에 대한 전문지식이 많았던 토시바의 엔지니
어에게 LSI의 회로설계까지도 맡겼던 것이다.

1972년 1월 말에 CMOS LSI의 엔지니어링 샘플이 완성되어, 72년 5월에
상용 샘플이 준비되었고 다음 달 대량생산이 시작되었다. 이 과정에서도 토시
바의 반도체 설계 엔지니어와 샤프의 엔지니어 간에 협력이 이루어졌다. 이러
한 공동개발의 성과인 반도체 칩을 도입해서, 73년 4월 샤프는 "EL-805" 전
자계산기를 출시할 수 있었다. 토시바와 샤프 간의 공동개발을 통한 긴밀한

23) 당시 샤프와의 공동개발에 참가한 토시바의 스즈키 야소지 씨가 저자와의 인터뷰(1999년 7
    월 30일과 8월 25일) 시에 보여준 메모에 따르면, 샤프가 토시바와의 공동개발의 공식 의뢰
    를 위해, 신제품 전자계산기의 세 번째 설계도면을 토시바 측에 제시한 것은 9월 16일이었다
    고 한다.

협력을 통해 조직원리가 작용하고 있었던 것이다.

② 시장원리와 조직원리의 동학적 결합양태

이처럼, 전자계산기용 반도체칩의 공동개발에서 조직원리가 작용했는데, 다른 한편으로는 시장원리도 여러 경로로 작용하면서, 조직원리와 결합되어 나타났다.

수요자와 공급자간의 이해 대립

1960년대 말, 샤프가 처음으로 전자계산기 제품에 LSI를 도입하려 계획했을 때는, 일본반도체기업이 만든 LSI를 구매하려 하였다. 68년 샤프는 NEC, 히타치 및 미츠비시전기의 3사에 전자계산기용 MOS LSI를 개발, 생산해줄 수 있는지 타진했다. 그러나, 이들 일본기업들은 당시 아직 MOS LSI를 대량생산한 경험이 없었으며 시작품을 생산하는 데도 기술적인 어려움을 겪고 있었기 때문에, 샤프의 요청을 거절했다.

결국, 샤프는 미반도체기업 중에서 공급기업을 물색할 수밖에 없었으며, 그 결과 미 로크웰사와 계약을 맺고 미국에서 제조된 LSI를 구입해, 자사의 전자계산기 제품에 장착했다. 이러한 사실관계를 보면, 일본 반도체IC산업의 초기에, 일본의 상위 전자계산기기업과 일본의 반도체기업 사이에 이해의 대립이 있었음을 알 수 있다.

한편, 앞서 본 것처럼, 1970년대 초의 카시오와 NEC의 공동개발에 있어서 양사간에 어느 정도의 신뢰가 있었다. 그러나 이 공동개발에 있어서조차, NEC와 카시오의 이해가 완전히 일치하지는 않았다. 예를 들어, IC기업과 공동개발을 하면서도, 카시오는 사내에서도 신제품 전자계산기용 커스텀LSI의 회로를 설계하고 있었다. 카시오뿐만 아니라 톳토리 산요, 오무론(당시의 사명은 타테이시전기) 등의 가전업체, 사무용기기업체도 커스텀IC의 회로설계까지는 사내에서 하면서, 그 대량생산을 반도체기업에 발주하는 경우가 많았다.

이처럼 전자기산기업체, 가전업체, 사무용업체 등 일부의 반도체수요기업들이 사내에서 IC의 회로설계를 한 이유로는 먼저, 이들 IC수요기업들은 신제품 정보가 경쟁업체로 유출되는 것을 막는 등, 신제품에 대한 정보를 제어하려 하였던 것을 들 수 있다. 또한, 1970년대 초까지는 전자계산기용 IC

의 집적도가 아직 그리 높지 않았기 때문에, 이들 IC수요기업들이 사내에서 직접 반도체의 회로설계를 하는 것이 기술적으로도 그다지 어렵지 않았다.

당시에 샤프와의 전자계산기용 반도체의 공동개발에 참여했던 NEC의 반도체 엔지니어들과의 인터뷰[24])에 따르면, 공동개발임에도 불구하고, 샤프는 이 공동개발에 참가한 NEC의 반도체 설계 엔지니어들에게 공동개발을 위한 최소한의 제품정보 밖에 제공하지 않았다고 한다. 수요기업이 새로운 전자계산기제품에 대한 정보의 제공 및 공유에 소극적이었던 것이다.

또, 1970년대 초 토시바와 샤프 간의 전자계산기용 CMOS LSI 공동개발의 사례에서도, 샤프는 새로운 전자계산기제품에 대한 정보를 토시바에 완전히 공개하지는 않았다. 카시오와 마찬가지로 샤프도 신제품에 대한 정보가 IC기업을 통해 경쟁업체에 유출될 것을 우려해, 공동개발의 파트너인 IC기업과의 정보 공유 범위를 제한했던 것이다. 이들 사례를 통해, 공동개발이라는 조직원리가 강하게 작용하는 활동에 있어서도, 수요기업과 공급기업 간의 정보 교환을 둘러싼 이해 대립이 존재했던 점에서 시장원리가 작용해, 조직원리와 시장원리가 결합되어 있었다는 것을 알 수 있다.

다만, 수요기업에 따라서는, IC기업과의 정보공유에 적극적인 예도 있었다. 나중에 상세히 살펴보겠지만, NTT는 반도체기업과의 통신기용IC 공동개발에서, 정보의 제공과 공유에 매우 적극적이었다. NTT는 통신업의 독점기업이어서, 전자계산기와는 달리, 제품의 모델 체인지 및 사양변경에 의한 경쟁이 없었다. 게다가, 제품 수명도 전자계산기에 비해 훨씬 길었다. 때문에, 수요기업인 NTT의 입장에서는 신제품 개발 정보의 유출을 우려해서 IC기업과의 제품정보 공유를 제한할 필요성이 약했던 것이다. 제품에 따라, 칩 공동개발에 있어서의 시장원리의 작용 정도가 달랐다고 할 수 있다.

수요기업의 가격인하 압력 및 납기 엄수의 압력

앞서 언급한 것처럼, 1970년대 들어, 전자계산기 시장에서 개인용 전자계산기가 주된 제품이 되었다. 따라서, 경쟁에 있어서 가격이 더욱 중요해져, 전

---

24) NEC의 반도체 기술자 OB 엔도 마사시 씨에 대한 인터뷰(1999년 6월 1일 및 8월 13일);
   NEC의 반도체 기술자 OB 사카이 미츠오 씨에 대한 인터뷰(1999년 9월 9일).

자계산기 각사는 반도체기업에 보다 저렴한 가격의 칩을 제공할 것을 요구했으며, 결과적으로 전자계산기용 LSI칩의 가격은 빠르게 하락하였다. 예를 들어, 71년, 전자계산기용 LSI의 가격은 7,000~8,000엔이었지만, 1975년에는 1,000엔 이하로 하락하였다.[25]

공동개발의 경우도 예외는 아니었고, 수요기업은 가능한 한 칩의 가격을 낮출 것을 강하게 요구하였다. 예컨대, 1970년대 전반, 샤프의 전자계산기용 CMOS LSI를 토시바와 샤프가 공동개발했을 때도, 샤프는 토시바에게 LSI 납입가격을 될 수 있는 대로 낮출 것을 요구했으며, 이러한 요구를 토시바가 수용하면서 제품을 개발, 납입하였다.

구체적으로 전자계산기의 키보드 디자인에 LSI칩의 제조비용이 영향을 받았기 때문에 키보드 구조를 반복적으로 변경하여, 제조비용을 낮출 수 있는 회로구성의 IC칩을 설계하였다. 또한, 샤프의 저가격의 요구에 의해, 전자계산기의 표시판에 8자리의 숫자만 표시되도록 커스텀LSI칩을 설계하였다. 그 결과, 전자계산기 「EL-801」제품을 1973년에 출시하였는데, 이 제품의 생산개시기에, 토시바의 커스텀CMOS LSI의 제조원가는 칩 1개당 약 만엔이었지만, 3000엔에 샤프에 납입했다고 한다. 그리고, 「EL-801」의 후속제품으로 출시된 「EL-805」에는 비용절감을 위해, 「EL-801」에 탑재된 반도체 칩의 회로를 이용해 사양변경을 최소화해, 원가절감을 꾀했다고 한다.

이처럼 샤프로부터의 다소 무리한 요구까지도 토시바가 받아들인 배경에는, 당시 전자계산기용 칩의 주류가 PMOS(Positive Metal Oxide Semiconductor) LSI였고, 토시바는 이 PMOS LSI 기술에서 NEC와 히타치에 뒤떨어져 있었던 사실이 있었다. 따라서 확대되고 있던 전자계산기용 반도체시장에서 토시바가 기술적 열세를 만회하기 위해 새로운 유형의 칩인 CMOS LSI의 개발과 판매에 집중할 유인이 있었다.[26] 이런 상황에서 유력한 고객이자, 상위 전자계산기업체인 샤프의 엄격한 저가 납입요구, 그리고 비용절감 요구를 받아들일 수밖에 없었던 것이다.

카시오의 경우, 다른 경쟁업체들에 비해, 전자계산기사업의 비중이 높았고, 그 중 개인용 전자계산기의 비중도 높았다. 앞서 언급했던 것처럼, 이 개

---

25) 妹尾(1979), p.214.

26) 中川(1989), p.85.

인용 전자계산기시장에서는 특히, 가격경쟁이 치열했으며, 카시오는 가능한 제품기능을 단순화해 파격적인 제품가격으로 승부하는 전략을 택했다.[27] 때문에, 카시오는 제품의 제조원가 하락에 큰 노력을 기울였고, 공동개발에서도 반도체기업들에 대해 납입가격 하락의 압력을 가하고 있었다.[28] 예컨대, 1972년, 만엔 이하의 파격적인 가격으로 시장에서 대성공한 "카시오 미니"의 경우, 이 제품의 반도체 칩 공동개발에 참여한 NEC IC 엔지니어의 증언에 따르면,[29] 카시오는 NEC에 매우 강한 코스트 다운 압력을 가했는데, NEC는 주요 고객과의 관계를 유지하기 위해, 이러한 카시오의 요구를 수용할 수밖에 없었다고 한다.

더구나, 전자계산기 시장경쟁에서 살아남기 위해, 전자계산기업체들은 보다 빈번히 모델 체인지를 했다. 따라서, 1970년대 전자계산기용 커스텀LSI 칩의 공동개발에 있어서도, 전자계산기기업들은 가격 면뿐 아니라, 납입시기의 면에서도 IC기업에게 매우 어려운 요구를 계속했다. 예컨대, 반도체기업들은 보다 짧은 시간 내에 칩을 개발해, 요구되는 납기에 맞춰 칩을 납입해야 했다.[30] 그러나, 수요기업의 요구 사양이 도중에 변경되는 경우도 드물지 않았고, 그러한 변경 요구가 예상되지 못했던 경우도 많아, 공동개발에 시간이 걸리는 경향이 있었고, 따라서, 공급자가 당초 예정되었던 납입시기에 맞춰 커스텀LSI 칩을 개발하는 것은 매우 어려운 과제였다. 예를 들어, NEC의 경우, 70년대 전반, 다른 용도의 칩 제품에는 반도체마스크 설계부터 시작품 생산 완료까지 평균 2개월이 걸린 데 반해, 전자계산기용 커스텀LSI에서는 15일 밖에

27) 샤프는 이 시기의 제품전략이 카시오와 대조적이었다. 즉, 샤프는 새로운 기능을 끊임없이 개발하여 제품의 부가가치를 높이는 차별화전략을 택했다. 그러나, 1970년대 후반 이후, 세계 전자계산기 시장을 양사가 양분하게 되고부터는 양사가 서로의 전략을 의식하면서 학습하는 경쟁을 계속한 결과, 양사의 제품 라인이 비슷하게 되었다. 이는 기업간 경쟁이 상호학습의 과정이기도 한 사례로 널리 알려져 있다.
28) 樫尾(1992), p.159;『日刊工業新聞』1972年8月3日.
29) 이곳의 NEC와 카시오 간의 공동개발에 대한 기술은 다음의 인터뷰 기록에 의거한다. NEC의 반도체 마케팅담당 OB 이노우에 코우이치로 씨에 대한 인터뷰(1999년 5월 21일); NEC의 반도체 기술자 OB 엔도 마사시 씨에 대한 인터뷰(1999년 6월 1일 및 8월 13일); NEC의 반도체 마케팅담당 OB 나카노 토미오 씨에 대한 인터뷰(1999년 6월 8일); NEC의 반도체 기술자 OB 키쿠치 마사노리 씨에 대한 인터뷰(1999년 12월 27일).
30) Kim(2012).

걸리지 않았다고 한다. 따라서 납기를 맞추기가 쉽지 않았고, 수요기업인 카시오의 담당자가, 납입기일 며칠 전부터 NEC의 사무실에 와 철야를 하면서, 칩의 완성을 기다렸다고 한다. 샤프와 토시바의 공동개발의 경우에도 비슷한 예가 있었다.

따라서, 전자계산기용 반도체IC시장에서, 수요기업과 공급기업 간에 공동개발 형태의 협력이라는 조직원리가 작용하는 가운데, 수요기업에 의한 엄격한 가격 저감 및 납입기일 준수의 요구라는 형태로 시장원리도 작용했다. 공동개발이 진행되는 과정에도 조직원리와 시장원리가 결합되어 나타났던 것이다.

복수의 반도체기업과의 공동개발

일본의 상위 전자계산기업체들이 반도체기업과 공동개발을 할 때, 복수의 반도체기업들을 공동개발의 파트너로 설정하여, 반도체기업간의 경쟁을 활용했다. 공동개발에 있어서 공급자간 경쟁이 치열했던 점에서도 조직원리와 시장원리가 함께 작용하고 있었던 것이다.

1970년대 전반, 전자계산기업체와의 반도체 공동개발에 직접 참여했던 NEC의 반도체 설계 엔지니어에 대한 인터뷰에 의하면,[31] 카시오는 NEC뿐 아니라 히타치와도 동시에 공동개발을 했다. 샤프도 60년대 말 NEC, 히타치, 미츠비시전기 3사와 동시에 반도체 공동개발을 했으며, 70년부터는 반도체의 내부생산도 개시하여, 반도체 공급자가 하나 더 늘었다. 반도체의 수요자와 공급자의 공동개발에 있어서도, 복수의 공급기업간의 경쟁이 이루어져, 시장원리가 작용하였던 것이다. 공동개발을 통한 협력이라는 조직원리와 공급기업간의 경쟁이라는 시장원리가 결합되어 작용했다고 할 수 있다.

공동개발 시 뿐만 아니라, 전자계산기업체들은 미반도체기업을 포함하여 복수의 반도체기업으로부터 동시에 IC를 조달했다. 이른바, "複社발주" 정책이다. 예를 들어, 1960년대 후반, 카시오는 NEC, 히타치, 필코 포드, 시그네틱스로부터 IC를 구입했으며, 산요전기는 미츠비시전기, 모토롤라, 필코 포드, 비지콘으로부터 IC를 구입했다.[32] 71년, 오무론이 최초의 "원 칩 전자계산

---

31) NEC의 반도체 기술자 OB 엔도 마사시 씨에 대한 인터뷰(1999년 6월 1일 및 8월 13일).
32) 『電子年鑑』 1968年版; 『日本経済新聞』 1968年7月15日.

기"[33]를 개발했을 때, LSI를 제조한 기업은 미국의 반도체 3사였다. 이러한 예를 보면, 경쟁이 치열했던 1970년대 전반, 일본전자계산기업체들은 복수의 반도체 공급자와의 거래를 유지하면서, 공급자간의 경쟁을 활용하는 것이 일반적이었던 것을 알 수 있다. 장기적인 거래를 하는 경우에도, 복수의 기업을 참가시켜 경쟁을 도입하여, 조직원리와 시장원리가 결합하는 현상이 나타났던 것이다.

공동개발 비용부담 방식

반도체 칩 공동개발의 개발비를 누가 어떻게 부담하는가를 둘러싸고도 시장원리가 작용했다. IC기업과 전자계산기업체 간의 IC 공동개발 비용분담 방식은 다양했는데, 개발비 회수의 리스크가 어느 정도 큰지가 거래상대에 따라 달랐기 때문이다.

예를 들어, 앞서 본 것처럼, NEC는 샤프, 카시오 등 상위 전자계산기업체와의 거래에서 반도체IC의 납입가격에 개발비를 포함시키는 대신, 개발비를 미리 따로 받지는 않았다. 반면, 톳도리 산요나 오무론 등과의 공동개발에서는 완성된 반도체 칩을 납품하기 전에 미리 개발비를 받았다고 한다. 납입한 칩을 이용한 전자계산기가 시장에서의 판매가 좋지 않았을 경우, 납입가격에 개발비를 반영하는 방식으로는 개발비를 회수하기 어렵게 되므로, 반도체기업은 개발비를 미리 받으려고 하였다.

이처럼 개발비 부담을 둘러싸고 수요기업과 반도체기업간의 이해 대립이 존재했다던 점에서도 시장원리가 나타나고 있었다 하겠다. 이러한 사실들은 반도체 공동개발이라는 협력 작업에서 조직원리가 작용하는 가운데, 공급기업과 수요기업 간에 이해 대립이 존재해, 시장원리와 조직원리가 결합되어 작용했음을 나타낸다.

(2) 공동개발의 공헌과 한계

NEC와 토시바 등 일본의 반도체기업들은 이러한 전자계산기기업들과의

---

33) 전자계산기 1대에 하나의 반도체LSI 칩이 사용되는 경우, 이 전자계산기를 "원 칩 계산기"라 한다.

공동개발과 그 칩의 대량생산 경험을 통해, 당시로서는 고성능, 고품질의 반도체 칩을 저가격에 완성하는 설계기술 및 제조기술을 축적할 수 있었다. 구체적으로, 전자계산기에는 CPU, RAM과 ROM 메모리, 입출력기능 칩 등의 반도체가 이용되었는데, 이들 반도체의 기능을 조합한 것이 1970년대 말부터 그 시장이 급성장한 마이크로프로세서이다. 따라서, 전자계산기용 IC의 개발에 종사했던 엔지니어들은 시스템의 설계능력과 판단력을 높일 수 있었고, 이러한 능력이 바로 마이크로프로세서의 설계, 개발에 큰 도움이 되었다. 또한 전자계산기에 사용되는 SRAM의 개발 경험도 그 후 마이콘의 데이터 메모리에 사용된 중저속 SRAM메모리 칩의 개발에 활용되었다. 특히 NEC의 경우, 전자계산기용 IC의 개발과 마이콘의 개발 간의 인적인 연속성도 강했다. 이처럼 공동개발에 의해 축적한 기술력을 그 후 다른 칩의 개발과 대량생산에 전용하여, 80년대 일본반도체기업이 일부 반도체제품에서 세계시장을 장악하는 원동력이 되었다.

일본의 반도체산업에 대한 기존 연구에서도, 전자계산기 등 민간 내구소비재용 수요가 초기의 일본 반도체산업의 발전에 공헌했다는 점이 강조된다.[34] 전자계산기용 반도체의 공동개발의 경험을 보면, 이러한 기존연구의 주장은 긍정할 수 있는 부분이 있다.

그러나, 전자계산기용의 IC 칩의 공동개발과 기업간 거래의 경험이 그 후의 일본반도체기업에 반드시 플러스의 면만 낳은 것은 아니었다. 오히려, 잠재적인 문제점을 발생시킨 면도 있었다.[35] 예를 들면, 수요기업의 코스트다운, 저가격의 요구가 강했고, 납입기한 요구도 엄격했기 때문에, 반도체기업은 개발에 시간이 걸리고 개발비가 많이 드는 기초기술 및 첨단기술의 개발 우선순위를 뒤로 미룬 결과, 이러한 기술의 축적에는 약점을 낳았을 가능성이 높다. 사실 1980년대 중반에 세계IC 시장에서의 점유율면에서 일본이 미국을 추월해 세계 반도체 시장에서 수위가 된 적이 있지만, 모든 반도체제품에서 그러했다는 것은 아니다. 전반적인 기초기술 수준, 첨단 기술수준에서는 미국을 추월했었다고 보기 어렵다.

---

34) 伊丹(1988), pp.41, 113, 119, 121.

35) 이에 대해서는 金(2014), p.53; Kim(2012)을 참조.

또한, 앞서 본 것처럼, 반도체의 공동개발시, 정보의 교환 및 공유를 둘러싸고 반도체기업과 수요기업 간의 이해 대립이 존재했다. 일본의 전자계산기 업체들은 공동개발의 파트너였던 반도체기업들에게 신제품에 관한 정보를 제공하는 데 소극적이었다. 따라서, 일본의 반도체IC 기업들은 자사가 진입하지 않았던 기기사업의 제품에 대한 시장지식, 기술지식의 흡수, 축적이 제한되었으며, 아마도 이것이 1990년대 이후 수요기업들에 대한 솔루션(수요자에 대한 제안) 능력면의 약점과 밀접한 관련이 있었던 것으로 보인다. 60년대와 70년대, 일본의 반도체기업이 내구소비재기업과의 공동개발에서 조직원리와 시장원리의 결합을 경험했던 것은 그 후에 양면적인 영향을 미쳤던 것이다.

(3) 통신기용반도체IC의 공동개발 사례

① 조직원리

장기에 걸친 협력관계

한편, 1960년대와 70년대, 민간 내구소비재용의 반도체뿐 아니라, 산업용 기기에 이용되는 반도체IC의 공동개발도 많았는데, 그 대표적인 예가 NTT와 반도체기업간의 통신기용 반도체의 공동개발이었다.

NTT의 통신기로서 처음으로 반도체IC를 도입한 것은 DEX-2(Den-Den Kosha Electrical Exchange Equipment-2)[36]라는 전자교환기였다. 이 DEX-2에 이용하는 반도체IC칩을 개발하기 위해, 전전기의 체신성 시대부터 통신기를 제조, 조달해 온 NEC, 후지츠, 히타치 등 이른바 "電電 패밀리"와 그 수요기업인 NTT간에 1965년 10월부터 공동개발이 시작되었다. NTT측에서는 산하의

---

36) 전기통신기술의 빠른 진보를 이용하여, NTT는 1960년대 중반 일부 통신기기업체와 협력하여 크로스바 교환기를 전자교환기로 대체하기 위해 공동개발을 했다. 이 공동개발로, 트랜지스터를 사용하는 DEX-1이라는 전자교환기를 66년에 개발하였고, 68년에는 IC를 사용하는 DEX-2를 개발하였다. 이곳의 전기교환기용 IC의 공동개발에 대한 설명은 아래의 NEC 반도체 엔지니어와의 인터뷰 기록 및 문헌을 이용한다. NEC의 반도체 기술자 OB 시미즈 코우조 씨에 대한 인터뷰(1999년 5월 12일); NEC의 반도체 기술자 OB 고 쿠로사와 토시오 씨에 대한 인터뷰(1999년 6월 24일, 8월 24일); NEC의 반도체 기술자 OB 사와구치 코우조 씨에 대한 인터뷰(2001년 4월 27일); 후지츠의 반도체 기술자 OB 요시오카 히데토시 씨에 대한 인터뷰(2001년 7월 31일); 黒澤(1997), pp.115-117; 電機通信研究所(1974), pp.376, 397; 電気通信協会(1977), 上卷, p.465.

전기통신연구소(ECL)가 이 공동개발의 주관조직이 되어, NEC와 IC칩의 설계
와 시험을 공동으로 실시하고, 대량생산은 NEC가 담당하기로 합의했으며, 다
음 해인 66년에 후지츠와 히타치도 공동개발에 참여했다. 이 공동개발의 성과
로, DEX-2용 반도체IC의 개발을 완성하는 한편, NTT와 이들 반도체3사는
73년 6월부터 다시 데이터 통신 기기 DIPS(Dendenkosha Information Processing
System)-11[37]에 사용하는 IC칩도 공동개발하였다.

또한, 1975년부터 80년까지 NTT는 통신기용 반도체의 기술을 높이기 위
해 4억엔을 투자해, 앞서의 반도체기업 3사와 "VLSI(Very Large Scale IC) 프로
젝트"[38]라는 공동개발을 실시했다. 이 프로젝트의 목표는 보다 높은 집적도의
메모리 IC칩을 개발하는 것이었으며, 공동개발에 참가한 엔지니어들은 77년까
지 64KDRAM 칩을 개발했다.[39] 그 후 80년 2월, IEEE(Institute of Electrical and
Electronics Engineers) 회의에서 동프로젝트에 참가한 엔지니어들이 256K
DRAM 칩의 개발성과를 발표했다.

이 프로젝트에 참여한 대부분의 엔지니어는 NTT의 ECL 소속의 연구자들
이었으나, DEX-2와 DIPS용 IC의 공동개발시 공동작업을 했던 NEC, 후지츠,
히타치의 반도체 엔지니어들도 이 공동개발에 참여했다. 이 공동개발 프로젝
트에서, NTT의 ECL 소속의 연구자들은 주로 신뢰성 검사에 주력하고, 반도체
기업의 엔지니어들은 생산기술의 개발에 주력하는 분업체제였는데, 엔지니어
들간의 정보교환, 의견교환 및 협력도 활발하게 이루어졌다고 한다. 조직원리
가 작용한 것이다.

이 공동개발에 있어서는, 특히, 수요기업인 NTT가 기술정보의 제공에 적
극적이었다. 앞서 본 전자계산기용 반도체의 공동개발에서 수요기업들이 정보
제공에 소극적이었던 것과 대조적이다.[40] 이처럼 NTT가 기술정보의 제공에

---

37) DIPS는 NTT가 데이터 통신사업을 위해 개발한 독자 사양의 데이터 통신용 컴퓨터 시리즈
(DIPS-0, DIPS-1, DIPS-11)이다.
38) 본절에서의 이 공동개발에 대한 서술은 『電気通信研究所年報』1976年-80年; 電機通信協会
(1977) 上卷, 下卷; 『施設』1978年10月号; 東(1979); 中川(1989); Borrus(1988); Callon
(1995); Anchordoguy(1989)를 참조했다.
39) 당시 DRAM시장의 주된 제품은 16K DRAM이었다.
40) NEC는 샤프와 전자계산기용IC를 공동개발할 때보다 NTT와의 통신기용 IC 공동개발에서 수
요기업과 더 빈번한 의견, 정보교환을 했다고 한다(NEC의 반도체 기술자 OB 고 쿠로사와

적극적이었던 배경에는 통신시장과 전자계산기시장의 경쟁양상의 차이가 있었다. 즉, 일본의 통신시장에서 이 시기 NTT는 독점으로, 경쟁이 없었다. 따라서 개발된 통신기, 그리고 그 통신기용으로 설계된 대부분의 IC 칩은 NTT만이 수요했으므로, NTT는 개발기간 중, 제품 정보가 유출되는 것을 우려할 필요가 없었다. 때문에, NTT는 IC기업에 적극적으로 정보를 제공할 수 있었던 것이다.

따라서, 전자계산기용 IC의 공동개발과는 달리 공급업체와 수요기업간의 정보교환을 둘러싼 이해 대립의 문제가 발생하지 않았다. 정보교환에 관한 한, NTT와 IC기업 간의 이해 대립이 심각하게 나타나지 않았다는 것은 양자간의 공통된 이해가 있어, 이해가 일치했음을 의미한다. 이러한 이해의 일치는 조직원리의 작용을 나타내며, 조직원리의 작용을 가능하게 하는 일종의 신뢰관계가 양자간에 형성되었다고 할 수 있다. 이러한 신뢰가 있었기에, 장기간에 걸쳐 반복적으로 공동개발을 하면서 빈번한 정보교환을 계속했던 것이다.

전기통신연구소(ECL)은 1948년의 설립시부터 반도체기술을 개발했다. 따라서, 반도체기술연구에는 민간기업보다 오랜 역사가 있어, 민간기업보다 높은 반도체기술수준과 많은 뛰어난 기술인재를 보유하고 있었다고 한다.

ECL은 IC의 기초연구도 일찍부터 시작했다. 전자교환기용 IC의 신뢰도의 문제점을 파악하기 위한 예비검토로 시판의 안정 양산품 약 3,000개를 가지고 수명실험을 실시하는 한편, IC 케이스의 신뢰도에 대한 검토도 진행했다. 이러한 연구를 통해 전자교환기용 IC의 시험법 및 수명예측법을 확립하였고, 다양한 제품 불량에 대한 데이터와 정보를 축적하여, IC 칩의 수명 연장 기술을 보유하였다.

ECL은 특히 반도체IC의 재료 연구에서도 강점이 있었다. 앞서, 1948년부터 전기통신연구소가 반도체연구를 시작했던 점을 언급했는데, 사실은 이때부터, 동연구소는 통신기용 반도체의 재료 연구 실용화와 시험 기술의 향상을 목표로 재료과라는 조직을 만들어, 반도체재료를 연구했다. 60년대 중반 이후에는 IC의 재료에 대한 연구도 본격화했다. 예를 들면, 60년대 중반 금속성 이물질 혼입에 의한 IC의 단락 고장을 X선 마이크로 분석기법으로 분석, 해명하

토시오 씨에 대한 인터뷰(2000년 6월 13일)).

였고, 67년부터는 IC, 박막 등 초소형부품을 대상으로 합금의 偏析과 확산, 비금속 매개물질 분석을 계속해 재료의 劣化메커니즘을 해명했다. 70년대에 들어와서는 MOS IC에 사용되는 초미량 나트륨의 정량적 측정기술을 축적하는 한편, 72년부터는 실리콘의 결정 결함에 대한 측정 및 재료 평가 기술도 연구했다.[41]

또한, IC의 제조기술을 거의 보유하고 있지 못한 것이 반도체 연구에 있어 큰 마이너스라는 점을 인식하여, 1960년대 말부터 ECL은 IC의 시험제작 기술의 개발에도 힘을 기울였다. 그것을 상징하는 것이 68년 10월, 연구소내에 "클린 룸"(정식 명칭은 "전자부품 종합연구소")을 설치한 것이다. 이 클린 룸은 클래스 100의 상태(1 입방 ft에 0.3μ 이상의 먼지가 100개 정도 밖에 없는 상태)의 청정도를 유지하고, 실리콘 결정제조와 확산공정, 회로 제작을 위한 마스크 제조, 마스크를 이용한 포토 공정, 조립 및 케이스 봉입 등 IC의 시험 생산에 필요한 모든 공정의 장비를 갖추었다. 이 "클린 룸"은 ECL의 IC 제조기술 향상에 크게 기여했으며 NTT는 IC의 제조에 관해서도 상당한 노하우를 축적했다.[42]

이처럼, 민간 IC기업에 있어, NTT는 수요기업이었을 뿐 아니라, 높은 수준의 반도체기술의 개발정보와 경험을 가진 협력자이기도 했으며, 이 점에서 NTT에 대한 신뢰가 높았다.[43]

이러한 신뢰를 바탕으로, NTT로부터 민간 반도체기업으로의 기술이전, 기술전파가 이루어졌다. 통신기용 IC의 개발과정에 나타난 NTT와 반도체기업 간의 기술면의 협력관계는 NTT로부터 민간 반도체기업으로의 기술이전을 수반하여, 반도체기업의 기술수준의 향상과 기술축적에 기여했던 것이다. 첫째, 인적 이동을 통한 기술 이전이 있었다. 1950년대와 60년 초까지, NTT의 반도체 연구자들과 통상산업성 산하의 기술연구원의 연구자 중에는 민간 반도체기업으로 옮긴 사람들이 많았으며, 이러한 인적 이동이 당시 기술수준이 더 높았던 공적 연구소로부터 민간 반도체기업으로의 첨단기술, 기초기술의 이전을 가능하게 하였다. 예를 들어, 57년 ECL의 일부 중견 반도체 연구자 수십명

---

41) 電気通信研究所(1974), 下巻, pp.408, 597-598.
42) 電気通信協会(1977), 別巻, p.51; 電気通信研究所(1974), 下巻, p.394; 『施設』 1969年3月, pp.17-18.
43) 金(2006), 2장 2절.

이 민간의 NEC로, 62년에도 약 30명의 ECL 엔지니어들이 다양한 반도체기업으로 전직하였다. 이들 연구자, 기술자들의 대부분은 그 후 민간 반도체 각사의 핵심적인 인재가 되어, 일본의 반도체기술의 발전을 견인하였으며, 특히, 60년대 후반의 전자교환기 등 통신기용의 반도체 개발에서 큰 활약을 하였다.

둘째, NTT는 심포지엄을 통해서도 최신기술을 민간기업에 전파했다. 예를 들어 NTT 산하의 ECL이 1971년 12월에 개최한 심포지엄에서 LSI기술을 공개하였다. 77년 11월과 80년 12월에도, ECL은 LSI 심포지엄을 개최했다. 이러한 심포지움을 통해 반도체LSI에 대한 전기통신연구소의 첨단연구성과를 반도체IC기업에 공개, 제공해, 기술진보가 급속했던 70년대에, 반도체기업이 첨단기술의 정보를 흡수, 소화할 수 있는 기회를 제공했던 것이다.

마지막으로, 앞서 언급했던 VLSI 공동개발 프로젝트의 개발 성과로, 많은 특허를 NTT가 소유했는데, NTT가 이 특허성과를 반도체기업들이 이용할 수 있게 했다. 이를 통해 특허 취득된 신기술 정보가 반도체기업에 이전되는 루트가 마련되었다.

이처럼 인재 이동, ECL이 주최한 심포지움, 공동개발 성과인 특허의 공유 등을 통해, NTT로부터 반도체기업으로의 기술 이전, 양자간의 정보교환이 활발히 이루어졌다. 이러한 활동은 양자간의 신뢰에 입각한 장기적인 협력관계의 일환이었으며, 따라서, 조직원리의 작용을 나타낸다. 조직원리의 작용이 일본기업의 최첨단기술 수준의 성과를 높이는 데 공헌했던 것이다.

NTT에 의해 관리된 기업간 거래

앞서 지적한 것처럼, 이 시기 NTT는 국내의 통신사업을 독점하고 있었으므로, 국내의 통신기의 수요도 독점하고 있었다. 통신기용 반도체와 통신기를 생산하는 기업들은 수출을 늘리지 않는 한, 결국 국내시장에서는 NTT의 수요에 의존할 수밖에 없었다. 공동개발되는 통신기용 IC도 결국 NTT에 납입되는 통신기에 이용되었다. 최종적인 수요자로서의 NTT의 중요성이 매우 높았던 것이다. 따라서, 이들 반도체기업은 통신기 수요독점 NTT가 요구하는 대로의 사양, 성능, 품질수준의 IC제품을 개발할 수밖에 없었다.

이러한 상황에서, NTT는 공동개발을 통해 반도체기업과 협력하면서, 복수의 반도체기업과의 관계를 관리할 수 있었다. 구체적으로, 공동개발에 참여한 회사를 NTT가 선정하였으며, 통신기용으로 개발하는 IC의 제품사양기준도 NTT가 정했다. 또한, NTT는 공동개발에 참가한 반도체기업간에 생산량을 분배할당하는 방식으로 이들 기업과의 거래를 관리하였다. 예를 들면, 공동개발한 IC를 대량생산할 때, 어떤 특정업체가 IC를 전부 생산하는 경우는 없었다. NTT는 IC제품유형별로 나누어 각사에 주문량을 할당하였다. 후지츠 IC엔지니어 OB와의 인터뷰에 따르면[44], NTT와의 전자교환기용IC 공동개발에 참가한 모든 기업들은 개발, 설계 단계까지는 같이 참가했지만, 대량생산 단계에서는 각사의 공장 및 생산라인의 특징과 상황을 고려해서, 각사에 작업을 나누어 맞겼다. 예를 들어, 1960년대 후반, 전자교환기용 IC를 공동개발했을 때, CSL(Controlled Saturation Logic) 회로의 논리IC 칩[45]은 NEC가 생산하였고, TTL IC 칩은 히타치가, 바이폴라 메모리 IC 칩은 후지츠가 각각 전담하여 생산하여, 각자 생산한 칩의 일부를 공동개발에 참가한 타사에 넘겨, 전자교환기의 생산에 이용하였다.

이처럼 수요자인 NTT라는 특정 조직에 의해 공동개발이 관리되어 인위적인 자원배분이 이루어진 것도 조직원리의 작용을 나타낸다고 할 수 있다.

② 시장원리와 조직원리의 동학적 결합

수요기업에 의한 경제성 요구 압력

NTT와 반도체기업간의 통신기용 IC의 공동개발과 생산에 이처럼 조직원리가 작용하는 한편, 시장원리도 작용했다.

일본과 미국의 반도체산업의 역사를 연구하는 기존연구들은 1950년대 말과 60년대, 미국방부(DOD, Department of Defense)가 납입기업들의 일정한 이윤을 보장하는 가격으로 안정적인 IC수요를 제공하였고, 일본의 NTT도 미국 방성과 비슷한 역할을 하였다고 주장한다. 그러나, 이는 사실과 다르다. 즉, NTT는 1960년대와 70년대 IC기업에 대해 경제효율성을 높이라는 요구압력을 가했지만, 미 국방부는 냉전이라는 시대 배경하 풍부한 예산이 있었기 때

---

44) 후지츠의 반도체 기술자 OB 요시오카 히데토시 씨에 대한 인터뷰(2001년 7월 31일).

45) CSL은 TTL(Transistor-Transistor Logic) 표준회로와, 전력의 포화를 제어하는 피드백회로를 조합한 논리 반도체 칩이다.

문에 거래기업에 대해 그러한 압력을 별로 가하지 않았다. 이점과 관련해서 중요한 사실은 1960년대 후반 이후 상당기간 NTT의 경영수지가 악화경향에 있었으며, 74년부터 76년까지는 전후 설립이래 처음으로 경영적자를 기록하기도 했던 것이다.

일본전신전화공사는 전후 지속된 통신 서비스의 공급 부족 속에서 통신사업의 경영수지는 양호했고 또 안정적이었다. 그러나, 1960년대 후반부터 여러 변화가 있었다.

먼저, 전보사업 등 우정사업의 적자가 커진데다, 사무용 유선전화사업보다 채산성이 훨씬 낮은 가정용 유선전화사업의 비중이 커져, 전화사업의 채산성도 점점 나빠졌다. 또한, 1970년대 들어, 전화서비스 공급의 적체가 해소되기 시작하고, 국내 통신시장도 포화상태에 이르렀다. 한편으로 통신설비의 증설과 갱신이 누적됨에 따라, 이자비용 및 상각비용이 급증했다. 73년 이후에는 1차 석유위기에 의한 불황의 영향, 물가상승에 대응한 통신요금 등 공공요금의 인상억제 정책 등의 요인도 있었다. 이러한 요인들이 겹쳐, 60년대 말과 70년대에 NTT의 경영이 악화되었고, 1차 석유위기시의 불황기에는 전후 최초로 수년간 경영적자에 빠지기도 하였던 것이다.

더욱이, 1971년 5월에 공공전기통신법이 부분적으로 개정되어,[46) NTT가 독점했던 통신회선의 일부를 민간이 빌려 데이터통신사업에 신규진입할 수 있게 되었고, 이는 그간의 NTT의 통신설비의 독점을 잠식하는 결과를 초래했다. 그 결과, 많은 민간기업들이 NTT가 소유하여 독점이용하고 있던 설비를 이용하며, 데이터통신사업을 확대하여, 통신시장에서 경쟁이 시작되었다.

앞서 언급했던 DIPS 컴퓨터 시리즈용의 반도체를 1960년대 후반에서 70년대 전반에 걸쳐, NTT가 NEC, 후지츠, 히타치의 3사와 함께 공동개발한 것도 사실은 데이터통신사업을 확대하기 위한 것이었다. 이 공동개발의 성과로, NTT는 계속해서 이 3사로부터 데이터 통신기기를 조달했는데, 각사는 서로 다른 사양의 통신기기를 개발하였기 때문에, NTT로서는 데이터 통신기기의 운영 비용이 커졌다.

---

46) 이 법률 개정에는 광대역 시분할 시스템의 도입, 통신 서비스 가격개정, 전신시스템의 현대화 등의 내용이 포함되었다.

　　이러한 상황이었던 만큼, NTT가 통신기용 반도체를 공동개발하는 데 있어서도, 그후 개발되는 기기의 생산과 운영의 비용 절감을 강하게 의식하고 있었다. 미 국방부와 달리, NTT는 1960년대와 70년대, 비용절감 인식이 강해, IC기업과의 공동개발에서도 그러한 경제효율성의 요구가 나타나고 있었다.

　　예를 들어 NTT가 DEX-2용 반도체를 개발했을 때, CSL 회로방식을 선택한 이유도 그것이 비용 효율성이 뛰어나다고 판단했기 때문이었다. NEC 반도체 엔지니어 OB 고 쿠로사와 토시오씨는 다음과 같이 증언하고 있다.[47]

　　　　1965년 10월 19일, NEC는 NTT와 전자계산기 DEX-2용 IC의 공동개발 계약을 맺었습니다. 당시의 계약에서는 67년 말까지는 공동개발의 방향을 결정하는 것으로 되어 있었습니다 … 계약서에는 경제성에 기반한 고신뢰의 반도체 칩을 개발한다고 되어 있지만, 단가가 지나치게 높아지는 칩의 개발은 피하고, 고신뢰성과 저가격의 요구를 동시에 충족하는 반도체를 개발하는 것이 강조되었습니다. 따라서 NTT는 이 공동개발 프로젝트의 개시기부터 경제 효율성을 강하게 인식하고 있었다고 할 수 있습니다. 사실, NTT의 ECL 엔지니어들이 CSL회로의 논리칩의 개발을 제안했던 이유도 그 후의 대량생산 시의 비용 절감을 의식한 것이었습니다.

　　그러나, 고신뢰성 칩의 개발과 경제 효율성의 추구 사이에는 상충관계가 있어, 이에 대한 대응책이 모색되었다. 첫째, 당시로서는 전자교환기용 IC를 채용하는 것 자체가 획기적이었던 만큼, 전자교환기용 IC의 개발, 실용화에 있어서는 IC제품의 신뢰도에 큰 비중이 두어졌다. 이처럼 고신뢰성이 중시되는 DEX-2용 IC 칩은 일반 시장거래의 표준품IC보다 고가였다. 칩의 고신뢰성을 충족시키기 위해, 전자교환기용 IC에는 고가의 금속 패키지 케이스가 사용되었고, 신뢰성 선별 검사에 드는 비용도 높았기 때문이다. 이러한 높은 비용을 낮추기 위해 NTT는 검사 합격 기준, 즉 목표 불량률 기준을 완화하여, 신뢰수준을 90%에서 60%로 변경하였고, 또, 검사 방법도 간소화했다. IC 패

---

47) NEC의 반도체 기술자 OB 고 쿠로사와 토시오 씨에 대한 인터뷰(1999년 6월 24일).

키지의 케이스재료도 금속에서 저렴한 세라믹으로 변경하였고, 반도체IC의 더 한층의 비용절감을 위해 68년부터 플라스틱 몰드 IC의 신뢰도 평가분석작업도 했다.[48]

1970년대 중반의 수년간 NTT에 경영적자까지 발생하자, 1970년대 후반, NTT는 비용절감과 수익성 개선을 통한 경제 효율성 향상을 더욱 중시하였다.[49] 앞서 본 것처럼, 이 시기에 실시된 VLSI 공동개발 프로젝트는, NTT가 개발의 효율화를 공식적인 중점항목으로 설정한 첫 번째 공동개발사례였다.[50]

이 VLSI 공동개발 프로젝트는 거의 같은 시기인 1976년부터 4년간 통산성 주도로 실시되어 성공사례로 유명한 초(超)LSI기술연구조합과 유사한 점이 있다. 무엇보다 공적인 조직이 주도하여 복수의 민간기업과의 반도체 공동개발을 실시하여 성과를 냈다는 점이다.

그러나, 양자간에는 큰 차이점이 있었다. 무엇보다 NTT는 반도체기업들에게 있어 큰 고객이었지만, 통산성은 그렇지 않았으며, NTT는 통신사업의 주체였으므로 개발 성과를 상용화하려는 경향이 매우 강했던 반면, 통산성은 그러한 지향이 약해 장기적 관점의 기반기술 연구에 치중하는 경향이 강했다. 따라서, 통산성이 주관한 초LSI기술연구조합의 목표도 1M DRAM 기술의 개발이라는 당시로서는 상용화와는 매우 거리가 있는 높은 수준이었다. 이에 반해, NTT는 보다 짧은 기간 내에 상용화가능할 것으로 예상되는 수준의 기술개발을 목표로 설정했다.[51] 특히, NTT는 자사의 통신사업의 경제성을 높일 수 있는 소형화 통신장비의 개발에 경영자원을 집중하였다. 초LSI기술연구조합에 비해 NTT 주도의 VLSI 공동개발 프로젝트에서는 개발목표로 경제 효율성이 중시되었던 것이다.

NTT가 반도체기업과의 공동개발 및 거래에 있어 경제 효율성을 중시하였고, 또 이러한 성향이 반도체기업에 영향을 미친 것을 나타내는 다른 사례도 관찰된다. 먼저, NTT의 회사사에서 통신장비와 반도체의 검사방식별 검사

48) 電機通信協会(1977), 下卷, pp.199, 408, 597.
49) NEC의 반도체 기술자 OB 시미즈 코우조 씨에 대한 인터뷰(1999년 5월 12일); NEC의 반도체 기술자 모리노 아키히코 씨에 대한 인터뷰(1999년 11월 12일).
50) 日本電信電話株式会社(1986), p.276.
51) 超LSI技術研究組合에서의 개발대상제품은 256K DRAM이었다.

금액의 추이를 보면,52) NTT가 비용절감을 위해 노력을 기울이고 있었던 것을 알 수 있다. 예컨대, 1960년대 말부터 70년대에 걸쳐, NTT의 검사방식이 점차 완화되고 있었다. 즉, 공급업체의 검사만으로 끝나는 社檢 중점 검사, 연속 3번의 검사 단위(로트) 중 임의의 한 검사 단위만을 직접 검사하는 로트당 검사 등 종전보다 완화된 검사방식의 비중이 빠르게 높아졌다. 이것은 검사의 효율화 및 합리화 등 NTT의 검사업무상의 편의를 위해서였기도 하지만, 기업제품의 품질 향상을 배경으로 엄격한 품질검사의 필요성이 약해져, 품질검사 완화를 통해, 비용을 절감하기 위한 것이기도 했다.

NTT의 이러한 비용절감 및 경제효율성 지향의 의식은 NTT와 거래관계에 있던 반도체IC기업들에게도 영향을 주었다. 장기거래, 공동개발을 통해 나타났던 조직원리는 기업에 대한 비용절감, 경제효율성의 압력이라는 시장원리와 결합되었던 것이다.

이처럼 수요자와 공급자간의 협력이 엄격한 비용절감 요구, 코스트 다운 압력과 결합되었다는 점에서는 통신기용 IC의 공동개발과 앞서 본 전자계산기용 IC의 공동개발은 공통적이었다. 어디에 사용되는 반도체 제품인가를 뛰어넘어, 시장원리와 조직원리가 결합되어 작용하는 공통점이 있었던 것이다.

공동개발과 반도체기업간 경쟁의 결합

일본의 통신기, 통신기용 반도체의 주력 공급기업들은 주요한 컴퓨터 기업들이기도 했다. 따라서, NTT에 납입되는 통신기에 이용되는 반도체 개발과정에서 축적한 기술력은 컴퓨터용 반도체의 개발과 생산에도 전용되었다. 때문에, 컴퓨터시장에서의 기업간 경쟁이 통신기용 반도체 공동개발에서의 반도체기업간 경쟁에 영향을 미쳤다.

그리고, 통신기용 반도체를 개발, 생산하는 기업들은 자사내의 통신기부문에서 그 반도체를 이용하여 통신기를 생산해 NTT에 납입하고 있었는데, 이러한 NTT와의 거래관계는 오랜 역사를 가진 것이었다. 복수기업이 NTT와 장기적인 관계를 지속해온 속에서, 통신기용 반도체, 통신기의 기술력에 있어, 이들기업간의 격차는 별로 없었다. 이처럼 기술력이 근접했기 때문에, 공

---

52) 電気通信協会(1977), 下卷, p.153.

동개발에 있어 이들기업간의 경쟁이 치열했다. 예컨대, 앞서 본 전자교환기 DEX-2용의 IC 및 데이터통신기기 DIPS용의 IC 공동개발에는 반드시 복수의 반도체경쟁업체, 즉, NEC, 히타치, 후지츠의 3사, 경우에 따라서는 오키전기까지 포함해 4사의 반도체기업의 엔지니어들 사이에 경쟁이 이루어졌다. 특히, 도중의 개발 성과를 기업들간에 알려주면서, 그 능력차가 별로 없었던 각사 엔지니어들간의 경쟁심리를 부추겼다.

공동개발 등을 통한 협력이라는 조직원리가 작용하는 행위에도 기업간 경쟁이라는 시장원리가 작용하는 방식으로 조직원리와 시장원리가 결합되어 있었던 것이다. 이러한 현상은 앞서 본 것처럼, 전자계산기용 커스텀LSI의 공동개발에 있어서도 나타났다. 특정용도의 반도체시장 세그먼트뿐 아니라, 매우 폭넓은 반도체 시장에서 관찰되는 일반적인 현상이었던 것이다.[53]

그리고 이러한 기업간 경쟁이 NTT에 의해 의도적으로 촉진되고, 또 관리된 점도 중요하다. 이 점에서도 조직원리와 시장원리는 결합되어 나타났다고 할 수 있다. NTT에 의해 경쟁이 관리되었다는 점에 대해 좀 더 구체적으로 살펴보자.

본장의 분석시기인 1960년대와 70년대에, 전술한 바와 같이, NTT는 수요독점기업이었고, 높은 기술력을 보유하고 있어, 반도체기업들이 NTT에 대한 신뢰를 가지고 있었다. 이를 바탕으로 NTT가 기업간 경쟁을 촉진, 관리하였는데, 그 중심에 있었던 것이 NTT의 認定제도였다. 인정제도는 NTT가 장비 및 부품을 검사하여 거래기업의 제품이 기술표준을 충족하는지 확인하는 제도였는데, 이 인정제도가 기업간의 경쟁을 관리하는데 중요한 역할을 했다.

NTT가 반도체에 인정제도를 적용하기 시작한 것은 1958년으로,[54] 67년부터는 기업이 제출하는 통신기용 반도체IC 샘플 칩에 대해서도 인정제도를 적용하기 시작했다.

IC의 인증시험방법 및 검사합격의 기준을 결정한 것은 NTT였는데, 전자

---

53) Kim(2012).

54) NTT의 인정제도 및 그 반도체거래에 대한 적용에 대해서는 NEC의 반도체 기술자 OB 시미즈 코우조 씨에 대한 인터뷰(1999년 8월 31일); NEC의 반도체 기술자 OB 모리노 아키히코 씨에 대한 인터뷰(1999년 11월 12일); NEC의 반도체 기술자 OB 사와구치 코우조 씨에 대한 인터뷰(2001년 4월 27일)를 참조.

교환기용 IC의 공동개발의 예처럼, NTT가 실시한 인증제도에서의 합격수준은 매우 높았다. 예를 들어, 각사에서 제출된 샘플 칩을 가지고, NTT는 과부하의 강한 전류를 가하거나, 고온과 고습의 장소에 넣어 검사하거나, 매우 강한 "스트레스"를 가하는 등의 까다로운 인증시험 조건에서 높은 수준의 합격기준을 설정했다.

    이러한 높고 까다로운 장벽을 통과하지 않으면, 수요독점기업으로의 판매기회를 놓치게 되었으므로, 반도체각사에서는 이 인증검사 조건을 충족시키기 위해 경쟁했다.

    한편, 기술변화가 빠르고, 기술수준이 급격히 높아지고 있던 반도체분야에서, 새로운 제품의 인증검사 기준을 적절한 수준에서 유지하기 위해서 NTT는 끊임없이 IC의 시험과 관련된 기술정보를 축적해야 했다. 따라서, NTT는 기초연구, 시험생산과 관련된 연구를 지속하였고, 이를 바탕으로 인증제도가 운영되었기 때문에, IC기업의 지속적인 제품품질 향상 노력을 자극하여, 경쟁을 가속화할 수 있었던 것이다. 그 결과, 수요자에 의한 의도적인 관리라는 조직성과 기업간경쟁이라는 시장원리가 결합되어 작용했다.

제3절 기업간 경쟁과 기업간 거래의 동학적 결합

    1장에서 본 것처럼, 전후 고도성장기에 자동차용 철강을 제조하는 기업들간의 경쟁 격화가 조직적인 기업간 거래를 확대하는 관계가 있었는데, 반도체의 경우에도, 일본의 반도체기업들은 수요기업과 공동개발을 수반한 조직적인 거래를 계속하면서, 반도체IC기업들간 경쟁이 얽혀서 작용했던 것을 2절에서 보았다. 이러한 점에서 반도체의 기업간 관계와 철강의 기업간 관계의 공통점을 발견할 수 있는데, 이러한 사실 관찰을 통해, 수요기업과의 거래관계와 반도체기업간의 경쟁은 밀접히 관련되어 있었다는 추측이 가능하다. 따라서, 마지막으로 본절에서는 1960년대와 70년대에 걸쳐 일본국내의 대표적인 반도체제품시장이었던 전자계산기용 IC, 마이크로프로세서의 두 시장 세그먼트에서

반도체의 기업간 거래와 기업간 경쟁이 어떻게 관련되어 있었는지를 시장원리
와 조직원리에 초점을 맞추어 살펴보도록 한다.

(1) 전자계산기용 IC시장에서의 시장원리와 경쟁원리의 결합

① 표준품 수입IC에서 국산커스텀IC로

수입확대와 경쟁의 격화: 시장원리

1960년대 후반, 미 텍사스 인스트루먼츠(TI)사의 74 시리즈 TTL IC와 페
어차일드사의 DTL 930 시리즈의 표준품 바이폴라 논리IC가 세계를 석권하고
있어, 일본의 반도체IC산업의 초기에, 이 표준품 논리IC가 일본의 전자계산기
용 IC시장의 70% 이상을 차지하고 있었다. 샤프 등 일부 전자계산기업체들은
60년대 후반에 NEC, 히타치, 미츠비시전기 등 일본반도체기업의 제품을 구입
하기도 했지만, 이 시기 대부분의 전자계산기업체들은 TI와 페어차일드의 수
입 표준품 논리IC를 조합해서 사용하고 있었다. 일본반도체기업들도 표준품
논리 IC를 개발, 제조하여 수입품과 경쟁하고 있었으나, 아직 수입품에 비해
경쟁력이 낮았다. 당시 국내 전자계산기용 IC시장에서는 표준품IC의 거래가
많은 가운데, 일본반도체기업과 해외반도체기업이 경쟁하여 시장원리가 작용
하고 있었다 하겠다.

그런데, 2절에서 본 것처럼, 샤프가 일본반도체기업들에게 전자계산기용
MOS LSI의 공급을 요청했으나 거절당했고, 결국, 미국 록웰사의 MOS LSI를
공급받아, 1969년 3월 그 LSI를 사용한 전자계산기 마이크로 컴펫(Micro
Compet QT-8D)을 출시하였다. 이 제품이 시장에서 성공하자, 샤프의 성공에
자극받은 다른 전자계산기업체들도 미 MOS LSI의 이용을 늘려, 수입이 급속
히 늘었다. 71년, 일본의 LSI수요의 93.5%가 수입품에 의해 충족했으며, 그 중
약 80%가 미국으로부터의 수입이었다.

이처럼 미반도체기업들이 일본에 대한 MOS LSI 수출을 늘릴 당시, 미 반
도체각사들의 경영이 호조였던 것은 아니었다. 오히려, 1960년대 말에서 70년
대 초까지, 경영위기에 빠진 기업들이 많았다. 그 중요한 이유는 그전까지 미
국내 반도체시장에서 큰 비중을 차지했던 군수, 우주용 수요 등 공적부문의

수요가 이 시기 급격히 줄어들었기 때문이다. 또한, 민간수요 중 가장 컸던 것은 컴퓨터용 수요였으나, 컴퓨터산업에서 압도적인 시장지위를 점했던 IBM은 반도체를 내부에서 개발, 생산하고 있어, 외부로부터의 반도체구입은 별로 없었다. 게다가, 71년 상반기부터는 미경제가 불황에 빠져, 반도체수요가 급격히 축소되었고, IC 제품가격도 급락했다. 때문에, 미 반도체기업들은 수출시장에서 돌파구를 모색하던 가운데, 증가하는 반도체 국내수요에 국내기업의 공급능력이 따라가지 못하고 있던 일본의 전자계산기용 반도체시장에서, 미 반도체기업들이 급속히 점유율을 높였다.

한편, 국산품이 열위에 있는 가운데서도, 1970년대 들어, NEC, 히타치, 미츠비시전기 등 일본 반도체기업들도 MOS LSI의 신제품 칩의 개발과 대량생산에 경영자원을 투입하기 시작하여, MOS LSI시장에서 수입 MOS LSI와의 경쟁, 국내반도체기업들간의 경쟁이 본격화되어, 시장원리가 강하게 작용하게 되었다.

1970년대 초부터의 국산 커스텀LSI 거래 확대[55]

이처럼 국내기업이 급격히 경쟁력 및 공급력을 높이는 가운데, 미 전자계산기용 LSI의 수입급증은 오래 가지 않았다. 72년경부터 일본 전자계산기업체들이 구입처를 국내반도체기업으로 전환하는 예가 늘었다.

미국으로부터의 반도체수입이 줄고 대신 국산품의 구입이 늘었던 이유에 대해 많은 기존연구에서는 미반도체기업이 일본에 수출하던 제품을 동남아시아에서 생산하고 있었는데, 불량품이 속출하여 그 대응에 쫓긴 나머지, 일본으로 충분한 제품수출이 되지 못했던 점을 지적하고 있다. 그러나, 이유가 그것뿐만은 아니었다.

첫째, 앞서 지적한 것처럼, 개인용 전자계산기 시장이 확대되고, 제품의 모델 체인지 증가로 신제품의 출시 속도가 빨라져, 전자계산기에 사용되는 LSI를 해외반도체기업에 의존하는 데 따른 불리함이 현저해졌다. 지리적으로 떨어져 있어, 운송에 걸리는 시간 및 비용 면에서 불리함이 있었으며, 언어와 상관습의 차이로 의사소통 및 정보교환상의 문제점이 발생하는 경우도 적지

---

55) 이곳의 서술은 주로 森(2001)에 의거한다.

않았다.

둘째, 지금까지 전자계산기용 LSI를 공급해온 미 IC기업들이 1971~72년에 잇따라 전자계산기 시장에 신규진입한 것도 일본 전자계산기업체들이 국내 반도체기업으로 LSI의 거래처를 바꾼 이유였다. 즉, 71년 상반기, 미 반도체경기가 위축되는 중에, 페어차일드, 일렉트로닉 어레이(EA) 등의 반도체기업들은 일본전자계산기업체들과 직접 경쟁하게 되는 보급형 계산기 생산을 시작했으며, AMI도 시험생산을 개시하는 등 10사 이상의 미반도체기업들이 전자계산기 사업에 진입하거나 그 준비를 하고 있었다. 71년 하반기부터 72년에 걸쳐서는, 내셔널 세미컨덕터(NSC), 록웰, TI 등의 반도체기업들도 새로 전자계산기 사업에 뛰어 들었다. 일본 전자계산기업체들에 LSI를 공급하던 기업들이 갑자기 경쟁업체로 바뀌었던 것이다. 따라서 일본의 전자계산기업체들로서는, 이들 미 반도체기업들과 거래를 지속하게 되면, 제품 정보가 유출될 위험성이 커졌다.

셋째, 1971년 말부터 미경기가 회복되면서 반도체 수요가 증가세로 돌아서, 미반도체시장이 공급부족 상태로 바뀌었다. 이에 대응해, 미반도체기업들은 자국의 수요기업들에게 우선적으로 LSI를 공급하였다. 경기 호조시에는 미 IC 시장뿐 아니라, 일본에서의 IC 수요도 왕성하였기 때문에, 일본의 전자계산기업체들이 제때 LSI를 수입하지 못하는 경우가 많았다. 공급부족에 시달린 일본 전자계산기업체들은 LSI의 조달처를 일본반도체기업으로 바꾸지 않을 수 없었다.

② 조직원리와 시장원리의 결합

기업간 거래와 기업간 경쟁의 관련

이러한 이유로 국산품LSI 구입이 늘었는데, 그 대부분은 자사 전자계산기 제품 전용의 커스텀LSI였다. 수입이 많았던 1960년대 후반에는 대부분이 표준품IC였던 것과 대조적이었다.

1972년 "카시오 미니"라는 저가 전자계산기 시장의 성공을 계기로, 앞서 본 것처럼, 그 이후 전자계산기 시장에서 개인용 제품이 주류가 되었고, 특히, "원칩 전자계산기" 시장이 성장했다. 이 시장에서의 치열한 경쟁에서 살아남은 기업의 수는 제한되어, 과점구조가 형성되었는데, 이들 상위 전자계산기업체들은 국내반도체기업들과의 공동개발을 수반하는 커스텀LSI의 이용을 늘렸다. 커스텀 IC가 공동개발을 포함한 수요기업과 공급기업간의 협력을 바탕으로 상대거래되는 부분이 많은 점을 고려하면, 시장원리가 강하게 작용하는 시장에서 조직원리가 보다 강하게 작용하는 시장으로 바뀌었다고 할 수 있다.

반도체기업과 전자계산기기업간의 밀접한 협력은 공동개발뿐 아니었다. 예를 들면, 당시의 NEC 반도체사업부 관리자의 증언에 의하면, 1970년대 초반 일주일에 적어도 한 번은 샤프나 오무론, 마츠시타전기 등 관서지역의 고객기업을 정기적으로 방문해 엔지니어들과 의견교환을 했다고 한다. 이처럼 일본 공급업체와 고객기업 사이의 긴밀한 협력관계는 수요자와 공급자의 이해일치를 기반으로 하는 점에서 조직원리의 작용을 나타낸다 하겠다.

한편, 전술한 바와 같이, 시장에서 커스텀LSI 비중이 확대된 것은 공급자의 이해보다는 대형 수요기업의 이해가 더 많이 반영된 현상이었다. 이 시기, 전자계산기산업이 과점화됨에 따라, 수요기업의 거래교섭력이 높아져, 수요기업의 이해가 더 반영되기 쉬운 시장상황이었다. 수요기업과 공급기업의 이해대립 속에서 수요자에게 유리한 거래가 이루어져, 기업간거래에 시장원리가 강하게 기능했던 것이다. 따라서, 커스텀LSI의 거래에서 시장원리와 조직원리는 결합되어 작용했다고 할 수 있다.

또한, 전자계산기용 커스텀LSI의 공동개발에 항상 복수의 반도체기업이 참여했던 것을 앞서 지적했는데, 소수의 특정수요기업의 거래교섭력이 강했던 만큼, 이들 수요기업으로부터 보다 많은 주문을 획득하기 위한 반도체기업간 경쟁도 치열했다. 예를 들면, 1973년까지는 히타치가 카시오, 샤프, 캐논 등을 위한 커스텀 칩을 생산, 판매하며, 전자계산기용 IC 시장에서 수위였으며, 특히, 72년 MOS LSI 주력공장인 무사시공장은 1년간에 MOS LSI 생산량을 두 배로 늘려, 같은 해 전자계산기용시장에서 히타치의 점유율이 60%에 달했다. 이 시장에서 2위였던 NEC의 점유율은 같은 해 겨우 20%에 불과했다고 한다. 그러나, 불과 1~2년 사이에 동시장에서의 기업별 시장점유율이 크게 변했다. 즉, 74년, 히타치의 시장점유율은 40% 미만으로 떨어진 반면, NEC가 히타치를 능가해 양사간의 역전이 일어났으며, 75년에는 점유율 격차가 더 벌어졌다. 특정 수요자와의 커스텀LSI의 장기상대거래가 많아, 기업간 협력이라는 조직원리가 작용하는 속에서, 보다 많은 유력 수요기업을 획득하기 위한 경쟁, 그리고, 유력 수요기업의 구입분 중의 보다 높은 점유율을 확득하기 위한 경쟁이 전개되었다는 점에서 시장원리도 함께 작용했던 것이다.

커스텀LSI 시장과 표준품LSI 시장의 관련

1970년대 전반, 전자계산기용 LSI시장에서 커스텀LSI가 많았던 것은 틀림없지만, 표준품LSI도 적지 않았으며, 전자계산기산업의 확대에 따라, 표준품 LSI 수요 규모가 커지고 있었다. 특히, 74년 이후 표준품 IC수요의 확대가 현저했다. 74년부터는 6자리 표시 디스플레이에서 8자리까지 표시할 수 있는 디스플레이의 전자계산기로 시장이 이행되면서, 전자계산기업체간 경쟁이 더 치열해졌고, 중하위각사는 이 8자리 표시 전자계산기에 조립되는 표준품LSI의 수요를 늘렸다.

표준품LSI 수요가 느는 가운데, 전자계산기용 시장에 진입해 있던 반도체기업으로서 이 표준품LSI 수요를 경시하고 커스텀LSI에 너무 집중할 경우, 생산라인의 가동률을 유지하지 못하고, 결과적으로 평균 제조비용이 상승할 우려가 있었다. 또한, 이 표준품LSI는 선발자 우위가 작용하는 시장이어서, 가능한 빨리 개발을 하고, 빠르게 생산을 늘리는 것이 학습효과를 통한 평균제조원가 하락에 유리하였다. 따라서, 반도체업체간에 전자계산기용 표준품LSI의 개발 및 생산 경쟁이 치열하였다.

일찍부터 적극적으로 전자계산기용 표준품LSI 칩을 개발, 생산했던 것은 NEC와 미츠비시전기였다. NEC의 경우, 샤프와의 공동개발 경험을 활용하여 이미 1970년대 초부터 표준품 칩의 개발에도 경영자원을 투입하여 일정한 성과를 올렸으며, 그 한 예가 72년의 원칩 전자계산기용의 표준품LSI였다. NEC가 이 표준품 LSI의 개발에 관심을 갖기 시작한 것은 71년부터였는데, 당초, 사내에 이 칩의 설계기술이 없어, 외부에 설계를 의뢰했으나 만족스러운 결과를 얻을 수 없었다. 그 결과, 72년 들어, 8자리 표시 전자계산기용 LSI와 12 자리 표시 전자계산기용 LSI의 두 종류의 표준품LSI 개발프로젝트팀을 설치하여, 개발활동을 계속해, 같은 해 9월에 μ PD271D(8자리 표시 전자계산기용) 및 μ PD280/282D(12자리 표시 전자계산기용)라는 표준품LSI의 개발에 성공하여, 10

월부터 양산을 시작했다.56)

　미츠비시전기도 1972년, 10자리 표시 전자계산기용 원칩 표준품LSI 및 2칩 표준품LSI를 개발하여, 같은 해 10월부터 키타이타미(北伊丹) 제작소에서 10자리 표시용LSI를 월산 2만개, 12자리 표시용LSI를 월산 6만개 생산하였다. 그리고, 병렬연산회로의 ROM과 RAM으로 구성하는 LSI 설계방식을 전자계산기용 표준품 LSI의 개발에 채용했다.

　일본의 전자계산기용 표준품LSI시장에는 이러한 일본기업들간의 경쟁뿐 아니라, 미 기업까지 가세하여 경쟁이 격화되고 있었다. 앞서 본 것처럼, 1972년 이후 일본반도체시장에서 존재감이 낮아졌던 미반도체기업에게 있어, 표준품LSI 시장의 확대는 일본시장에 대한 재도전의 기회를 제공했던 것이다. 74년에 일본에서 전자계산기용의 표준품LSI 수요가 급증했던 것은 이미 언급한 대로인데, 이 시기, 미국 내의 수요침체로 인한 재고누적으로 고심하던 미 반도체기업들은 저가격전략으로 표준품LSI의 일본시장 공략에 나섰다. 그 결과 일본의 대미LSI수입이 늘었는데, 그 60%가 전자계산기용 LSI였다고 한다.57) 커스텀LSI에서는 일본의 반도체기업과 수요기업간의 긴밀한 장기거래관계가 있어, 미기업이 끼어들 여지는 적었으나, 표준품LSI에서는 외국제품이 진출할 여지가 충분히 있었기 때문이다. 커스텀LSI와는 달리, 이처럼 표준품LSI 시장에서는 일본기업간의 경쟁뿐 아니라, 수입제품과의 경쟁이 전개되었으며, 이 점에서 시장원리가 강하게 작용했다.

　그런데, 커스텀LSI와 표준품LSI에는 공통으로 사용할 수 있는 기술이 적지 않았다. 따라서, 특정 수요기업용 커스텀LSI의 공동개발과 대량생산을 경험한 기업이 표준품 LSI 시장에서의 경쟁에서 유리한 측면이 있었다. 이것이 이 시장에서 똑같이 표준품LSI의 개발과 생산에 적극적이었던 NEC와 미츠비시전기의 명암을 갈랐다. 즉, 이 표준품 시장에서 NEC는 높은 시장점유율을 차지한 반면, 미츠비시전기는 그렇지 못했다. 미츠비시전기는 커스텀LSI 시장에서의 개발, 생산 경험 및 기술축적이 부족해, 표준품LSI 경쟁에 전용할 수 있는

---

56) NEC의 반도체 기술자 OB 엔도 마사시 씨에 대한 인터뷰(1999년 6월 1일 및 8월 13일); 長船(1987), pp.100－102; リョーサン(1989), p.193; 『日刊工業新聞』 1972年10月9日.

57) 『日刊工業新聞』 1974年2月18日; 『日経産業新聞』 1974年2月27日; 『日本経済新聞』 1974年12月23日.

자산이 부족했던 것이다.58) 조직원리가 강하게 작용한 커스텀LSI의 거래의 경험의 전용여부가, 시장원리가 강하게 작용했던 표준품LSI 시장에서의 경쟁력을 좌우했다는 점에서 시장원리와 조직원리가 결합되어 있었다고 할 수 있다.

또한, 1974년 전자계산기용 LSI 시장에서 NEC와 히타치의 지위가 역전되어, 히타치의 시장점유율이 크게 낮아진 점을 앞서 지적했는데, 그 중요한 이유는 커스텀LSI시장에서의 경험을 표준품LSI시장에 어떻게 전용하는가의 기업별 차이에 있었다. 구체적으로, 히타치는 카시오, 샤프, 캐논 등 대형수요기업과의 커스텀LSI 거래를 통해 이 시장의 수위를 점하고 있었기 때문에, 다른 시장인 표준품LSI에서의 판매확대에는 소극적이었다. 같은 커스텀LSI의 개발, 제조 경험을 축적한 NEC와 대조적이었다. 그 결과, 히타치는 시장점유율 하락을 감수할 수밖에 없게 되었다.59) 조직원리가 시장원리와 결합되어, 커스텀LSI의 기업간거래가 표준품LSI의 기업간경쟁에 영향을 미쳤던 것이다. 이 점에서 시장원리와 조직원리가 결합방식이 기업별로 다양했다는 것을 알 수 있다.

(2) 마이콘시장에서의 시장원리와 경쟁원리의 결합60)

① 미일 마이콘기업의 협력과 경쟁

제1절에서 본 바와 같이, 1970년대 후반부터 표준품IC인 마이콘의 국내시

---

58) 특정한 수요자와의 기업간관계에 의해 축적한 기술, 기능, 노하우 등을 아사누마는 "관계적 자산", "관계적 기능"으로 이론화한다(浅沼(1997)).

59) 물론, 히타치의 시장점유율 하락에는 다른 이유도 있었다. 그것은 히타치가 무리를 하면서까지 전자계산기용에 어려운 반도체 기술을 도입해, 생산이 안정되지 못했고, 원가가 상승하는 등의 문제가 발생한 것이다. 구체적으로, PMOS LSI의 대량생산에 실리콘 게이트 공정 기술을 사용하여, 1973년 2월, 히타치는 실리콘 게이트의 8자리 전자계산기용 PMOS LSI(제품명 "HD3553")를 개발하여, 같은 해 9월부터 월산 30만개의 생산을 시작했다. 이 실리콘 게이트 기술은 칩의 집적도를 높여 칩 사이즈를 작게 할 수 있었고, 기존의 알루미늄 게이트에 비해 소비전력이 절감되며 동작속도는 크게 빨라지는 장점이 있었다(NEC의 반도체 기술자 OB 키쿠치 마사노리 씨에 대한 인터뷰(1999년 12월 27일, 2000년 3월 1일)). 그러나, 당시 아직 실리콘 게이트의 제조 기술이 안정되지 않아, PMOS 형의 대량생산에 도입하기에는 신뢰성 등에서 무리가 있었다. 그 결과, 히타치의 반도체시장에서의 실적에 중요한 차질을 가져왔던 것이다. 실제, 이 실리콘 게이트 기술이 MOS LSI의 대량생산에 본격적으로 이용된 것은 70년대 후반 마이콘의 보급이 진행되고부터였다(日立製作所武蔵工場(1989), pp.336−337;『日刊工業新聞』1973年3月24日;『日本経済新聞』1973年9月21日).

60) 이곳의 기술은 주로 金(2006), pp.213−220, Kim(2015), pp.142−145에 의거한다.

표 2-5 마이콘의 세컨드 소스

	8bit 마이콘		16bit 마이콘	
	제품명	세컨드 소스	제품명	세컨드 소스
Zilog	Z80, Z80A	샤프, NEC, 토시바	Z8000, Z8001~4	샤프, 토시바
Intel	8080	NEC,후지츠, 토시바	8086	후지츠, NEC
	8085	미츠비시전기, 오키전기, 토쿄산요	8088	미츠비시전기, 오키전기
Motorola	6800	히타치, 후지츠, 마츠시타전자	68000	히타치

출처: 『大和投資資料』 1984年5月, p.37.

장이 형성되어, 80년대 전반까지 마이콘시장이 급속히 확대되었다. 당초 일본 반도체 기업들은 이 마이콘 시장에서는 미국반도체기업의 세컨드 소스(2차공급선)로서 생산을 확대하는 전략을 택했다. 당시 세계마이콘 시장의 주류였던 8비트 및 16비트 마이콘에서 인텔(Intel), 자이로그(Zilog), 모토로라(Motorola) 등 미국반도체기업의 제품이 세계의 디펙트 스탠다드가 되어 있었다. 일본기업은 이들 미기업의 세컨드 소스로서, 이들 기업이 요구하는 사양의 마이콘을 제조, 공급하고 있는 상황이었다.[61] [표 2-5]에 의하면, 이 시기 일본의 주력 반도체기업의 거의 대부분이 미국의 마이콘 제조기업의 세컨드 소스였던 것이 확인된다. 물론 일본기업이 세컨드 소스가 된 것은, 미기업의 이해에 따른 면이 강하지만, 일본기업으로서도 마이콘 시장의 성장성에 주목했던 때문이기도 했다.[62] 미국과 일본기업의 이해관계가 일치했다는 점에서 조직원리가 작용했던 것이다.

그러나, 다른 한편으로는 일본반도체기업들도 여러 특수용도의 오리지널 마이콘을 독자적으로 개발하여, 이들 오리지널 마이콘 칩을 양산했으며, 그 중 전용 컨트롤러의 일부 제품은 세계의 디펙트 스탠다드가 되기도 했다. 예를 들어, NEC는 1979년에 오리지널 마이콘 칩 "μCOM87" 제품군, 78K/1 시리즈제품을 개발했다. 또한, 80년, NEC는 업계최초로 8비트 원 칩 마이콘을 개발해, 80년대 중반, 8비트 마이콘 세계시장에서 수위가 되었다.[63] 당시로서는

---

61) 『大和投資資料』 1984年5月, p.37.
62) 1절에서 본 것처럼, 같은 시기에 메모리에 비해 마이콘의 수출비율이 낮았던 것도 일본기업들이 미 마이콘 기업의 세컨드 소스였던 이유가 컸다.
63) NEC의 반도체 기술자 OB 엔도 마사시 씨에 대한 인터뷰(1999년 6월 1일); 黑澤(1997),

표 2-6 일본 반도체각사의 마이콘 생산액(1977-1982년) (단위: 백만엔)

	1977년	1978년	1979년	1980년	1981년	1982년
NEC	7,860	10,470	27,978	31,096	38,340	44,858
히타치	2,440	3,823	18,972	12,325	13,940	15,892
토시바	2,090	3,235	15,883	10,429	12,420	13,910
마츠시타전자	2,010	2,941	11,002	10,059	12,220	11,242
후지츠	1,720	2,470	10,057	10,038	12,950	15,411
미츠비시전기	1,560	2,235	7,006	7,774	9,210	10,960

출처: 矢野経済研究所 『シェア事典』 각년판.

첨단의 고기능제품이었던 16비트 마이콘에서도 미국기업의 세컨드 소스로서가 아니라 오리지널 제품을 개발, 생산했다.

또한, NEC와 후지츠 등은 디지털 신호프로세서(DSP),[64] 플로피 디스크 컨트롤러(FDC), 하드 디스크 컨트롤러(HDC), 그래픽 디스플레이 컨트롤러(GDC) 등의 전용 마이콘 제품시장에서도 오리지널 제품을 계속해서 개발해, 시장에 내놓았다. 특히, NEC는 1978년 업계최초의 단일 FDC 칩인 "μPD765A"를 개발하여 이 제품이 세계 FDC의 디펙트 스탠다드가 되었다. 또한 NEC는 80년에 통신기용 DSP, "μPD7720D"를, 82년에는 오리지널 HDC칩인 "μPD7261D"를 개발했는데, 이 통신기용 DSP 칩의 성공으로 NEC는 DSP시장에서 수위기업이 되었다.[65]

이처럼 마이콘 시장에서 일본기업과 미국기업간의 협조뿐 아니라 경쟁도 있었던 것으로, 따라서, 이 시장에서도 조직원리는 시장원리와 결합되어 작용했다고 할 수 있다.

② 기업간 경쟁과 기업간 거래의 관련

성장하는 국내마이콘 시장에 일본반도체기업들도 앞다투어 진입해, 일본기업간의 경쟁도 격화되었다. 반도체기업간 경쟁이 격화되었다는 점에서 시장

---

p.121; 『大和投資資料』 1984年5月, p.37; 『日経産業新聞』, 1976年12月14日.

64) DSP는 디지털 신호처리에 최적화된 사양의 마이크로프로세서이다. 일반적으로, DSP의 기능은 연속적인 아날로그 신호를 측정, 필터링, 압축하는 것으로, 범용 마이크로프로세서보다 소비전력 효율성이 높다.

65) NEC의 반도체 기술자 OB 엔도 마사시 씨에 대한 인터뷰(1999년 6월 1일).

원리가 작용하고 있었다.

이 시장에서는 NEC가 높은 시장지위를 차지했다. [표 2-6]에 의하면, 1977년부터 82년 사이에 5사가 경쟁하는 가운데, 2위에서 5위의 기업간에는 마이콘 생산량의 격차가 그다지 크지 않은 반면, NEC는 이들 기업보다 2~3배의 생산량을 기록했다.[66]

이처럼 NEC가 마이콘시장의 경쟁에서 선두를 달릴 수 있었던 중요한 이유는 첫째, 전자계산기용 커스텀 LSI의 기업간 거래를 통해 기술력을 축적한 것,[67] 둘째, 마이콘 시장의 성장가능성을 빨리 인식하여, 그 개발 및 생산에 타사보다 빨리 경영자원을 투입한 것이다. 그 중 첫째 이유는 수요기업과의 기업간 거래가 반도체기업간의 경쟁에 영향을 미친 것을 나타낸다.

NEC가 마이콘의 개발을 개시한 것은 일본기업 중 가장 빨랐으며, 이에는 전자계산기기업과의 관계가 영향을 미쳤다. 예를 들어, 처음 NEC의 반도체사업부에 마이콘의 개발을 요구한 기업은 전자계산기업체 샤프였으며,[68] NEC의 마이콘 개발 초기에 관여했던 엔지니어의 증언[69]에 의하면, NEC가 처음으로 마이콘 개발에 착수한 것은 전자계산기용 프로그래머블 IC를 만들기 위한 것이었다고 한다. NEC가 처음으로 가전기업에 납입했던 4비트 마이콘은 원래 프린터가 연결된 전자계산기용 IC의 개발구상에서 나온 것이었다.

그 후의 마이콘의 개발과 생산에는 전자계산기용 IC의 거래 경험을 통해 축적한 기술력이 공헌하였다. 즉, 1970년대 전반, IC의 최대수요부문이었던 전자계산기산업의 상위기업은, 제2절에서 본 것처럼, 표준품 LSI보다 더 엄격한 납입기한과 코스트다운을 요구하는 커스텀LSI를 이용하였으며, 이러한 커스텀 LSI의 개발, 양산을 경험 했던 반도체기업은, 그러한 경험이 없었던 기업보다 마이콘의 개발, 대량생산의 기술을 습득하는 데 매우 유리했다.

예컨대, 전자계산기는 주로 CPU, RAM/ROM 메모리 칩, I/O디바이스 등

---

66) 76년에도 NEC가 국내 마이콘시장에서 45%의 점유율을 차지했다고 한다(井上(1981), p.96; 尾崎(1981), p.67).

67) NEC의 전자계산기용 IC 개발경험과 마이콘 사업의 관련에 대한 서술은 주로, NEC의 반도체 기술자 OB 사카이 미츠오 씨에 대한 인터뷰(1999년 9월 9일); NEC의 반도체 기술자 OB 엔도 마사시 씨에 대한 인터뷰(1999년 6월 1일); 柳田(1984)에 의거한다.

68) 相田(1992), pp.154-155.

69) NEC의 반도체 기술자 OB 엔도 마사시 씨에 대한 인터뷰(1999년 6월 1일).

으로 구성되는데, 이러한 부품구성 자체가 전자계산기 전용의 마이콘과 비슷하여, 전자계산기용 IC을 개발해온 반도체 설계엔지니어는 기본적인 설계의 구상력과 판단력을 습득하여, 이것이 마이콘 설계, 개발에 공헌했다.

또한, 당시의 IC업계의 기술자들의 증언70)에 의하면, 제조기술면에서도 전자계산기용 칩과 마이콘의 공통점이 많았다고 한다. 첫째, 어떤 용도, 어떤 품종의 칩도, 반도체 칩 패키지의 재료가 동일하면, 생산라인의 구조도 같았다. 둘째, 일반적인 제조기술의 습득면에서 LSI의 기초적인 제조기술은 품종, 용도를 넘어 서로 활용할 수 있었다. 또한, NEC의 경우, 용도, 품종과는 관계없이 전IC제품의 기술을 공정별로 전담하여 담당하는 기술자가 있어, 이 기술자들이 전자계산기용 칩의 생산시에 축적한 기술력 및 기술정보를 마이콘 생산에 전용하는 데 역할을 했다.71) 셋째, 제조 사상에 있어서도 용도별 칩에 따른 차이는 크지 않았다. 넷째, 같은 MOS형 칩일 경우, 메모리, 논리IC 마이콘 등을 같은 생산라인에서 생산하는 경우가 많았다.

더욱이, NEC의 경우, 전자계산기용과 마이콘의 개발 간에, 담당하는 반도체 엔지니어의 인적인 연속성이 있었다. 예를 들어, 1970년대 전반, 집적회로 사업부의 제2회로 상용프로젝트팀이 전자계산기용 IC 개발을 주로 담당했는데, 이 프로젝트팀의 기술자들은 마이콘도 병행해서 개발하고 있었다.72) 또한, 78년 마이콘의 전담개발부서가 독립적으로 만들어졌을 때, 그때까지 전자계산기용 IC의 개발에 종사한 엔지니어들이 거의 대부분 그대로 이 개발부서로 이동했다고 한다.73)

NEC가 마이콘 시장에서의 경쟁에서 우위에 설 수 있었던 것은, 이처럼 과거의 전자계산기용 IC의 거래에서 축적한 기술력을, 인적, 기술적, 조직적인

---

70) NEC의 반도체 기술자 OB 키쿠치 마사노리 씨에 대한 인터뷰(1999년 12월 27일, 2000年3月 1日); NEC의 반도체 기술자 OB 고 쿠로사와 토시오 씨에 대한 인터뷰(2000年4月7日); NEC의 반도체 기술자 OB 기타무라 아키라 씨에 대한 인터뷰(2000년 5월 12일); NEC의 반도체 기술자 OB 엔도 마사시 씨에 대한 인터뷰(1999년 8월 13일); 히타치의 반도체 품질관리 엔지니어OB 노자와 유스케 씨에 대한 인터뷰(2001年9月14일); 토시바의 반도체 기술자 OB 오다가와 카이치로 씨에 대한 인터뷰(2000년 4월 14일).
71) NEC의 반도체 기술자 OB 키쿠치 마사노리 씨에 대한 인터뷰(1999년 12월 27일).
72) 柳田(1984), p.54.
73) 黒澤(1997), p.121; NEC의 반도체 기술자 OB 엔도 마사시 씨에 대한 인터뷰(1999년 6월 1일); NEC의 반도체 기술자 OB 키쿠치 마사노리 씨에 대한 인터뷰(2000년 3월 1일).

연속성을 통해 마이콘시장에서의 경쟁에 전용할 수 있었기 때문이다. 기업간 거래의 협력관계가 치열한 기업간 경쟁에 영향을 미쳤다는 점에서, 조직원리가 시장원리의 작용을 촉진하였다고 할 수 있다.

(3) 사내소비를 갖는 반도체기업간의 경쟁과 기업간 거래의 결합[74]

일본의 반도체산업의 주력기업들은 반도체사업에 진입하기 전부터 통신기, 가전, 컴퓨터 등의 전자기기업체였고, 또, 반도체 사업을 개시한 것도 자사의 기기사업의 성장을 위한 것이라는 면도 있었다. 따라서, 각사는 반도체의 공급자이면서도 수요자이기도 했다. 본장의 1절에서 살펴본 것처럼, IC산업의 초기, 반도체의 사내소비가 많았던 것도 그 때문이었다.

그러나, 각사의 기기사업부가 필요로 하는 반도체를 전부 자사의 반도체 사업부에서 조달할 수 있었던 것은 아니었다. 반도체IC를 외부에서 구입하는 부분이 많았다. 일부는 수입IC였으나, 국내의 다른 반도체기업으로부터의 IC 구입도 많았다. 국내 반도체 수요 중, 겸업반도체기업들 상호간의 반도체거래가 어느 정도의 규모인지를 확인할 수 있는 공식적인 데이터는 없지만, 정부의 공식통계, 업계의 추정통계 등을 종합해 추산해 보면, 1978년 기준, 일본의 주요 반도체기업간의 IC 거래는 이들 기업의 국내판매의 약 60%에 달했던 것으로 추정된다.[75]

이처럼 기기사업과 IC사업 모두를 실행하고 있던 이들 겸업 IC기업들은 기기제품시장과 IC시장의 양시장에서 서로 경쟁하면서, 동시에, 서로가 IC의 공급기업 혹은 수요기업으로서 IC의 기업간 거래를 하고 있었던 것이다. 기업간의 경쟁과 기업간의 거래가 결합되어 있었다.

Borrus가 지적하는 대로,[76] 서로 직접 경쟁하는 기기에 내장되는 커스텀 IC칩은 거래하기가 어려워, 기기의 차별화와 직접 관련이 없거나 영향이 작은 표준품반도체 칩을 서로 거래하고 있었다. 기기시장에서 경쟁하고 있는 기업

---

74) 이곳의 기술은 주로 金(2006), 1장3절; Kim(2015), pp.144－145에 의거한다.

75) 『機械統計年報』;『日本貿易年表』;『電子工業年鑑』;『日経エレクトロニクス』1979年5月28日, p.199; United Nations(1986), p.297; Borrus(1983) 등의 통계를 이용하여 추산했다.

76) Borrus(1983), p.192.

으로부터 IC를 구입해도 큰 문제가 없다고 판단했기 때문이다.[77] 실제, 기기
제품의 제품차별화에 직접 영향을 미치지 않는 표준품IC에서 반도체기업간의
거래가 집중되었다. 메모리 IC칩, 가전용 ASSP, LSTTL 논리IC 등이 이러한 반
도체제품의 대표적인 예였다. 이러한 표준품 IC의 품질이 좋고, 또 저렴하다면
외부에서 구매하는 현상이 자주 나타났던 것이다.[78]

표준품 칩이 많았던 만큼, 동일 종류의 반도체 칩을 복수의 반도체기업으
로 구입하는 복사발주도 많았다. 예를 들면, TV시장의 수위기업이었던 마츠시
타는 TV시장의 경쟁자이기도 했던 미츠비시전기와 NEC로부터 ASSP IC를 구
입했다.[79] 복수의 공급자간의 경쟁을 활용하여, 시장원리가 작용하고 있었던
것이다. 더구나, 전술한 것처럼, 각사의 반도체 수요부문은 사내의 반도체사업
부로부터 반도체를 구입하고 있었으므로, 이러한 복수 반도체기업으로부터의
반도체IC 구입은 사내의 반도체사업부문에 경쟁압력을 가했던 점에서도 시장
원리가 작용했다.

다른 한편으로, 겸업반도체기업이 IC의 공급자와 수요자 양쪽의 입장을
겸하면서, 서로간의 거래를 늘리고 있었던 것은 각사의 기기사업이 타사의 반
도체에 의존하면서, 서로가 서로를 지원하는 입장이었다는 것을 의미한다. 조
직원리가 작용하고 있었던 것이다. 실제로 겸업 IC기업간의 거래에 있어, 서로
의 신뢰가 있었고 또 양호한 기업간 관계 속에서 거래가 이루어졌으며, 따라
서, 그 관계가 상당히 장기적인 것이기도 했다고 한다.[80] 기업간 경쟁과 기업
간 거래가 관련되면서, 조직원리와 시장원리가 결합되어 기능했던 것이다.

---

77) NEC의 반도체 마케팅담당 OB 나카노 토미오 씨에 대한 인터뷰(1999년 6월 8일); NEC의 반
도체 마케팅담당 OB 이노우에 코우이치로 씨에 대한 인터뷰(1999년 5월 21일).

78) 토시바의 반도체 기술자 OB 카와니시 츠요시 씨에 대한 인터뷰(2000년 4월 11일); 토시바의
반도체 기술자 OB 스즈키 야소지 씨에 대한 인터뷰(2000년 6월 23일 및 7월 28일); 마츠시
타전자의 반도체 기술자 OB카메야마 타케오 씨에 대한 인터뷰(2000년 12월 1일); 砧瀬
(1995), p.243.

79) 마츠시타전자의 반도체 기술자 OB카메야마 타케오 씨에 대한 인터뷰(2000년 12월 1일);
NEC의 반도체 마케팅담당 OB 이노우에 코우이치로 씨에 대한 인터뷰(1999년 5월 21일);
히타치의 반도체 품질관리 엔지니어OB 노자와 유스케 씨에 대한 인터뷰(2001年9月14日).

80) 히타치의 반도체 품질관리 엔지니어OB 노자와 유스케 씨에 대한 인터뷰(2001年9月14日).

맺음말

일본의 대규모 IC수요기업은 제품차별화를 위해 커스텀IC를 선호하는 경향이 있는 반면, IC대기업들은 표준품IC의 개발, 생산을 더 선호하는 경향이 있었다. 따라서, 양자간 이해대립의 가능성이 늘 존재하여, 시장원리가 작용하였다. 또한, 표준품IC의 수요자는 불특정다수여서, 그 거래에는 시장원리가 보다 강하게 작용하였고, 커스텀IC의 수요자는 특정소수여서, 그 거래에는 조직원리가 보다 강하게 작용하였다. 따라서, 시장에서는 표준품IC의 확대 유인인 시장원리와 커스텀IC의 확대 유인인 조직원리가 결합되어 나타났다. 예를 들어, 시기별로 커스텀IC의 비중이 높아지는 시기와 표준품IC의 비중이 높아지는 시기가 약 10년을 주기로 교대로 나타났다. 그리고, 1970년대 말부터 세미 커스텀IC 칩이 출현해, 그 후 급속히 증가하였는데, 이 세미 커스텀IC는 커스텀IC를 선호하는 대규모 수요자들의 이해와 표준품IC 생산을 선호하는 대규모 공급자간의 이해가 타협되어 만들어진 제품으로, 따라서, 시장원리와 조직원리가 결합되는 한 형태를 나타낸다.

1970년대 일본의 반도체IC 최대수요부문인 전자계산기용으로는 커스텀IC가 많이 거래되었고, NTT도 통신기용의 고신뢰성, 고속의 IC를 많이 이용하였는데, 이들 용도의 반도체 거래에는 수요기업과 공급기업간의 공동개발을 수반하는 경우가 많았다.

전자계산기용의 공동개발에서, 반도체기업과 전자계산기기업간의 협력이 많았고, 이는 조직원리의 작용을 나타낸다. 예를 들면, 1970년대 전반, 샤프와 NEC의 엔지니어들은 반도체 설계단계에서 엔지니어링 샘플 완성까지, 발생하는 여러 가지 문제와 그 해결에 대해 NEC의 엔지니어들과 의견 및 정보 교환을 계속했다. 카시오와 히타치, 카시오와 NEC, 샤프와 토시바의 커스텀LSI의 공동개발에서도 수요기업과 공급기업간의 긴밀한 협력이 이루어졌다.

이러한 협력의 지속에 의해, 수요기업과 공급기업간에는 반도체거래의 자세에 대한 신뢰뿐 아니라 능력에 대한 신뢰가 형성되었다. 공동개발시의 칩의 개발비의 부담 방식에도 이러한 신뢰관계가 나타났다. 양자간의 신뢰가 있었기 때문에, 커스텀LSI 공동개발은 한 번으로 끝나지 않고, 다른 신제품의 전자계산기를 개발할 때도, 공동개발을 반복했다. 조직원리가 강하게 작용했던 것이다.

　이러한 조직원리에 시장원리도 결합되어 작용하였다. 첫째, 반도체의 공동개발시, 정보의 교환 및 공유를 둘러싸고 반도체기업과 수요기업 간의 이해대립이 존재했다. 예를 들어, IC기업과 공동개발을 하면서도, 일부 수요기업은 사내에서도 신제품용 커스텀LSI의 회로를 설계하고 있었다. 신제품 정보가 경쟁업체로 유출되는 것을 막는 등, 신제품에 대한 정보를 제어하려 했던 것이다. 또한, 수요기업들은 공동개발을 하고 있던 반도체기업의 엔지니어에게 최소한의 제품정보 밖에 제공하지 않았다. 수요기업이 정보의 제공 및 공유에 소극적이었다. 수요기업과 공급기업 간의 정보교환을 둘러싼 이해 대립이 존재해 시장원리가 작용하고 있었던 것이다. 둘째, 개발비 부담을 둘러싸고도 수요기업과 반도체기업간의 이해 대립이 존재했다. 이러한 사실들로부터, 반도체 공동개발이라는 협력 작업에서 조직원리가 작용하는 가운데, 공급기업과 수요기업 간에 이해 상충, 이해대립이 존재해, 시장원리와 조직원리가 결합되어 작용했음을 나타낸다.

　이처럼 수요기업이 정보제공에 소극적이었던 것은 그 이후의 일본의 반도체기업에 마이너스의 영향을 미쳤을 가능성이 높다. 즉, 일본의 반도체기업들은 자사가 진입하지 않았던 기기사업의 제품에 대한 시장지식, 기술지식의 흡수, 축적이 제한되었고, 아마도 이것이 1990년대 이후 수요기업들에 대한 솔루션 제안 능력면의 약점과 밀접한 관련이 있었던 것으로 보인다. 60년대와 70년대, 일본의 반도체기업과 수요기업간의 공동개발 및 장기상대거래의 경험이 반드시 플러스의 영향만을 미쳤다고는 할 수 없고, 양면적인 영향을 미쳤던 것이다.

　한편, 일본의 전자계산기업체들이 반도체기업과 공동개발을 하면서도, 복수의 반도체기업들을 공동개발의 파트너로 설정하여, 반도체기업간의 경쟁을 활용했다. 공동개발이 진행되는 과정에도 조직원리와 시장원리가 결합되어 나타났던 것이다. 이처럼 반도체기업간의 경쟁을 활용하는 "複社발주"는 공동개발시뿐 아니라, 전자계산기업체들이 반도체를 조달할 때의 일반적인 정책이었다. 경쟁이 작용했던 점에서도 시장원리가 작용하고 있었음을 확인할 수 있다.

　게다가, 전자계산기용 반도체IC시장에서, 수요기업과 공급기업 간에 공동개발 형태의 협력이라는 조직원리가 작용하는 가운데, 수요기업에 의한 엄격한 가격 저감 및 납입기일 준수의 요구라는 형태로 시장원리도 작용했다. 많은 기존연구에서는 이러한 전자계산기업체의 엄격한 코스트다운, 저가격의 요구가 일본 반도체기업의 경쟁력 향상에 공헌했다고 평가하지만, 일본반도체기업에 반드시 플러스의 면만 낳은 것은 아니었다. 오히려, 잠재적인 문제점을 발생시킨 면도 있었다. 예컨대 저가격의 요구, 납기기한 요구가 엄격했기 때문에, 반도체기업은 개발에 시간이 걸리고 코스트를 높이는 기초기술 및 첨단기술 개발 및 실용화의 우선순위가 뒤로 밀려, 이러한 기술의 축적에는 약점을 낳았을 가능성이 높다.[81]

당시로서는 최첨단의 기술, 초고속, 고신뢰성의 제품을 요구하는 통신기용에서도 NTT와 반도체기업간의 공동개발이 계속적으로 실행되었으며, 이 공동개발에서 조직원리가 작용하고 있었다. 예컨대, 공동개발 과정에서 상호간에 적극적인 정보의 개방과 공유 등, 협력적인 관계가 나타났으며, 그 배경에는 일종의 신뢰관계가 양자간에 형성되어 있었다. NTT의 연구소로부터 반도체기업으로의 인재의 이동, NTT의 연구소에 의한 심포지움 개최, 공동개발 성과의 공유 등을 통해서도 NTT로부터 반도체기업으로의 기술 이전, 양자간의 정보교환이 활발히 이루어졌다. 정보교환에 관한 한, NTT와 IC기업 간의 이해가 일치하여 조직원리가 작용하였던 것이다. 이러한 활동은 양자간의 신뢰에 입각한 장기적인 협력관계의 일환이었으며, 따라서, 조직원리의 작용을 나타낸다.

이러한 조직원리는 시장원리와 결합되어 작용하였다. 먼저, 1960년대 후반 이후 상당기간 NTT의 경영수지가 악화경향에 있어, 통신기의 생산과 운용에 있어 비용 절감을 강하게 의식하여, 통신기용 반도체를 공동개발하는 데 있어서도 경제효율성의 요구가 강하게 나타나고 있었다. 장기적 거래, 공동개발을 통해 나타났던 조직원리는 기업에 대한 비용절감, 경제효율성의 압력이라는 시장원리와 결합되었던 것이다. 또한, 통신기용 반도체를 개발, 생산하는 기업들은 동시에 컴퓨터기업이기도 해, 이 컴퓨터시장에서의 경쟁이 통신기용

---

81) 이 점에서, 1980년대 당시의 일본반도체기업의 경쟁력에 대해서는 과대평가된 부분이 있었다고 생각된다(金(2014)).

반도체의 공동개발에서의 기업간 경쟁을 촉진했다. 공동개발 등을 통한 협력이라는 조직원리가 치열한 기업간 경쟁이라는 시장원리와 결합되어 나타나는 현상은 전자계산기용 커스텀LSI의 공동개발에 있어서도 관찰되므로, 매우 폭넓은 반도체 시장에서 관찰될 수 있는 일반적인 현상이라 할 수 있다. 또한, 반도체기업간 경쟁이 NTT에 의해 의도적으로 촉진되고, 관리된 점에서도 조직원리와 시장원리는 결합되어 작용했다.

반도체IC의 기업간 거래의 경험은 그 후의 반도체기업간의 경쟁에 영향을 미쳤는데, 여기에도 시장원리와 조직원리가 작용하고 있었다.

전자계산기용 IC시장에서는 이미 1960년대 후반부터, 표준품IC를 중심으로 일본반도체기업과 해외반도체기업이 경쟁하여 시장원리가 작용하고 있었는데, 수입품이 경쟁우위를 점하고, 국내 반도체기업들이 추격하는 양상으로, 수입비율이 높았다. 그러나, 72년 이후, 국산품LSI 구입이 늘었으며, 그 대부분은 특정한 전자계산기제품 전용의 커스텀LSI이었다. 이 커스텀LSI는 상대거래되었고, 공동개발을 포함한 수요기업과 공급기업간의 협력을 바탕으로 하는 경우가 많았다. 반도체기업과 전자계산기기업간의 밀접한 협력은 공동개발뿐 아니라 다양한 형태로 이루어졌으며, 이러한 긴밀한 협력관계는 수요자와 공급자의 이해 일치라는 조직원리의 작용을 나타낸다. 한편으로, 커스텀LSI 비중이 확대되는 것은 공급기업의 이해보다는 대형 수요기업의 이해가 더 많이 반영되는 현상으로, 이 시기, 전자계산기산업이 과점화됨에 따라, 수요기업의 거래교섭력이 높아져, 수요기업의 이해가 더 반영되기 쉬운 시장상황을 반영하는 것이었다. 수요기업과 공급기업의 이해대립 속에서 수요자에게 유리한 거래가 이루어졌다. 소수의 특정수요기업의 거래교섭력이 강했던 만큼, 이들 수요기업으로부터 보다 많은 주문을 획득하기 위한 반도체기업간 경쟁도 치열했다. 기업간거래에 시장원리가 강하게 기능했던 것이다. 따라서, 커스텀LSI의 거래에서 시장원리와 조직원리는 결합되어 작용했다고 할 수 있다.

1970년대 중반 전자계산기용 LSI시장에서 표준품 수요도 커지면서, 일본 기업들간의 경쟁뿐 아니라, 미국기업까지 가세하여 경쟁이 격화되고 있었다. 일찍부터 적극적으로 표준품LSI 칩을 개발, 생산했던 일본기업은 NEC와 미츠비시전기였으나, 이 표준품 시장에서 NEC는 높은 시장점유율을 차지한 반면, 미츠비시전기는 그렇지 못했다. 표준품LSI보다 더 엄격한 납입기한과 코스트

다운을 요구하는 커스텀LSI의 개발, 양산을 경험했던 NEC는, 그러한 경험이 없었던 미츠비시전기보다 유리한 면이 있었기 때문이다. 조직원리가 강하게 작용한 커스텀LSI의 거래 경험의 전용여부가, 시장원리가 강하게 작용했던 표준품LSI 시장에서의 경쟁력을 좌우했다는 점에서 시장원리와 조직원리가 결합되어 있었다.

또한, 1974년 전자계산기용 LSI 시장에서 NEC와 히타치의 지위가 역전되어, 히타치의 시장점유율이 크게 낮아졌는데, 이는 커스텀LSI시장에서의 경험을 표준품LSI시장에 어떻게 전용하는가의 기업별 차이에 원인이 있었다. 조직원리가 시장원리와 결합되면서, 커스텀LSI의 기업간거래가 표준품LSI의 기업간경쟁에 영향을 미쳤던 것이다.

1970년대 중반 이후 급속히 확대된 마이콘제품 시장에 일본반도체기업들도 앞다투어 진입해, 일본기업간의 경쟁이 격화되었다. 반도체기업간 경쟁이 격화되었다는 점에서 시장원리가 작용하고 있었다. 반면, 당초 일본반도체 기업들은 미반도체기업의 세컨드 소스로서 마이콘 생산을 확대하는 전략을 택했으며, 이는 미국과 일본의 반도체기업의 이해 일치, 즉 조직원리의 작용을 나타낸다. 마이콘 시장에서 일본기업과 미국기업간의 협조와 경쟁이 얽혀 있었던 점에서, 조직원리와 시장원리가 결합되어 작용했던 것이다.

일본의 마이콘시장에서, NEC는 다른 반도체기업들과의 경쟁에서 우위에 설 수 있었는데, 그 중요한 이유의 하나는 전자계산기용 IC의 거래에서 축적한 자원을, 인적, 기술면, 조직면인 연속성을 통해 마이콘시장에 전용할 수 있었던 데 있었다. 기업간 거래의 협력관계가 그 후 치열한 기업간 경쟁에 영향을 미쳤다는 점에서, 조직원리가 시장원리의 작용을 촉진하였던 것이다.

일본의 주력반도체기업들은 반도체IC뿐 아니라 다른 전자기기사업도 겸하고 있었고, 이들 겸업반도체기업들 상호간의 반도체거래도 많았다. 기기제품시장과 IC시장의 양시장에서 서로 경쟁하면서, 동시에, 서로가 IC의 공급기업 혹은 수요기업으로서 IC의 기업간 거래를 하고 있었던 것이다. 이러한 형태로도 반도체의 거래는 반도체기업간의 경쟁과 결합되어 있었다.

이처럼 반도체기업간의 거래가 집중된 것은 표준품IC칩이었으며, 표준품칩이 많았던 만큼, 동일 종류의 반도체 표준품 칩을 복수의 반도체기업으로부터 구입하는 경우가 많았다. 복수의 공급자간의 경쟁을 활용하여, 시장원리가 작용하고 있었던 것이다. 더구나, 각사의 반도체 수요부문은 사내의 반도체사업부로부터 반도체를 구입하고 있었으므로, 이러한 복수 반도체기업으로부터의 반도체IC 구입은 사내의 반도체사업부문에 경쟁압력을 가했던 점에서도 시장원리가 작용했다. 한편으로는, 겸업반도체기업이 공급자와 수요자 양쪽의 입장을 겸하면서, 서로간의 거래를 늘리고 있었던 것은 각사의 기기사업이 타사의 반도체에 의존하면서, 서로가 서로를 지원하는 입장이었다는 것을 의미한다. 조직원리가 작용하고 있었던 것이다. 기업간 경쟁과 기업간 거래가 관련되면서, 조직원리와 시장원리가 결합되어 기능했던 것이다.

참고문헌

일본문헌(일본어 50음순)

相田洋(1992)『電子立国日本の自叙伝』, 日本放送出版協会.

浅沼萬里(1997)『日本の企業組織－革新的適応のメカニズム－』東洋経済新報社.

新井光吉(1996)『日米の電子産業』白桃書房.

伊丹敬之(1988)『逆転のダイナミズム: 日米半導体産業の比較研究』NTT出版.

井上良一(1981)「日本電気－変貌への賭け－」『マネジメント』5月号.

岩瀬新午(1995)『半導体に賭けた40年』工業調査会.

大内康則(1990)『半導体業界』教育社.

大蔵省関税局『日本貿易年表』.

岡本康雄(1988)「わが国の電子産業の形成・展開とその特質(3)」『電子』, 8月.

長船広衛(1987)『半導体の歩み』日本電気文化センター.

尾崎春生(1981)「日本電気－"電電ファミリー色"脱し,積極経営走る」『日経ビジネス』
　1月12日号.

樫尾忠(1992)『私の履歴書－兄弟がいて』日本経済新聞社.

機械振興協会経済研究所(1980)『日米半導体産業に関する調査研究』.

金容度(2001)「日本IC産業の初期の企業間関係－電卓用ICの取引及び共同開発を中心
　に－」『社会経済史学』, 第67巻第1号.

金容度(2006)『日本IC産業の発展史－共同開発のダイナミズム』東京大学出版会.

金容度(2014)「半導体復権は「過去」にこそ学べ」『週刊エコノミスト』3月18日号.

黒澤敏夫(1997)『シリコン事始め』日本電気半導体企画室.

産業学会編(1995)『戦後日本産業史』東洋経済新報社.

志村幸雄(1979)『IC産業大戦争: 急成長を狙う企業群』ダイヤモンド社.

志村幸雄・牧野昇(1984)『日米技術戦争』日本経済新聞社.

妹尾明編(1983)『現代日本の産業集中－1971－1980－』日本経済新聞社.

『大和投資資料』1979年12月(第534号); 1984年5月(第587号); 1984年8月(第590号).

通商産業省『機械統計年報』各年.

電気通信協会(1977)『日本電信電話25年史』上巻, 下巻, 別巻.

電気通信研究所(1974)『25年の記録』,下巻.

電気通信研究所 『施設』1969年3月号, 1978年10月号.

電気通信研究所 『電気通信研究所年報』 1976年-80年.

電波新聞社 『電子工業年鑑』 各年.

東芝半導体事業本部(1991) 『東芝半導体事業35年史』.

中川靖造(1989) 『東芝の半導体事業戦略』 ダイヤモンド社.

『日経エレクトロニクス』1979年5月28日号.

『日経産業新聞』.

日本開発銀行(1984) 「IC産業80年代の展望」『調査』67巻.

『日本経済新聞』.

『日本工業新聞』.

日本電信電話株式会社(1986) 『日本電信電話公社社史－経営形態変更までの八年の歩み－』情報通信総合研究所.

日立製作所武蔵工場(1989) 『日立半導体30年史』.

日立製作所(1999) 『ひとの日立, 日立のひと』文藝春秋.

東常義(1979) 『通信機業界』, 教育社.

柳田邦男(1984) 『日本の逆転の日(上)』 講談社文庫.

矢野経済研究所 『日本マーケットシェア事典』 各年.

山田誠治(1989) 「電卓製造の発展と日米摩擦」『北海学園大学経済論集』 第37巻第2号,10月.

リョーサン(1986) 『リョーサン35年史・菱三貿易25年史』.

영문문헌

Anchordoguy, Marie(1989). *Computers Inc.: Japan's Challenge to IBM*. Cambridge, MA: Harvard University.

Borrus, Michael(1983). "Trade and development in the semiconductor industry: Japanese challenge and American response", in Zysman, J. and Tyson, L. (eds), *American Industry in International Competition, Ithaca*, NY: Cornell University Press.

Borrus, Michael(1988). *Competing for Control: America's Stake in Microelectronics*, Cambridge, MA: Ballinger.

Callon, Scott(1995). *Divided Sun: MITI and the Breakdown of Japanese High－Tech Industrial Policy, 1975-1993*, Stanford, CA: Stanford University

Press.

Kim,Yongdo(2012). "Interfirm cooperation in Japan's integrated circuit industry, 1960s~1970s", *Business History Review*[Harvard Business School], 86(4).

Kim,Yongdo(2015). *The Dynamics of Inter—firm Relationships: Markets and Organization in Japan*. Cheltenham: Edward Elgar Publishing Ltd..

Malerba, Franco(1985). *The Semiconductor Business: The Economics of Rapid Growth and Decline*, Madison, WI: University of Wisconsin Press.

McLean,M. (1982). *The Japanese Electronics Challenge*, St. Martin's Press.

Okimoto, D. et al(eds) (1984). *Competitive Edge: the Semiconductor Industry in the U.S. and Japan*, Stanford University Press.

Prestowitz, Clyde(1988). *Trading Places*, New York: Basic Books.

United Nations(1986). *Transnational Corporations in the International Semiconductor Industry*. New York: UN Centre on Transnational Corporations.

인터뷰

NEC의 반도체 기술자 OB 시미즈 코우조 씨에 대한 인터뷰(1999년 5월 12일 및 8월 31일).

NEC의 반도체 마케팅담당 OB 이노우에 코우이치로 씨에 대한 인터뷰(1999년 5월 21일).

NEC의 반도체 기술자 OB 엔도 마사시 씨에 대한 인터뷰(1999년 6월 1일 및 8월 13일).

NEC의 반도체 마케팅담당 OB 나카노 토미오 씨에 대한 인터뷰(1999년 6월 8일).

NEC의 반도체 기술자 OB 고 쿠로사와 토시오 씨에 대한 인터뷰(1999년 6월 24, 8월 24일 및 2000년 6월 13일).

NEC의 반도체 마케팅담당 OB 스미토모 스스무 씨에 대한 인터뷰(1999년 9월 2일).

NEC의 반도체 기술자 OB 사카이 미츠오 씨에 대한 인터뷰(1999년 9월 9일).

NEC의 반도체 기술자 OB 모리노 아키히코 씨에 대한 인터뷰(1999년 11월 12일).

NEC의 반도체 기술자 OB 키쿠치 마사노리 씨에 대한 인터뷰(1999년 12월 27일, 2000년 3월 1일).

토시바의 반도체 기술자 OB 오다가와 카이치로 씨에 대한 인터뷰(2000년 4월 14일).

토시바의 반도체 기술자 OB 카와니시 츠요시 씨에 대한 인터뷰(2000년 4월 11일).

토시바의 반도체 기술자 OB 쿠보 다이지로 씨에 대한 인터뷰(2000년 4월 26일 및 2001년 3월 14일).

토시바의 반도체 기술자 OB 스즈키 야소지 씨에 대한 인터뷰(2000년 6월 23일 및 7월 28일).

NEC의 반도체 기술자 OB 기타무라 아키라 씨에 대한 인터뷰(2000년 5월 12일).

마츠시타전자의 반도체 기술자 OB카메야마 타케오 씨에 대한 인터뷰(2000년 12월 1일).

NEC의 반도체 기술자 OB 사와구치 코우조 씨에 대한 인터뷰(2001년 4월 27일).

후지츠의 반도체 기술자 OB 요시오카 히데토시 씨에 대한 인터뷰(2001년 7월 31 일).

히타치의 반도체 품질관리 엔지니어OB 노자와 유스케 씨에 대한 인터뷰(2001년 9월 14일).

제2부

기업간 관계 역사의
국제비교

제3장
기업간 관계사의 국제비교 시점: 일본 특수론 비판

제1절 문제제기: 일본의 기업간 관계는 얼마나 특수한 것인가

일본의 기업간 관계에 대해서 많은 연구가 축적되어 왔는데, 그러한 연구들에서는 주로 일본의 특수성이 강조되었다. 또 그러한 특수성의 내용에 대해서는 몇 가지로 패턴화, 고정화해 인식해왔다. 예컨대, 1980년대까지, 네트워크 형태의 두 유형의 기업간관계가 세계의 자본주의경제에 영향을 미쳤다고 하는데, 하나는 구미의 임원겸임 네트워크이고, 또 하나는 비구미형자본주의 모델로서의 일본의 계열이었다.[1] 계열관계에 일본의 기업간 관계의 특수한 측면이 집중적으로 나타난다고 보는 것이다. 또한, 일본의 수요기업과 공급기업은 상호간의 신뢰형성을 중시하고, 기업간관계가 장기적으로 되는 경향이 강하다고 본다.[2] 일본에서는 일반적인 시장거래와는 대조적인 장기상대거래가 많으며, 이 점에서 일본이 특수하다고 한다.

조직간의 신뢰관계에는 개인간의 관계에 의한 부분도 강하게 영향을 미

---

1) 若林(2009), pp.215－216.

2) 이 점을 강조하는 주장은, 올리버 윌리엄슨이 해설하는 것처럼, 서구의 여러 나라에 비해 일본의 기업간 거래관계는 기회주의의 위험이 훨씬 낮은 점에 특징이 있다는 주장으로 해석될 수 있다(ウィリアムソン (1980), vii).

치는 것으로 이해된다. 예컨대, 개인간 관계는 사업상의 관계뿐 아니라, 주점과 나이트 클럽에서의 개인적 교유관계, 그리고 人情 등을 포함하는 것으로, 이러한 관계가 사업상 관계에 큰 영향을 미치며 특히 일본에서 그러한 현상이 많이 나타난다고 본다.3)

기업간 관계에 수반되는 계약을 둘러싼 기업 행동에도 일본의 특수성이 묘사된다. 형식적인 계약의 중시도가 낮아 정식 계약서를 작성하지 않는 경우도 적지 않고, 계약서를 작성하여 교환하는 경우에도 계약을 정확히 적용하지 않거나, 상세한 내용을 명시하지 않는 경향이 강하다. 또한 일본에서는 상호간의 사후 협의를 통해 실질적인 계약 효력을 발휘할 수 있는 관계가 일반적인 것으로 본다. 이른바 "계약법의 이원성"4)이라는 현상이다. 계약에 명시되지 않은 내용이 기업간 관계상 문제가 되는 경우에는 소송을 통한 법적 다툼에 의해 해결을 꾀하기보다 거래상대와의 협의와 화해를 통해 해결하려는 경향이 강하다.

그러나, 이러한 기업간 관계의 일본 특수성을 강조하는 주장에는 많은 의문을 제기할 수 있다. 정도의 차이는 있지만, 기업간 거래에서 신뢰관계를 중시하지 않는 사회가 정말 있을까 라는 의문이 먼저 떠오른다. 만약 이 의문에 대한 대답이 "否定"이라면, 신뢰를 바탕으로 하는 장기상대적인 기업간 관계는 반드시 일본 특유의 것이 아니라 세계 공통의 현상이 된다. 좀 더 넓게 말하면, 기업간 거래에 있어서의 일본의 특수성이라 이해되어온 내용 중 일부는 사실은 다른 나라와의 공통적인 것이 된다.

일반적으로 공통점은 대부분의 사람들이 당연한 것으로 여기는 부분에 존재하기 마련이라, 그다지 관심을 끌지 못하는 반면, 차이점은 두드러지기 마련이라 많은 사람들의 관심을 끌고, 따라서, 각 사회의 차이점이 강조되는 경향이 있다. 일본의 기업간 관계 고유의 특성으로 여겨져 관심을 끌었던 현상들 중에도 사실은 다른 나라에서도 역사적으로 존재했을 가능성이 얼마든지 있다.5)

---

3) Granovetter(1985), p.497.

4) 內田(2000), p.25.

5) 金(2013), p.37.

이러한 문제의식에서, 4장, 5장에서는 일본의 기업간 관계를 미국의 역사적 경험과 실증적으로 비교분석한다. 구체적으로, 4장과 5장에서는 미국의 일부 중간재의 기업간 관계의 역사를 일본과 비교해서, 공통점과 차이점을 분석한다. 4장에서는 미일의 자동차부품의 기업간거래의 역사를, 5장에서는 미일의 철강의 기업간거래의 역사를 비교분석한다.

먼저 본장에서는 미국 등 일본 이외의 국가에서도 일본의 특수한 기업간 관계라고 불리는 특징과 매우 유사한 현상이 존재했다는 점을 시사하거나 해명하고 있는 기존연구를 살펴본다.

제2절 스튜어트 맥컬리의 연구(1963)

기업간 관계에 있어 미일의 공통점을 시사하는 유력한 연구는 이미 존재한다. 대표적인 연구가, 이미 반세기 이상 전인 1963년에 발표된 스튜어트 맥컬리의 논문(Macaulay, 1963)이다. 이 논문은 미국 법제도에 대한 사회학적 연구로, 계약관계의 연구로서는 이미 고전적인 위치에 있는 작품이다. 논문 타이틀에 "preliminary"라는 형용사가 있는 것에서 알 수 있듯이, 본격적인 연구를 위한 시론적 논문으로 볼 수도 있지만, 기업간 관계의 역사를 국제비교하는 데 있어 중요한 단서를 제공하고 있다.[6]

맥컬리가 이 연구에서 관심을 가진 것은 미국기업이 어떤 경우에 어떤 계약을 체결하는지, 또 계약에 대한 비즈니스맨, 법률가, 학자의 태도에 어떠한 차이가 있는지, 그리고 계약상의 문제가 발생하면 무엇을 바탕으로 어떻게 그것을 해결하려 하는지였다.

구체적으로 맥컬리는 다음과 같은 조사를 실시하였다고 한다. 첫째, 미국에서의 기업간 거래의 공식적인 체계를 확인하기 위해, 법학, 경영학, 경제학,

---

6) 맥컬리의 이 논문은 일본과 미국 양쪽의 계약법에 정통한 마크 람자이어에 의해 일본에 소개되었으며, 경제사학자 타케다도 인용하고 있다(ラムザイヤー(1990), pp.68−79, 95−96; 武田(2008)).

심리학, 사회학의 문헌을 검토한 후, 미 위스콘신주에 본사를 두거나, 동주를 주된 거점으로 기업활동을 하는 850사의 카탈로그 인용서식, 주문서, 승낙서 등의 서류를 수집하여, 표준서식에 의한 계약 및 표준계약 조항과 조건을 조사했다. 또한 왜 계약위반시 제재가 필요하다고 생각하는지, 문제가 발생하는 (problem situations) 특정한 패턴이 있는지 등을 판단하기 위해 미제조업의 상위 500사의 15년간의 공표판례 기록을 입수, 분석하였다. 그에 더해, 이들 500사에 특정 상황의 관행에 관한 설문지를 보내, 그 중 125명으로부터 회답을 얻었다. 또한, 맥컬리 자신이 미위스콘신주 소재의 43개 제조기업 및 6개의 법률사무소 총 68명의 사업가와 변호사를 대상으로 면접조사를 실시하였고, 추가적으로 대학원생들을 조사에 참가시켜, 사업가, 은행가, 변호사 등 21명에 대한 인터뷰를 실시했다.

맥컬리에 의하면, 조사대상자들은 거래상대와의 사이에 거래계약의 기본방향이 정해지면 그 즉시 협상을 종료하고, 세세한 조항의 계약내용들을 다시 협상하는 것을 될 수 있는 대로 피하려는 경향이 있었다. 형식적인 계약서를 주고 받기보다, 거래에 리스크가 있다 하더라도 짧은 편지에 쓰여진 "남자들끼리의 약속"과 악수를 주고받은 상대의 "정직과 성의"를 믿고자 했다.[7] 맥컬리에 의하면, 공식적인 계약서를 주고받지 않는 기업간 거래가 전체거래의 약 7할을 차지했다고 하며, 이러한 행동이 기업간의 계약에 너무 일반화되어 있기 때문에 로스쿨의 교수들이 "the battle of the form"이라고 명명할 정도였다.[8]

공식적인 계약서를 작성해서 계약을 체결하는 경우에도, 계약서가 일반적으로 상상되는 것처럼 면밀하게 작성되지 않는 예가 많았다. 예컨대, 계약서를 작성하는 경우, 표준화된 계약서식을 사용하는 데 머물거나 거래기업간에 서로 다른 양식의 계약서를 사용하는 경우가 많았다. 인터뷰를 실시한 12사의 조달부문 중 10사에서는 주문서 뒷면의 계약조항과 공급자의 승인서 뒷면의

---

7) 金(2013), p.38.

8) 타케다가 지적하는 것처럼, 이러한 사실을 보면, 계약 성립을 위한 가장 중요한 조건이 상대방에 대한 신뢰이며, 미국에서도 이러한 사고를 많은 비즈니스맨들이 공유하고 있었기 때문에, 미국의 경제사회에서도 일본과 같은 모호한 계약 관행이 널리 받아들여질 수 있었다(武田(2008))고 할 수 있다. 기업간 거래를 둘러싼 사고방식과 행동특성에 미일의 공통점이 있었던 것이다.

계약조항에 일치하지 않는 내용이 발견되었다. 더욱이, 그 계약서가 실제의 거래 이행에 있어 그다지 중시되지도 않았으며, 엄격한 계약이행이 강제되지 않는 예도 많았다.

따라서, 맥컬리에 의하면, 1960년대 초 미위스콘신주에서도 일본과 마찬가지로, 기업간 관계에 있어 형식적인 계약 이외의 요소가 더 중요한 경우가 많았고, 명백하고 상세한 계약조항을 담지 않는 애매한 기업간 계약관행이 정착되어 널리 존재했다. 기업간의 상호 신뢰가 매우 중요하였으며, 그 결과 장기계속적인 기업간 거래가 기업간관계의 중요한 특징이었다.[9] 일본과의 공통점이 많았던 것이다.

다만, 같은 기업 안에서도 직능별, 담당업무별로 관리자간에 기업간 거래 계약에 대한 인식, 지향의 차이점도 컸다. 예를 들어, 영업부문과 구매부문의 담당자들은 재무부문 및 법무부문의 담당자들에 비해 상세한 기업간 계약을 덜 중시하였고, 공식적인 계약의 적용강제력도 약하다고 보았다. 영업부문의 담당자들은 형식적인 계약을 고집하는 것은 판매 확대에 장애가 된다고 생각했으며, 고객기업과의 신뢰보다 계약서라는 종이서류에 의존하는 것은 "고객기업과의 신뢰"를 해친다고 생각했다. 따라서 형식적인 거래계약서 작성에 저항하는 경향이 강했다. 구매부문의 담당자도 형식적이고 상세한 계약서 작성을 시간낭비로 간주하고 있었으며, 영업부서보다는 약했지만 서면계약 작성에 거부감을 가지고 있었다. 대조적으로, 재무부문의 담당자는 계약을 경영관리의 중요한 수단이라고 인식하고, 형식적인 계약을 중시했으며, 기업의 법무부문 담당자들이나 기업의 고문변호사들도 이와 비슷한 입장이었다.

만일 기업간 거래상의 문제가 발생했을 때, 미국의 비즈니스맨은 어떻게 그것을 처리하려고 하는가에 대해서도 맥컬리의 연구는 밝히고 있다. 먼저, 거래에 관한 분쟁을 해결하는 데 있어, 가능한 한 법정에서의 쟁송을 피하고 상대와의 대화와 교섭을 통해 화해를 성립시키는 편이 낫다고 보고 있었다. 위스콘신주의 많은 직장인들은 기업간 거래를 위한 협상을 할 때, 만일 사후에 문제가 발생하면 그때 가서 거래상대와의 대화를 통해 해결하면 된다는

---

9) 맥컬리에 의하면, 일본과 마찬가지로 미국에서도 장기계속적인 기업간관계가 중요한 특색인 점은 그 후에도 별로 변하지 않았다고 한다(內田(2000), pp.283, 315).

생각을 가지고 있었다고 한다. 심지어 일부 비즈니스맨은 "변호사와 회계사를 기업간 관계에 끌어들이지 않기만 하면, 기업간의 분쟁은 해결할 수 있다. 그들은 비즈니스세계의 기브 앤 테이크를 전혀 이해하지 못하기 때문"이라고까지 말한다. 특히, 영업부문 담당자들은 장래에도 많은 수요를 만들어 줄 수 있는 고객기업을 상대로 법적인 소송을 벌이는 것은 절대 옳지 않다고 보고 있었다. 일본과 마찬가지로, 계약의 사후적인 보정을 당연시하는 계약관, 계속적인 신뢰에 입각한 기업간 거래 계약은 미국에서도 폭넓게 관찰되었던 것이다.

맥컬리에 의하면, 이처럼 많은 비즈니스맨들이 기업간 거래상의 문제를 법적 다툼보다 상호의 대화에 의해 해결하려 한 것은, 개인 차원에서도 기업 차원에서도 일반적인 사업상의 평판을 중시했기 때문이라고 한다. 기업간 거래가 그 후로도 반복, 지속될 것을 기대하는 경우, 이러한 평판 중시의 자세는 거래에서 자사만의 이익을 추구하는 것을 억제한다. 공평, 공정한 기업이라는 사회의 평판은 해당기업에 있어 일종의 자산으로 인식되고 있었다. 개인의 사회생활에 있어서도 동료로부터 따돌림을 당할 수 있어 개인이 상대에 대해 공격적인 행동을 하는 것도 억제되었다.[10]

더욱이, 상호신뢰를 가능하게 하는 조건이 갖추어지는 경우도 많았다. 예컨대, 영업부문과 구매부문의 사람들은 기업의 벽을 뛰어넘어, 다른 기업의 사원들과 개인적인 교제를 계속하여, 상호 이해와 신뢰가 쌓여 있는 경우가 많았다. 공급기업의 엔지니어와 수요기업의 엔지니어간에 공통의 과제를 해결하기 위해 일상적으로 협력하는 일도 적지 않았다. 양사의 경영자간에 친분을 가지고 있는 경우도 있었으며, 주식의 상호보유, 임원의 상호 파견 및 겸임 등 더 공식적인 관계를 통해 양사가 밀접한 관련을 가지기도 했다.

이러한 기업간 관계를 둘러싼 행동패턴은 그야말로 일본적인 특징으로 자주 얘기되어왔던 것이다. 상세한 조항을 담은 두꺼운 계약서는 미국인의 계약관의 한 특징을 표현할지는 몰라도, 그것이 미국의 기업간관계의 전형적인 특징은 아니었다. 거꾸로, 일본인의 경제관념의 특성, 일본인의 계약관이라 불

---

10) 람자이어는 미위스콘신주 비즈니스맨의 이러한 행동과 사고는 일본의 전형적인 샐러리맨의 그것과 마찬가지라고 한다(ラムザイヤー(1990)).

리는 내용 중에는 다른 나라에서도 나타나는 보편적 측면을 포함하고 있었다
고 할 수 있다.[11]

제3절 관계적 계약이론

　　맥컬리의 연구의 문제의식 및 사고와 매우 흡사한 연구로, 이안 맥닐이라
는 미계약법 전문가를 중심으로 하는 관계적(relational) 법학이론이 있다. 이
이론은 기업간 거래를 포함하는 교환 그리고 그 계약에 있어, 관계가 중요하
다는 점을 출발점으로 하여, 이 관계의 내용을 명확히 함과 동시에, 관계가 규
범을 매개로 현실의 계약에 미치는 영향을 이론화하고 있다. 맥컬리에 의하면,
관계의 내용에는 어떤 의무의(obligational) 측면이 존재하는데, 이는 사회성원
간의 약속, 그리고 그 약속 위에 성립되는 거래당사자간의 관습에서부터 나오
는 것이라고 본다. 일본의 특징적인 기업간 거래관계를 사회학자 마리 사코[12]
가 "Obligational Contractual Relations(OCR)"으로 표현하는 것에서 알 수 있
듯이, 맥컬리가 말하는 관계적 계약은 종래 일본의 특징적인 기업간 계약이라
얘기되어왔던 것과 비슷하다. 따라서, 맥닐은 이른바 "일본적"인 기업간 관계
에 나타나는 조직원리가 일본뿐 아니라, 미국 등 다른 나라에서도 보편적으로
존재하는 것을 이론화하고 있는 셈이다.

　　먼저, 맥닐은 계약에는 單發的(descrete) 계약과 관계적 계약이 있다고 한
다. 단발적 계약은 단발적인 약속에 입각한 고전적 계약모델로, 재화의 교환
관계를 제외하면, 당사자간에 어떠한 특별한 관계도 존재하지 않는다.[13] 이에
반해, 관계적 계약이란 거래에 있어 상대방이 무엇을 해야 하는지, 무엇을 상
대방에게 기대하고 있는지를 서로가 암묵적으로 이해한 위에서 맺어지는 계

---

11) 武田(2008), pp.151－155; 金(2013), p.39.

12) Sako(1992).

13) マクニール(2015), p.96; Goldberg(1976), p.49.

약이다.14)

그런데, 종래의 미국 계약법학에서는, 이 단발적인 계약이 압도적으로 많은 계약유형인 것으로 간주해왔고, 시장에서 행해지는 단발적인 거래 밖에 보지 않았다. 그러나, 맥닐은 19세기 후반부터 현재에 이르기까지, 단발적계약이 지배적인 계약유형이었다는 이러한 주장에 강한 의문을 제기한다. 맥닐은 단발적인 계약을 부정하고, 현실의 계약은 항상 고전적인 계약과 관계적 계약이라는 양극단 이념형의 사이에 있고, 양극단의 요소를 함께 가진다고 본다. 순수하게 단발적 계약으로 보이는 계약도, 현실에는 관계적 요소를 수반하며, 현실의 어떠한 계약도 관계적 요소를 가진다.15)

더 나아가, 맥닐에 의하면, 현실의 경제에서 단발적 교환은 언제나 예외적인 교환유형이었고, 매우 한정된 전문화의 역할 밖에 할 수 없으며, 관계적 교환이 보다 많다고 주장한다.16)

종래 일본의 기업간 관계의 특징으로 강조되어 왔던 내용은 맥닐의 관계적 계약과 매우 흡사하며, 맥닐이 지적하는 것처럼, 이 관계적 계약이 보편적인 기업간 관계의 계약 현실을 나타낸다고 하면, 일본의 기업간 관계도 그다지 특수한 것이 아니며, 보편적인 성격을 가졌을 가능성이 높다고 할 수 있다.

---

14) Macneil(1980). 거래비용경제학을 제창하는 신제도학파경제학자 올리버 윌리엄슨도 맥닐의 관계적 계약이론을 수용하면서, 계약을 분류하고 있는데, 윌리엄슨은 관계적 계약과 단발적 계약(=고전적 계약)에 더해 양자의 중간형태로 신고전적 계약을 추가한다. 즉, 신고전적 계약은 비표준적인 거래에 적용되는 점에서는 관계적 계약과 공통이지만, 반복적인 거래에 적용되는 관계적 계약과는 달리, 일시적 거래라고 한다.

15) Macneil(1980), p.11; マクニール(2015), pp.38, 130; 內田(2000), pp.30, 58.

16) Macneil(1985), pp.487, 541-546, ; マクニール(2015), pp.42, 192, 194, 196; 內田(1990), p.60. 그런데, 맥닐은 이 "관계적"이라는 개념을 서로 다른 두 가지 용어법으로 사용하고 있고, 이 때문에, 다소 의미의 혼란이 발생하고 있다. 즉, 어떤 경우에는 맥닐은 관계적 계약이라는 용어를 "단발적 계약"의 반대어로 사용하는 반면, 어떤 경우에는 "관계적"이라는 용어를 모든 계약의 관계적 측면을 망라하는 것으로 사용하고 있다(Macneil(1987), p.276; マクニール(2015), p.42; 內田(1990), p.69).

제4절 기업간 거래의 일미 공통점을 시사하는 실증 연구

(1) 일본 계약법 연구자의 일미 기업간 거래 조사

일본의 계약법 연구자 우치다 타카시(內田貴) 등은 일본 독특의 거래관행으로 계속적 거래를 강조하는 기존의 "비교문화론"적 연구에 대해 강한 의문을 가지고, 미국과 일본의 기업간 거래에 대한 실태조사를 벌였다.[17] 1993년부터 96년까지의 3년간, 일본기업 약 50사, 미국기업 약 80사 합계 130사를 대상으로 앙케이트 자료를 송부해, 76사로부터 회신을 얻었고, 또한 일본에서 십여사, 미국의 이십여사에 대해 인터뷰를 실시하였다.[18]

그 결과 일본뿐 아니라 미국에서도 기업간의 계속적 거래가 많은 것이 밝혀졌다. 그리고, 계속적 거래 중에서도 시장형, 조직형, 네트워크형 등 다양성이 있었는데, 이러한 다양성은 미국과 마찬가지로 일본에서도 나타났던 것이라고 한다. 이 세 유형의 계속적 거래 중, 조직형의 계속적 거래가 많았던 점에서도 일본과 미국은 차이가 없었다.

조직형의 계속적 거래관계의 배경에 있는 "기업윤리"에 있어서도, 기본적으로 미일간에 차이가 없었다.[19] 예컨대, 자동차기업과 하청부품기업간의 관계에 있어 관계의 유지 자체가 일본과 미국 모두에서 규범적인 의미를 가지고 있었다. 예컨대, 기업간 관계의 경제적 이점이 없어졌다고 해서, 그 관계가 단절되지 않았고, 거래 상대방의 경영이 부진에 빠졌을 때에도, 지원을 하는 등 "공존공영"의 이념이 추구되었다. 이러한 공동의 규범, 그에 입각한 기업간 협력은 일본에 특수한 기업간 관계라 일반적으로 인식되어 왔지만, 이 조사에서는 미국에서도 비슷한 유형의 기업간 관계가 관찰되었던 것이다. 더욱이, 미국에서도 프랜차이즈 계약 및 자동차 딜러 계약관계는 거래당사자 간에 이러한 이념 유지 기대에 의해 성립되고 있었다.[20]

기업간 협력의 기업윤리가 미일 모두에 뿌리 깊게 존재하는 점은 기업간

17) 內田(2000), p.283.
18) 內田(2000), p.282
19) 內田(2000), pp.286, 288.
20) 內田(2000), pp.288-290.

관계에 조직원리가 작용했다는 것을 의미한다. 이러한 조직원리의 작용이 일본만의 특징이 아니라는 점이 분명해진다.

이러한 협력관계의 배경에는 기업 상호의 신뢰가 있으며, 사후의 분쟁 가능성이 있다 하더라도, 이러한 신뢰에 의해, 사전적으로 상세한 계약서를 교환하기보다 대화를 통해 사후적으로 계약을 수정하는 경우가 많았다. 우치다에 의하면, 이는 일본의 특수한 관행이라고 얘기되어 왔지만, 특별히 일본 특수적인 것이 아니라고 한다.[21] 앞서 본 맥컬리의 미국에서의 조사 결과와도 정합적이라 할 수 있다.

우치다에 의하면, 공식 계약시의 계약내용과 사후적 조정과정을 통한 실제의 계약내용의 괴리를 계약법 연구자들은 "계약법의 이원성"이라 한다. 그리고, 이 계약법의 이원성이 일본의 계약관념 및 계약법의 중요한 특징이라 한다. 비교문화론적인 관점에서 "서구제국 대 일본"이라는 구도를 설정해, 일본이질론을 주창하는 분석의 예이다. 그러나, 우치다의 조사에 의하면, 계약법의 이원성은 결코 일본 특유의 현상, 일본의 전매특허가 아니며, "계약사회"라 불리는 미국사회에서도 나타났다.[22] 거래기업 쌍방이 신의를 존중하고, 신뢰를 중시하면서도, 계약서에 그러한 내용을 상세히 명시하지 않는 점에서 일미 공통점이 발견된 것이다. 우치다는 나아가서, 이러한 특징은 일본과 미국뿐 아니라 세계각국의 보편적인 공통점이라고도 할 수 있을 것이라고 한다.[23]

(2) 에클스(Eccles)의 미건설업 기업간 관계 분석

에클스(Eccles, Robert G. (1981) "The Quasifirm in the construction industry," Journal of Economic Behavior and Organization, Vol.2)는 미국의 건설업을 실증분석하여, 미국에서도 장기상대거래의 기업간 관계가 많다는 점을 명확히 하고 있다.

---

21) 內田(2000), p.57.

22) 오오타의 연구에 의해서도 비슷한 결과가 도출되고 있다. 오오타는 일본과 미국의 프랜차이즈 계약 및 산림 매매계약의 실례를 실증적으로 비교검토하여, 미국에서도 상세하고 긴 계약서를 교환하지 않는 거래가 있는 반면, 거꾸로 일본에서도 상세한 계약서를 작성하는 예가 있다는 점을 분명히 한다. 어떤 계약서가 어떻게 이용되는지는 거래의 형태와 법규제에 의한 것이지, 문화적 배경에 의한 것이 아니라는 점을 지적하고 있다(太田(1989)).

23) 內田(2000), pp.25, 61.

에클스가 분석대상으로 한 것은 미 매사추세츠주의 주택건설업이었다. 이 주택건설업에 종사하는 13사의 150명의 관리자에 대한 인터뷰를 실시해, 기업 간 관계의 특징을 분석하고 있다.

에클스에 의하면, 미 건설업의 하도급 관계에는 장기상대적인 경우가 많았다고 한다. 먼저, 주계약기업(=원청업체)은 하청기업과 일회성이 아니라 반복적인 거래를 했고, 또한 주계약기업이 재료를 조달할 경우, 재료공급기업과도 안정적이고 반복적인 거래관계를 맺었다고 한다.[24) 예컨대, 기업간 거래관계의 지속기간은 평균 9.2년이었고, 건축업자와 20년 이상의 거래관계를 맺고 있던 주계약기업이 11.2%나 되었다고 한다.[25) 이처럼 장기의 거래관계가 많았던 이유로 중요한 것은, 특정기업간의 거래가 계속되는 동안, 양자가 협력을 통해 학습하는 등, 유형 및 무형의 거래특수적인 "투자"가 이루어졌기 때문이다. 또한 고정된 가격으로 계약이 맺어진 상태에서, 납입품질을 유지하기 위해서 긴밀한 기업간 협력관계가 중요했고, 이 때문에 장기거래가 이루어졌다고 한다.[26)

이러한 장기거래의 대부분은 상대거래이기도 했다. 하청계약을 원하는 중소기업은 대단히 많지만, 주계약기업 1사가 하청거래관계를 맺고 있는 기업수는 2사, 혹은 많아야 3사인 경우가 많았고, 평균 1.7~2사였다고 한다. 그리고 이들 하청기업은 원청기업 1사에 의존하는 경우가 대부분으로, 매우 배타적인 거래관계를 맺고 있는 것으로 나타났다.[27) 상대거래가 압도적으로 많았던 것이다.

그 이유로 먼저 기술적인 면이 있었다. 즉, 건설기술의 특성이 소수의 주계약자와 소수의 하도급업체가 반복해서 거래계약을 맺는 이점을 낳는다. 또한 가지 이유는 경쟁적 입찰방식에서는 계약의 거래비용이 높아진다는 점이다. 예컨대, 모든 신규 프로젝트에 있어, 원청기업이 모든 거래를 주변의 모든 하청기업들과 경쟁입찰방식으로 계약을 맺는다면, 원청기업도 하청기업도 거래비용이 높아지는 문제점이 있다. 이러한 이유로 상대거래가 많아져, 장기의

24) Eccles(1981), pp.353-354.
25) Eccles(1981), p.351.
26) Eccles(1981), p.340.
27) Eccles(1981), pp.349-352.

상대거래라는 조직원리가 강하게 작용하는 기업간 관계가 일반적이 되었다. 장기상대거래가 빈번하게 행해지는 점에서 일본과의 공통점이 관찰되었던 것이다.

거래 및 계약의 형태를 보아도 조직원리가 강하게 작용한 것을 알 수 있다. 먼저, 최저입찰가격을 제시하는 업자에게 자동적으로 낙찰되는 경쟁입찰은 전체 거래계약의 19.6%에 불과했고 대부분의 거래는 거래당사자 간의 직접교섭 형태로 이루어졌다.[28] 경쟁입찰에 의한 거래는 매우 드물었고, 그 대신 상당히 장기의 안정적 거래가 원청기업과 하청기업 간에 실행되고 있었다.

이러한 원청기업과 하청기업 간의 장기상대거래관계를 에클스는 계층조직과 그 대극에 있는 시장의 중간형태로서 "준기업"(quasifirm)[29]이라 한다. 일본뿐 아니라 미국에서도 기업간관계에서 조직원리가 강하게 작용하였던 것이다.

(3) IMP그룹의 조사: 유럽의 기업간 관계 실증조사

미국뿐 아니라, 유럽제국에 있어서도 장기적인 기업간 관계가 일반적으로 나타난다는 사실을 실증적으로 밝히고 있는 일련의 연구가 있다. IMP (Industrial Marketing and Purchasing 혹은 International Marketing and Purchasing)라는 연구그룹에 의한 조사이다.[30] 이 IMP그룹의 조사는 1976년부터 서유럽 5개국에서 산업재의 기업간 거래(산업재의 구매활동 및 마케팅 활동)에 대해 이루어져, 약 1,000에 달하는 수요자-공급자간 상호작용 사례를 분석하고 있다.

IMP의 조사분석에 의하면, 중간재산업의 기업간 관계를 보면, 유럽 각국에서, 수요자와 공급자간의 장기적인 관계가 많고, 20-30년간 지속되는 기업

---

28) Eccles(1981), p.340. 에클스보다 약 30년 전 미 주택건설업을 대상으로 한 메이절의 연구 (Maisel(1953))에서도, 85%의 기업이 경쟁입찰이 아니라 직접교섭을 통해 거래를 하고 있었다고 한다. 산솜(Sansom, 1959)도 동산업에서 경쟁입찰이 지배적인 거래형태가 아니었다는 실증 결과를 제시하고 있다.

29) Eccles(1981), pp.339-341, 354. 이처럼, 시장과 계층조직(기업) 사이의 기업간 관계를 중간형태로 위치짓는 연구자는 경제학, 경영학, 사회학의 연구자들 중에 꽤 있다. 예를 들면, 경제학에서는 올리버 윌리엄슨(Williamson(1985)), 조지 리차드슨(Richardson, George B.(1972)) 등이, 경영학에서는 일본의 이마이 켄이치, 이타미 히로유키(今井賢一·伊丹敬之(1984)) 등의 중간조직론자, 사회학자로는 월터 파웰(Powell(1990)) 등을 들 수 있다.

30) IMP의 문제의식 및 연구성과에 대해서는 Axelsson & Easton(1992); Ford eds(1997); Hakansson(1982); Hallen(1986); Hakansson et als.(2009)을 참조.

간 거래관계도 드물지 않았다. 예를 들면, 영국에서는 기업간 거래의 평균연수는 30년에 이르고, 비교적 짧은 편인 서독(조사시점)에서도 약 15년이었다.[31]

맺음말

이상의 기존연구에서 본 것처럼, 일본만의 기업간 관계의 특징으로 인식되어 왔던 점들이 사실은 미국, 유럽제국 등 다른 나라들에서도 많이 나타나는 것들이었다. 맥컬리, 맥닐 등의 연구에서 밝혀진 것처럼, 미국의 기업간 관계 및 계약에는 일본의 그것과 그리 다르지 않은 특징이 일반적이었으며, 기업간 거래의 미일비교조사, 에클리의 미 건설업 실증분석, 유럽의 기업간관계의 조사 등이 밝히고 있는 산업재, 중간재의 기업간 거래에서는 수요자와 공급자간에 장기적인 관계, 협력의 관계가 많이 나타나고 있었다.

다음의 4장에서 명확해지는 것처럼 전전기 미 디트로이트의 자동차산업 집적지에서는 전후 일본의 저스트 인 타임의 부품거래와 매우 흡사한 시스템이 정착되어, 기능하고 있었으며, 신차 개발을 위해 자동차기업과 부품기업간의 공동개발 등 수급자간의 긴밀한 협력과 정보교환도 빈번하게 이루어졌다. 이러한 현상은 전후 일본의 특수한 기업간 관계라고 인식되어 온 것들이다. 더욱이, 이처럼 각국의 공통점, 혹은 세계 보편적인 현상이 나타나는 것은 우연이 아니라, 그 근거를 이론화할 수 있을 정도의 보편적인 이유가 있다.

그러나, 서로 다른 사회의 기업간 관계 전부가 각국의 공통점만으로 설명될 수는 없다. 이 점에서는 각국의 특수성을 인정할 수밖에 없다. 일본의 기업간 관계에 대해서도 분명히 특수한 측면이 있을 것이다. 이른바 일본적인 기업간 거래의 관행에도 다양한 내용이 포함되어, 그 중에는 세계 보편적인 내용도 많겠지만, 역시 일본 고유의 내용도 포함되어 있을 가능성이 높다. 또한, 관계적 계약이론이 논하는 것처럼, 계속성 원리와 유연성 원리가 기업간 거래계약에 일반적으로 적용될 수 있다 하더라도, 이들 원리가 적용되는 범위는 나라마다 차이가 있을 것이다. 사법의 역할, 개인주의의 발전 정도 등의 사회적 배경, 그리고 계약법규범이 다른 한, 국가별로 관계의 내용이 다양할 것이고, 이념적 모델로서의 근대계약법과 장기상대거래의 규범의식 간의 괴리가

---

31) Hakansson(1982), p.245 이하 및 島田(1990), p.39.

나타나는 양상도 국가별로 다를 것이다. 예컨대, 일본에서는 "信義誠實" 원칙
이 기업간 거래계약에 매우 폭넓게 빈번하게 적용되고, 이 원칙이 일본에서는
당연한 것으로 인식되지만, 국제적으로 보면 반드시 그렇지도 않고, 세계적으
로 보편적인 현상이 아니다. 게다가, 국가별로 신의성실 원칙의 내용이 같은
것도 아니다. 미국과 영국 모두 good faith라 표기하지만, 영국에서는 신의성
실이라는 일반원칙은 없고, 미국에서는 그 원칙이 있긴 하나, 그 내용이 일본
과는 다르다.32)

그렇다고 하면, 일본과 다른 나라와의 국제비교를 통해, 일본의 기업간
관계의 보편성과 특수성을 함께 밝힐 필요가 있는데, 단순히 일정 시점에서의
비교만으로는 국제비교의 의의는 제한된다.33) 예컨대, 일본에서 기업간의 계
속적 거래가 많았다고 하더라도, 그러한 기업간 관계도 경제조건의 변화 등에
따라 변해온 것일 것이다. 일본의 기업간 거래계약에 적용되는 신의성실 원칙
이 일본의 계약 판례에 적용된 것도 20세기 후반에 들어서이고, 역사적으로
그리 오래된 것이 아니다.34) 역사적인 관점에서 장기적으로 대상을 분석할 필
요가 있는 것이다.

게다가, 일국의 기업간 관계도 업종, 기업, 기업내의 특정 부서담당 등에
서 다양하게 나타난다. 예를 들면, 맥컬리가 명확히 한 것처럼, 기업내에서도
영업 및 구매부서의 담당자들과 법무, 재무부문의 담당자들의 사이에는 계약
의 형태와 계약 상대방에 대한 인식에 있어서 큰 차이가 있다. 우치다 등의 일
미의 계속적 거래에 대한 조사도 업종에 따라, 기업간 거래의 양태에 차이가
적지 않은 점을 밝히고 있다. 즉, 상식적으로 미국적인 혹은 "미국스러운" 계
약은 주로 금융, 보험관계의 거래에 많고, 그 이외의 업종에서의 거래에서는
전혀 달랐으며, 기업간 거래에 있어 법적인 명확성을 중시하는 업종이나 기업
도 있었다.35)

---

32) 內田(2000), pp.58, 246, 269−70, 注 pp.32−33.
33) Kim(2015), pp.2−3.
34) 신의성실의 원칙은 당사자의 합의에 판사가 개입하는 것을 허용하는 것이다. 따라서, 계약자
   유 원칙이나 사적 자치의 원칙을 대전제로 하는 18세기, 19세기의 고전적인 민법의 발상에
   서는 이 신의성실의 원칙은 예외적으로 밖에 인정되지 않았다(內田(2000), p.270).
35) 內田(2000), p.316.

　따라서, 기업간 관계를 역사적으로 국제비교할 경우에도, 기업간 관계를 전체적으로 비교하기보다, 특정한 사례를 대상으로 할 필요가 있다. 이러한 문제의식에서, 다음의 4장과 5장에서는 자동차부품과 철강의 기업간 관계의 역사를 미일비교하는데, 그 이유에 대해서는 해당 장에서 상세하게 설명한다.

　특정 사례를 대상으로 국제비교를 하기 위해서는 어떤 일관된 분석시점이 필요하다. 서장에서 강조한 것처럼, 본서에서는 시장원리와 조직원리의 동학적인 결합이라는 분석시점에 서 있다. 이 분석시점에서 4장과 5장에서 미국과 일본의 기업간 관계의 역사를 비교분석한다.

참고문헌————————————————————————————

일본문헌(일본어 50음순)

イアン・マクニール(デヴィッド・キャンベル編　池下幹彦・東繁彦約)(2015)　『関係的契約理論』日本評論社.

今井賢一・伊丹敬之(1984)　「日本の内部組織と市場－市場原理と組織原理の相互浸透」(今井賢一・伊丹敬之・小池和男『内部組織の経済学』東洋経済新報社, 8章).

内田貴(1990)『契約の再生』弘文堂.

内田貴(2000)『契約の時代―日本社会と契約法』岩波書店.

O・E・ウィリアムソン(浅沼萬里・岩崎晃訳)(1980)『市場と企業組織』日本評論社.

金容度(2013)「日米企業システムの比較史序説(1)」『経営志林』(法政大学経営学会)第50巻第1号.

太田知行(1989)　「交渉過程における契約の役割－日米の比較を中心にして」藤倉白告一郎・長尾龍一編『国際摩擦』日本評論社.

島田克美(1990)「顧客関係とマーケティング」『流通経済大学論集』Vol 24 No3・4(通巻87).

武田晴人(2008)『日本人の経済観念―歴史に見る異端と普遍』岩波現代文庫.

デビッド・フォード/IMPグループ(2001)　『リレーション・マネジメント―ビジネス・マーケットにおける関係性管理と戦略』白桃書房(David Ford et als.(1998) Managing Business Relationships. John Wiley & Sons Ltd., Baffins Lane, Chichester, West Sussex).

マーク・ラムザイヤー(1990)『法と経済学: 日本法の経済分析』弘文堂.

若林直樹(2006)『日本企業のネットワークと信頼－企業間関係の新しい経済社会学的分析』有斐閣.

若林直樹(2009)　『ネットワーク組織論－社会ネットワーク論からの新たな組織像』有斐閣.

영문문헌

Axelsson, B. and G. Easton eds.(1992). *Industrial Networks, A new View of Reality*, Routledge, London.

David Ford eds(1997). *Understanding Business Markets* 2nd edition.

Eccles, Robert G.(1981). "The Quasifirm in the construction industry," *Journal of Economic Behavior and Organization*, Vol.2.

Goldeberg,V.P.(1976). "Toward an Expanded Economic Theory of Contract," *Journal of Economic Issues*, Vol. 10 No.1

Granovetter, M.(1985). "Economic Action and Social Structure: The Problem of Embeddedness," *American Journal of Sociology*, Vol. 91 No.3.

Hallen, L.(1986) A Comparison of Strategic Marketing Approaches" in Turnbell, P. W. and J.P. Valla. *Strategies for International Industrial Marketing*, Kent BR:Croom Helm.

Håkansson, Håkan ed(1982). *International Industrial Marketing and Purchasing: An Innovation Approach*, John Wiley.

Hakansson, Håkan et als.(2009). *Business in Networks*, New York, JohnWiley.

Macneil,Ian R.(1978). "Contracts: Adjustment of long−term economic relations under classical, neoclassical, and relational contract law." *Northwestern University Law Review*, Vol.72.

Macneil,Ian R.(1980). *The New Social Contract*, Yale UP:New Haven, Connecticut.

Macneil, Ian R.(1981). "Economic Analysis of Contractual Relations: Its Shortfalls and the Need for a Rich Classifactory Apparatus", 75 *Northwestern University Law Review* 1018.

Macneil,Ian R.(1985). "Reflections on Relational Contract," 141 *Journal of Institutional and Theoretical Economics*, 541.

Macneil, Ian R.(1986). "Exchange Revisited: Individual Utility and Social Solidarity," 96 *Ethics* 567.

Macneil, Ian R.(1987). "Relational Contract Theory as Sociology: A reply to Professors Lindenberg and de Vos," 143 *Journal of Institutional and Theoretical Economics* 272.

Macaulay, Stewart(1963)." Non−contractual relations in business : a preliminary study", *American Sociological Review*, Vol.20 No.1.

Maisel, Sherman J.(1953), *Housebuilding in transition*, University of California Press, Berkeley, CA.

Powell, Walter, W.(1990). "Neither market nor hierarchy: Network forms of organization," In Barry Staw and L.L. Cummings (eds.), *Research in Organizational Behavior*, Vol 12. Greenwich, CT: JAI Press.

Richardson, George B.(1972). "The Organization of Industry," *The Economic Journal*, Vol.82, No.3.

Sako, Mari (1992). *Prices, Quality, and Trust: Inter—firm Relations in Britain and Japan*, Cambridge: Cambridge University Press.

Sansom, P. E.(1959). *Organization of building sites*, Her Majesty's Stationery Office, London.

Williamson, O. E.(1985). *The Economic Institution of Capitalism: Firms, Markets, Relational Contraction*, Free Press.

제4장

자동차산업의 기업간 관계 역사의 일미 비교[1]

이 장에서는 제2차 세계대전 이전의 미국과 전후 고도성장기 일본의 자동차부품의 기업간 거래 역사를 비교분석한다.

부품의 구분방법에 따라 다르긴 하지만, 자동차는 약 3만점의 부품을 사용한다고 한다. 이처럼 많은 수와 종류의 부품을 제조하는 폭넓은 범위의 기업과 자동차기업간의 거래관계가 존재해, 또 서로 영향을 주고 받는다. 따라서, 일국의 자동차부품의 기업간 거래를 분석하는 것은 그 나라의 기업간관계를 보는 데 있어 대단히 중요한 의의가 있다 하겠다.

주지하는 바와 같이, 자동차산업에서 가장 먼저 성장해서 일정 시기까지 세계 최상위기업의 자리를 차지한 것은 미국기업들이었고, 후발기업으로 출발해 전후 지속적으로 성장하여, 경쟁력에서 미국기업을 뛰어넘어 세계의 톱기업으로 발돋움한 것이 일본기업이다. 따라서, 미국과 일본의 자동차산업의 역사에서 기업간 관계가 어떻게 형성, 변용, 세련화되었는지를 비교분석하는 작업의 중요성은 새삼 강조할 필요도 없을 것이다.

일본과 미국의 많은 연구자들은 일본의 독특한 그리고 효율적인 기업시스템의 하부시스템으로서 이른바 서플라이어 시스템 즉, 부품의 기업간 거래 시스템에 주목해, 연구를 축적해왔다. 그런데, 그러한 연구는 주로, 일본이 다

---

1) 이 장은 金(2013)을 대폭 수정하여 번역하였다.

른 나라의 자동차산업과 어떤 차이가 있는지에 초점을 맞춰왔다. 그러나, 상세
한 내용은 본문에서 서술하지만, 역사적으로 보면, 미국과 일본의 서플라이어
시스템에는 차이점만 있었던 것이 아니라, 공통점도 많았다.

그럼에도 불구하고, 일미의 공통점에 대해 깊이 있게 조사한 연구는 별로
없다. 이것이 이 장에서 일본과 미국의 자동차부품의 거래를 역사적으로 비교
분석하는 이유이다.

분석의 초점으로서 시장원리와 조직원리의 동학적인 결합이라는 본서의
분석시점을 이 장에서도 견지하면서 미국과 일본의 경험을 상세히 비교하는
데, 분석시기는 20세기 전반의 미국과 전후 고도성장기의 일본이다. 왜 이 시
기를 비교분석하는지에 대해서는 설명이 필요할 것이다.

먼저 수요면에서, 이 시기에 미일 양국에서 자동차의 폭발적인 수요증가
가 있었다는 점이다. 이른바 모터리제이션이 본격화된 것은 일본의 경우 1960
년대이며, 미국은 10년대와 20년대였다. [표 4-1]에 의하면, 10년경의 미 승
용차 판매대수는 일본의 60년대의 그것과 매우 가까우며, 20년경의 미 승용차
판매대수는 일본의 68년의 그것에 해당한다. 또한, 27년의 미승용차 판매대수

표 4-1 미국 전전기와 일본 고도성장기의 승용차판매대수   (단위: 대)

연도	미국의 승용차판매	연도	일본의 승용차판매
1911	199,000	1960	145,227
1913	462,000	1961	173,307
1915	896,000	1962	259,269
1917	1,746,000	1963	371,076
1919	1,658,000	1964	493,536
1921	1,518,000	1965	586,287
1923	3,624,717	1966	740,259
1925	3,735,171	1967	1,131,337
1927	2,936,533	1968	1,569,312
1929	4,587,400	1969	2,036,677
1931	1,973,090	1970	2,379,137
1933	1,573,512	1971	2,402,757
1935	3,252,244	1972	2,627,087
1937	3,915,889	1973	2,953,026

출처: 岡本(1966), pp.86-87; 日本自動車工業会 『自動車統計年報』; 同 『自動車統計年表』; 日刊
自動車新聞社 『自動車産業ハンドブック』.

는 일본의 73년의 그것에 가깝다. 공급면에서는 자동차 생산이 100만대에 달한 것은 미국이 15년경, 일본은 62년이었다. 자동차의 수급량을 기준으로 미국과 일본의 자동차산업이 비슷한 수준에 있었던 성장기를 비교 분석시기로 설정하는 것이다.

미일비교의 분석 순서로, 전후 고도성장기 일본 자동차산업의 기업간 관계의 특징을 개관한 후, 그 특징과 비교하면서, 전전 미자동차산업에서의 부품거래의 역사를 상세히 분석해 가는데, 이 시기의 미국의 경험을 자동차부품의 거래양상을 기준으로 1900년대, 10년대, 20년대와 30년대라는 세 시기로 나누어 분석한다. 00년대는 아직 대량생산이 본격화되기 전으로 부유층을 대상으로 하는 고급차의 생산이 많았고, 부품은 외주를 기본으로 했던 시기이다. 10년대는 자동차의 대중화가 진전되는 가운데, 상위 자동차기업을 중심으로 부품의 내부생산이 급증했던 시기이다. 20년대와 30년대에는 다시 자동차부품의 외주 비중이 급상승했던 시기이다.

역사적으로 일본과 미국의 자동차부품 거래의 공통점을 다루는 선행연구가 전혀 없는 것은 아니다. 예를 들어, 수잔 헬퍼 등의 연구, 슈바르츠 등의 연구[2]가 있다. 그러나, 헬퍼 등의 연구는 일미 공통점에 대한 분석은 주로 미국의 1900년대에 한정하고, 그 이후의 시기에 대해서는 기본적으로 일본과 미국의 차이점만을 부각시켜 이유를 이론화하고 있다. 슈바르츠 등의 연구는 미국의 1920년대와 30년대의 자동차산업을 분석하고 있으나, 비교대상인 일본의 자동차부품거래의 경험에 대한 역사적 이해가 부족하여, 일미비교의 내용이 그다지 정확하지 않다. 따라서, 본장에서는 일본의 경험을 묘사한 후, 미국의 기업간 관계를 분석의 중심에 놓고 일미 비교를 시도한다.

2) Helper(1990); Helper(1991); Helper & Hochfelder(1997); Hochfelder & Helper(1996); Schwarz(2000); Schwartz & Fish(1998) 등을 참조.

제1절 일본 자동차산업의 기업간관계의 특징

선행연구의 성과를 이용하여, 일본의 자동차부품의 기업간 거래의 특징은 어떤 점인지를 보자. 먼저, 자동차기업들이 부품을 외부로부터 구입하는가 내부생산하는가를 기준으로 볼 때, 일본의 자동차기업들은 부품의 약 7할을 외부의 부품기업으로부터 구입하는 반면, 미국의 자동차기업들은 거꾸로 부품의 과반을 내부생산하는 것으로 알려져 있다.[3] 따라서, 자동차기업과 부품기업간의 기업간 관계는 미국보다 일본에서 특히 중요하다.

이러한 자동차기업과 부품기업간의 관계에 있어, 미국과 비교해 일본의 특징은 주로 조직원리을 나타내는 현상에 집중된다. 그 특징을 집약해서 표현하자면, 자동차기업과 부품기업간의 긴밀한 협력관계이다. 이러한 기업간 협력관계를 기반으로 일본의 자동차부품거래의 중요한 특징들이 형성되어 있다. 예를 들면, 거래형태에 있어서는 장기상대거래가 많고, 공동개발 등 자동차기업과 부품기업간의 공동작업도 빈번히 실행되고 있다. 이러한 협력과정을 통해, 부품기업들에게 장기적인 거래를 지속할 유인을 끊임없이 제공하고, 부품기업들의 기술력의 축적과 활용이 이루어진다. 또한, 부품기업이 제조뿐 아니라 설계까지도 해야 하므로 높은 설계력, 개발력을 필요로 하는 承認圖부품[4] (="블랙박스" 부품)이 미국보다 압도적으로 많으며, 이러한 승인도 부품기업들의 개발력, 설계능력은 미국의 자동차부품기업보다 강하다. 그리고, 부품거래에 있어 다층적인 피라미드구조가 형성되어 있어, 1차거래업체뿐 아니라 2차 이하의 부품기업들도 많다. 특히, 미국에 비해, 1차거래업체들의 수가 적고, 그 대신에 그 저변의 2차 이하의 거래업체들이 매우 많으며, 1차 부품업체들이 2차 이하의 부품업체들을 조정하고 관리하는 능력이 매우 강하다.

조직원리를 나타내는 이러한 특징을 좀 더 구체적으로 살펴보자.

먼저, 장기적인 거래관계에 대해서는, 예를 들면, 자동차부품의 거래계약의 유효기간은 보통 1년인데, 양쪽이 이의를 제기하지 않는 한, 자동적으로 계

---

3) クスマノ, 武石(1998), p.148.
4) 승인도부품의 설계도면은 부품기업이 소유한다.

약 갱신이 이루어진다. 또한, 부품업체는 해당 부품이 승용차의 마이너 모델 체인지 때 바뀌는 부품이라면 2년간, 풀 모델 체인지 때 밖에 바뀌지 않는 부품이라면 4년간 부품거래가 지속되는 것이 일반적이다.5) 따라서, 특정부품의 거래에 있어서, 부품업체가 자주 바뀌는 경우는 별로 없고(논스위치(none switch) 관행), 거래 관계가 장기에 걸쳐 지속되는 경향이 있다. 미국에서도 기본적으로 계약이 1년마다 이루어지는 점에서는 일본과 마찬가지이지만, 일본과는 달리 자동적으로 갱신되지 않고, 1년마다 입찰이 다시 실시되어, 최저가격을 제시하는 부품기업에 낙찰이 이루어진다. 그 결과 1년이나 2년에 거래하는 부품업체가 바뀌는 경우가 드물지 않다. 기업간 관계의 지속기간에 일본과 미국의 차이점이 나타나고 있는 것이다.

이러한 장기적인 거래관계를 전제로 하기 때문에, 일본의 자동차기업과 부품기업간에는 협력, 공동작업이 많이 이루어진다. 정보교환이 빈번히, 그리고 긴밀하게 이루어지고, 공동개발을 실행하는 경우도 적지 않다. 예컨대, 자동차기업들은 신차 개발의 초기단계에서부터 부품기업을 참여시켜 공동개발을 실행하는 경우가 많으며, 이것이 일본자동차기업들의 신제품개발 기간을 단축하는 요인이 되고 있다.6)

반면에, 미국의 자동차기업들은 부품기업들과 단기거래를 하는 경우가 많다. 부품기업과 1년을 계약기간으로 해서, 계약 갱신을 둘러싸고 매년 부품기업간의 경쟁을 유도한다. 자동차기업과 부품기업간의 정보교환도 적고, 교환되는 정보도 가격, 요구조건, 사용하는 데이터 정도에 한정된다.7)

또한, 일본에서는 양자간의 협력관계를 전제로, 저스트 인 타임의 부품조달 방식을 도입해, 매우 높은 경제 효율성을 발휘하고 있다. 필요한 때, 필요한 부품을 필요한 수량 조달하는 이 방식은 자동차기업과 부품기업의 협력관계 없이는 제대로 기능하기 힘든 제도인데, 일본에서는 1960년대 전반 토요타에 도입된 이후 대부분의 일본자동차기업들이 이 조달방식을 도입, 활용하고 있다.

그리고, 거래관계가 장기적으로 계속됨에 따라 발생할 수 있는 매너리즘,

5) 浅沼(1997), pp.200－204.

6) Clark & Fujimoto(1991); 藤本(1997), p.212.

7) 藤本,クラーク(1993), p.184.

안일한 제조, 개발 자세의 문제를 피하거나 완화할 수 있는 장치가 만들어져 있다. 예컨대, 부품기업의 제안에 의한 성과를 부품기업과 자동차기업 간에 배분하는 "성과 환원 룰" 등 경제적 인센티브 제공을 통해 항상 부품기업의 생산성 향상과 비용절감 노력을 촉진하고 있다.[8] 그 결과, 부품기업의 기술력이 지속적으로 축적되어,[9] 높은 수준의 개발력, 제조능력을 보유하는 부품기업들이 배출되었으며, 이것이 일본의 자동차산업의 경쟁력을 지탱하는 중요한 요인이 되고 있다.

부품기업의 능력 향상으로, 일본의 부품기업들은 자동차기업들과의 사이에, 대여도부품보다 승인도부품의 거래를 많이 하고 있다. 이는 미국의 자동차기업과 부품기업간에 대여도부품의 거래가 많은 것과 대조적이다.[10] 전반적으로 일본의 부품기업의 개발력, 설계능력이 미자동차 부품기업보다 높은 것이다.

이러한 승인도부품 기업들은 특히 1차 부품기업에 집중되어 있는데, 앞서 지적한 것처럼, 미국에 비해 이 1차부품기업의 수는 훨씬 적다. 미국과 비교하면, 한 자리 수 이상의 차이가 있다고 한다.[11] 거꾸로, 미국은 자동차기업 1사당 직접 거래하는 부품기업수가 일본기업보다 훨씬 많다.[12]

1차부품업체수가 적은 것은 앞서 언급한 것처럼, 2차 이하의 부품기업이 많은 피라미드 형태의 다층구조와 동전의 양면을 이룬다. 이러한 구조가 일본에서 정착된 것은 1960년대라고 한다. 60년대에 자동차의 대중화("모터리제이션")가 급진전되어, 자동차생산을 급격히 늘려야 했으나, 이에 대응할 수 있는 부품업체가 제한되어 있었다. 이러한 상황에서, 자동차기업들은 부품기업의 선별과정을 통해, 1차부품업체는 제한적으로 늘리고, 나머지는 2차 이하의 기업으로 돌렸다. 그리고, 그때까지 자동차부품 사업은 하지 않았던 중소의 부품, 가공기업들이 새로이 2차, 3차의 부품거래기업으로 이 피라미드 구조에

---

8) 浅沼(1997), pp.254-255; 橋本(1991), pp.50, 135.

9) 아사누마는 이처럼 특정 수요기업과 공급기업간의 관계를 통해 축적한 능력을 「관계적 기능(関係的技能)」이라는 개념으로 일반화한다(浅沼(1997)).

10) クスマノ, 武石(1998), p.149.

11) 浅沼(1997).

12) 浅沼(1997), pp.141, 202, 242-243.

편입되었다. 적은 수의 1차부품업체들이 이처럼 늘어난 2차 이하의 부품기업들을 관리하고, 조정, 통합하여 복합부품을 자동차기업에 제공하는 역할을 해야 했다. 이 과정에서, 일본의 1차부품기업들은 2차 이하의 부품기업들을 관리하는 능력을 높였고, 이것은 앞서 언급한 것처럼, 일본의 자동차산업의 높은 경쟁력의 한 축을 이루게 되었다. 반면, 미국은 이러한 다층의 피라미드 부품 거래구조는 형성되어 있지 않다. 이 점에서도 일본의 자동차부품 거래에서, 미국보다 조직원리가 강하게 작용하는 특징이 나타난다고 할 수 있다.

한편, 시장원리를 나타내는 일본 자동차부품거래의 특징도 있다. 특정 부품의 조달을 한 공급업자에 집중하지 않고, 복수의 부품업체와의 거래관계를 유지함으로써, 안정적인 조달을 확보하는 한편, 부품업체간의 경쟁을 활용하고 있다. 또한, 제품의 모델 체인지를 하는 경우, 그 신차의 부품 개발에 복수의 부품기업을 경쟁시켜, 거래업체를 정하는 관행이 정착되어 있다. 이른바 "개발 콤페"(competition)라는 것인데, 이를 통해 부품기업간의 개발경쟁을 활용한다. 이처럼 기업간 경쟁이 작용하고 있는 점은 시장원리를 나타낸다고 할 수 있다. 다만, 복수의 부품기업간의 경쟁을 활용하는 현상은 일본뿐 아니라 미국에서도 자주 관찰되는 것으로, 따라서, 일본의 특수성이라고는 할 수 없다.

그러나, 미국과 달리 일본에서만 나타나는 시장원리의 예도 있다. "목표 가격" 설정을 통해 자동차기업이 부품기업에 대해 비용절감, 가격 인하의 압력을 가하고 있는 현상이다. 즉, 일본의 자동차기업들은 신차를 개발, 제조하는 경우, 출시하는 가격을 기준으로, 부품에 대해서도 "목표가격"을 설정한다. 이 부품의 목표가격을 반년에 한 번의 부품거래갱신 교섭시에 부품기업에 제시해, 장기적인 거래를 지속하면서도, 납입가격을 지속적으로 낮추게 하는 압력을 가하고 있다. 시장원리가 작용하고 있는 것이다.

그러나, 미국의 경우에는 전혀 다르다. 미국의 부품기업들은 자동차기업에 대한 부품 거래 낙찰을 위해, 될 수 있는 대로 낮은 가격으로 입찰한 후, 낙찰되어 거래가 성립되고 나서는 계약기간 중에 납입가격을 올려간다. 미부품기업이 계약기간 중 가격인상을 요구할 수 있는 근거는 에스컬레이터 조항의 존재이다. 에스컬레이터 조항이란, 부품계약기간 중, 부품기업에 비용상승의 요인이 발생한 경우, 그 부분의 부품가격인상을 자동차기업이 인정하도록 하는 계약조항이다. 이 에스컬레이트 조항을 근거로, 부품기업은 인건비 상승 등, 보통 일본에서는 부품납입가격인상 요인에 포함되지 않는 비용상승 요인까지 자동차기업이 인정하고 있다.[13] 부품의 가격인하 및 비용절감의 압력이라는 시장원리가 미국보다 일본에 강하게 작용하고 있는 점에서 일본의 특수성을 발견할 수 있는 것이다.

이러한 현재의 일본의 자동차산업의 기업간관계의 특징이 미국의 역사와 비교해서는 정말 일본 특수성이라 할 수 있는 것들일까? 미 자동차산업의 초기와 성장기의 경험을 전후의 일본과 비교해 보도록 하자.

제2절 1900년대 미 자동차산업의 기업간 관계

(1) 자동차업체의 높은 부품 외주율

1908년, 포드의 T형 승용차가 등장하여, 자동차의 대량 생산이 시작될 때까지, 미자동차기업은 부품을 외주에 의존하고 있었다. 고급차업체는 물론, 데이지(Daisy Automobile), 포드 등 중저가자동차의 제조기업도 엔진, 변속기, 차체, 액슬, 타이어, 차축, 기화기, 전기 시스템 등을 외부의 부품기업으로부터 구입해서 자동차를 조립생산했다.[14] 전술한 것처럼, 현재는 부품의 외부구입에 크게 의존하는 일본과, 주로 부품을 사내생산하는 미일자동차기업의 차이점이 있지만, 자동차산업이 갓 성장하기 시작한 시기, 미국도 현재의 일본과 마찬가지로 주로 부품을 외주에 의존하고 있었던 것이다.

(2) 고급차제조기업과 부품기업간의 협력

이 1900년대에 미자동차시장은 일부 고소득층을 위한 고급차에 한정되어 있었다. 고가 승용차는 이들 고소득층의 희망에 맞추어 만들어졌는데, 고객의 희망이 다양한 만큼, 다양한 사양의 승용차를 소량 생산할 수밖에 없었다. 따라서, 부품도 특정 사양의 커스텀부품이 많았으며, 이 때문에 자동차부품은 주

---

13) クスマノ, 武石(1998), pp.150, 167, 171−174; 浅沼(1997), pp.251, 261.
14) Hochfelder & Helper(1996), p.39; Helper & Hochfelder(1997), p.189.

문생산되고 있었다.[15] 앞서 보았듯이, 이 시기 많은 자동차업체들이 부품을 외부의 부품기업으로부터 구입하고 있었던 만큼, 다양한 사양의 승용차에 필요한 부품의 조달에는 자동차기업과 부품기업과의 협력이 불가결했다. 슈바르츠, 헬퍼 등의 연구에 의하면,[16] 실제, 1908년 이전 미국 자동차부품업체들은 자동차기업과 긴밀한 협력 관계를 맺고 있었으며, 이 시기 자동차산업의 대부분의 혁신은 이러한 양자간의 협력에 의해 가능했다고 한다.

(3) 디트로이트 집적과 저스트 인 타임(Just in time)의 탄생 : 일본의 경험과의 유사점

이미 1800년대 후반부터 미 디트로이트지역은 가스 엔진, 마차 등의 유력한 생산 거점으로, 기계산업도 발전하고 있었기 때문에, 자동차제조에 필요한 숙련 노동력을 모으기가 수월했다. 따라서 당시 미국의 여러 지역에서 호평을 받고 있던 캐딜락(Cadillac), 패커드(Packard), 웨인(Wayne), 올즈(Olds Motor Works), 포드(Ford), 노던(Northern) 등 많은 자동차기업들이 공장을 디트로이트 지역으로 옮겨오거나, 새로 건설해 가동했다.[17]

또한 적지 않은 수의 부품기업들이 다른 지역에서 디트로이트 지역으로 이동해 왔다. 예컨대, 팀켄 디트로이트 액슬(Timken—Detroit Axle)[18]은 디트로이트 지역의 성장성을 내다보고 오하이오의 캔턴에서 디트로이트로 옮겨왔다. 그레이 매뉴펙츄어링(Gray Manufacturing)사도 1905년 초 이미 디트로이트가 미국 자동차 제조의 중심이 되었다고 판단해, 머플러 제조사업을 디트로이트에서 시작했다.[19] 디트로이트 인근의 플린트는 미국 최대의 자동차 차륜 생산 기지로, 전국 수요의 절반 이상을 공급하고 있었으며, 광역 디트로이트에 포함되는 폰티악에서는 차체, 액슬, 스프링, 차륜 등을 제조하는 기업들이 빠르게 성장하고 있었다. 그 결과, 1900년대, 디트로이트와 인근 지역에서는 타이어를 제외

---

15) Epstein(1928), p.40.

16) Helper & Hochfelder(1997), p.187; Schwarz(2000), p.65.

17) Nevins(1954), p.254.

18) Epstein(1928), p.40.

19) Nevins(1954), p.253.

한 거의 모든 자동차 부품을 제조하고 있었다고 한다.[20] 피오레와 세이블이 주장하는 중소기업의 네트워크[21]와 비슷한 집적이 디트로이트 지역에 형성되었던 것이다. 일본 토요타지역의 자동차관련 산업집적과의 공통점이기도 하다.

이처럼 디트로이트에 자동차부품기업과 자동차기업이 집적되었던 것은 핸드 투 마우스(hand-to-mouth)[22] 부품조달 방식의 도입을 가능케 한 요인이기도 했다. 핸드 투 마우스란 전후 일본의 자동차부품 거래에 도입되었던 저스트 인 타임(Just in time(JIT))과 유사한 방식으로 필요한 부품 혹은 소재를 필요한 때 필요한 수량 조달하는 것이다(따라서, 본장의 기술에서는, 핸드 투 마우스 방식을 저스트 인 타임 방식과 혼용한다).

1901년 디트로이트의 자동차제조업체 올즈사가 화재를 입었을 때, 충분한 부품재고 확보에 어려움이 많았다. 즉, 새로 빌린 공장에는 많은 재고를 둘 공간이 없었고, 화재로 인한 자금난으로 재고보유를 위한 투자자금도 부족했다. 또, 자동차시장의 빠른 변화로, 완성차 재고를 보유하는 데 따르는 리스크도 컸다.

이러한 재고 문제에 대한 대응책으로 올즈사가 도입한 것이 핸드 투 마우스 재고관리방식이었다.[23] 디트로이트에 산업집적이 형성되어 있어서, 올즈사의 자동차 조립공장은 거의 모든 부품기업과 가까운 거리에 있었다. 따라서, 올즈사가 아침에 부품을 주문하면 당일 오후에는 부품을 납입받을 수 있었다. 이 지역의 다른 자동차업체들도 올즈사가 사용하는 것과 같은 종류의 부품을 구입하고 있어, 부품기업이 타자동차업체를 위해 생산해 놓은 부품재고분의 일부를 올즈사에 납입하면 되었다. 그리하여, 올즈사는 핸드 투 마우스 방식을 도입해, 화재로 인한 부품 재고문제를 해결하였다. 올즈사의 핸드 투 마우스 방식 도입의 성과는 디트로이트의 다른 자동차기업들에게도 알려져, 핸드 투 마우스 시스템은 당시 디트로이트의 다른 자동차 기업에도 빠르

---

20) Nevins(1954), pp.254-255.

21) Piore & Sabel(1984).

22) 핸드 투 마우스 조달방식은, "제어된 구매(controlled buying), 혹은 필요에 따른 구매, 최대 이용원리(doctrine of maximum use)에 따른 구매방식으로 정의된다(Clark(1927), p.274; Metropolitan Life Insurance Company(1927), p.101).

23) Schwartz & Fish(1998), p.52.

게 보급되었다.[24]

(4) 낮은 자동차산업 진입장벽과 높은 자동차부품기업의 거래교섭력

이처럼 디트로이트의 자동차산업의 집적지에 부품업체의 광범위한 네트워크가 형성되어 동지역내의 호환부품을 이용하면 자동차를 생산할 수 있었다. 더구나, 당시의 자동차 조립은 기술적으로 그다지 어렵지 않았고, 큰 공장을 건설해 고액의 기계를 도입할 필요도 없었다. 때문에 신규진입이 용이하였다.[25] 당시의 업계잡지에 따르면, 1900~1908년의 자동차업체수는 502사였으며, 네빈스(Allan Nevins)에 의하면, 1904년 미국의 자동차업체수는 178사에 달했다고 한다. 신규진입이 용이했던 만큼 중소기업의 진입이 많았다. 실제, 당시의 자동차업체의 생산규모는 그리 크지 않았다. 포드의 대량생산방식이 도입되기 전, 미자동차산업의 최상위기업이었던 올즈사조차도 1900년 1,400대, 1903년 약 4,000대, 1908년 8,500대를 생산하는 데 불과했다. 그리고, 신규진입이 용이했기 때문에 경영기반이 약한 중소기업이 많았고, 그러한 기업들 중에는 경쟁에 견디지 못하고 도산하거나 사업을 그만두는 경우도 많았다. 앞서의 잡지에 의하면, 1900~1908년에 300사 이상이 자동차산업에서 철수했다고 한다. 이러한 상황에서 자동차기업들에 대한 사회적인 평가도 낮았다.[26]

한편, 당초 미국의 자동차부품기업은 자전거용, 증기선용, 마차용 부품을 제조해온 경우가 많았으며, 기계를 생산해온 기업도 적지 않았다. 따라서, 많은 자동차부품기업들은 자전거 및 기타 운송 수단 제조를 위한 기계 및 부품 생산 기술을 습득하고 있었다.[27]

그런데 이 시기의 자동차기업과 부품기업간의 교섭력을 보면, 일본과의 차이점이 나타난다. 즉, 일본은 자동차산업의 초기부터 자동차업체가 부품기업과의 거래에서 우위에 있었던 반면, 1900년대의 미국에서는 자동차부품업체

---

24) Murray & Schwartz(2019), p.51; Schwartz & Fish(1998), p.52; Helper & Hochfelder(1997), p.196.

25) ラングロワ(2004), p.83.

26) 塩見(1986), p.206; Nevins(1954), p.234; Epstein(1928), pp.37-38, 213; Helper & Hochfelder(1997), p.203.

27) Hochfelder & Helper(1996), p.40.

가 완성차업체들보다 거래교섭력에서 우위에 있었다. 앞서 언급한 것처럼, 미국의 자동차업체는 아직 소규모 시장에 신규진입한 중소기업이었던 반면, 자동차부품기업들은 타업종에서 경험과 실적을 쌓아온 만큼, 어느 정도의 기업규모, 기술력, 자금력을 가지고 있었기 때문이다.[28) 이 점에서는 일본과 미국의 역사적 경험의 차이점이 관찰된다 하겠다.

(5) 고급차기업의 부품 내부생산

이 시기, 대부분의 자동차기업들이 부품을 외부에서 구입하고 있었지만, 한편으로 자동차기업들이 부품을 내부생산할 동기도 있었다. 앞서 언급한 것처럼, 이 시기에는 자동차부품업체가 자동차기업보다 사회적 지위가 높고 거래 교섭력도 강했다. 부품거래에 있어 불리한 입장에 있었던 자동차기업들로서는 가능하면 부품을 내부생산하려고 했다.

특히 고급차기업들 중에는 부품을 외주에 너무 많이 의존하는 것이 자사제품의 차별화를 어렵게 하고 제품품질의 저하를 초래하고 있다고 판단한 데다, 원래 부품기업이었던 기업들도 적지 않아, 부품의 내부생산을 확대했다. 그결과, 고급차 생산업체들은 중저가 승용차를 생산하는 기업들보다 부품의 내부생산률이 높았다.[29) 맥스웰 브리스코(Maxwell-Briscoe Co.)사처럼 부품을 내부생산하고 있는 것을 적극적으로 선전하는 고급차제조기업들까지 있었다.[30)

당시 부품을 내부생산하려는 유인이 강했던 사실은 자동차기업의 부품조달에 있어, 반드시 외주만이 유리했던 것이 아니었다는 것을 시사한다. 사실제2차 세계대전 이전에 토요타가 자동차 생산을 시작했을 당초에는 부품과 소재를 가능한 한 내부생산하려 했다는 것은 역사적으로 잘 알려져 있는 사실이다. 결국 부품 내부생산에 따른 투자부담이 작지 않았고 그 성과도 그다지 좋지 않아, 토요타는 대부분의 부품과 소재를 외부에서 조달하는 길을 선택했는데, 이는 1900년대의 미국 자동차산업의 부품조달 상황과 매우 비슷한 현상이었다 하겠다.[31)

---

28) Seltzer(1928), p.130; Epstein(1928), p.39.

29) Helper & Hochfelder(1997), pp.189, 197.

30) Epstein(1928), p.51.

31) 보다 일반적으로 말하면, 어떤 하나의 제도가 다른 제도보다 일방적으로 유리하기 때문에 선

제3절 1910년대 미자동차산업에서의 기업간 관계

(1) 부품 내부생산의 확대: 높은 외주율로부터의 전환

1908년 이후, 포드의 T형 승용차가 성공을 거두어, 미 자동차산업이 중저가 대중차의 대량생산기에 접어들자, 자동차기업들의 부품조달방식에도 큰 변화가 나타났다. 상위 기업들을 중심으로 부품을 내부생산하는 움직임이 현저해진 것이다. 특히, 15년 이후 자동차대기업들은 엔진, 액슬, 변속기 등 중요한 부품 유닛, 그리고 차체까지 내부생산을 하였으며, 20년경까지 많은 주요 자동차기업은 엔진의 내부생산을 시작하였다.[32]

1910년대 미국 자동차산업은 중저가 승용차를 대량생산하는 상위기업과 그전까지의 고급차 전략을 지속하는 다수의 중하위기업으로 나뉘어져, 이들 두 기업군들간에 서로 다른 부품조달방식을 선택하고 있었다. 즉, 포드, GM 등 상위기업들은 부품생산을 수직통합해 부품의 내부생산을 크게 늘렸다. 반면, 후자의 기업군들은 주로 표준부품의 이용을 늘려 특정부품업체에 대한 의존도를 낮추려 노력하면서, 부품 대부분을 외부에서 구입하고 있었다.[33]

이들 두 부류의 자동차기업군 중, 1910년대에 전자의 상위 기업군의 시장점유율이 크게 높아져 미 자동차시장의 절반 이상을 차지했다(표4-2). 부품의 내부생산을 적극적으로 늘렸던 기업들이 시장 점유율을 높였던 것이다. 그 결과 미 자동차산업전체로 보면, 부품의 내부생산 비율이 현저히 높아졌다. 이러한 상위 자동차업체의 부품 내부생산 확대는 20년대 중반까지 이어져, 미 자동차산업의 부품 내부생산비율은 1922년 45%에서 26년에 74%까지 높아졌다.[34]

이는 부품의 내부생산이 과반을 점한 적이 없는 일본의 경험과의 차이점이기도 하다. 본서의 정의에 따르면, 이 시기 미국자동차기업의 부품 내부생산은, 경영자원을 가격이 아니라 경영자의 의사결정에 의해 배분하는 것이라는

택되는 것이 아니라, 상황에 따라서는 다른 한쪽의 제도가 유리한 이유도 공존하는 속에서 제도가 선택되는 현상이 미국과 일본 양국의 자동차산업의 부품거래에서 관찰되는 것이다.

32) 塩見(1986), p.209; Katz(1977), p.256.

33) Helper & Hochfelder(1997), p.198; Harold Katz(1977), p.261.

34) Murray & Schwartz(2019), p.85.

표 4-2 전전 미승용차시장에서의 기업별 시장점유율(1910~1930년대)   (단위: %)

	포드	GM	크라이슬러	(상위 3사)	허드슨, 냇슈, 패커드, 스튜들 베이커	(상위 7사)	(기타)
1911	20.0	17.8	–	37.7	15.3	53.1	46.9
1913	39.5	12.2	–	51.6	9.5	61.1	38.9
1915	38.2	10.9	–	49.1	6.5	55.6	44.4
1917	42.4	11.2	–	53.7	4.3	58.0	42.0
1919	40.1	20.8	–	60.9	6.5	67.3	32.7
1921	55.7	12.7	–	68.4	7.9	76.3	23.7
1923	46.1	20.2	–	66.3	8.5	74.8	25.2
1925	40.0	20.0	3.6	63.6	13.8	77.4	22.6
1927	9.3	43.5	6.2	59.0	18.8	77.8	22.2
1929	31.3	32.3	8.2	71.8	12.3	84.1	15.9
1931	24.9	43.9	12.4	81.2	8.2	89.3	10.7
1933	20.7	41.4	25.4	87.5	6.7	94.2	5.8
1935	28.0	39.2	22.7	90.0	7.3	97.3	2.7
1937	21.4	41.8	25.4	88.6	9.2	97.8	2.3

출처: 岡本(1966), pp.86－87.

점에서 조직원리가 작용하는 제도 선택으로 볼 수 있고, 따라서, 전후의 일본의 경험에 비해 조직원리가 보다 강하게 작용한 예라 할 수 있다.

(2) 부품 내부생산 확대35)의 이유와 영향

앞서 언급한 바와 같이, 이미 1900년대부터 일부의 미 자동차기업에 있어 중요 부품의 내부생산 유인이 강했던 점을 고려하면, 10년대의 부품의 내부생산 자체는 완전히 새로운 현상은 아니라 할 수 있다. 그러나, 10년대는 대량생산체제를 구축한 상위기업들이 부품 내부생산을 크게 늘린 점에서 1900년대와는 달랐다.

왜 이 시기에 특히 상위 자동차기업들이 부품의 내부생산을 확대했을까? 첫째, 부품 및 재료의 조달난이었다. 예를 들어, 포드에서는 부품이나 재료의 납입 지연이 잦아 승용차 생산공장이 가동중단되는 사태가 자주 발생하고 있었다. 당시의 GM 경영자였던 알프렛 슬로운의 증언에 의하면, 동사의 경우에

---

35) 이곳의 기술은 주로 Seltzer(1928), pp.89－90, 100; Helper & Hochfelder(1997), p.199; Helper(1990), p.158에 의거하고 있다.

도, 일부 소형부품이 부족해, 자동차 조립 생산라인전체가 멈출 수밖에 없는
두려움이 늘 있었다고 한다.

둘째, 포드의 예에서 볼 수 있듯이, 외주부품기업이 기계를 도입, 활용하
는 경우 포드뿐 아니라 다른 자동차업체를 위한 부품생산용 기계를 도입해야
했고, 따라서, 보다 다양한 자동차업체의 요구를 충족시킬 수 있는 고가 설비
가 도입되었다. 부품기업의 제조비용이 그만큼 높아졌던 것이다. 반면, 자동차
기업이 부품생산을 내부화하면, 자사만을 위한 사양을 갖춘 설비로도 충분하
여, 외부의 부품업체가 이용하는 설비보다 저가의 설비를 도입해도 되었다. 이
용 설비면에서 내부생산의 이점이 있었던 것이다.

셋째, 포드의 예에서는, 이 시기의 자동차생산이 급속히 확대되고 있었기
때문에, 부품의 내부생산에 규모의 경제가 작용하였다. 더욱이, 부품과 자동차
의 양쪽을 모두 생산하는 것에 의해 범위의 경제의 이점도 살릴 수 있을 것으
로 기대되었다. 경영자 헨리 포드는 부품 내부생산에 의해 부품의 안정적인
조달뿐 아니라 원가절감 효과가 있다는 점을 강조하고 있다. 실제, 포드의 경
우 부품내부생산으로 평균제조원가를 낮추었다.[36]

이러한 부품의 내부생산은 자동차생산의 제조원가 하락뿐 아니라 다른
파생적인 영향도 낳았다. 포드와 GM은 급성장에 따라 경영층이 부족했는데,
그때 인수한 부품기업에서 온 인재가 경영자로 활약했다. 예를 들어, 슬로안,
찰스 케터링, 피셔 형제, S.L. 모트 등 당시의 GM 경영진에는 GM이 부품기업
을 인수했을 때, GM으로 이동해온 부품기업의 인재들이 적지 않았다.[37] 포드
에서도 1911년 뉴욕주 버펄로에 있던 부품회사 Keim Mills사를 인수할 때 포
드로 옮겨온 사람들 중 3명이 포드의 경영자가 되었다.[38]

자동차부품기업에 미친 파생효과도 있었다. 예컨대, 자동차기업의 부품내
부생산의 확대는 기존의 부품기업들에게는 새로운 경쟁기업이 등장한 것을 의
미하였고, 따라서, 경쟁 압력이 강해진 결과를 가져왔다. 이는 부품기업 경영

36) Ford(1922), p.18; ラングロワ(2004), p.92. 그러나, 타카하시 노부오는, 하운쉘의 연구성과
　　를 인용하면서(Hounshell(1984), p.272), 포드의 부품 내부생산이 비용절감에 공헌했다는 설
　　에 대해 의문을 제기하고 있다(高橋(2011), p.365).

37) Sloan & Sparkes(1941); Helper(1990), p.158.

38) Helper(1991), pp.795, 797.

자들이 신제품 개발과 효율적인 생산의 중요성을 더욱 강하게 인식하는 계기
가 되었다.

(3) 상위 자동차 2사간의 부품생산 내부화 방식의 차이

이 시기 포드와 GM 양사 모두 적극적으로 부품생산을 내부화했지만, 내
부화를 실행하는 방식은 대조적이었다. 포드는 자사 부담으로 부품부문을 새
로 만들어 부품생산을 내부화한 반면, GM는 기존 중소부품기업을 매수합병하
는 형태로 부품생산을 내부화했다.

먼저, 포드는 1914년까지 엔진과 기타 부품을 외주해왔던 닷지 브라더즈
사와의 계약을 중단하고 엔진 등 부품을 내부생산으로 전환했다. 같은 해, 전
문성이 요구되어 내부화가 어려운 액슬 생산도 내부화하기 시작했다.[39] 특히
정밀한 부품의 내부생산을 위해서는 기계까지도 사내에서 개발, 생산할 필요
가 있어, 포드는 공작기계의 일부까지 사내에서 제조했다.[40] 1916년부터 건설
된 포드 리버 루즈 공장(River Rouge Factory)은 부품내부생산 본격화를 상징하
는 생산거점이었다.[41]

포드와 대조적으로 GM은 외부의 부품기업을 매수합병해 자회사로 하는
형태로 부품의 내부생산을 추진했다. 예를 들어, 1916년 웨스턴 모토 액슬사
와 하이야트 롤러 베어링을 인수해서 액슬을 내부 생산으로 전환하였다. 같은
해 5월에는 유나이티드 모터스사를 인수하고, 그 후 유나이티드 모터스가 델
코(Delco)를 흡수하는 형태로 델코를 GM 산하에 흡수했다. 그 후에도 라디에
이터, 플러그, 전장부품까지 내부생산하여, 1920년까지 15사 이상의 부품회사
를 흡수합병해 매우 높은 부품내부생산률을 기록했다.[42]

어떤 요인이 이러한 포드와 GM의 부품 내부화 방식 차이에 영향을 미쳤
는지는 명확하지 않으나, 포드가 창업자 및 소유자인 경영자가 경영 주도권을
쥐고 집권적인 조직형태로 성장을 계속했던 데 반해, GM은 외부에서 온 봉급

---

39) 岡本(1966), p.106; Hochfelder & Helper(1996), p.46.

40) ラングロワ(2004), p.92−93.

41) Sorensen(1956), p.145.

42) Murray & Schwartz(2019), pp.87−88; ラングロワ(2004), p.102; Helper(1991), p.795;
    Helper & Hochfelder(1997), pp.199−201.

경영자들이 경영하면서 많은 기업의 흡수합병을 통해 분권적인 조직형태로 성장해온 차이점과 관련이 있음은 틀림없다.

(4) 부품거래에 있어서의 기업간 협력

이 시기, 상위 자동차기업들은 많은 부품을 내부생산했으나, 부품기업으로부터 구입하는 부품도 많았다.[43] 따라서, 이 외주부품의 거래를 둘러싸고 자동차기업과 부품기업간의 기업간 관계가 중요했다.

많은 선행연구에서는 미국의 기업간관계는 시장거래에 가까운 단기거래, 기업간의 이해대립 등 시장원리가 강하게 작용했다는 점을 강조하지만, 사실은 미자동차산업의 기업간관계에 있어서도 일본과 비슷한 기업간 협력 등 조직원리의 작용을 나타내는 현상이 많이 관찰된다.

포드의 예를 보면, 부품을 외주할 때 부품기업이 사용할 재료까지 일괄해서 조달하는 것을 원칙으로 했다. 이른바 집중구매이다. 또, 부품기업의 생산체제 개선을 지도하거나, 생산에 필요한 자금을 지원하는 경우도 있었다.[44] 이러한 기업간 협력은 전후 일본에서 토요타가 계열관계를 만들기 위해, 계열의 중소부품기업을 지원, 지도한 것을 상기시킨다. 전후 일본대기업의 계열 형성과정에서 자주 관찰되는 기업간 협력관계가 1910년대의 미 자동차산업에서도 관찰되는 것이다. 그리고, 전술한 것처럼, 포드는 이 시기 부품의 내부생산을 추진하고 있었으므로, 사내의 조직적인 거래와 외부의 부품기업과의 조직적인 거래를 동시에 실행하고 있었다고 하겠다. 기업내와 기업간의 부품거래에서 동시에 조직원리가 작용하고 있었던 것이다.

또한 전후 일본과 마찬가지로, 미자동차기업과 부품기업간에 공동개발을 하는 경우도 많았다. 본장의 모두에서 언급한 것처럼, 일본의 자동차산업에 대한 연구에 의하면, 일본의 자동차부품기업들은 부품의 설계 및 개발 능력이 요구되는 "블랙 박스"부품(승인도 부품)을 많이 생산하였고, 이러한 승인도 부품은 자동차기업과 부품기업이 공동개발하는 경우가 많다고 한다. 1910년대 미국에 있어서도, 부품 개발에 자동차기업과 부품기업이 협력해, 공동개발을

---

43) Epstein(1928), p.53.
44) Helper & Hochfelder(1997), pp.199－200.

추진한 예가 드물지 않았다.[45] 예컨대, 10년대 차체 제조업체 피셔사와 자동
차기업 허드슨사 간에 장기에 걸친 공동개발이 실행되었다. 양사는 제1차 세
계대전 중 세계 최고 수준의 효율성을 자랑하는 유개(有蓋)차체의 개발을 위해
수년간 공동작업을 계속하였다. 그 결과 양사는 차체 부분품의 용접공정을 크
게 절감할 수 있는 새로운 철강소재를 공동개발했으며, 기계제조업체까지 참
여한 공동개발에 의해 새로운 스탬핑 공정도 개발했다.[46]

다른 예가 액슬 제조업체인 팀켄 디트로이트 액슬(Timken-Detroit Axle)사
이다. 1910년대 이 팀켄사가 중견 자동차회사 조던사에 납입한 액슬은 커스텀
의 요소가 강한 부품이어서 팀켄의 엔지니어가 조던사와 자동차 설계단계에서
부터 밀접한 정보교환을 하면서 공동작업을 계속했다.

중견 자동차기업과 공동개발을 할 수 있었다는 것은 부품기업이 그만큼
높은 설계, 개발 기술력을 보유하고 있었음을 나타내는 것이므로, 팀켄사는 조
던사와 같은 중견 자동차기업과 밀접한 거래관계를 맺고 있다는 것을 외부에
적극적으로 선전하기까지 했다.[47] 그 결과 팀켄사의 고객기업수가 급격히 늘
었고 일부 부품은 업계의 표준부품이 되어, 판매를 확대할 수 있었다. 특정 고
객과의 밀접한 협력이라는 조직원리가, 부품표준화를 촉진해 경쟁을 격화시켜
도 경쟁에서 우위를 점했다는 점에서 시장원리의 작용을 강화했다고 할 수 있
다. 조직원리의 작용이 시장원리를 촉진하는 결합관계가 나타났던 것이다.

그런데, 팀켄사가 새로 거래관계를 맺은 자동차기업 중에는 엔진을 내부
생산하고 있던 기업도 적지 않았다. 예를 들어, 1916년 팀켄사의 액슬을 사용
하던 자동차 기업 17사 중 6사(Cadillac, Dorris, Lozier, Peerless, Premier, Winton)
가 엔진을 내부생산하고 있었다. 이 6사 중 윈튼사 엔지니어의 증언에 따르면,
동사는 팀켄사와 외주계약을 체결하기 전에 빈번한 정보교환을 했을 뿐 아니
라, 동사의 특정 모델승용차의 설계 및 양산 기간 중에도 팀켄사와 기술정보
의 긴밀한 교환을 계속했다고 한다.[48] 또 10~14년의 윈튼사 기술 기록에 의
하면, 동사 엔지니어들이 일련의 엄격한 부품검사를 공장이나 도로에서 실행

---

45) Hochfelder & Helper(1996), p.39.

46) Schwartz(2000), p.72.

47) *The Auto Era*, Feb. 1916.

48) *The Automobile, Dec. 30*, 1915, pp.1246-53; Hochfelder & Helper(1996), p.45.

할 때 부품기업의 상급 엔지니어들도 자주 참여했다고 한다.[49] 이처럼 부품을 내부생산한 자동차업체들은 자동차 생산기업으로서뿐 아니라, 부품생산기업으로서 팀켄이라는 다른 독립부품업체와 협력관계를 맺고 있었던 것이다. 다른 각도에서 보면, 상당수의 자동차업체들이 자사내의 부품사업부문과 외주부품기업의 양쪽과 협력 관계를 맺고 있었으며, 따라서, 이중으로 조직원리가 작용하고 있었다고 할 수 있다.

이처럼, 자동차기업과 부품기업간의 긴밀한 협력과 공동개발이라는 이른바 "일본형" 기업간관계의 중요한 특징은 1910년대 미국 자동차 산업에서도 나타났던 것이다.[50]

(5) 핸드 투 마우스 조달방식의 도입과 방기

앞서 언급한 것처럼 올즈사는 이미 1900년대에 핸드 투 마우스라는 저스트 인 타임 방식과 유사한 부품조달방식을 도입했는데, 1910년대 전반까지 이 저스트 인 타임 방식을 도입하는 자동차기업이 늘었다. 예컨대, 1908~1914년, 포드는 핸드 투 마우스 방식의 운영을 위해 부품기업들과의 네트워크를 만들었다. 그를 위해 포드는 부품기업에 대한 출자하는 등, 생산체제 재편을 위한 자금과 경험을 제공하기도 했다.

이 시기는 T형 승용차의 대량생산으로 포드가 미 승용차 시장점유율 1위에 올랐던 때인데(표 4-2), 생산을 급속히 늘려가는 가운데, 핸드 투 마우스 방식이 동사의 생산시스템의 일부로 성과를 발휘했다. 구체적으로, 포드는 이 저스트 인 타임에 의한 부품재고 관리로 1914년경, 자동차 5,000대분의 부품 혹은 3일분만의 부품재고, 적을 때는 자동차 3,000대분까지 보유재고를 줄일 수 있었다.[51] 이러한 포드의 성과에 자극받아, GM, 팩커드,에섹스, 허드슨 등도 이 저스트 인 타임의 부품조달방식을 도입했다.

그러나, 한편으로는 저스트 인 타임 방식에 대해서는 포드 사내외에서 문제점도 지적되고 있었다. 예컨대, 부품의 확보량이 사전에 예측 불가능하고,

---

49) Helper & Hochfelder(1997), p.202; Hochfelder & Helper(1996), p.41.

50) Helper & Hochfelder(1997), p.187.

51) Helper & Hochfelder(1997), p.208; Schwartz & Fish(1998), p.53.

그 때문에, 비효율성이 발생할 수 있으며, 납입빈도가 늘어, 그에 따른 비용이 확대될 수 있는 점 등이 지적되었다. 실제로 핸드 투 마우스 도입으로 모든 부품을 일정기간 모아서 공급하는 것보다 비용이 더 든 적도 있었다고 한다.52)

　사실, 포드는 1914년부터 가동한 신공장에 컨베이어 벨트 시스템을 도입한 결과 종업원들이 장시간의 단조로운 노동을 견디지 못해, 이동하거나 퇴직하는 경우가 늘었다. 이직률이 400%까지 높아진 때도 있었다. 때문에 생산라인 중에 병목 현상이 발생하는 공정이 빈번히 생긴데다, 부품재고가 급증해, 그 재고를 둘 공간을 마련하지 않으면 안 되었다. 또한 사업 호조로 이윤이 증가해, 자금이 윤택했기 때문에,53) 재고비용을 절감하려는 의식도 약해졌다. 때문에, 1910년대 중반에는 핸드 투 마우스 방식을 중지하였다. 포드뿐 아니라 다른 미자동차업체도 단기간에 핸드 투 마우스 방식을 포기하였고 그 결과 10년대 후반의 미국 자동차 산업에서 핸드 투 마우스 재고관리 방식은 기업들의 관심에서 멀어져갔다.54) 뒤에 분석하듯이, 20년대 이후 다시 한 번 디트로이트 지역에서 저스트 인 타임이 도입되어 40년대까지 지속되었지만, 적어도 1910년대 중반에는 저스트 인 타임 도입은 실패로 끝난 것이다.

　전후 일본의 저스트 인 타임의 성공적 도입으로 이 시스템을 도입하기만 하면 언제나 효율적으로 기능하는 것처럼 평가하는 주장도 있지만, 1910년대 중반의 미국의 경험을 보면 반드시 그렇지는 않다는 것을 알 수 있다. 즉, 조직원리를 나타내는 기업간 협력을 기반으로 하는 저스트 인 타임이 유효하게 기능하기 위해서는 일정한 조건이 필요하며, 이러한 조건이 충족되지 않으면 이 시스템은 유효하게 기능하지 않았던 것이다.

(6) 표준부품시장의 확대

　한편, 중하위 자동차업체들은 부품의 내부생산에 투자할 정도의 경영자원을 보유하지 못했고, 또 그 이점을 향유할 정도의 생산규모에 달하지도 못했다. 따라서, 이들 기업은 부품의 내부생산은 거의 하지 않고, 주로 부품업체로

---

52) Murray & Schwartz(2019), p.52; Schwartz & Fish(1998), p.53.

53) Schwartz & Fish(1998), p.53.

54) Murray & Schwartz(2019), p.52; Schwartz & Fish(1998), p.54.

부터 부품을 구입했다. 그리고, 부품외주에 있어서는, 특정 부품기업에 의한 영향력을 낮추기 위해 표준부품을 조달하는 전략을 택했다. 커스텀부품을 많이 사용하는 상위 자동차업체들이 부품의 내부생산을 늘린 것, 그리고 커스텀부품 구입을 위해 특정 부품기업과의 협력관계를 강화한 것과는 대조적인 전략이라 하겠다.

부품표준화는, 1905년 설립의 자동차기술자단체(Society of Automobile Engineers)가 중심이 되어, 그리고 16년부터는 그 후신으로 설립된 SAE (Society of Automobile Engineers)가 그 활동을 이어받아 추진되었다. 부품의 표준화가 거의 이루어지지 않았던 10년대 초까지와는 달리, 그 후의 약 10년에 걸쳐 부품표준화가 진전되어, 예를 들어 록 워셔(lock washer)는 10년 180종류의 부품에서 10년간에 16종류까지 집약되었으며, 12년경부터 기화기, 내연부품 등의 부품 표준화도 진행되었다. 1916년, 조단사가 출시한 승용차에 사용된 엔진은 콘티넨탈 사(Continental Motor Co.)가 제조한 부품이었는데, 같은 해 출시된 승용차 12사의 16모델에 조단사가 사용한 콘티넨탈사의 엔진과 동일한 엔진부품이 사용되었다고 한다.[55]

사실 이 시기에는 중하위 자동차기업과 부품기업 양측 모두에게 부품 표준화의 유인이 있었다. 첫째, 중하위 자동차기업들로서는 특정 부품을 특정 부품기업에 크게 의존하는 경우, 대체공급자를 찾기가 어려워, 부품 조달에 차질이 생길 수 있었다. 실제, 엔진 구조에 큰 변화가 있어, 기화기, 내연부품 등의 부품을 바꿀 수밖에 없었을 때, 부품 표준화가 진행되지 않아 다른 부품기업을 찾을 수 없는 문제가 있었다. 특정 부품기업의 특정 사양의 부품에 크게 의존하는 데 따른 비용상승의 문제가 발생할 수도 있었다. 이러한 경우, 부품 표준화에 의해 자동차기업의 부품구매비용을 절감할 수 있었다.

부품기업의 입장에서도 부품 표준화의 이점이 있었다. 먼저, 부품표준화가 진행되지 못하면 다양한 규격 지원에 따른 번거로움과 비용이 발생하고 결과적으로 비용상승 요인이 되기도 했다.[56] 표준부품을 공급하는 것은 판매처

---

55) Murray & Schwartz(2019), p.84; Hochfelder & Helper(1996), pp.43, 49; Epstein(1928), p.41; Epstein(1927), p.170.

56) Epstein(1928), p.41; Helper & Hochfelder(1997), p.203.

를 늘리는 데도 유리했다. 그리고, 부품 표준화에 의해 부품기업이 판매하는 고객기업수가 늘어, 대량생산에 의한 규모의 경제로 부품기업의 제조비용도 상당히 낮아졌다.[57] 이처럼 부품 표준화는 중하위 자동차업체들과 부품기업의 이해관계의 일치를 반영하고 있으며, 그런 점에서 조직원리가 작용했던 예라 할 수 있다.

(7) 자동차기업의 교섭력 상승과 요인

1절에서 본 것처럼, 1900년대에는 자동차부품 거래에 있어, 부품기업이 자동차업체에 대해 교섭력 우위에 있었지만, 1910년대에는 이러한 역관계가 변화했다. 즉, 자동차기업의 거래교섭력이 높아져, 자동차부품시장이 공급자 우위 시장에서 수요자 우위 시장으로 변화했다. 예를 들어, 1908~1920년, 특히 상위의 자동차기업들은 자동차부품기업에 대한 통제력을 높였으며, 중요한 부품에 대한 기본특허를 자동차기업과 공유할 것을 요구하기도 했다. 이러한 자동차기업의 요구는 1900년대에는 상상할 수도 없는 일이었다.[58] 자동차기업이 거래교섭에 있어 부품기업에 대해 우위에 서는 상황은 1920년대 이후에도 지속되었으며, 이는 전후 일본 자동차산업과의 공통점이라 할 수 있다.

자동차기업과 부품기업간의 거래교섭력은 기본적으로 양자간의 이해 대립을 나타내는 것이다. 거래에 있어, 각자 자신에 유리한 교섭을 실행하려 하기 때문이다. 따라서, 이러한 거래교섭력의 변화는 기업간의 이해 대립을 반영하는 점에서 시장원리를 나타낸다 할 수 있다.[59] 앞서 이 시기에 자동차기업과 부품기업간에 다양한 협력이 행해졌다는 것을 보았는데, 이러한 기업간 협력은 조직원리의 작용을 나타내는 것이므로, 이 시기의 기업간 거래에서는 시장원리와 조직원리가 결합되어 있었다고 할 수 있다.

---

57) Murray & Schwartz(2019), p.84.
58) Helper & Hochfelder(1997), p.206.
59) 부품기업간 협력을 통해 부품기업의 거래교섭력 저하를 완화하려는 시도도 있었다. 1917년, 일군의 자동차부품기업들이 담합적인 협정을 맺은 것이 그에 해당한다. 그리고 이 협정에 자동차기업들이 반발해 법적 대응조치를 취하려 했던 것에서 알 수 있듯이, 부품기업간의 협조적 행동은 반드시 소기의 성과를 거두지 못하고 자동차기업과 부품업체 간의 이해대립을 초래하는 경우가 드물지 않았다. 이러한 사례에서도 조직원리와 시장원리가 결합되어 있었음을 관찰할 수 있다.

부품기업에 대한 자동차기업의 거래교섭력이 높아진 이유로 먼저 들 수 있는 것은, 상위 자동차기업이 부품기업보다 더 빨리 성장했던 점이다. 그 결과 부품기업과의 기업규모 격차가 확대되어, 이는 자동차기업의 거래교섭력을 높이는 방향으로 작용했던 것으로 보인다. 둘째, 자동차시장의 집중도가 크게 상승한 것이다. [표 4-1]에 의하면, 1910년대에 포드와 GM이 시장점유율을 크게 높였다. 예컨대, 11년 포드와 GM 양사를 합쳐 시장점유율은 37.4%였지만, 1910년대 말에는 60%에 육박했다. 그 결과, 포드와 GM 등 상위 자동차업체들은 부품기업과의 거래에서 높은 교섭력을 가지게 되었다.

세 번째 이유는, 앞서 언급한 것처럼 1910년대부터 20년대 초반에 걸쳐 상위 자동차기업들이 부품을 내부생산한 것이다. 먼저, 자동차기업들이 부품을 내부생산한 부분은, 종전에 수요부분에 부품을 공급하던 부품기업들이 이 수요 부분에 접근할 수 없게 된 것, 그리고, 일부의 부품시장에서 자동차기업이 고객기업에서 경쟁기업으로 바뀐 것을 의미했다. 그 결과, 자동차부품시장에서 기존의 부품기업들의 시장점유율이 낮아져,[60] 부품기업들의 거래교섭력은 저하했다.

게다가, 특정 자동차기업과의 거래를 위해 이미 설비투자를 한 부품업체는 완성차업체의 부품 내부생산으로 인한 납입량 감소로, 경영에 큰 타격을 받았다. 예를 들어, 1916년 GM이 하이야트 롤러 베어링사를 인수하기 전에 양사는 긴밀한 부품 거래를 하고 있었으며, 후자는 GM용 부품 생산을 위한 설비투자를 했다. 그러나 GM과 포드 등 주요 자동차기업이 부품을 내부생산함에 따라, 동사는 경영위기에 빠졌다.[61]

다만, 후술하는 바와 같이, 1920년대 중반 이후에는 상위자동차업체들이 부품의 내부생산보다 외주를 더 빨리 늘렸다. 그럼에도 불구하고, 자동차기업의 대부품기업 거래교섭력은 계속해서 높은 수준을 유지했다. 따라서, 거래교섭력에 미친 부품 내부생산 확대의 영향은 주로 1910년대에 한정된 것으로 보는 것이 타당하다.

---

60) Katz(1977), p.270.

61) Helper(1990), p.158.

제4절 1920~1930년대 미 자동차산업의 기업간 관계

(1) 부품 외주의존률의 상승

1920년대 중반 이후, 상위 자동차기업들의 부품내부 생산은 정체된 반면, 부품의 외주비율이 다시 높아졌다.[62] 즉, 10년대의 부품내부 생산의 확대 추세가 1920년대 중반부터 역전되었던 것이다.

헨리 포드는 1920년대 중반경에 내부생산하기 보다 외부에서 구입하면 더 저렴해질 수 있는 부품이 꽤 있다는 사실을 인식하게 되었으며, 28년 중반부터 부품 외주를 더 빨리 늘리는 쪽으로 전략을 전환했다.[63] 포춘(Fortune)지의 추계에 따르면, 33년에 포드사의 제조원가의 7분의 4가 부품구입비였으며,[64] 외주를 가장 많이 늘렸던 부품은 차체부품이었다. 그때까지 차체부품의 대부분을 내부 생산하고 있었지만, 20년대 후반, T형 승용차에서 A형 승용차로의 모델 전환 후에는 차체부품의 절반 이상을 브릭스 보디사, 머레이 보디사(Murray Body), 버드사(EG Budd Manufacturing Co.) 등 5개 차체제조기업에 외주했다.[65] 포드는 그 밖에도, 베어링을 100% 외주하였고, 브레이크, 타이어, 기화기, 쿠션, 전장품 등도 대부분 외주에 의존해, 도합 약 2,200종류의 부품을 외부에서 구입했다고 한다.[66]

GM은 포드보다는 부품 외주의존도가 낮았지만, 1920년대부터 내부생산에서 외주로 전환한 부품이 많았다. 그 결과 외부 공급업체의 아이디어와 공급력을 쉽게 활용할 수 있게 되었다고 한다.[67] 예를 들어, 동사는 20년대 후반 피셔 보디를 인수하여 차체부품을 내부생산했지만, 버드사와 플리트 우드사(Fleetwood Co.. 그 후 GM이 인수)로부터도 차체부품을 구입하고 있었다. 전술한 포춘지에 의하면, 33년 GM도 부품의 절반 이상을 외부에서 구입한 것으로 나

---

62) Katz(1977), p.261; Schwarz(2000), p.66.

63) Hounschell(1984), p.300; ラングロワ(2004), p.113.

64) Katz(1977), p.252.

65) Abernahy,1978, p.142; Katz(1977), p.252; ラングロワ(2004), p.112.

66) Katz(1977), pp.130−131; 塩見(1986), p.211; Schwartz & Fish(1998), p.61.

67) ラングロワ(2004), p.113.

타났다. 특히 동사 매출액의 40%를 차지했던 시보레사업부에서 부품의 외부
의존도가 높아, 38년 부품의 80%를 외부구입하고 있었다.[68]

1925년에 경영위기에 빠져있던 맥스웰사를 매수하여 자동차산업에 진입
한 크라이슬러는 조직을 재정비해 급성장한 결과, 30년대에는 "빅 쓰리"의 일
각을 차지하였는데(제3위의 자동차업체), 이 기업의 부품외주 비율은 매우 높았
다. 이미 28년에 부품의 절반을 외주에 의존하고 있었으며, 그 후에도 부품의
외부구입을 빠르게 늘렸다. 이처럼 GM과 포드를 포함한 빅 쓰리의 부품 외주
비율이 높았으며, 그 때문에 "거대 조립기업(a giant assembler)"이라 불리기도
했다.[69]

중하위 자동차기업은 부품을 내부생산할 정도의 경영자원이 없었을 뿐더
러, 내부생산에 의해 부품사업의 채산을 맞출 수 있을 정도의 자동차생산규모
에도 달하지 못했기 때문에, 당연히 대부분의 부품을 외주에 의존했다. 독립
자동차업체 중 부품의 내부생산에 가장 적극적이었다고 하는 스테드 베이커사
조차 1930년, 한 대당 제조원가의 3분의 2는 외주부품구입비였다. 오번사
(Auburn), 조던사, 피어리스사(Peerless), 그레이엄 페이지사(Graham-Paige) 등
은 부품의 내부생산을 일체 하지 않고 모든 부품을 외부로부터 구입했다.

(2) 부품 외주의존도 상승의 배경

본격적인 대량생산기에 접어든 미자동차산업에서 상위 기업들이 부품의
내부생산 확대에서 이처럼 짧은 시기에 외주 확대로 전환한 이유는 무엇일까?
그 배경에는 먼저 1920년대 중반 의외로 빨리 미자동차시장이 성숙기를 맞았
던 사실이 있다.

시장 성숙기의 조짐은 1920년대 중반부터 나타났다. 20년대 중반부터 승
용차 시장은 성장의 한계에 부닥쳐, 그 후의 제2차 세계대전 개시까지 자동차
시장은 "구조적 고난기"에 있었다. 예를 들어, 23년, 미자동차산업의 생산실적
이 생산능력을 밑돌기 시작해, 24년 일시적인 경기후퇴로 감소했던 자동차수

68) Schwartz & Fish(1998), p.61; Schwarz(2000), p.73.
69) Katz(1977), p.253; Schwartz & Fish(1998), p.61; Schwarz(2000), pp.89-90; Abernathy
(1978), p.37. 추계에 따르면 1950년경에 크라이슬러는 부품의 65%를 외부에서 구입하였고,
그 후 부품의 70% 이상을 외부에서 구입한 시기도 있었다.

요는 20년대 중후반에도 늘지 않았다.[70]

시장 성숙의 또 다른 지표로, 매년의 신차구입 중, 이미 승용차를 보유하고 있던 사람의 구입 비율을 보면, 1923년에 30% 정도였으나, 26년에 50%, 27년 83%로 급격히 상승했다.[71]

이러한 자동차 시장의 성숙화에 대응해, 자동차 각사는 모델 체인지를 통해 수요를 환기하는 전략을 택했다. 그 결과 각사가 생산하는 차종 모델수가 급증해, 새롭게 개발해야 하는 부품의 종류도 크게 늘어났다. 때문에, 자동차 부품의 내부생산으로 대응하기에는 한계가 컸다. 빈번한 모델 체인지로 주력 모델이 단기간에 바뀌는 속에서, 많은 차종의 생산에 필요한 부품을 사내에서 개발하는 부담이 커져, 채산성도 나빠졌기 때문이다. 이것이 상위 자동차업체조차 부품외주 비율을 높인 중요한 이유였다.[72]

모델 체인지에 가장 적극적이었던 것은 GM이었다. 포드는 T형 자동차라는 단일 차종에 집착한 결과, GM에 뒤쳐져, 시장점유율이 급락하자 새 모델로 A형 승용차의 개발, 생산에 도전했다. 그러나, 그때까지의 부품 내부생산체제로는 새로운 부품 개발의 과제를 효율적으로 달성할 수 없었고, 이 때문에, 부품의 상당 부분을 외주로 전환할 수밖에 없었다.[73]

시장의 성숙화로 새로운 혁신적 제품을 원하는 소비자의 요구가 강해진 것, 자동차부품업체가 과잉생산능력을 보유하고 있었던 것 등도 자동차기업에 있어 부품 외주를 유리하게 했고, 거꾸로 자동차기업들이 부품의 내부생산의 비효율성을 인식하게 했다.[74]

전후 일본은 일관되게 부품의 외부조달률이 높았던 것은 앞서 지적한 대로인데, 이 시기의 미국에서의 부품외주 확대 이유 중 일본의 경우와 다른 점도 있었다. 예를 들면, 일본과 달리 초기 미 자동차 부품기업은 자동차기업보다 더 일찍, 유연성이 높은 기계를 생산공정에서 이용하고 있었다. 이를 통해 GM과 포드 등 상위 자동차기업들은 부품의 외주를 늘려 부품기업의 이 유연

---

70) Nourse(1934); 岡本(1966), pp.83, 86.

71) Vatter(1952), pp.218, 215; 塩見(1978), p.181; 岡本(1966), p.83-84, 88-89.

72) Katz(1977), p.257.

73) ラングロワ(2004), pp.111-112; Katz(1977), p.130.

74) Helper(1991), p.797.

한 기계를 활용할 수 있었다.[75] 이 점에 대해서는 (7)에서 상세히 검토한다.

(3) 커스텀부품의 증가와 장기상대거래의 확대

자동차기업이 부품의 내부생산보다 외주를 더 빨리 늘림에 따라, 부품기업과의 관계가 더 중요해졌다. 1900년대 미자동차 산업이 형성된 이후 자동차기업와 부품업체 간의 협력관계가 존재했다는 것은 앞서 확인했는데, 1920년대와 30년대에는 보다 확대된 규모의 거래에 있어 기업간 협력이 중요해졌던 것이다. 특히, 이 시기에 자동차기업과 부품기업의 관계가 중요해진 이유가 적지 않았다.

첫째, 부품 표준화 혹은 표준부품의 확대 움직임이 1920년대 중반에 좌절된 것이다.[76] 10년대에서 20년대 초까지 자동차부품의 표준화가 진전되었으나, 표준부품의 도입에 적극적이었던 것은 주로 중하위 자동차기업들로, 상위자동차업체들은 엄격한 부품표준규격을 강제하는 것이 이노베이션을 저해한다는 점을 들어, 부품표준화 및 표준부품 이용에 소극적이었다. 예를 들면, 20년대 중반까지도 GM은 동사 독자의 부품규격기준을 만들어 그 자료를 부품기업에 배부했다.[77] 상위자동차기업과 부품기업 사이에 이해의 대립도 있었던 것이다. 따라서 부품표준화는 부품각사의 협력, 부품기업과 중하위자동차기업의 협력에 의해 추진되었다는 점에서 조직원리를 나타내지만, 한편으로는 부품의 수요자와 공급자간 이해의 대립이 함께 나타나는 형태로 시장원리와 조직원리가 결합되어 있었다 하겠다.

한편, 표준부품에 크게 의존함으로써 중하위 자동차기업들간의 소모적인 가격경쟁이 격화되었다. 앞서 본 것처럼, 부품시장에서 부품기업의 거래교섭력이 약화된 가운데, 자동차업체간 가격경쟁이 더해져, 부품기업들은 강한 가격하락 압력을 받았다. 부품업체들이 부품표준화의 이점을 충분히 살릴 수 없

75) Murray & Schwartz(2019), p.58.

76) Schwartz & Fish(1998). p.59.

77) Murray & Schwartz(2019), pp.84-85, 217; Kuhn(1986), pp.72-78. 그 후 GM과 부품기업 간에 안정적인 거래관계가 정착되기 시작하자, GM도 부품 표준화를 주도하는 SAE에 가입했으나, 여전히 GM은 독자의 부품사양규격을 포기하지 않았다. 오히려 GM이 SAE에 가입한 데는, 동사가 설정하는 부품규격을 보다 많은 부품기업들이 받아들이게 해, 동사의 부품기준 설정의 이점을 살리려는 의도가 있었던 것으로 보인다.

게 되었던 것이다. 그 결과, 상위의 자동차기업뿐 아니라 중하위의 자동차기업
들까지도 표준부품보다 각사 전용의 커스텀부품을 선호하는 경향이 강해졌다.
즉, 부품표준화 움직임은 후퇴하고, 그 대신 커스텀부품의 거래비중이 높아졌
다.[78] 이 점에서는 1900년대의 상황으로 회귀한 셈이다.

커스텀부품의 중요성이 높아진 것은, 자동차기업과 부품업체와의 장기상대
거래가 더 많아질 가능성을 시사한다. 실제, 전후 일본에서 관찰되는 특정 자동
차기업과 부품기업간의 장기상대거래가 이 시기의 미국에서도 빈번히 관찰된
다.[79] 예를 들어, 1920년대 중반, GM은 중요 부품에 대해서는 부품마다 2사 혹
은 3사의 부품기업에 한정해서 장기적인 거래를 했다. 또한, 동사는 브레이크의
절반 이상을 벤딕스사로부터 구입하고 있었으며, 벤딕스 사는 브레이크 생산의
절반 이상을 GM에 납입하고 있었다. 포드도 브레이크 슈는 켈시 헤이즈사
(Kelsey-Hayes), 라디에이터는 다이아몬드 매뉴팩쳐링사(Diamond Manufacturing),
차체부품은 브릭스 보디사와 장기상대거래를 하고 있었다.[80]

그 이면에는 이처럼 특정 소수의 부품수요자와 공급자간의 거래를 촉진
하는 요인이 있었다. 먼저, 전술한 바와 같이, 자동차시장의 시장집중도가 높
아졌을 뿐 아니라, 자동차부품시장에서도 시장집중도가 상승했다.[81] 자동차
와 자동차부품의 두 산업 모두에서 시장집중도가 상승하여 주요한 거래당사
자가 소수로 제한된 결과 상대거래가 확대되었다. 특정 소수의 부품수요자와
공급자간에 반복적으로 거래가 계속되어 거래관계가 장기화되는 경향도 나타
났다.

장기상대거래를 촉진한 다른 요인으로서, 부품시장에서 수리부품의 비중
이 높아진 것을 들 수 있다. 1920년대 초부터 중고 자동차시장이 빠르게 성장
함에 따라, 수리부품 수요가 크게 늘어, 예컨대, 26년경에는 수리부품이 전체
자동차부품시장의 절반을 차지하게 되었다.[82] 그리고 수리부품은 채산성이
매우 좋았다고 한다. 따라서, 이러한 수리부품 수요의 증가를 예상하고 일부

---

78) Katz(1977), p.273.

79) Schwarz(2000), p.73.

80) Schwarz(2000), p.76.

81) Katz(1977), p.270.

82) Schwarz(2000), pp.65-67.

부품기업은 특정 자동차업체와의 사이에 장기적인 거래관계를 중시하였던 것이다.

(4) 자동차대기업과 부품기업간의 협력

자동차기업과 부품기업간의 장기상대거래가 늘어남에 따라, 양자간에 협력을 강화할 유인도 강해졌다. 실제 이 시기에는 1910년대보다 기업간 협력이 더 활발하게 또 더 빈번하게 이루어졌다. 앞서 지적한 것처럼, GM과 포드는 부품을 외부의 주요 부품기업에 크게 의존하였고, 부품기업은 이러한 상위자동차기업의 손에 자신의 운명을 맡기는, 전후 일본 자동차산업에서의 계열과 비슷한 협력 관계를 구축했다고 한다.[83] 예컨대, 30년대 디트로이트에서는 자동차업체와 부품업체가 새롭게 협력할 필요가 생겼을 때, 협력을 위한 비공식적인 팀을 만든다든지, 반복적으로 빈번히 논의를 계속한다든지, 또 정기적으로 반복해서 거래조건을 조정했다.[84]

1920년대 후반 이후에는 이전시기에 비해 개발 영역에서의 기업간 협력도 더 활발해졌다. 앞서 본 것처럼, 1920년대 중반, 자동차시장이 성숙기에 접어들자, 자동차각사는 수요확대를 위해 자동차의 모델 체인지에 적극적이었고, 모델 체인지 경쟁이 격화되었다. 특히 중저가 자동차의 모델 체인지 경쟁이 치열했으며, 그 중 GM은 시보레 등 중심 차종의 빈번한 모델 체인지로 시장점유율을 급속히 높였다. 이러한 모델 체인지 경쟁은 한편으로는 GM의 개발비 부담을 가중시켰다. 이에 대응해, GM은 부품기업과의 공동개발을 통해, 개발비 부담을 부품기업과 분담하려 하였다. 그 결과, 개발과정에 부품업체의 협력을 활용하는 공동개발이 활발해졌다.[85]

GM과는 다른 이유로, 포드도 부품업체과의 공동개발을 활발히 실시하였다. 포드는 모델 체인지 전략으로 성공한 GM에 뒤쳐져, 1926년경 GM에게 1위 자리를 빼앗겼을 뿐 아니라, 시장점유율이 급락해 경영위기를 맞기까지 했다. 이러한 위기에 대한 대응의 하나로, 동사는 T형 자동차에서 A형 자동차로

---

83) Murray & Schwartz(2019), p.93.

84) Schwarz(2000), p.75.

85) Schwarz(2000), p.72.

의 전환을 시도하였다. 그러나 가스탱크 등 신차용 부품의 개발, 생산에 문제
가 빈발해, 부품업체와의 협력으로 문제 해결을 도모했다. 예를 들면, 가스탱
크의 결함으로 인한 문제, 이음새의 부품이 제대로 봉인되지 못한 문제 등이
발생해 위기에 빠졌을 때, 용접기 제조전문업체인 깁사(Gibb Co.)가 포드의 리
버 루즈공장에 기술자를 파견해, 포드의 엔지니어 및 생산기술 담당자들과 협
력함으로써 문제를 해결했다. 포드의 공장에 모인 이 임시의 공동작업팀은 연
료탱크 및 용접기를 재설계하는 등, A형 승용차의 조립생산이 시작될 때까지
의 6개월 동안 현장에서 공동작업을 계속했다.[86] 다른 부품업체와의 공동개발
도 이어졌으며, A형 승용차로의 이행기에 형성된 포드와 부품업체 간의 협력
관계는 그 후 더 긴밀해져, 부품기업과의 협력은 포드사내에서는 거의 상식이
되었다고 한다.[87]

(5) 저스트 인 타임 시스템의 보급과 도입 배경[88]

미산업을 역사적으로 보면 핸드 투 마우스 조달방식은 불황 때마다 도입
되고 경기가 회복되면 포기되는 일이 몇 번 반복되었는데, 불황기의 1920년대
초부터, 미자동차 산업에서는 부품조달에 있어 핸드 투 마우스 시스템이 다시
도입되어 기능하기 시작했다. 이 시스템은 그 후 많은 산업에 급속히 보급되
었으며, 자동차산업에서는 상당 기간 유지되었다.[89] 사실, 전전기 미자동차산
업의 혁신성은 유연한 생산방식에 의해 유지되었으며, 이러한 유연한 생산방
식의 중요한 부분이 장기상대거래와 저스트 인 타임 조달방식, 즉 핸드 투 마
우스 조달시스템이었다.[90] 핸드 투 마우스 조달 시스템은 전후 일본의 저스트
인 타임과 매우 비슷했으며, 미자동차산업에서 이 시스템이 가장 활발하게 전

---

86) Hounshell(1984), pp.284-285.

87) Barclay(1936), p.176; Schwarz(2000),74; Hounshell(1984), pp.284-285.

88) 이 시기의 미자동차산업에서의 핸드 투 마우스 방식의 도입에 대해서는 이하의 자료를 참조
    하였다. Abernathy(1978), pp.89-90; Abernathy & Kantrow(1983), p.80; Flügge(1929),
    pp.160-65; Ford(1926), pp.105-15; Helper(1990), p.157; Helper(1991), p.791; Kuhn
    (1986), pp.9, 71, 178, 200-202, 275-275; Langlois & Robertson(1989), p.370; Pound
    (1934), 196-198; Seltzer(1928), pp.100, 114-118; Sloan(1963), pp.195-198; Sorensen
    (1956), pp.166, 199-200.

89) Tosdal(1933), p299; Clark(1927), p.374.

90) Murray & Schwartz(2019), p.48.

개되고 또 성과를 냈던 것은 1920년대와 30년대였다.[91]

핸드 투 마우스 방식의 도입 배경에는 지속적으로 확대되는 중고차 시장과 부품 표준화 운동의 실패가 있었다. 부품의 커스텀화와 장기상대거래의 확대요인이 저스트 인 타임의 도입 이유이기도 했던 것이다. 예를 들어, 벤딕스사는 여러 버전의 Model T를 위한 교체용 브레이크를 포드에 납입해야 했을 뿐 아니라 GM에도 다양한 모델에 장착되는 브레이크를 납입해야 했다. 더욱이 새로 자동차 시장에 진입해 급성장하고 있던 크라이슬러의 주문에도 응해야 했다. 특히 벤딕스사는 GM과 크라이슬러에게 커스텀의 브레이크부품을 동시에 공급했는데, 수개월 주기로 상당한 규모의 주문량 변화가 있었다고 한다. 부품 주문 변동의 대부분은 예측할 수 있었지만, 그렇지 않은 경우도 있었고, 경우에 따라, 벤딕스사는 종종 하루 또는 이틀 전에 갑작스런 부품납입 요구를 받기도 했다. 그리고, 벤딕스사와 다른 부품업체들은 지속적인 혁신의 압력도 강하게 받았다. 이러한 다중적인 요구에 효율적으로 대응하는 한 가지 방법은 모든 유형의 브레이크의 재고를 안정적으로 확보, 관리하는 것이었으며, 많은 부품기업들이 30년 후의 일본처럼, 저스트 인 타임의 조달시스템의 도입에 협력했다.[92]

1927년 매거진 비즈니스(Magazine of Business)지에, GM 뷰익사업부의 사업부장이었던 더럼(CB Durham)이 GM의 생산성 향상을 선전하는 장문의 기사를 기고했는데, 그 기사에서 GM의 성공 요인으로 핸드 투 마우스에 의한 재고 관리를 강조하고 있다. 또, 크라이슬러에서는 33년 승용차 플리머스의 생산 시에 핸드 투 마우스 시스템이 활용되었다고 한다.

포드의 예를 보면, 1920년대 초의 경영부진으로 인한 재무악화에 대응해 비용절감을 위한 혁신적 방법을 모색했는데, 그 과정에서 효율적인 재고관리를 위해 저스트 인 타임을 도입하였다.[93] 포드생산방식을 개발한 어네스트 칸즐러(Ernest Kanzler)가 포드슨(Fordson) 트랙터 공장에서 핸드 투 마우스 시스템의 도입을 주도하였으며, 26년에는 핸드 투 마우스 시스템이 리버 루즈 공장 전체에서 기능했다고 한다.[94] 이처럼, 미국 자동차 빅 쓰리가 핸드 투 마우

---

91) Langlois & Robertson(1989), p.370; Flügge(1929), p.163.

92) Murray & Schwartz(2019), p.58

93) Murray & Schwartz(2019), p.52.

94) Murray & Schwartz(2019), p.54.

스 시스템을 도입, 정착시킴으로 인해, 30년대 당시 저스트 인 타임은 디트로이트의 생산문화를 규정짓는 특징으로 정착되었다.95)

이처럼 1920년대부터 30년대에 걸쳐 미 자동차산업에서 핸드 투 마우스 시스템이 적극적으로 도입된 이유는 무엇이었을까? 첫째, 불황하 부품재고를 줄여야 할 필요성이 커졌기 때문이다. 제1차 세계대전 이후의 경기침체에 따른 수요부진으로 많은 자동차기업들이 엄청난 재고를 떠안게 되었고, 20년과 21년의 계속된 물가하락으로, 기업들의 재고손실액이 눈덩이처럼 불었다. 더구나 그 이후에도 가격은 계속 하락할 것으로 예상되었기 때문에 자동차업체들은 필요한 부품과 소재를 소량씩 구입하는 경향을 강화하게 되었다. 이리하여, 앞서 언급한 것처럼, 21년 심각한 불황으로 자금 압박을 두려워한 헨리 포드는 외부의 부품기업과의 핸드 투 마우스 방식을 다시 도입하도록 지시했던 것이다.

둘째, GM은 1921년 불황시 시보레사업부의 재편을 위해 포드사로부터 크누드슨(Knudsen)을 사업부장으로 영입했으며, 그는 지속적인 혁신전략을 실행하였다. 그 중심에 승용차 모델체인지 전략이 있었는데, 이러한 빈번한 모델체인지로 부품수요의 변동이 더 심해지고, 신모델로의 전환에 따른 기존 부품의 재고증가 현상이 발생해, 효율적인 재고관리의 필요성이 더욱 높아졌다. 이러한 부품수요변동과 부품재고 증가에 대한 대응이 핸드 투 마우스 시스템의 도입이었다.96)

셋째, 미국의 전산업을 보면 제1차 세계 대전 중의 호황으로 기업들의 적극적인 설비투자가 이어져, 생산능력이 급증했다. 자동차기업과 부품기업도 예외가 아니었다. 그러나 1920년대 초의 불황으로 수요가 큰 폭으로 줄었고, 그 후 자동차시장은 성숙기를 맞이하게 되었다. 때문에 20년대 자동차부품기업들은 만성적인 공급능력 과잉문제에 직면하였다. 그 결과, 부품기업들의 입장에서도 재고관리의 중요성이 높아졌다.

원래 저스트 인 타임은 공급자 입장에서 보면, 유리한 시스템이 아니다. 납입의 빈도와 회수가 많아지고, 한 번에 납입하는 양은 작아져, 납입에 따른

---

95) Schwartz & Fish(1998), pp.55-56, 61; Schwarz(2000), pp.90-91.
96) Murray & Schwartz(2019), p.53; Schwartz & Fish(1998), pp.54-55.

비용이 증가할 뿐더러, 리스크도 커지기 때문이다. 게다가, 빈번한 납입요구에 응하기 위해서 부품기업은 일정 정도의 재고를 상시 보관할 필요가 있었고, 그에 따른 보관 비용도 증가했다. 그럼에도 불구하고, 부품기업들이 저스트 인 타임 시스템의 도입에 협력한 것은 전술한 것처럼, 부품기업들 자신도 효율적인 재고관리 제도 도입의 필요성을 인식하고 있었기 때문이다. 이에 더해, 앞서 본 바와 같이, 이 시기 자동차기업과 부품기업간의 장기상대거래가 적지 않아, 양자간의 협력관계가 지속되고 있었고, 이러한 거래관계의 유지를 위해 부품기업이 저스트 인 타임 시스템의 도입에 협력했던 것이다. 이는 1장에서 본 것처럼, 일본의 고도성장기에, 자동차기업과 조선기업이 철강의 조달에 저스트 인 타임을 도입한 이유와 공통이었다. 시간과 공간을 초월해, 저스트 인 타임 도입의 공통의 논리가 작용했던 것이다.

(6) 저스트 인 타임 시스템의 성과

핸드 투 마우스 시스템 도입에 따른 직접적 효과는 자동차기업들의 재고관리의 경제적 효율성을 높인 것이다. 구체적으로, 재고 축소 및 재고비용 절감이 이루어졌다. 예를 들면, GM은 1923년부터 25년 사이에 재고액을 1억 1,700만 달러에서 1억 1,200만 달러로 줄였으며, 같은 기간 생산에 대한 재고비율인 재고율도 5% 하락하였다. 특히 핸드 투 마우스 시스템 도입의 성과가 두드러졌던 것은 뷰익 사업부였다. 이 사업부는 재고를 필요 최소한의 수준까지 줄일 수 있었던 데다 재고보관을 위한 공간을 공장 연면적 10% 이내로 억제했다. 또한 수요변화에 대한 수량면의 대응능력도 높아졌다. 뷰익의 가격을 40%나 낮추는 데 가장 큰 공헌을 한 것도 이 핸드 투 마우스 system의 도입, 운영이었다고 한다.[97] 크누드센의 증언에 의하면, 시보레사업부에서도 핸드 투 마우스 시스템이 효과를 발휘해 재고를 감축했을 뿐 아니라, 기계의 유연한 활용을 촉진했다고 한다.[98]

포드도 핸드 투 마우스 시스템 도입에 의해 1920년대 중반 모든 재고를

---

97) Murray & Schwartz(2019), pp.54－55; Schwartz & Fish(1998), pp.55－57; Schwarz(2000), pp.67－68.

98) Murray & Schwartz(2019), pp.56－57.

30일 생산분 이하로 억제할 수 있었고, 사업부문별 평균 부품재고도 10일분 이하로 억제할 수 있었다.[99]

핸드 투 마우스 방식은 이처럼 재고 감축 및 생산성 향상이라는 정량적인 성과를 올렸을 뿐 아니라, 눈에 보이지 않는 공헌도 했다. 예컨대, 핸드 투 마우스 시스템은 자동차기업과 부품기업의 협력 관계를 강화하는 데도 기여했다. 앞서 본 바와 같이, 기업간 협력관계는 핸드 투 마우스 방식의 도입을 가능하게 한 요인이 되면서, 역으로, 핸드 투 마우스 방식의 도입이 자동차기업과 부품기업간의 협력관계를 강화해서, 쌍방향의 촉진작용이 있었던 것이다. 저스트 인 타임의 이러한 공헌에 있어서도 전후 일본자동차산업의 경험과의 유사점이 관찰된다.[100]

(7) 저스트 인 타임을 기능하게 한 요인

① 부품기업의 대응능력

이처럼 이 시기에 핸드 투 마우스 시스템이 잘 기능하게 한 요인으로서 먼저 들 수 있는 것은 유연한 생산대응 능력을 가진 부품업체가 두텁게 존재했던 점이다. 구체적으로는 GM과 포드가 핸드 투 마우스 시스템을 실행했을 때, 잦은 모델 체인지 등으로 부품공장에서 기계의 가동률이 떨어지는 문제가 있었고, 이에 부품 기업은 전용기계를 이용해 유연하게 생산대응할 필요가 있는데, 이러한 생산 대응능력을 가진 부품기업들이 많이 있었다.[101]

미자동차부품업체들은 어떻게 이런 능력을 가질 수 있었을까? 하나의 대답으로 수리부품의 생산경험을 들 수 있다. 앞서 지적한 것처럼, 1920년대 미국에서는 자동차시장의 성숙화로, 기존에 보유하던 차를 바꾸는 수요가 중심이 되었고, 또한 중고차시장이 성장하고 있었다. 이에 따라, 신품의 부품보다

---

99) Murray & Schwartz(2019), p.56; Schwartz & Fish(1998), p.63; Ford(1926), p.109, 114; Abernathy,Clark & Kantrow(1983), p.80; Barclay(1936), p.24; Kuhn(1986), p.178; Sorensen(1956), p.166.

100) Schwartz & Fish(1998), p.58.

101) Schwartz & Fish(1998), pp.58, 60. 슈바르츠에 의하면, 이 점은 주로 자동차기업들 자신이 유연한 전용기를 개발, 개선하는 방식으로 문제에 대응한 일본 기업과의 차이점이라고 한다.

수리부품의 수요가 더 빨리 늘어나, 부품기업들에게 있어, 수리부품의 제조, 판매가 중요한 사업으로 성장했다. 수리부품사업에 신규진입하는 기업도 늘어, 경쟁이 치열해졌다. 이 경쟁과정에서 살아남은 부품기업은 유연한 생산 능력을 높였던 것이다. 특히, 수요기업인 자동차기업들의 모델 체인지와 다양한 모델에 맞춰 수년간 수리부품을 공급할 수 있도록 부품업체들은 수리부품마다 여러 버전을 준비해야 했으며, 기존모델 승용차의 수리부품도 지속적으로 개선해야했다. 이러한 과제는 유연한 전용기계를 이용하지 않고서는 실현될 수 없는 것이었다.[102] 이 과정에서, 수리부품시장에서의 점유율을 높여온 부품업체들은 전용기계의 도입과 활용에 의한 유연한 생산대응 능력을 보유하게 되었던 것이다.

미 자동차부품업체들의 수요 대응능력을 높인 또 하나의 요인은 부품의 표준화가 좌절된 것과 관련된다. 자동차의 모델 체인지가 빈번해지는 가운데, 1920년대 초반, 부품의 표준화가 좌절되어 부품기업들의 입장에서는 공급하는 부품의 종류와 사양이 늘어났다. 때문에, 치열한 경쟁에 살아남기 위해 상위 자동차기업의 요구에 유연하게 대응하는 능력을 높일 수밖에 없었다.

앞서 언급한 브레이크제조업체 벤딕스사의 예를 보자. 벤딕스사는 1920년대 초반부터 GM을 위한 OEM 생산을, 20년대 중반부터는 크라이슬러를 위한 OEM 생산을 하고 있었는데, 계절수요 변화뿐 아니라 일시적인 수요급변이 빈번히 발생해, 생산량의 변화가 극심했다. 이러한 수요변동을 예측할 수 없는 경우도 있었고, 갑자기 단기주문이 늘어 1~2일이라는 짧은 기간에 납입을 해야 하는 경우까지 종종 있었다. 부품기업이 이러한 다양한 수요, 극심한 수요변동에 대응하는 방법 중 하나는 미리 재고를 보유하는 것이었으나, 이러한 방법은 불필요한 재고 보유의 부담이 너무 컸다. 수리부품의 생산이 완료될 때까지 몇 년이 걸릴 수도 있었고, 또 모델 체인지에 대응해 새로운 부품을 개발, 생산해야 했다. 이에 대한 효율적인 대응책은 유연한 전용기의 개발 및 확충이었다. 이러한 경험이 부품기업의 유연한 대응능력을 높였던 것이다.

---

102) Schwarz(2000), pp.67-69.

② 디트로이트 산업집적의 심화

이 시기에 저스트 인 타임이 기능하였던 또 다른 이유는 디트로이트 지역의 산업집적이 심화된 것이다. 전술한 바와 같이, 포드, GM, 신규진입한 크라이슬러 등 빅 쓰리가 모두 디트로이트에 집중해, 이들 기업의 시장점유율이 높아지면서, 미자동차산업에서 디트로이트로의 생산집중이 심화되었다. 예컨대, 1925년에 미시간주만으로도 전미 자동차생산의 51.7%를 점했다.[103]

이에 따라, 디트로이트와 인근 지역으로 이전해 오는 부품기업이 늘어나, 이 지역에 산업집적이 더욱 두터워졌다. 포드의 성공에 자극받아 새롭게 창업하는 동지역 출신 기업가, 이러한 창업형기업에 투자한 지역은행, 디트로이트에 투자하기 시작한 월스트리트 은행가, 애크런, 데이턴, 오하이오주 앤더슨과 같은 디트로이트에서 멀지 않은 곳에 형성된 새로운 부품산업, 새로운 공장에서 일하기 위해 미시간 남부로 몰려온 많은 노동자들이 산업집적을 두텁게 했다.[104] 디트로이트 자동차기업과의 거래와 집적지인 동지역에서의 정보 및 경험의 공유를 통해 기술력을 축적한 창업형 중소부품기업이 늘었다. 이러한 기업들은 주요한 자동차기업과의 사이에 공동 개발을 수행했으며, 이러한 공동개발이 종종 이 지역의 혁신을 창출했다. 이처럼 혁신이 집단적으로 창출되고, 그리고 지역에 빨리 전파되었는데, 그때 부품기업이 중요한 중개 역할을 하는 경우가 많았다. 또한, 디트로이트의 부품회사들간에는 한편에서는 경쟁하면서도 다른 한편으로는 강한 연대 관계를 구축했다.[105] 이 지역의 자동차업체들은 지리적 집중을 이용해 이들 부품업체와 다양한 기회를 공유하였고, 대규모의 인재 풀을 활용하는 한편, 부품기업과의 긴밀한 정보교환을 했다.[106] 다양한 제품을 비교적 소수의 기업이 생산할 수 있는 체계가 정비되고, 새로운 혁신에 효율적으로 빠르게 적응하는 시스템이 집적 내에 존재하여 이것이 이 지역의 유연성을 강화했다.

이러한 지역집적의 심화도 핸드 투 마우스 방식의 도입과 정착을 촉진한

---

103) ラングロワ(2004), p.85.

104) Murray & Schwartz(2019), p.61.

105) Murray & Schwartz(2019), p.83.

106) ラングロワ(2004), p.86.

요인이었다. 근거리에 있는 부품업체와 자동차업체간의 협력적인 거래 관계가 장기에 걸쳐 지속된 경우가 많았고, 공동작업도 빈번히 해왔기 때문에, 핸드 투 마우스 방식을 도입하기가 비교적 용이했다. 또한, 여러 자동차업체와 거래하는 부품기업군이 집적 내에 많이 존재하였고 이러한 부품기업은 지역내에서 동종의 부품을 많은 기업에 유연하게 공급하여 핸드 투 마우스의 도입을 원활하게 했다. 그 결과 디트로이트의 핸드 투 마우스 시스템은 지역 내의 많은 자동차기업들 사이에 빠르게 보급, 확산되어 디트로이트 생산문화의 일부가 되었다.107) 이처럼 집적내의 부품업체의 유연한 능력을 이용하며 기술을 축적해, 기업성장을 이뤘다는 점에서, 그리고 집적이 저스트 인 타임의 도입과 보급의 요인이 되었다는 점에서, 토요타와 계열부품기업의 성장과정과 디트로이트지역의 자동차산업의 성장의 역사적 경험 사이에는 중요한 공통점이 있었다.108)

③ 수송체계의 정비

철도를 중심으로, 디트로이트와 주변지역의 수송체계가 보다 정비된 것도 핸드 투 마우스 시스템의 도입을 가속한 요인이었다. 1920년대 전반까지, 동 지역의 철도수송능력과 서비스가 현저히 개선되었다. 빈번한 납입에 대응해 정시에 납품할 수 있는 물리적 능력을 갖추게 되어, 수송면의 이유로 인한 납품지연 문제는 거의 해소되었다. 더욱이, 도로가 정비되어, 트럭 수송의 편리성과 정확성, 신뢰성이 높아졌다. 그 결과, 신속한 배송이 일상적으로 이루어지게 되었다. 이러한 수송체계와 수송능력의 발전도 핸드 투 마우스 방식의 도입을 가능하게 했던 요인이었다.

맺음말

현재는 부품의 외부구입에 크게 의존하는 일본의 자동차기업과, 주로 부품을 사내생산하는 미국의 자동차기업의 차이점이 현저하지만, 자동차산업의 성장기를 비교하면, 미국도 전전기의 대부분의 시기에 전후의 일본과 마찬가지로 주로 부품을 외주에 의존하고 있었다. 따라서, 부품의 거래에 있어, 자동차기업과

---

107) Murray & Schwartz(2019), pp.51, 53.
108) Schwarz(2000), pp.92−93, 95.

부품기업간의 관계가 대단히 중요했으며, 이 점은 전후 일본과 마찬가지였다.

미국의 상위 자동차기업과 부품기업간에는 커스텀부품의 장기상대거래가 많았다. 장기적으로 특정 거래상대와 거래를 지속했으므로, 협력관계가 형성되어, 공동개발, 정보교환 등 여러 루트를 통해 협력이 이루어졌다. 부품기업은 자동차기업에 비해 상대적으로 기술력이 낮고 기업규모도 작아, 자동차기업이 부품기업을 지원하는 경우도 많았다. 이러한 관계에서는 조직원리가 강하게 작용했다고 할 수 있는데, 이 점에서도 미국의 경험은 전후의 일본과 공통이었다.

자동차기업과 부품기업이 저스트 인 타임 시스템을 도입했다는 점에서도 일본과 미국의 공통점이 있었다. 이 시스템의 도입에는 양자간의 협력이 불가결하다는 점에서 조직원리가, 초기에는 공급자와 수요자의 이해대립을 수반했다는 점에서 시장원리가 작용해, 결과적으로 시장원리와 조직원리가 결합되어 나타난 시스템이라 할 수 있다.

특정지역에 자동차기업과 부품기업이 집적되어, 이 산업집적지에서 기업간의 긴밀한 거래관계가 형성되었으며, 이러한 집적지의 형성이 저스트 인 타임의 도입을 포함해 자동차기업과 부품기업간의 협력을 용이하게 했던 점에서도 일본과 미국의 경험은 유사했다.

1900년대를 제외하고, 미국의 자동차기업은 거래교섭력에 있어 부품기업보다 우위에 있었다는 점에서도 전후의 일본과 공통이었는데, 이러한 거래교섭력은 수요자와 공급자간의 이해대립을 반영한다는 점에서 시장원리를 나타낸다 할 수 있다.

다만, 10년 정도의 짧은 기간 동안 전후의 일본의 경험과 다른 현상이 나타난 경우도 있었다. 첫째, 1900년대의 미국에서는 자동차부품업체가 완성차업체들보다 거래교섭력에서 우위에 있었다. 일본은 자동차산업의 초기부터 자동차기업들이 부품기업과의 거래에서 줄곧 우위에 섰던 것과 다른 점이다. 둘째, 1910년대의 일시적인 것이기는 하지만, 상위 자동차기업들이 부품의 내부생산을 크게 늘린 것은 전후의 일본에서는 없었던 현상이다. 본서의 정의에 따르면, 자동차기업의 부품 내부생산은, 경영자원을 가격이 아니라 경영자의 의사결정에 의해 배분했다는 점에서 조직원리가 강하게 작용하는 현상이라 볼 수 있고, 따라서, 이 점에서는 전후의 일본의 경험에 비해 미국의 자동차부품

거래에서 조직원리가 보다 강하게 작용하였다고 할 수 있다. 셋째, 미국에서는 일본에서는 관찰되지 않는 부품 표준화의 움직임이 1910년대에 나타났는데, 이는 중하위 자동차업체들과 부품기업의 이해관계의 일치를 반영하고 있다는 점에서 조직원리가 작용했던 예라 할 수 있다. 그러나, 이러한 차이점들도 특정한 사회의 문화적 요인, 특정사회의 특수한 행동방식 및 사고방식과 연결짓지 않아도 충분히 설명가능하다.

종래 일본의 기업간관계에 대해서는 "협조", "공동", "장기" 등 주로 조직원리를 나타내는 현상에 초점을 맞추어, 이러한 현상을 일본의 특수성이라 보는 견해가 많았다. 그리고, 이러한 일본 특수성의 이유를 오랜 기간 동안에 형성된 일본의 사회 및 문화의 특성, 일본의 조직의 특성, 일본인의 문화면, 행동면, 사고면 특성에 귀착시키는 경향이 있었다. 예컨대, 집단적인 사고 및 행동, 소수의 폐쇄된 그룹내의 긴밀한 정보교환과 외부에 대한 배타성, 상호의 신뢰를 특히 중시하는 점 등등이 강조된다.

그러나, 본장의 비교분석에서 밝혀진 것처럼, 미국의 기업간관계의 특수성, 혹은 일본의 특수성이라 여겨져 왔던 현상 중에는, 장기적인 시점에서 관찰하면 특수성이 아니라 오히려 공통점을 나타내는 경우가 많았다. 특수성의 편견에 가리워진 보편적인 현상을 보편적인 논리로 설명가능한 부분이 많은 것이다.

다만, 다른 사회에서 공통의 현상이 관찰된다 하더라도, 그것이 반드시 동일한 이유에 의한 것이 아닌 경우도 많다. 예컨대, 일본과 미국 양국에서 부품의 외주를 늘린 시기가 있었던 점에서는 공통이었지만, 왜 그렇게 하였는지의 이유는 달랐다. 또한, 기업간관계에서 도입된 제도형태가 동일하다 하더라도 그 기능의 정도 및 지속기간이 다를 수 있다. 저스트 인 타임이 그 좋은 예이다. 전후 일본의 저스트 인 타임의 성공으로 이 시스템을 도입하기만 하면 언제나 효율적으로 기능하는 것처럼 평가하는 주장도 있지만, 1910년대 중반의 미국의 경험을 보면 반드시 그렇지는 않다는 것을 알 수 있다. 즉, 조직원리를 나타내는 기업간 협력을 기반으로 하는 저스트 인 타임이 유효하게 기능하기 위해서는 일정한 조건이 충족될 필요가 있으며, 이러한 조건이 충족되지 않으면 동일한 시스템의 유효성도 달라지는 것이다. 왜 이러한 차이가 생기는지에 대한 대답을 얻는 것은 앞으로의 과제로 남겨둘 수밖에 없을 것 같다.

참고문헌─────────────────────────────

일본문헌(50음순)

浅沼萬里(1997) 「部品取引関係の比較制度的特性」(『日本の企業組織: 革新的適応の
メカニズム: 長期取引関係の構造と機能』東洋経済新報社の第7章).

岡本友孝(1966) 「新興産業としてのアメリカ自動車工業(中): 両大戦間におけるそ
の成立・独占形成と産業的意義」『商学論集』(福島大学経済学会), 第35巻第3号.

金容度(2013) 「日米企業システムの比較史序説(1)」『経営志林』(法政大学経営学会)
第50巻第1号, 2013年4月.

塩見治人(1978) 『現代大量生産体制論─その成立史研究』森山書店.

塩見治人(1986) 「フォード社と自動車産業」(塩見治人・溝田誠吾・谷口明丈・宮崎信二
『アメリカ・ビッグビジネス成立史─産業的フロンティアの消滅と寡占体制』東
洋経済新報社.

高橋伸夫(2011) 「殻─(2) 「殻」としてのT 型フォード─」『赤門マネジメント・レ
ビュー』10巻5号.

日刊自動車新聞社『自動車産業ハンドブック』.

日本自動車工業会『自動車統計年報』.

日本自動車工業会『自動車統計年表』.

橋本寿朗(1991) 『日本経済論』ミネルバ書房.

平田喜彦 「一九二〇年代における資本蓄積と産業金融(一)」『経済学季報』(立正大学
経済学会), 第17巻第2号, 1967年12月.

藤本隆宏(1997) 『生産システムの進化論』有斐閣.

マイケル A.クスマノ, 武石彰(1998) 「自動車産業における部品取引関係の日米比較」
(藤本隆宏・西口敏宏・伊藤秀史 『サプライヤー・システム─新しい企業間関係を
創る』有斐閣).

ラングロワ(2004) 「アメリカ自動車産業の黎明期における垂直統合」(リチャード・
ラングロワ/ポール・ロバートソン 『企業制度の理論』 NTT出版(原書はLanglois,
Richard N. & Robertson, Paul L.(1995) *Firms, Markets and Economic Change:
A Dynamic Theory of Business Institution.* (Routledge: Taylor & Francis
Books. Ltd.).

영문문헌

Abernathy, Clark & Kantrow(1983). *Industrial Renaissance Industrial Renaissance*. New York: Basic Books.

Abernathy, Clark(1978). *The Productivity Dilemma. Baltimore*. MD: Johns Hopkins University Press.

Bachman, B. B.(1927). "S. A. E. Standards," *Journal of the Society of Automotive Engineers*, Vol.1. No.6.

Barclay, Hartley W.(1936). *Ford Production Methods*. New York:Harper & Brothers.

Clark, Fred E.(1927). "An analysis of the cause and results of hand−to−mouth buying," *Harvard Business Review*.

Clark, Kim & Fujimoto, Takahiro(1991). *Product Development Performance*. Harvard Business School.

Edward Kennedy(1972). *The Automobile Industry: The coming of Age of Capitalism's Favorite Child*. 1941, N.J.: rpt., Clifton.

Flügge, Eva(1929). "Possibilities and Problems of Integration in the Automobile Industry," *Journal of Political Economy*, Vol.37, No.2.

Ford, H.(in collaboration with S. Crowther)(1926). *Today and Tomorrow*. NY.: Garden City.

Ford, H.(1922). *My life and Work* (in collaboration with S. Crowther). Garden City, NY: Doubleday, Doran & Company, Inc..

Griffin, Clare Elmer(1926). "The evolution of the automobile market," *Harvard Business Review*, Vol. 4 no.4.

Helper, Susan & Hochfelder, David (1997). "'Japanese−Style' Relationships in the Early Years of the US Auto Industry?" in Masahiro Shimotani and Takao Shiba, eds. *Beyond the Firm*. Oxford: Oxford University Press.

Helper, Susan(1990). "Comparative Suppliers Relations in the U.S. and Japanese Auto Industries' An Exit/Voice Approach," *Business and Economic History Second Series*, Vol. 19.

Helper, Susan(1991). "Strategy and Irreversibility in Supplier Relations: The Case of the U.S. Automobile Industry", *Business History Review*, Vol. 65 Issue 4.

Hochfelder, David & Helper, Susan(1996). "Suppliers and Product Development in the Early American Automobile Industry," *Business & Economic History* Vol.25 No.2.

Hounshell, David(1984), *From the American System to Mass Production, 1800−1932: The Development of Manufacturing Technology in the United States*. Baltimore: Johns Hopkins University Press.

Katz,Harold(1977). *The Decline of Competition in the Automobile Industry, 1920−1940*. New York: New York Times Co.

Kuhn, Arthur J.(1986). *GM Passes Ford, 1918−1938: Designing the General Motors Performance−Control System*. University Park, PA: Pennsylvania State University Press.

Langlois, Richard N. & Robertson, Paul L.(1989). "Explaining Vertical Integration: Lessons from the American Automobile Industry," *Journal of Economic History*, Vol.49 No.2.

Metropolitan Life Insurance Company(1927), *Modern trends in business. Hand−to−mouth buying*(Proceedings of a conference of business leaders held at Chicago, Illinois), February 17.

Murray, Joshua & Schwartz, Michael(2019). *Wrecked: How the American Automobile Industry Destroyed Its Capacity to Compete*. New York. Russell Sagoundation.

Nevins, Allan (with collaboration of Frank E. Hill)(1954), *Ford, the times, the man, the company*. New York: Charles Scribner's Sons.

Nourse, E. G.(1934). *America's Capacity to produce* (武石勉(1942)『アメリカの生産能力(上)』まこと書房).

P. Heldt(1933). "Parts Makers's Role Gets Bigger as Automotive History Unfolds," *Automotive Industries*, 6 May.

Piore, Michael J. & Sabel, Chareles F.(1984). *The Second Industrial Divided: Possibilities for Prosperity*. New York: Basic Books.

Pound, Auther. *Turning Wheel: the story of General Motors through twenty−five years, 1908−1933*. Garden City, N.Y.: Doubleday, Doran & Company, Inc.

Ralph C. Epstein(1927). "The Rise and Fall of Firms in the Automobile Industry" *Harvard Business Review*, Vol.5 No.1.

Ralph C. Epstein(1928). *The Automobile Industry: its Economic and Commercial Development*, London: A.W. Shaw Company.

Schwarz,Michael & Fish Andrew(1998). "Just-in-Time Inventories in Old Detroit," *Business History*, Vol.40 No.3.

Schwarz, Michael(2000). "Markets, Networks, and the Rise of Chrysler in Old Detroit, 1920-1940," *Enterprise & Society*, Vol.1.

Seltzer, L. H.(1928). *Financial History of the American Automobile Industry*, Boston: Houghton Mifflin.

Sloan, A. P. & Sparkes, B.(1941). *Adventures of a White-Collar Man*, New York: Doubleday, Doran.

Sorensen,Charles(1956). *My Forty Years with Ford*. New York: W.W. Norton.

Tosdal,Harry R.(1933). "Hand-to-mouth buying," *Harvard Business Review*, Vol.11 No.3

Vatter,Harold G.(1952). "The Closure of Entry in the American Automobile Industry", *Oxford Economic Papers*, New Series, Vol.4, No.3.

제5장
철강의 기업간 관계 역사의 일미 비교
: 철강기업과 자동차기업간의 관계1)

이 장에서는 기초소재로서 많은 산업에 이용되는 대표적 중간재인 철강의 기업간관계가 미국과 일본에서 어떻게 전개되었는지를 역사적으로 비교분석한다. 분석의 대상이 되는 시기는 4장과 마찬가지로 미국의 제2차 세계대전 이전의 시기, 일본은 전후의 고도성장기이다.

왜 양국의 같은 시기가 아니고, 이처럼 미국과 일본의 분석시기를 달리하는지에 대해서는 설명이 필요할 것이다. 그 단서는 먼저 [표 5 - 1]에 의해 주어진다. 이 표에 의하면, 일본의 철강생산(조강 기준)이 미국보다 빠른 속도로 늘어나는 가운데, 미국의 1900년대와 일본의 50년대 후반의 철강생산량이 비슷했고 그 후에는 미국의 40년대 전반과 일본의 70년대 초의 생산량이 비슷했다. 따라서 철강 생산량을 기준으로 양국의 철강업의 발전단계를 판단하면, 미국의 전전기와 일본의 고도성장기가 같은 단계에 있었다 할 수 있다. 따라서, 미국의 전전기와 일본의 전후 고도성장기를 분석시기로 한다.

분석대상은 자동차용 철강의 사례이다. 그 이유는 첫째, 전전기 미국과 전후 고도성장기의 일본에서, "모터리제이션"이 진전되어 자동차산업이 주력산업으로 성장했고, 그 과정에서, 자동차산업이 철강의 중요한 수요산업이 되었던 점이다. 예컨대, 미국에서는 20세기 들어 자동차산업이 철강의 최대 수

---

1) 이 장의 기술은 金(2018a)을 대폭 수정하여 번역한 내용에 의거한다.

표 5-1 일본과 미국의 철강 생산량 추이 (단위: 백만톤)

일본		미국	
시기	생산량	시기	생산량
1951-1955	38	1901-1905	<u>78</u>
1956-1960	<u>75</u>	1906-1910	113
1961-1965	168	1911-1915	144
1966-1970	<u>352</u>	1916-1920	212
1971-1975	524	1921-1925	187
1976-1980	535	1926-1930	246
-	-	1931-1935	125
-	-	1936-1940	237
-	-	1941-1945	<u>387</u>

출처: 日本鉄鋼連盟.

요부문이 되어, 미철강산업의 성장에 크게 공헌했다.[2] [표 5-2]에서 알 수 있듯이, 1920년대에 자동차용은 압연제품수요 중의 구성비를 높여, 23년 12.6%에서 29년 16%로 상승했다. 생산량에서도 자동차용 철강은 같은 기간 390만톤에서 735만톤으로 두 배로 증가하였다.[3] 30년대 대공황기로부터의 회복기에도 자동차 수요는 크게 증가해, 38년까지 자동차는 미압연제품 수요의 6분의 1에서 4분의 1의 구성비를 기록했다(표 5-2).

일본의 경우에도, 전후 고도성장기, 특히 1960년대에 "모터리제이션"에 의한 자동차 대중화로, 자동차용 철강수요가 빠르게 성장했으며, 1장에서 확인한 것처럼, 자동차용강재가 60년대와 70년대 초, 일본의 철강내수의 약 10%를 차지했다.

자동차용 강재시장의 사례를 분석하는 두 번째 이유는 자동차용 강재가 고급품이라는 점이다. 자동차산업은 철강업에 고품질의 철강제품의 대량수요를 제공했고, 합금 등 경박 강재의 개발을 요구함으로써 기술면 및 유통면에서의 이노베이션을 견인한 철강수요산업이었다.[4] 이처럼 고급 철강제품의 기술발전을 촉진했다는 면에서 자동차업체와의 기업간 거래는 특히 중요하다.

---

2) Temin(1964), p.5; Warren(2008), p.139; Hogan(1971) Vol.2, p.689.

3) Hogan(1971) Vol.3, p.879; Rogers(2009), p.56.

4) Chandler(1964), xii; Daugherty, De Chazeau & Stratton(1937), p.47.

| 표 5-2 | 미철강압연제품의 수요구성 | | | | | | (단위: %) | |

연도	내수합계	자동차	철도	건축	컨테이너	기계	석유, 가스, 수도	수출
1923	100.0	12.6	25.3	14.8	3.6	3.1	10.5	6.1
1924	100.0	10.6	25.6	17.1	4.3	3.6	9.2	6.4
1925	100.0	14.6	23.4	16.6	4.3	4.0	8.5	5.3
1926	100.0	15.5	21.6	17.7	3.8	3.2	9.2	6.8
1927	100.0	14.9	20.0	21.1	4.3	3.2	7.9	6.5
1928	100.0	18.5	16.2	18.7	4.3	4.3	6.9	6.5
1929	100.0	16.0	17.7	18.8	4.2	4.4	8.2	5.4
1930	100.0	14.9	15.9	22.3	5.7	4.1	9.2	4.8
1931	100.0	16.4	14.1	21.4	7.4	3.7	7.5	4.4
1932	100.0	17.8	10.0	23.0	9.9	3.8	5.4	3.8
1933	100.0	21.1	7.9	15.8	10.5	4.2	5.5	4.0
1934	100.0	21.6	12.0	16.7	8.2	3.9	6.1	5.7
1935	100.0	25.1	7.4	16.1	8.5	4.1	5.5	4.4
1936	100.0	19.9	10.8	17.1	7.3	4.4	6.6	4.1
1937	100.0	19.0	11.4	14.7	7.8	4.3	6.9	7.4
1938	100.0	17.2	6.1	18.7	9.1	3.5	7.4	7.4

출처: TNEC. Hearings before the TNEC, Part 26, 14096−7.

셋째로, 본장의 분석시기는 앞서 언급 한 바와 같이 양적인 면에서 미일의 철강 산업이 비슷한 발전 단계에 있었을 뿐 아니라 수요산업인 자동차산업도 그러하였다. 4장에서 서술한 것처럼, 자동차의 폭발적인 수요 증가를 보인점에서 1955~70년의 일본과 1900년대 후반~20년대 전반의 미국은 매우 유사하다. 예를 들어, 자동차생산이 100만대에 달한 것은 미국이 15년경, 일본은 62년이었다. 즉, 본장의 분석시기에, 철강과 자동차 양산업의 발전단계가 일미간에 유사했던 것이다. 따라서, 4장과 마찬가지로, 미국의 전전기와 일본의 고도성장기를 비교분석의 시기로 설정한다.

철강산업의 역사에 대한 국제비교연구가 없는 것은 아니다. 그러나, 기업간 관계에 초점을 맞춘 연구는 매우 적다. 그 중, 정부정책과 함께 철강업의 기업간 관계에 초점을 맞추어, 각국의 철강산업의 역사를 비교분석하고 있는 Kipping의 연구가 주목된다.[5] Kipping(1996)은 프랑스, 독일의 자동차기업과

---

5) Kipping(1996); Kipping(1997).

철강기업 간의 관계를 역사적으로 비교하고 있으며, Kipping(1997)은 철강업과 철강정책을 중심으로 일본과 한국, 독일과 프랑스를 비교분석하고 있다. 특히, Kipping(1996)은 자동차와 철강업체간의 기업간 관계를 다루고 있다는 점에서 본장의 분석과 공통점이 있다.

그러나 본장의 분석은 Kipping의 연구와 이하의 점에서 다르다. 먼저 Kipping은 미철강업을 국제비교의 대상으로 하지 않는다. 또한 Kipping은 어디까지나 각국의 차이점을 강조하고 있을 뿐, 공통점에 주목하지 않는다. 그러나, 본장에서는 철강의 기업간 관계의 역사에 나타나는 미일차뿐만 아니라 양국의 공통점도 분석한다. 그리고, Kipping의 연구에서는 각국의 철강업 발전의 전시기를 개관하고 있는 반면, 본장에서는 자동차용 철강시장의 동일한 발전단계에 초점을 맞추어 국제비교의 실증수준을 높이고 있다.

또, 본장에서는 시장원리와 조직원리의 동학적인 결합이라는 관점에서 일본과 미국의 기업간관계의 역사를 비교하는데, Kipping의 연구는 그러한 분석시점은 없다. 이 점에서도 본장의 의의를 주장할 수 있을 것이다.

자료로는 필자가 일본과 미국에서 수집한 철강업 및 자동차산업의 자료, 그리고 철강기업과 자동차기업의 자료를 활용하며, 일본에 대해서는 필자가 실시한 인터뷰 기록도 자료로 활용한다. 그럼, 역사적으로 미국과 일본의 자동차용 철강의 기업간 거래에 있어서 어떤 공통점이 나타났는지부터 살펴보도록 하자.

제1절 일미 공통점

(1) 장기상대거래 및 수급자간 협력 관계

시기는 다르지만, 미국과 일본 모두 특정 소수의 자동차기업과 철강기업간의 장기상대거래가 있었으며, 수요자와 공급자 사이에 거래를 둘러싸고 다양한 수준에서의 빈번한 협력이 관찰된다. 이러한 장기상대거래와 수급자간 협력은 전후 일본의 기업간 거래의 중요한 특징이라고 얘기되지만, 사실은 역사적으로 미국에의 철강의 거래도 마찬가지였던 것이다.

① 장기상대거래의 존재

수요기업에 따라 철강제품에 요구되는 화학적, 물리적 특성, 그리고 형태
와 크기가 다르며, 특히 대기업의 수요는 그 요구 사양이 엄격했다.[6] GM과
같은 대자동차기업은 부품의 사양보다도 철강의 사양에 더 많은 관심을 쏟았
다고 한다. 철강에 대한 특정 수요자의 요구가 매우 엄격했다는 것을 시사한
다. 또한, 후술하는 것처럼, 자동차기업은 거래하는 부품기업이 필요로 하는
철강까지 한꺼번에 집중구매를 하고 있었기 때문에 철강업체들은 각자동차기
업이 설정하는 광범한 부품표준의 사양에 맞춰 제품을 공급해야 했다.[7]

이러한 요구를 충족시킬 수 있는 미철강기업의 수는 그리 많지 않았다.
예를 들어, 제2차 세계대전 전은 물론, 전후의 1950년대 초반에도 자동차용
광폭 강재를 생산할 수 있는 미국 철강기업은 존 앤 로린(Jones & Laughlin), 리
퍼블릭 스틸(Republic Steel Co.), 내셔널 스틸(National Steel Co.)의 3사 밖에 없
었다고 한다.[8] 따라서 자동차기업들은 이들 소수의 철강기업과 거래를 할 수
밖에 없었고, 이들 한정된 수의 철강기업들과의 거래가 반복되는 가운데 거래
관계가 장기화되어, 장기 상대거래가 많아졌다.

일본의 경우도 자동차기업과 거래하는 철강기업의 수는 제한되어 있어
상대거래가 많았다. 제1장에서 본 것처럼, 일본 자동차기업은 특정한 철강업
체로부터의 조달에 크게 의존하는 경우가 많았다. 또한, 자동차 상위 2사인 토
요타와 닛산은 주력 강재조달처를 의도적으로 겹치지 않게 했다. 예컨대, 토요
타는 야하타제철에 대한 의존도가 높았고, 닛산은 카와사키제철에 대한 의존
도가 높았으며, 다른 자동차기업들도 1위 조달처에 대한 집중도가 높았다. 따
라서, 이 시기의 철강거래는 주로 특정 소수의 수요자와 공급자 사이에 이루
어지는 경향이 강했다는 점에서 상대거래였다고 할 수 있다. 고도 성장기의
자동차용 강재시장에서는 상대거래의 비중이 70%에 달했다.[9]

이러한 상대거래가 계속되어, 미국의 경우와 마찬가지로 특정 자동차기업

---

6) United Steel Corporation(1939b), p.2; Daugherty, De Chazeau & Stratton(1937), p.47.

7) Kuhn(1986), pp.200−201.

8) *Business Week*, May 19, 1951.

9) 일본의 철강상사 A사OB에 대한 인터뷰(2005년 12월 15일).

과 특정 철강업체 간의 장기계약관계가 성립되었다. 예를 들어, 토요타는 이미 1959년에 야하타제철과의 사이에 강판의 장기거래계약을 맺고 있었다.[10) 미국과 일본 양국 모두에서 자동차기업과 철강기업간에 조직적인 거래가 많았던 공통점이 있었던 것이다.

② 수요기업과 공급기업 간의 협력과 상호작용

장기상대거래가 많았다는 것은 수요자와 공급자 사이의 협력, 그리고 정보교환 등, 양자간의 상호작용이 활발히 이루어졌을 가능성이 높다는 것을 의미한다. 즉, 조직원리가 강하게 작용했을 가능성이 높다.

미국의 경우부터 보자. T형 승용차의 생산개시기인 1900년대 후반, 포드는 철강 등 소재와 부품의 제조기업과 시장관계(arm's length contracts)에 가까운 거래관계를 맺고 있었다고 한다.[11) 그러나, 그 후 자동차기업과 철강기업 간의 정보교환이 늘었다. 예를 들면, 20년대에 미 암코사가 자동차용 강재 생산을 위해 연속 스트립밀 설비를 개발했는데, 10년대부터 자동차기업의 반응을 지속적으로 청취하는 등, 수요자인 자동차기업의 정보를 수집한 것이 크게 공헌했다.[12) 수요자와 공급자간의 상호작용의 사례라 할 수 있다.

또한, 후술하는 것처럼, 1929년 3사합동에 의해 설립된 내셔널 스틸은 자동차기업의 집적지 근처에 주력공장을 두고, 수요기업과 빈번하게 정보교환을 계속했다. 그 결과 동사는 적시에 수주를 획득하는 능력, 자동차기업이 지정하는 사양에 대응하는 능력을 갖출 수 있게 되었다. 이것이 30년대의 대공황기에 자동차 각사로부터의 주문 취소, 주문 감소에 의한 경영 위기를 넘길 수 있었던 중요한 요인이기도 했다.[13)

---

10) 磯村(2011), pp.39-40; 金(2007), p.26; 金(2011b), p.5.
11) Seltzer(1928), pp.89-90, 100; Helper(1991), p.738.
12) Misa(1995), pp.241-243.
13) Rogers(2009), p.77. 미국에서 철강공급부족이 심각했던 1950년대 초반에, GM 등 자동차기업이 주력거래처인 리퍼블릭 등 철강업체에 설비투자자금을 저리융자까지 하면서, 그 대가로 철강제품을 우선적으로 공급받았다(*General Motor's Annual Report*, 1951, 1952, 1953; New York Harold Tribune, May 9, 1951; *New York Journal of Commerce*, May 14,1951; New York Times, May 20, 1951; Business Week, May 19, 1951; Detroit News, September 10,1951)). 전후에도, 미자동차기업과 철강기업간에는 자금거래를 포함해, 기업간 협력이 계속되었던 것을 알 수 있다.

게다가, 후술하는 바와 같이, 포드가 철강을 내부생산함에 따라, 카네기 스틸사(Carnegie Steel)와 캄브리아 스틸사(Cambria Steel)는 자동차부품 제조에 많이 사용되는 특수강제품시장에서 시장점유율을 잃어 위기감을 가지게 되었는데, 이에 대응해, 카네기 스틸은 포드와 경쟁하고 있던 GM과의 공동 개발에 참가했다.[14) 즉, 상위자동차기업의 철강 내부생산이, 거래관계에 있던 철강회사들의 시장을 잠식해, 그 결과 이 철강기업들이 다른 상위자동차기업들과의 공동개발까지 하게 된 것이다. 기업간의 이해대립이 다른 기업과의 협력관계를 만들어 내는 형태로 시장원리와 조직원리가 결합되어 작용했다고 할 수 있다.

4장에서 본 것처럼, 포드는 1920년대에 자동차부품거래에 핸드 투 마우스 조달방식을 도입했는데, 철강 거래에도 같은 방식을 도입했다.[15) 앞서 언급한 바와 같이, 이 조달방식은 공급기업과의 협력을 전제로 도입이 가능했다는 점에서, 자동차기업과 철강기업간의 협력관계가 강했던 사실을 방증하는 것이라 할 수 있다. 그리고, 이러한 미국의 경험은, 1장에서 본 것처럼, 60년대에 일본의 자동차기업들이 철강기업의 협력에 의해 철강거래에 저스트 인 타임 조달방식을 도입한 것과 매우 유사하다.

일본에서는 다른 형태로도 철강기업과 자동차기업 간의 협력관계가 나타났다. 예를 들어, 특정의 철강업체와 자동차업체들은 빈번한 의견교환을 통해 매월 필요한 강재의 양을 파악하고 이를 반영하여 철강업체들이 생산계획을 세워, 효율적인 생산을 통한 비용절감 성과를 내었다.[16) 또한, 수요자와 공급자 간의 연구개발면의 협력도 있었다. 예를 들면, 1957년부터 자동차용 강재의 개발을 위해 수요기업과 공급기업이 연구회를 만들어 공동연구를 했다. 이 공동연구회에는, 자동차 2사와 부품 1사(토요타, 닛산, 후지정밀)와 공급자인 철강기업 2사(야하타제철과 후지제철)가 주력 멤버로 참가했다. 64년부터는 보다 체계적인 공동연구가 시작되어 73년에는 자동차 프레스금형을 대상으로 열연 고강도 강판 및 냉연 고강도 강판의 성형성 실험도 실시했다.

---

14) Kuhn(1986), pp.68-74.

15) Sorensen(1958), p.121.

16) 金(2007), p.26.

또한, 1975년경부터는 토요타의 기술부 및 품질 보증부와 신일본제철 기술자들 사이에 공동개발이 이루어졌으며, 이 공동개발에 의해, 자동차용의 고급표면처리강판이 개발되었다. 그리고, 거의 같은 시기에 닛산자동차도 다른 대형 철강업체와 공동개발을 실시해, 역시 성형성이 뛰어난 고장력(高張力) 강판을 개발하였다.[17]

(2) 자동차기업의 철강 複社발주

자동차기업과 철강기업간의 거래의 역사에 나타난 양국의 또 다른 공통점은 수요자인 자동차기업이 항상 몇개의 철강기업과 동시에 거래를 했다는 점이다. 이른바 "複社발주"이다. 이 "複社발주"에 의해, 자동차기업은 첫째, 철강의 안정적인 조달을 가능케 했고, 둘째, 여러 공급자간의 경쟁을 활용하여 자신에게 유리한 거래조건을 끌어낼 수 있었다. 공급자간의 경쟁이 치열했고, 공급자간 경쟁을 수요자가 의도적으로 활용했다는 점에서 시장원리와 조직원리가 결합되어 작용하고 있었다 하겠다.

당시 미국과 일본의 실태를 좀 더 살펴보자. 전전기에 대부분의 미자동차기업은 여러 철강기업에서 강재를 구입하는 것을 원칙으로 했으며, 빅 쓰리도 예외는 아니었다. 예를 들어, GM의 경우, 경영자 슬로안이 1922년 가을, 각사업부의 부품과 소재의 조달을 전사적으로 조정하는 전사조달위원회(General Purchasing Committee)를 설치했을 때, 자동차부품, 그리고 철강 등 기초소재에 대해 품목별로 복수의 기업에서 조달하는 정책방침(two-source-of-supply policy)을 결정하여, 지속적으로 철강의 "複社발주"를 해왔다.[18] 후술하는 바와 같이, GM은 부품용 철강까지 집중구매하고 있었기 때문에, 철강의 "複社발주" 원칙은 강재뿐 아니라, 부품에 많이 사용되는 특수강 조달에 있어서도 일관되었다. 예를 들어, 23년에 GM은 탄소강을 카네기 스틸사뿐만 아니라 캄브리아 스틸사로부터도 조달하고 있었으며, 그 배경에는 각사업부가 자유롭게 철강업체를 선택할 수 있게 하는 전사의 방침이 있었다.[19]

---

17) 일본의 철강상사 A사 OB에 대한 인터뷰(2005년 12월 15일); 金(2007), p.26; 中岡編(2002), p.215; 橋本(1991), p.131.
18) Kuhn(1986), p.69.
19) Kuhn(1986), p.69.

포드의 경우에도, 하이랜드 파크 공장에 설치된 조달부(Purchasing Agents)는 복수의 철강업체를 엄선하여 이들 복수의 철강기업과 계약했다고 한다. 또한, 후술하는 바와 같이, 포드는 1920년대 초부터 철강을 내부생산하였는데, 이러한 내부생산과 함께, 외부로부터도 강재를 계속 구매했다. 포드도 사내를 포함해 복수의 조달처를 확보하여 철강을 조달하고 있었던 것이다.

한편, 제1장에서 본 바와 같이, 일본에서도 고도성장기에 주요 자동차기업들은 강재를 복수의 기업으로부터 조달하고 있었다. 예컨대, 1962년경에 토요타는 야하타제철을 주요한 조달처로 하고 있었지만, 후지제철의 사실상의 자회사였던 토카이제철로부터도 강재를 조달했다. 닛산과 동양공업(마츠다)도 카와사키제철과 후지제철이라는 복수의 철강업체로부터 강재를 구입했다. 이스즈, 프린스, 히노 등도 철강업체 4사로부터 자동차용 강재를 조달했다. 또한, 제1장에서 본 것처럼, 고도성장기의 조금 후인 76년에도 자동차기업은 복수의 철강업체로부터 강재를 구입하는 "複社발주"를 유지했다.

따라서, GM, 포드 등 미상위 자동차기업뿐 아니라, 일본의 자동차회사들도 철강 조달을 둘러싸고 복수의 철강기업간의 경쟁을 활용했다는 점에서 시장원리와 조직원리가 동학적으로 결합되어 있었다고 할 수 있다.

(3) 수요확대에 따른 공급자간 경쟁의 격화

자동차기업의 철강 "複社발주" 전략이 유효하게 기능하기 위해서는 공급기업간에 경쟁이 활발히 이루어져야 하는데, 실제로 미일 모두 자동차용 강재시장에서 철강기업간 경쟁이 치열했다. 경쟁이라는 시장원리가 작용했다는 점에서도 일본과 미국의 공통점이 있었다고 하겠다. 자동차용 강재 제조기업간의 경쟁 양상을 좀 더 구체적으로 살펴보자.

① 초기 시장에서의 선발철강기업의 앞도적 우위

자동차에 철강이 사용되기 시작한 초기 단계에서는 미일 모두 공급할 수 있는 기업수가 제한되어 있었고, 특히 선발 철강기업이 시장에서 압도적인 지위를 차지하고 있었다. 미국의 경우, 자동차용 강재 수요가 나타나기 시작했을 때, US스틸이 압도적인 시장점유율을 차지하고 있었다.

일본에서는 1950년대 후반에 상용차용 철강수요가 증가하였고, 60년대에는 "모터리제이션"이 진전되어, 승용차수요가 급속히 증가하였는데, 당초 이 자동차용 철강 제품을 공급할 수 있는 기업수는 제한되어 있어, 주로 수입에 의존할 수밖에 없었다. 국내기업 중에서는 50년 일본제철 분할에 의해 탄생한 야하타제철과 후지제철이 공급하고 있었다. 즉, 50년대까지는 자동차용 철강 시장에서 국내공급업체로는 당시 1위, 2위의 양사가 압도적인 지위를 차지하고 있었다(1장 참조). 자동차용 철강시장 초기단계에, 미일 모두 선발 철강업체가 시장에서 압도적 지위에 있던 공통점이 관찰된다.

② 자동차용 철강 수요의 급증

미국에서는 포드의 T형 승용차의 출현을 계기로 자동차시장이 개화되어, 자동차가 대중 소비재로서의 성격이 강화되어, 1910년대와 20년대 전반까지 자동차용 철강수요가 급증했다. 일본에서도 50년대 후반부터 증가한 자동차 수요는 앞서 언급한 것처럼, 60년대에 모터리제이션의 진전으로 더욱 빨리 증가하였다. 이에 따라, 자동차용 강재 수요가 급속히 늘었다.

먼저, [표 5-3]를 보면, 1900년대부터 10년대에 걸쳐 미자동차용 철강수요가 매우 빨리 증가했음을 알 수 있다. 00년대 후반의 5년 만에 철강수요가 10배 이상 증가했고, 10년대의 10년간에는 13배 이상 증가했다.

4장에서 본 것처럼, 1920년대 중반에는 미자동차시장이 성숙기를 맞아, 자동차용 강재의 수요증가율은 낮아졌고, 24년과 27년에는 감소하기까지 했지만, 20년대 전체를 놓고 보면, 자동차 수요는 두 배가 되었다.[20] [표 5-4]에 의하면, 자동차용 강재수요는 20년의 360만여 톤에서 29년에는 약 760만톤으로 증가했다.

[표 5-4]에서 자동차용 철강수요와 자동차 판매대수의 증가속도를 비교하면, 1920년대 전반에는 후자의 증가속도가 전자의 그것을 상회하고 있었지

---

20) United Steel Corporation(1939a), p.19; Rogers(2009), 56; Hogan(1971), Vol 3, p.1307. 한 편, 1920년대 중반까지 미국에서 자동차 시장 증가세가 유지된 요인으로는 제1차 세계대전 중의 저축증대, 20년대의 소득증대에 의해 각 소득계층에 "여유자금"이 형성된 것, 대량생산에 의한 규모의 경제를 통해 자동차가격이 크게 하락한 것, 20년대의 휘발유 가격하락 및 타이어튜브의 내구성 상승에 따른 자동차 유지 비용의 저렴화, General Motors Acceptance Co. 등 자동차관련 금융기관의 대두에 의한 할부판매의 용이화 및 중고차 시장의 발달 등을 들 수 있다(平田(1967), pp.41-42).

표 5-3 미 자동차용 철강소비 추이(1905-1919년)   (단위: 톤)

연도	강재	합금	기타 압연제품	합계
1905	7,000	-	-	7,000
1906	9,520	-	-	9,520
1907	12,320	-	-	12,320
1908	18,200	-	-	18,200
1909	35,560	7,152	-	35,560
1910	52,360	10,472	15,568	78,400
1911	61,040	11,760	39,200	112,000
1912	105,840	21,168	69,392	190,400
1913	135,800	27,160	89,040	252,000
1914	142,532	31,866	122,402	296,800
1915	249,932	49,985	153,683	453,600
1916	443,412	88,680	274,307	806,400
1917	523,305	104,660	329,635	957,600
1918	323,018	64,602	205,980	593,600
1919	552,724	110,544	345,852	1,009,120

출처: Hogan(1971) vol.2, p.681(原資料는U.S. Steel Corporation, Commercial Research Divisions).

표 5-4 미 자동차용 강재 수요와 자동차 판매대수   (단위: 천톤, 천대)

연도	미 자동차용강재 수요	미 자동차판매대수
1920	3,623	1,906
1925	4,861	3,735
1929	7,592	4,455
1932	1,990	1,104
1937	7,165	2,889

출처: Warren(2002), p.171; 平田(1967), p.42.

만, 20년대 후반에는 역전되어, 자동차생산은 다소 침체한 가운데, 자동차보다 자동차용 강재의 수요가 더 빨리 늘었다. 또한 같은 표에 따르면 30년대 중반 자동차용 강재수요의 회복속도가 자동차판매의 회복속도를 훨씬 웃돌았다. 이는 20년대 후반 이후 자동차1대당 철강 소비량이 늘어났던 것을 의미한다.

　　이처럼 1920년대 이후, 자동차용 강재수요의 증가속도가 자동차수요의 그것을 훨씬 웃돈 데는 몇 가지 이유가 있었다. 앞서 언급했던 것처럼, 20년대 중반부터 자동차시장이 성숙기에 접어들었던 것도 영향을 미쳤지만, 다른 이유도 있었다. 첫째, 유개차(closed car)의 보급과 승용차의 중량화 및 대형화,

둘째, 철강과 자동차 양산업의 제조기술 향상, 셋째, 제품개선을 둘러싼 자동차기업간 경쟁 등을 들 수 있다. 그 중에서도 특히, 첫 번째 요인, 즉 유개차의 보급과 승용차의 중량화, 대형화가 박판류를 중심으로 자동차용 강재 수요가 크게 늘었던 것이 중요했다.[21]

최초의 유개차는 1912년 오클랜드사가 개발했는데, 그 후 상당기간은 유개차의 보급이 그다지 진전되지 않았다. 그러나 20년대 들어 급격히 보급되어, 20년에 10 % 정도였던 유개차 비중은 26년 72%, 27년 82.2%, 29년에 89.4%에 달했다.[22] 이 유개차 보급은 자동차 차체의 강재화을 수반하는 것이었다. 12년의 유개차에서는 아직 천장부분에 방수천과 목재가 사용되고 있었지만, 그 후 이러한 부분에까지 강재 사용이 늘어, 25년에는 미자동차산업에서 차체전체가 철강으로 만들어지는 올 스틸 바디(all steel body)화가 진행되었다.[23] 같은 해에는 포드가 차체전체에 강재를 이용하였으며, 크라이슬러, 허드슨, 피셔 등도 차체전체의 강재화를 추진했다. 차체전체의 강재화에 소극적이던 GM조차도 35년에는, 광폭 박판을 사용해서 차체전체가 강재화된 유개차를 제조하였다.[24]

이러한 유개차의 보급과 차체강재화가 맞물려, 20년대와 30년대에, 자동차 1대당 철강소비량이 크게 증가해, 그것이 자동차용 강재수요가 자동차수요 이상으로 빨리 증가하는 데 영향을 미쳤던 것이다.

일본의 전후 고도성장기에도 자동차용 철강수요가 급속히 증가했다. 예를 들어, 1958년, 일시적인 경기침체에도 불구하고, 자동차용 강재의 출하는 증가했다. 59년경부터 일본의 승용차 생산이 본격화되었고, 60년부터는 자동차 대중화에 따른 자동차 생산급증에 따라 자동차용 강재수요가 급증했다.

[그림 5-1]을 보면, 1960년대에 일본의 상위 자동차기업의 철강수요가 크게 증가했던 것을 알 수 있다. 당시 일본의 자동차 상위 2사인 토요타와 닛산의 강재소비를 보면, 60년 상반기에 각각 7만톤과 4만톤 미만에 불과했지만, 70년 하반기에는 각각 31만톤과 23만톤까지 증가하였다. 자동차시장의 성

---

21) United Steel Corporation(1939a), p.2.

22) Flink(1988), pp.213-214; 伊藤(1964), p.337; 黒川(1992), p.178.

23) Rogers(2009), p.56; Hogan(1971),Vol.3, p.1308; Nieuwenhuis & Wells(2007), pp.190-191.

24) Rogers(2009), 72; Hogan(1971), Vol.3, p.1311.

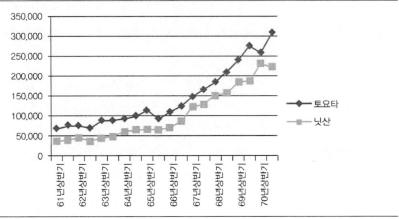

그림 5-1   1960년대 토요타자동차와 닛산자동차의 철강소비량   (단위: 톤)

출처: トヨタ自動車工業『有価証券報告書』; 日産自動車『有価証券報告書』.

장초기에 미·일 모두 자동차용 철강수요 증가가 현저하였다는 공통점을 관찰할 수 있다.

③ 철강업체간 설비투자 경쟁의 격화

확대되던 자동차용 철강시장에서 경쟁이 격화된 것도 미일의 공통점이었다. 시장이 급속히 성장하여 이 시장 세그먼트에 신규 진입하는 기업이 잇따랐고, 기업간경쟁이 격화되었다. 대규모 설비가 중요한 철강산업에 있어, 경쟁의 초점은 설비투자였다.

미철강산업에서 특히 1920년대의 설비 현대화는 스트립 밀의 도입을 중심으로 압연공정에 집중되었는데, 이러한 설비투자는 주로 자동차용 철강의 생산확대를 위한 것이었다.[25] 그 대표적인 설비가 연속 열연 스트립 밀이었고, 이 설비가 20년대에 각사에 잇따라 도입되었다(표 5-5). 특히 앞서 언급한 차체 전체의 강재화에 따라, 기존의 수동 소형 밀에 의한 소량생산으로는 강재의 생산비용이 높아져, 자동차기업의 요구에 대응할 수 없었다. 때문에 철강기업간에 강재 밀의 도입과 전자동화 추진의 경쟁이 치열했다.[26]

---

25) 森(1964a), p.180; 伊藤(1964), p.337. 스트립 밀에서 생산되는 냉연강판, 냉연광폭대강은 가공성이 뛰어나, 자동차용으로 많이 사용된다(金(2011b), pp.244-245).

26) Douglas(1951), pp.142-143.

표 5-5 1920년대 미철강기업의 스트립 밀 도입상황

기업명	크기(인치)	연생산능력(천톤)	조업개시년
American Rolling Mill	58	432	1924
American Rolling Mill	48	313	1926
Republic Steel	36	302	1927
Weirton Steel	54	420	1927
USS	42	400	1927
American Rolling Mill	80	372	1928
Wheeling Steel	60	540	1929

출처: 黒川(1992), p.158(원자료는 TNEC. Hearing Part 30, 17331).

[표 5-5]에서도 확인할 수 있듯이, 미철강시장의 선두업체인 US 스틸보다 후발기업들이 더 적극적으로 설비를 늘리면서 설비확대를 둘러싼 경쟁이 치열해졌다. 1920년대에 압연설비투자를 주도했던 것은 아메리칸 롤링 밀사(American Rolling Mill)였다.[27] 1899년에 설립된 암코사는 이른 시기부터 박판을 생산하였고, 박판류의 생산을 중심으로 최신 설비를 도입하였다. 특히 21년에 동사가 매수한 애쉬랜드사(Ashland Iron & Mining Co.)의 제강부문과 압연부문의 생산능력 불균형을 해소하기 위해 적극적으로 압연설비를 확장했다.[28] 이러한 스트립 밀 제품의 주요한 시장은 자동차용이었다.

3사의 대형합동에 의해 1929년에 설립된 내셔널 스틸도 자동차용 강재 설비의 확충에 적극적이었다. 내셔널 스틸은 자동차집적지에 입지한 주력 에코스공장을 중심으로 설립 초부터 자동차용 박판 생산에 특화해, 자동차기업과의 지리적 근접에 의한 운송비의 이점을 살리면서 자동차기업들과 긴밀한 거래관계를 맺고 있었다.[29]

---

27) 森(1964a), p.147; 黒川(1992), p.164.

28) 黒川(1992), pp.170-171.

29) Rogers(2009), pp.62, 118. 사실, 동사의 중요한 설립 이유는 자동차산업으로의 판매확대에 있었다. 내셔널 스틸에 합류한 미시간 스틸은 원래 디트로이트의 에코스(Ecorse)에서 설립되어, 자동차용 박판압연제품을 생산해온 기업이었으며, 동사가 내셔널 스틸 설립에 참여한 의도도 자동차용 박판제조공장의 증설로 자동차용 강재에 특화된 일관기업이 될 수 있다고 판단했기 때문이라고 한다. 또한 내셔널 스틸 합동에 참여한 다른 기업인 위아톤 스틸도 기존의 웨스트 버지니아공장 이외에 디트로이트의 자동차용 수요증가에 대응할 수 있는 대통합기업의 건설을 구상하고 있었다. 따라서, 내셔널 스틸도 자동차용 강재의 생산설비의 투자에 매우 적극적이었던 것이다(黒川(1992), p.164; 森(1964a), p.163).

베들레헴 스틸(Bethlehem Steel)도 랏카완나공장과 스패로우 포인트공장에 자동차용 철강의 생산설비를 집중적으로 확충하였다. 랏카완나공장은 원래 중서부의 자동차기업에 판매하기 위한 강재 생산 확대를 의식해 1922년 10월에 인수한 랏카완나 스틸사(Lackawanna Steel Company)의 주력공장이다.[30] 스패로우 포인트 공장도 랏카완나 공장과 마찬가지로 다른 기업으로부터 인수한 공장이다. 즉 베들레헴은 제1차 세계대전시 군수 확대에 대응해 16년 메릴랜드 제강을 인수했는데, 이 회사의 주력공장이 스패로우 포인트 공장이었다.[31]

베들레헴은 1935년에 이 두 생산거점에서 자동차용 강재의 생산설비의 대폭적인 증설 프로젝트를 시작했다. 디트로이트에 근접한 랏카완나 공장은, 35년부터 자동차 차체용의 경박강재 생산에 적합하도록 설계된 연속식 77인치 광폭 스트립 밀을 개발, 도입했다. 또한 같은 해 스패로우 포인트 공장에서도 주석합금 및 자동차용 강재생산에 특화된 스트립 밀 설비를 대폭 확충해, 이 공장에서 생산된 제품의 4분의 3을 디트로이트의 자동차기업에 판매하였다. 이러한 적극적인 설비투자를 통해 베들레헴은 30~38년 사이에 자동차용 강재 생산능력이 200만톤 이상 증가하였다.[32]

그 밖에, 리퍼블릭 스틸사도 코리간, 맛키니 등을 인수하여 자동차용 강재의 생산능력을 확대했으며, 1900년 설립된 영스 타운사(Youngstown Sheet & Tube)도 1935년에 연속형 스트립 밀을 도입하였다.[33] 존스 앤드 로린사와 휠링사(Wheeling)도 30년대에 냉연압연설비를 갖추었으며, US 스틸사도 뒤늦게 자동차용 철강의 설비투자에 참여했다. 특히 동사의 맥도날드제철소, 남 시카고 제철소 등 두 제철소는 자동차산업 발전에 따라 30년대에 신설되었으며, 게리 공장에서도 자동차용 박판강재의 압연설비가 잇따라 신설되었다.[34] 그리

---

30) Rogers(2009), p.61; 石崎(1967), p.50; 黒川(1992), pp.165, 167. 양사가 합병한 직접적인 동기는 1921~22년의 가격경쟁이었다. 즉, 당시 랏카완나 스틸사는 생산의 3할 이상이 철도용이었기 때문에 제1차 세계대전 이후의 철도업 침체의 타격을 크게 받았고, 업적회복을 위해 21~22년 전제품에 걸쳐 대폭적인 가격인하를 실시했다. 이러한 가격인하에 의해, 랏카완나사와 지리적으로 중복되어 있던 베들레헴사가 가장 큰 영향을 받았다. 이것이 양사의 인수합병의 직접적인 계기가 되었다(森(1964a), p.170).

31) 黒川(1992), 165; 森(1964a), pp.171－172.

32) Warren(2008), pp.140－141.

33) Rogers(2009), pp.77－78.

34) 黒川(1992), pp.173, 193－198.

하여 30년대의 10년간 미국에서 51기, 1,300만톤 생산능력의 냉연 환원 밀과 20기의 연속 광폭 스트립 밀 설비가 새로 도입되었다.[35]

1장에서 구체적으로 본 바와 같이, 일본에서도 1950년대 후반부터 60년대에 걸쳐 자동차용 철강수요의 급속한 성장이 자동차용 강재생산 설비인 스트립 밀 도입을 촉진하였다. 특히, 이 시장에 신규진입한 철강기업도 적지 않았고, 기업들간의 치열한 설비투자 경쟁이 전개되었다. 예를 들면, 50년대 중반부터 스트립 밀의 설비투자를 늘린 후지제철과 야하타제철뿐만 아니라, 58년에 카와사키제철도 자동차용 강재시장에 본격 진출하여, 3사간에 설비투자 경쟁이 치열해졌다. 더구나, 50년대 말부터 60년대 전반, 닛폰 강관, 스미토모 금속, 코베제강도 스트립 밀 설비를 도입하며 새롭게 동 강재시장세그먼트에 진입하여, 설비투자 경쟁에 합류했다. 이처럼 자동차용 철강의 수요가 크게 늘어난 시기에 철강기업의 잇따른 설비투자가 이루어지고, 설비투자 경쟁이 격화된 것도 미일의 공통점이었다.

다만, 미일의 설비투자 경쟁에는 차이점도 있었다. 예를 들면, 일본에서는 주로 철강기업이 직접 설비를 도입, 건설한 반면, 미국에서는 베들레헴, 리퍼블릭, 영스 타운의 예에서 알 수 있듯이, 설비의 증강 및 도입은 이미 설비를 보유하고 있는 기업을 인수, 합병하는 형태로 이루어지는 경우가 많았다. 자원의 이동이 자유롭게 이루어지는 정도가 미국에서 보다 컸고, 이 면에서는, 미국이 일본보다 시장원리가 강하게 작용했다고 할 수 있다.

④ 자동차용 강재시장에서의 기업별 시장점유율 변화

설비투자 경쟁이 격화되는 가운데, 자동차용 철강시장에 신규진입한 기업 등 후발업체의 시장점유율이 높아지고 선발기업의 점유율이 낮아진 것도 미국과 일본의 공통점이었다.

먼저, 미국의 자동차용 철강시장에서는, 앞서 언급한 바와 같이, 당초US스틸사의 시장지위가 압도적이었으나, 그 후 시장점유율이 급속히 떨어졌다. [표 5-6]에 의하면, 자동차용이 많은 민간 스트립 제품 및 박판시장에서 US스틸사의 시장점유율은 1920년의 53%와 32%였으나, 32년에는 각각 16%와

---

35) Rogers(2009), p.71; Hogan(1971) Vol. 3, p.1314.

표 5-6 US스틸의 시장점유율 (단위: %)

	스트립 밀 제품	브리키 판	박판	후판
1920年	53	44	32	44
22年	57	44	28	46
24年	34	44	21	49
26年	43	47	21	48
28年	32	43	18	42
32年	16	36	12	28

출처: Hogan(1971), Vol.3, p.1196.

12%로 크게 하락하였다. 또한, 34년의 자동차용 철강시장에서 US스틸사의 점유율은 9%에 그쳤다고 한다.[36]

대조적으로, M & A를 통한 각사의 설비확충경쟁이 격화되어, 2위 이하 기업의 시장점유율이 상승하였고 시장의 집중도도 낮아졌다. 예를 들어, 베들레헴과 암코사가 시장점유율을 높였고, 내셔널 스틸, 영스 타운, 존스 앤 로린, 리퍼블릭 스틸, 인란드 스틸 등도 자동차용 철강생산을 늘려 시장점유율을 높였다.

일본에서도 비슷한 경쟁양상을 보였다. 1장의 분석에서 확인한 것처럼, 치열한 설비투자 경쟁이 계속된 가운데, 자동차용 강재의 산업조직이 보다 경쟁적으로 변화하였고 각사의 시장점유율 변화가 심했다. 예컨대, 자동차용으로 많이 이용되는 냉연강판 시장에서 58년 카와사키제철의 시장점유율이 급속히 높아졌던 반면, 선발 2사인 야하타제철과 후지제철의 시장점유율은 크게 하락했다. 또한, 60년대에 일본강관, 스미토모금속, 코베제강이 신규진입하여 이 기업들의 시장점유율도 높아지는 등, 불과 10년 사이에 6사의 시장점유율은 크게 변화하였다.

미국과 일본의 자동차용 강재시장에서, 신규진입을 수반한 설비투자 경쟁이 계속되는 가운데, 선발기업의 시장점유율이 하락한 대신 후발기업의 점유율이 급속히 높아졌다. 경쟁을 통해 시장원리가 강하게 작용하고 있었던 것도 미국과 일본의 양국에서 나타난 공통점이었던 것이다.

---

36) Warren(2001), p.173.

그림 5-2 US스틸의 자동차용강재 판매가격(1923-1938년)   (단위: 센트/파운드)

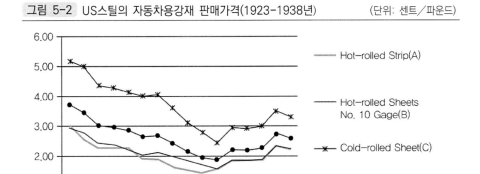

자료: United Steel Corporation(1939a).

그림 5-3 냉연간판(1mm)의 월별 시장가격   (단위: 천엔/톤)

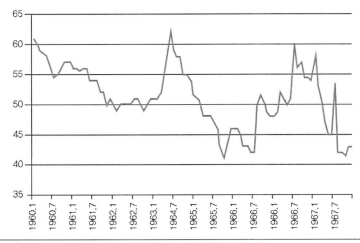

자료: 日本鉄鋼連盟(1969).

(4) 자동차기업의 거래교섭력 상승

자동차용 강재시장으로의 철강기업의 신규진입과 설비투자 경쟁의 격화로 수급균형이 수요자에게 유리해진 데다, 철강기업의 성장률이 자동차기업의 그것보다 더 낮았다. 그 결과, 미일 모두 공급자인 철강기업에 비해 수요자인 자동차기업의 거래교섭력이 높아졌다.[37] 일반적으로 거래협상은 수급자간의 이해대립을 전제로 한다는 점에서 시장원리을 나타내고 있는데, 이 거래협상에서 수요자의 교섭력 높아진다는 시장원리의 미일 공통점이 나타났던 것이다.

이러한 거래교섭력의 변화를 자동차용 강재의 가격추이를 통해 확인해 보자. [그림 5-2]에서 미국의 자동차용 강재가격의 추이를 보면, 1920년대와 30년대를 통해 대체로 하락하는 추세에 있었으며, 특히 23년부터 33년까지의 장기에 걸쳐 지속적으로 하락했다.[38] 34년 이후 가격이 상승하였지만, 20년대 초보다 훨씬 낮은 수준이었다. 마찬가지로 [그림 5-3]을 보면, 60년대 일본에서도 자동차에 많이 사용되는 냉연강판의 가격이 지속적인 하락세에 있었다. 즉, 자동차용 강판 가격은 미일 모두 하락세에 있었던 것이다.

이러한 강판가격 하락의 주된 요인은 철강기업의 설비투자와 기술개선에 의한 생산성 향상 및 비용절감이다. 예를 들면, 전술한 스트립 밀 도입은 기존의 수동식 압연기(풀오버)에 비해 압연능력을 크게 높였고, 비용, 품질, 생산성 등의 면에서 혁신적인 개선을 가져왔다. 따라서 철강기업이 가격을 인하해도 채산을 맞출 수 있는 여지가 존재했던 것이다.[39]

그러나 이러한 생산성 향상과 비용절감 이외에도 가격인하 요인이 있었다. 그 단서는 1920년대의 자동차용 강재의 가격 하락률이 제조원가 하락률보다 더 컸다는 사실에서 찾을 수 있다. 따라서 가격하락에는 비용절감 이외의 요인이 작용했다고 추측할 수 있다. 그렇다면 그 요인은 무엇일까? 유력한 요인으로, 이 시기, 즉 미국의 20년대와 30년대 초반, 그리고 일본의 50년대 말과 60년대에 자동차용 강재의 수급 상황이 수요기업에게 유리하게 바뀐 점을 들 수 있다. 좀 더 자세히 살펴보자.

이 시기 미일 모두 철강기업들이 치열한 설비투자 경쟁을 함에 따라, 각

---

37) 단, 2절에서 보는 바와 같이 철강기업에 대한 자동차기업의 거래교섭력을 보면, 미국이 일본보다 높았다.

38) 1920년대 이후의 미국의 강재가격의 변동을 품목별로 보면, 자동차와 같은 경박강재는 중량강재에 비해 가격변동이 컸다(森(1964b), pp.151-54; 黒川(1992), p.187).

39) 물론 이러한 생산성 향상과 비용절감은 가격 인하뿐만 아니라 철강기업의 마진율 확대의 원인이 될 수도 있다(石崎(1968), pp.72-73).

사의 생산능력이 비연속적으로 증가했는데, 이러한 생산능력의 점프가 반드시 수요증가와 일치한다는 보장은 없었다. 따라서 철강의 설비투자는 항상 수급 불균형, 특히 공급과잉을 초래할 가능성을 내포하고 있었다. 그 결과, 강재시장에서 수요자 시장의 특성이 현저해졌다.[40] 특히 설비 대형화에 따라 철강기업들의 자본비용 및 고정비의 부담이 커져 높은 조업률을 유지해야 할 필요성이 높아진 가운데, 수요 감소기에는 수급격차가 일시에 확대되어, 철강가격이 급락했다.[41]

또한 공급과잉인 수급상황이 철강기업에 대한 자동차대기업의 거래교섭력을 높인 것도,[42] 철강가격을 낮추는 방향으로 작용했다.

자동차기업의 거래교섭력을 높인 다른 이유도 있었다. 전술한 바와 같이, 자동차용 강재시장에서 미일 모두 경쟁이 치열해졌지만, 이러한 공급측면의 산업조직의 변화가 수요기업인 자동차기업의 거래교섭력을 높였다. 철강기업의 설비투자가 수급균형의 변화와 산업조직의 변화를 촉발해 결과적으로 자동차기업의 거래교섭력을 높였던 것이다.[43]

게다가 "모터리제이션"의 진전으로 미일의 주요 자동차기업들이 빠르게 성장해 그 성장속도가 같은 기간의 철강기업의 성장속도를 웃돌았다. 이러한 기업규모의 상대적 변화도 자동차기업의 거래 교섭력을 높이는 요인이 되었다. 또한, 자동차용 철강수요의 빠른 성장으로 전체철강수요 중 자동차용 비중이 높아지면서 철강기업의 고객으로서의 자동차기업의 중요성이 높아졌고, 이것도 수요자 측의 거래교섭력을 높이는 요인으로 작용했다.[44]

(5) 집중구매

자동차기업들이 철강을 집중구매했던 것도 미일의 공통점이었다. 집중구매(centralized purchasing)란 자동차기업이 계열부품기업 혹은 내부생산하는 부

---

40) 金(2011a), pp.9-10; 金(2011b), pp.260-261; 石崎(1968), p.69).

41) 1920년대와 30년대에 미국 자동차용 강재수요는 가격비탄력적이었다. 따라서, 이러한 철강의 공급능력의 점프에 의한 가격하락폭은 컸다(United Steel Corporation(1939a), pp.2, 18-21, 30).

42) 일본의 자동차용강재시장에 있어서의 교섭력변화에 대해서는 Kim(2015), pp.56-57을 참조.

43) 金(2011a), p.10; 金(2011b), pp.261-262.

44) 金(2011a), p.12.

품부문이 필요로 하는 철강까지 일괄구매하는 방식이다.[45]

일본의 경우, 많은 자동차기업들이 철강 조달에 있어 집중구매를 한 시기가 길었다. 지금도 철강의 집중구매 비율이 가장 높은 토요타의 사례를 보면, 토요타는 이미 제2차 세계대전기간 중에 계열 부품기업들이 필요로 하는 철강제품까지 집중구매하여 부품기업에 지급하고 있었으며, 전후의 대부분의 시기에도 이러한 집중구매가 토요타의 중요한 철강조달방법이었다. 토요타가 철강의 집중구매를 한 이유는 첫째로, 철강부족시의 조달난에 대응하는 것, 둘째, 구매량 확대로 철강기업에 대한 교섭력을 높일 수 있었던 것이었다.

미국에서 1920년대 중반까지의 수위의 자동차기업이었던 포드는 이미 09~14년에 거래하던 부품기업으로부터 사내 부품부문을 필요로 하는 철강을 일괄해서 구입했다.[46] 동사의 조달담당자의, 증언에 의하면, 20년대 중반에도 포드는 부품기업 및 사내의 부품부문을 위해 철강 등의 재료를 일괄 구입하고 있었다. 구체적으로, 포드는 부품기업 및 사내 부품부문들이 철강 등 어떤 재료를 얼마나 필요로 하는지 매일 확인하여 일정표를 만들어, 이를 철강기업들에게 제시하는 한편, 일정대로 철강이 납입되는지를 수시로 확인했다. GM도 이미 10년대부터 자사뿐 아니라 부품기업 및 사내부품부문을 위해 철강을 집중구매했다.[47]

---

45) "Centralized purchasing"이라는 용어는 자동차기업이 사업부별로 부품 및 재료를 조달하는 것과 대조적으로 구매를 담당하는 전사조직이 전사적으로 조달업무를 실행하는 것을 지칭할 때도 사용된다. 이 경우, 집중구매보다는 "집권적 구매"로 번역하는 것이 더 적절할 것이다. 본서에서는 "centralized purchasing"을 자동차기업이 거래하고 있는 부품기업이 필요로 하는 철강까지 한꺼번에 구매하는 행동에 한정해, "집중구매"로 번역한다. 이러한 용어법에서 전전기의 미국 상위 자동차기업의 조달시스템을 보면 포드와 GM은 달랐다. 포드는 본사의 구매부서가 전사의 철강을 일괄구매했던 반면, GM은 기본적으로 사업부별의 조달부서가 있어, 이 조달부서가 부품 및 재료를 독립적이고 분권적으로 조달했다(General Motors Purchasing Department(1951), p.4; 「Concept of coordination」, Alfred Chandler Papers, Box 27, Folder 16;Chandler(1964), p.112; Kuhn(1986), pp.128, 131, 200−201)).

46) Seltzer(1928), pp.89−90, 100; Helper(1991), p.738.

47) GM은 현재도 집중구매를 실시하고 있다. 즉 GM이 부품자회사 및 거래부품기업이 필요로 하는 강판까지 철강기업으로부터 직접 조달하여 그것을 부품기업에 지급하고 있다. 동사는 이 방식을 재판매(전매) 프로그램이라 부르고 있다(磯村·田中(2008), 36). 그러나 GM의 해외자회사의 생산거점에서는 부품기업과의 관계가 미국에서와는 다르기 때문에 반드시 강재의 집중구매를 고집하고 있지는 않다. 예를 들어 상해GM은 집중구매방식을 채용하지 않고 각부품업체가 독자적으로 철강을 조달하고 있다(磯村(2011), p.35; 磯村·田中(2008), p.29).

포드와 GM이 이처럼 이른 시기부터 철강을 집중구매한 중요한 이유는 철강 수요의 빠른 증가에 공급이 따라가지 못했기 때문에, 공급부족이 심각하여 철강조달이 어려웠던 것이다. 특히 제1차 세계대전기에 철강 주문량이 많았던 철도, 건설, 군수부문 등에 철강이 먼저 배분되어, 자동차용 철강부족은 더욱 심각했다. 또한 중소부품기업은 상대적으로 소량의 강재를 소비하는데 불과했기 때문에 대규모 자동차기업보다 더 높은 강재가격을 지불해야 했고, 철강의 납품까지 기다리는 시간도 길어지는 상황이었다. 이러한 상황에서, 상위 자동차기업은 자동차부품기업이 필요로 하는 강재까지 일괄구입하는 집중구매방식을 도입하였고, 그 후로 이러한 조달방식이 정착되었다.

거래교섭력이 약하고 수요규모가 작은 부품기업들로서도 상대적으로 자동차기업에 의한 집중구매의 혜택을 누릴 수 있었으나, 철강집중구매는 철강기업들에게도 이점이 있다. 예를 들어, 철강기업들이 많은 개별부품기업과 직접 거래를 하면, 거래에 따른 비용이 증가하므로, 집중구매에 의해 이런 비용을 절약할 수 있었다. 그러므로, 자동차기업의 철강 집중구매는 부품기업, 철강기업과의 이해의 일치를 반영하는 점에서 조직원리의 작용을 나타낸다.

미국 자동차기업의 철강집중구매의 또 다른 이유는 구매량 확대로 철강기업에 대한 교섭력을 높일 수 있었던 것이다. 일본과 미국 사이에는 철강의 집중구매의 이유도 같았던 것이다. 이러한 집중구매의 이유들 중 수급의 불균형, 가격교섭력 등은 수요기업과 공급기업 간의 이해대립을 반영하는 점에서 시장원리를 나타내고 있다고 할 수 있다. 일본과 미국 모두에 있어, 집중구매라는 행동을 통해 조직원리와 시장원리가 결합되어 있었던 것이다.

제2절 일미의 차이점

이러한 일미간의 공통점뿐 아니라, 철강의 기업간거래를 둘러싼 양국간의 차이점도 있다. 서로 다른 나라에서 행해지는 기업간 관계에 차이점이 있다는 것은 어찌 보면 당연한 것이기도 하지만, 조직원리와 시장원리에 초점을 맞추어 자동차용 강재의 기업간 관계에 있어서의 양국간 차이점을 살펴보자.

(1) 철강유통업자의 개입면의 일미 차[48]

미국과 달리 일본의 철강의 기업간 거래에서는 대부분의 경우, 철강상사나 철강도매상이 개입했다. 자동차용 강재의 거래도 예외는 아니었다. 특정 철강업체와 특정 자동차업체간의 거래계약에 철강상사 또는 철강도매상이 거의 항상 개입했다. 자동차 외판용 강재와 같이, 철강업체들이 대형자동차기업에 직접 판매하는 직판도 있었지만, 이러한 직판은 그다지 많지 않았고,[49] 대부분의 거래에는 유통업체가 관여했다. 대조적으로, 전전기 미국에서의 특정기업간 철강거래에서는 철강기업의 직판이 많았고, 유통업자가 이러한 상대거래에 관여하는 경우는 거의 없었으며, 자동차용 강재의 거래도 예외는 아니었다.[50]

일본의 철강업체들은 이들 유통업자들을 사실상 철강기업자신의 판매부서로 위치지우는 경향이 강했다. 이처럼 철강업체와 유통업자간의 관련이 밀접해, 특정의 거래에 어떤 유통업자를 개입시키는지는 철강업체가 결정했다. 토요타가 계열의 상사인 토요타통상을 활용한 것을 제외하면, 자동차용 강재의 거래에는 철강기업과 밀접한 관계에 있는 유통업자들이 관여하였다. 특히 일부 철강업체들은 직계 상사 또는 동일 기업집단의 상사를 활용했다. 이처럼 자동차용 철강의 거래에 있어 유통업자가 깊이 관여하고, 또 대체로 그 유통업자의 선정에 철강업체가 영향력을 발휘했던 것은 조직원리를 나타내는 현상이다. 한편, 자동차기업 입장에서 보면 철강 구입에 관여하는 유통업자수는 4~6사였다. 자동차기업들은 철강업체뿐 아니라, 유통업자에 대해서도 複社발주정책을 취하고 있었던 것으로, 유통업자간의 경쟁도 치열해, 시장원리가 작용했다. 따라서 일본의 자동차용 철강거래에 철강상사 혹은 철강도매상이 개입하는 현상도 조직원리와 시장원리가 결합되어 작용했던 것을 나타낸다.

---

48) 이곳의 서술은 金(2007), pp.17－21에 의거한다.
49) 일본철강연맹에 대한 인터뷰(2006년 12월 20일).
50) Porter & Livesay(1971), p.151.

(2) 일본의 상대거래가격의 안정성

본장의 분석시기에, 미국과 일본 양국에서 자동차용 철강가격이 하락추세에 있었던 것은 전게의 [그림 5-2]와 [그림 5-3]에서 이미 확인한 대로인데, [그림 5-2]와 제1장의 [그림 1-1]을 비교해 보면, 일미간에 개별제품의 거래가격 변화 양상이 달랐던 것도 알 수 있다.

전게의 [그림 1-1]에서, 1960년대, 토요타와 닛산의 강재구매가격을 보면, 62년부터 65년 상반기까지 3년 반, 또한 66년부터 70년까지 5년간이나 그대로 유지되었다. 시장가격의 변동에 거의 영향을 받지 않는 매우 안정적인 가격으로, 상위 자동차기업과 철강기업의 거래에서 조직적으로 가격을 설정한 것이다. 이 점에서 일본의 자동차용 강재의 상대거래가격에 있어서는 조직원리가 강하게 작용했다고 할 수 있다.

미국의 경우, 자동차용 상대가격의 변화양상은 일본과 달랐다. 물론 전전기의 미국에서도 최상위기업인 US스틸을 가격선도 기업으로 하여, 다른 대형 철강업체들이 협조하는 형태로 가격설정이 이루어진 것은 잘 알려져 있다. 그러나 적어도 전전기의 미국에서는, 자동차기업이 개별철강기업으로부터 강재를 구입할 때, 일본처럼 철강기업과 긴밀하게 조정하면서 강재가격을 설정하지는 않았다. 전게의 [그림 5-3]은 그 점을 잘 나타내 주고 있다. 따라서, 일본의 자동차용 철강의 거래의 가격설정은 미국의 그것보다 조직원리가 더 강하게 작용하고 있었다고 할 수 있다. 또한, 1장에서 분석했던 것처럼, 미국뿐만 아니라 일본에서도 자동차용 강재의 시장가격은 기본적으로 수급균형에 의해 결정되어 변동이 심했다는 것을 고려하면, 일본의 자동차용 강재의 가격 형성에는 시장원리와 조직원리가 함께 작용하고 있었다고 할 수 있다.

(3) 자동차기업의 거래교섭력의 일미차

앞서 본 것처럼, 자동차용 철강거래에 있어, 수요자인 자동차기업의 거래 교섭력이 높아지는 경향에 있었던 것은 일미의 공통점이었다. 그러나 자동차 기업의 거래교섭력의 정도는 일미간에 차이가 있었다. 즉, 대규모의 미자동차 기업의 대철강기업 거래교섭력이 일본 자동차기업의 그것보다 높았다. 그 단서는 양국 자동차산업의 상위기업 집중도이다. [표 5-7]에서 자동차산업의

표 5-7 일본과 미국 자동차산업의 상위기업시장점유율   (단위: %)

연도	미자동차산업		연도	일본 자동차산업	
	상위3사 시장점유율합계	상위 7사 시장점유율합계		상위3사 시장점유율합계	상위 7사 시장점유율합계
1929	71.8	84.1	1960	63.2	82.9
1931	81.2	89.3	1962	61.6	90.0
1933	87.5	94.2	1964	59.7	89.8
1935	90.0	97.3	1965	63.4	94.1
1937	88.6	97.8	1967	61.8	93.4
-	-	-	1969	65.3	88.7

상위 3사의 시장점유율 합계를 보면, 1960년대와 70년대 초반의 일본에서는 60%대 초반이었던 반면, 미국의 30년대에는 80%를 넘어 35년은 상위 3사만으로도 90%의 시장점유율을 차지하고 있었다. 미국의 자동차산업이 훨씬 더 높은 집중도를 보이고 있었던 것이다. 미국 "빅 쓰리"의 존재감이 높았던 만큼 자동차 상위 7사의 시장점유율 합계도 미국이 일본보다 높았다.

또한, 거래에 참가하는 주된 수요자와 공급자의 수를 비교해 보아도 미국의 자동차기업들이 철강기업에 대한 거래교섭력에서 일본자동차기업의 그것보다 더 높았던 것을 추측할 수 있다. 1절에서 확인한 것처럼, 자동차용 강재시장에서 철강기업간의 치열한 경쟁이 있었던 것이 미일의 공통점이었지만, 이 시장 세그먼트에 진입해 있던 주된 참가기업수에 있어 일미간에 차이가 있었다. 수요산업인 자동차산업의 주된 플레이어수에서는 미국이 일본보다 적었고, 공급자인 철강산업의 주된 플레이어수에서는 미국이 일본보다 많았다. 따라서, 미국의 상위 자동차업체들은 철강공급자에 대한 교섭력에 있어, 일본 자동차기업들보다 상대적으로 유리하였다고 볼 수 있다.51) 거래교섭력은 수요자와 공급자간의 이해 대립이 전제되는 점에서, 시장원리를 나타내는데, 이 시장원리의 구체적인 작용에 있어서 미일간의 차이점이 있었던 것이다.

---

51) 철강기업에 대한 자동차기업의 높은 거래교섭력은 1990년대 이후에도 지속되고 있다. 최근의 상황에 대한 사례는 Kenney & Florida(1993), pp.164-165를 참조.

(4) 미 자동차기업의 철강 내부생산

마지막으로 미일의 차이점으로 들 수 있는 것은, 일본의 경우, 자동차기업이 내부에서 강재를 생산한 예가 없던 데 반해, 미국에서는 전전기에 일부 자동차기업이 철강을 내부생산했던 것이다. 미국에서는 일부의 철강 수요자가 공급자의 입장도 겸하였다고 할 수 있다.

포드는 신설의 리버 루즈 공장에서 3,500만 달러를 투자해 제철소를 건설하여 1921년부터 선철 생산을 시작했다.[52] 외부에서 구입하던 철강을 자동차기업이 내부에서 생산한다는 것은 경영자원을 조직에 의해 이동시키고, 또 그 자원의 이동을 기업내로 제한한다는 점에서 조직원리가 작용하는 현상이라 할 수 있다.

포드가 이처럼 철강의 내부생산을 결정했던 가장 중요한 이유는 심각한 철강부족 문제였다. 즉, 1910년대의 자동차 생산 급확대로 철강수요가 급증했을 때, 철강은 심각한 공급부족 상황에 있었다. 특히, 이 시기의 호황 속에서 전술한 것처럼, 다른 철강수요산업에 우선적으로 철강이 공급되었다. 이 때문에, 제한된 공급량을 둘러싸고, 다른 자동차기업과의 철강획득 경쟁에 시달리고 있었다.[53] 철강공급 부족으로 자동차생산의 상류공정에서 생산이 늦어지고, 하류공정에까지 그 영향이 파급되어, 노동자를 해고할 필요까지 있었다.[54]

이러한 문제에 대응해, 포드가 선택한 것이 철강의 내부생산이었으며, 실제 철강의 내부생산에 의한 성과도 나타났다. 무엇보다 수급변동에도 불구하고 안정적으로 철강을 확보할 수 있었으며, 철강기업으로부터 철강의 일부를 조달할 때도 보다 가격교섭력을 높이는 요인이 되었다. 그리고, 철강이 공급되고 나서 자동차제품의 조립이 완성될 때까지의 생산기간도 단축되었다. 예를 들어, 리버 루즈 공장으로 이전하기 전(철강의 내부생산을 개시하기 전), 이 생산기간은 21일이었는데, 사내에 철강공장을 가동한 이후에는 4일까지 단축되었다.[55] 게다가, 철강의 생산 및 제품개발의 경험을 축적해, 철강 생산의 비용

---

52) Chandler(1964), p.97; Sorensen(1958), p.152; Warren(2001), p.171; Rogers(2009), p.56.
53) Sorensen(1958), pp.158, 173; Helper & Hochfelder(1997), p.199
54) Murray & Schwartz(2019), p.86.
55) Sorensen(1958), p.174.

효율성과 다양한 강재품종의 생산능력이 크게 향상되었으며,[56] 이러한 철강사업의 능력 증강과 기술력 향상이 자동차사업에도 좋은 영향을 미쳤다.

이러한 철강의 내부생산은 철강의 거래량을 둘러싼 자동차기업과 철강기업간의 이해대립의 결과라는 점에서 시장원리의 작용을, 자원의 이동을 기업이 조정하는 선택을 했다는 점에서는 조직원리의 작용을 나타낸다. 따라서, 미국의 자동차기업이 철강을 내부생산한 것은 철강거래에 있어 일본과는 다른 방식으로 시장원리과 조직원리이 결합된 사례라고 할 수 있다.

포드는 철강뿐 아니라, 타이어까지도 내부생산을 한 적이 있다. 일반적으로 타이어 사업도 철강사업과 비슷하게, 초기의 설비투자에 많은 비용이 들고, 기술 축적에도 시간이 걸리므로, 사업을 시작하기가 용이하지 않은 것으로 알려져 있는데, 포드는 이러한 타이어 생산을 내부에서 개시하였다. 즉, 1938년에 리버 루즈 공장에서 타이어 생산을 개시해, 1943년에 소련에 매각하기까지 타이어를 사내에서도 생산했다.[57] 포드사의 경우, 철강 내부생산에서와 같은 시장원리와 조직원리의 결합방식이 다른 부품에 대해서도 빈번하게 나타났던 것인데, 따라서 이는 포드라는 기업의 특성을 반영하는 것이라고도 볼 수 있다.

사실, 같은 미국의 상위자동차기업 중에서도 GM은 철강의 내부생산을 하지 않았으며, 물론 타이어를 내부생산한 적도 없었다. GM이 철강의 내부생산을 하지 않은 이유로, 포드와는 달리, GM경영진은 철강기업과의 거래관계를 제어하는 데 대해 낙관적인 생각을 가지고 있었기 때문이었다. 이러한 낙관적인 생각의 배경에는, 앞서 본 것처럼, 미국의 상위 자동차기업이 철강조달에 있어 높은 거래교섭력을 가지고 있었던 사실이 있었다. 같은 미자동차 대기업이라도, 기업들의 의사결정은 다를 수 있었던 것이다. 기업간 거래를 둘러

---

56) Rubenstein(1992), pp.106－118.

57) 金(2018b), pp.22－23; French(1989), p.180; French(1991), p.59. 타이어를 내부생산해서, 필요한 타이어의 절반 정도를 사내에서 조달할 계획이었다고 한다(Sorensen(1956), p.199; Murray & Schwartz(2019), p.65). 포드는 타이어 조달에 있어 파이어스톤사와 긴밀한 거래관계를 맺고 있었는데, 포드가 타이어를 내부생산하려 했을 때, 파이어스톤사가 적극적으로 협력했다고 한다. 사실, 타이어의 수요기업이 타이어를 내부생산한 사례는 이미 19세기에도 있었다. 예를 들면, 1890년에 자전거제조업체인 포프 사이클사(Pope cycle)는 인근에 있던 핫포드 러버 웍스(Hartford Rubber Works)를 인수하여 타이어의 생산을 시작했다.

싼 시장원리와 조직원리의 결합방식이 다양하다는 것을 보여준다.

맺음말

미국과 일본의 자동차산업의 초기 및 성장기에, 철강기업과의 기업간 관계에서 많은 공통점이 관찰되었으며, 이러한 공통점은 시장원리 및 조직원리의 작용과 깊이 연관되어 있었다.

먼저, 조직원리가 강하게 작용하는 장기상대거래가 일본뿐 아니라 미국에서도 많았고, 이러한 거래관계에서, 자동차기업과 철강기업간의 협력 및 정보교환이 많이 관찰되었다. 다른 한편으로는, 자동차기업은 철강기업들간의 경쟁을 활용하는 複社발주정책을 계속했는데, 당시 이 자동차용 강재시장에서 철강업체들간의 경쟁이 매우 치열하여, 복사발주 정책은 자동차기업의 의도대로 효율적으로 기능하였다. 기업간 협력이라는 조직원리와 기업간 경쟁이라는 시장원리가 동시에 작용하는 현상이 미일양국에서 나타났던 것이다

철강기업간의 경쟁은 특히 설비투자의 경쟁으로 나타났는데, 치열한 설비투자 경쟁에 의해 급속히 확대된 공급능력은 수요의 변동에 따라 언제든지 공급과잉을 만들어 낼 위험성이 있었다. 실제, 철강의 공급과잉, 과잉설비의 시기가 많았는데, 이러한 철강수급상황이 자동차기업의 대철강기업 거래교섭력을 높이는 한 요인이었다는 것도 일미의 공통점이었다. 기업간 거래에 있어, 자동차기업과 철강기업 서로가 거래교섭력을 높이려 했던 점에서 거래교섭력은 기업간 이해대립을 나타내고, 따라서, 이러한 거래교섭력의 변화는 시장원리가 강하게 작용한 것을 시사한다. 한편으로는 일본과 미국의 자동차기업 모두 거래하는 부품기업들이 필요로 하는 철강까지 한꺼번에 구입해서 배분하는 집중구매를 하고 있었다. 이 점에서는 조직원리가 미일 양국에서 같이 작용했다고 할 수 있다.

기업간 관계에 있어 미일간의 중요한 차이점도 관찰되었다. 먼저 자동차기업의 대철강기업 거래교섭력은 미국이 일본보다 높았다. 미국의 자동차기업들이 철강조달에 있어, 일본자동차기업들보다 유리한 상황에 있었던 것이다. 또한, 일본의 철강거래에서 미국보다 조직원리가 더 강하게 작용했던 것을 나타내는 현상도 있었다. 철강기업들과 밀접한 관련을 맺고 있던 철강상사 혹은 철강도매상들이 자동차기업과 철강기업의 거래에 개입했던 점, 장기상대거래

에서 가격이 안정적으로 설정되었던 점 등이 그러한 예이다.

　　철강거래에서 시장원리와 조직원리가 결합하는 방식에 있어서도, 미일간 공통점이 적지 않았다. 먼저, 미일 모두 자동차기업들이 철강 複社발주로 철강기업간의 경쟁을 활용하였으며, 이는 기업간 경쟁이라는 시장원리와 경쟁의 의도적인 유도라는 조직원리가 결합된 예로 볼 수 있다. 또한 미일 양국에서 관찰된 자동차기업의 철강 집중구매도 시장원리와 조직원리가 결합된 거래행동이었다. 철강 집중구매는 거래교섭력을 둘러싼 수요자와 공급자간의 이해대립을 전제로 하고 있다는 점에서 시장원리를 나타낼 뿐 아니라, 자동차기업과 부품기업간의 협력관계를 촉진하는 행동이라는 점에서 조직원리를 나타내고 있기 때문이다.

　　미국 혹은 일본의 기업간 거래에서만 관찰된 각국 특유의 시장원리와 조직원리의 결합방식도 있었다. 예를 들어, 미국에서는 철강을 내부생산한 자동차기업이 있었으며, 이는 일본과는 다른 시장원리와 조직원리의 결합방식이 있었음을 보여준다. 그리고, 자동차용 강재의 가격형성을 보면, 시장원리와 조직원리의 결합방식에 일본의 특성이 나타나 있었다. 자동차용 강재의 시장가격은 기본적으로 수급상황에 의해 결정되었다는 점에서 일미 공통이었지만, 장기상대거래가격의 안정성은 일본에서 밖에 나타나지 않는 현상이었다. 시장가격과 장기상대거래가격이라는 복수의 가격형성을 둘러싸고 조직원리와 가격원리가 결합되는 방식에 일미간의 차이가 관찰되었던 것이다.

참고문헌

일본문헌(일본어 50음순)

石崎昭彦(1967) 「1920－21年恐慌とアメリカ鉄鋼業－独占の再編成を中心にして」
　　『商経論叢』(神奈川大学経済学会), Vol.3, No.2.

石崎昭彦(1968)「両大戦間期のアメリカ鉄鋼業－蓄積過程を中心に」『商経論叢』(神
　　奈川大学経済学会), Vol.3, No.4.

磯村昌彦(2011)「自動車用鋼板取引における集中購買システムの進化」『経営史学』
　　第45巻第4号.

磯村昌彦・田中彰(2008)「自動車用鋼板取引の比較分析: 集中購買を中心に」『オイコ
　　ノミカ』第45巻第1号.

伊藤誠(1964)「鉄鋼業」 玉野井芳編 『大恐慌の研究-1920年代アメリカ経済の繁栄と
　　その崩壊』東京大学出版会.

金容度(2007)「高度成長期における自動車用鋼材の取引」『イノベーション・マネジ
　　メント』(法政大学イノベーション・マネジメント研究センター), No.4.

金容度(2011a) 「鉄鋼業—設備投資と企業間取引」(武田晴人編 『高度成長期の日本経
　　済—高成長実現の条件は何か』有斐閣).

金容度(2011b)「高度成長期における鉄鋼取引-取引交渉力と設備投資の関連を中心に-」
　　『経営志林』(法政大学経営学会) 第48巻第3号.

金容度(2018a) 「日米企業システムの比較史序説(2)－鉄鋼の企業間取引史の日米比較」
　　『経営志林』(法政大学経営学会) 第54巻第4号｡

金容度(2018b)「米自動車「ビッグ2」とタイヤメーカーの企業間取引史-戦前期を中
　　心に-」『イノベーション・マネジメント』(法政大学イノベーション・マネジメン
　　ト研究センター), No.15.

黒川博(1992)『U.S.スチール経営史-成長と停滞の軌跡－』ミネルヴァ書房｡

トヨタ自動車工業『有価証券報告書』.

中岡哲郎編(2002)『戦後日本の技術形成』日本経済評論社.

日産自動車『有価証券報告書』.

日本鉄鋼連盟(1969)『鉄鋼十年史-昭和33年～44年』.

日本鉄鋼連盟『鉄鋼統計要覧』.

橋本寿朗(1991) 『日本経済論』ミネルヴァ書房.

平田喜彦(1967) 「一九二〇年代における資本蓄積と産業金融(一)」『経済学季報』(立正大学経済学会), 第17巻第2号.

森杲(1964a) 「大戦間のアメリカ鉄鋼業(1)」『経済学研究』(北海道大学), 第14巻第1号.

森杲(1964b) 「大戦間のアメリカ鉄鋼業(2)」『経済学研究』(北海道大学), 第14巻第2号.

流通システム開発センター(1975) 『商品別流通構造調査 「鋼材」 報告書(1)』.

영문문헌

Business Week, May 19, 1951.

Chandler, Alfred Jr.(1964). *Giant Enterprise: Ford, General Motors, and the Automobile Industry Sources and Readings*, New York: Harcourt, Brace & World, Inc..

Chandler, Alfred Jr. 「Concept of coordination」, Alfred Chandler Papers, Box 27, Folder 16.

Daugherty, Carrol R., De Chazeau, Melvin G.& Stratton, Samuel S.(1937). *The Economics of the Iron and Steel Industry Volume 1*, New York and London, McGRAW－Hill.

Detroit News, September 10,1951.

Douglas, Fisher A.(1951). *Steel Serves the Nation 1901－1951 the Fifty Year Story of United States Steel*. United States Steel Corporate.

Flink, James J.(1988). *The Automobile Age*. Cambridge, Mass.: MIT Press,.

French, M. J.(1989). Manufacturing and marketing: Vertical Integration in the U.S. Tire Manufacturing Industry, 1890－1980s. *Business and Economic History Second Series*, Vol 18.

French, M. J.(1991). *The U.S. Tire Industry: A History*. Boston, MA: Twayne Publishers. French.

General Motors Purchasing Department(1951). *Selling To GM: A Directory of General Motors Purchasing Department*.

General Motor's Annual Report, 1951, 1952, 1953.

Helper, Susan & Hochfelder, David (1997). "'Japanese－Style' Relationships in the Early Years of the US Auto Industry?" in Masahiro Shimotani and Takao Shiba, eds. *Beyond the Firm* Oxford: Oxford University Press.

Helper, Susan(1991). "Strategy and Irreversibility in Supplier Relations—Case of the U.S. Automobile Industry", *Business History Review* Vol. 65 No.4.

Hogan, William T. (1971). *Economic History of the Iron and Steel Industry in the United States* Vol.1—Vol.3, MA, Heath, Lexington.

Kenney, Martin & Florida, Richard(1993). *Beyond Mass Production. The Japanese System and Its Transfer to the U.S.* New York, Oxford University Press,

Kim, Yongdo(2015). *The Dynamics of Inter—firm Relationships: Markets and Organization in Japan.* Cheltenham: Edward Elgar Publishing Ltd..

Kipping, Mattias.(1996). Inter—Firm Relations and Industrial Policy: The French and German Steel Producers and Users in the Twentieth Century. *Business History*, 38(1).

Kipping, Mattias.(1997). How Unique is East Asian Development? Comparing Steel Producers and users in East Asia and Western Europe. *Asia Pacific Business Review*, 4(1).

Kuhn,Arthur J.(1986). *GM Passes Ford, 1918—1938: Designing the General Motors Performance—Control System*, University Park: PA, Penssylvania State University Press.

Misa, Thomas J.(1995). *A Nation of Steel: the making of modern America, 1865—1925.* Baltimore, MD: The Jones Hopkins University Press.

Murray, Joshua & Schwartz, Michael(2019). *Wrecked: How the American Automobile Industry Destroyed Its Capacity to Compete.* New York, Russell Sagoundation.

New York Harold Tribune, May 9, 1951.

New York Journal of Commerce, May 14, 1951.

New York Times, May 20,1951.

Nieuwenhuis, Paul & Wells, Peter (2007) "The All—Steel Body as a Cornerstone to the Foundations of the Mass Production Car Industry", *Industrial and Corporate Change*, Vol.16 No.2.

Porter, Glenn and Livesay, Harold C.(1971). *Merchants and Manufactures: Studies in the Changing Structure of Nineteenth—Century Marketing*, Baltimore: PA, The Johns Hopkins Press.

Rogers, Robert P. (2009). *An Economic History of the American Steel Industry,*

Routledge Explorations in Economic History, New York: NY, Routledge.

Rubenstein, J. M(1992). *The Changing US Auto Industry: A Geographical Analysis*. New York, Routledge.

Seltzer, Lawrence H.(1928). *A Financial History of the American Automobile Industry*. Boston: Houghton Mifflin Company.

Sorensen, Charles E. with Williamson, Samuel T.(1958). *My forty years with Ford*, New York: NY, W.W. Norton & Company.

Temin, Peter(1964). *Iron and Steel in Nineteenth-Century America: An Economic Inquiry*. Cambridge: MA, The M.I.T. Press.

TNEC. *Hearings before the TNEC*, Part 26,14096-7.

United Steel Corporation(1939a). *An analysis of the demand for steel in the automobile industry*.

United Steel Corporation(1939b). *A statistical analysis of the demand for steel, 1919-1938*.

Warren, Kenneth(2008). *Bethlehem Steel: Builder and Arsenal of America*, Pittsburgh: PA, University of Pittsburgh Press.

인터뷰 기록(일본어)

일본의 철강상사 A사 OB에 대한 인터뷰(2005년 12월 15일).
일본철강연맹에 대한 인터뷰(2006년 12월 20일).

제**3**부

일본의 기업간
관계의 현상

제6장
LCD부재의 기업간 관계의 현상

20세기 들어 급성장한 새로운 중간재 산업으로, 일본기업이 기술적으로 세계의 최상위 수준에 있고 또, 높은 국제경쟁력을 가지고 있는 산업이 있다. LCD(액정, 이하 LCD라 한다)部材산업이다.[1] 일본의 LCD부재기업도, 후술하는 것처럼, 수요기업인 LCD 기업과의 사이에 시장원리와 조직원리가 작용하는 기업간 관계를 맺고 있다.

1990년대 이후, PC, 디지털 카메라,디지털 TV, 스마트폰, 태블릿 등의 제품이 차례로 성장하여, 이들 제품의 디스플레이 부품인 LCD도 급속한 증가를 계속했으며, 이 LCD의 제조에 이용되는 다양한 LCD부재의 수요도 매우 빨리 성장하였다.[2] LCD시장이 본격적으로 성장하기 시작한 것은 1990년대 후반이므로, 1장과 2장에서 살펴본 철강, 반도체IC 등의 중간재와 비교하면, LCD부재산업은 새로운 산업이라 할 수 있다.

LCD부재의 기술은 유기EL 등에도 응용되는 등, 이들 부재가 LCD 이외의 수요에도 이용되는 경우가 있지만, 기본적으로 그 수요가 LCD산업에 한정되어 있다. 이 점에서도, LCD부재는 수요산업의 범위가 매우 넓은 철강 및 반도체

---

1) LCD부재산업과 같은 화학산업에 일본기업의 강점이 있고, 그 이유가 화학, 화학산업에 일본 기업의 지향 및 행동특성과 부합되는 특성이 있기 때문이라는 점을 강조하는 연구로 伊丹 (2013)가 있다.

2) 金(2006).

IC와 차이가 있다. LCD부재기업들에 있어, LCD산업이라는 특정산업이 수요산업으로서의 중요성이 대단히 높고, LCD기업이 고객으로서의 중요성이 높은 것이다.

일본 LCD부재기업들의 유력한 고객기업은 1990년대까지는 일본기업들이었다. 당시는 일본기업들이 LCD시장을 장악하고 있었기 때문이다. 그러나, 2000년대 들어, 대만과 한국의 LCD기업들이 경쟁력을 높여, 일본 LCD기업을 따라잡아 역전현상이 일어났고, 최근에는 중국기업까지 가세하고 있다.3) 때문에, 90년대까지 일본의 LCD부재기업과 일본 LCD기업과의 거래가 대부분이었으나, 2000년대 이후에는 한국, 대만 등 외국의 LCD기업과의 거래가 급속히 늘어, LCD부재 거래의 대부분을 차지하게 되었다. 그리고, 이들 해외 수요기업과의 거래확대를 위해, 일본 부재기업들은 해외생산도 늘려왔다. 따라서, 철강산업과 비교해, 일본 LCD부재산업은 빠른 단계에서부터 국제화가 진전되었다고 볼 수 있으며, 1장과 2장에서 분석한 철강과 반도체산업에 비해, 기업간 거래에 있어, 외국의 수요기업과의 관계가 중요했다고 할 수 있다.

20세기 들어서의 LCD부재의 기업간 거래를 통해, 일본의 중간재산업에서의 기업간관계가 어떻게 변화하고 있는지를 시장원리와 조직원리의 동학적인 결합이라는 관점을 유지하면서 분석해 보도록 하자.

제1절 일본LCD부재기업의 경쟁력과 기술진입 장벽

(1) 일본LCD 부재기업의 높은 경쟁력

LCD를 제조하려면 많은 부재, 재료가 필요하다. 예를 들어, 위상차 필름, 컬러 필터, 배향막, ITO 필름 및 LCD 유리 기판 등을 들 수 있고, 백라이트, 스페이서 및 액정 밀봉재료도 LCD제조에 사용되는 부재이다. 세분하면, 훨씬 더 많은 종류의 부재가 LCD제조에 불가결하며, 각 부재시장의 규모는 그다지 크지 않으나, 매우 많은 세분화된 시장 세그먼트가 존재한다. 이러한 다양한

---

3) 특히, 대형LCD시장에서, 京東方科技集団(BOE), 華星光電(CSOT)가 존재감을 높이고 있다.

표 6-1 중요 LCD부재 시장세그먼트에서의 일본기업 시장점유율(2012년)   (단위:%)

LCD 부재	1위 기업	2위 기업	3위 기업
편광판	닛토전공(35)	스미토모화학(25)	-
PVA 필름	쿠라레이(76)	닛폰합성(24)	-
위상차 필름	코니카미놀타(40)	후지필름(35)	JSR(5)
대형LCD용 컬러 필터	JSR(75-80)	닛산 화학공업(15-20)	-
중소형LCD용컬러 필터	닛산화학공업(about 90)	JSR(about 10)	-

자료: 각종 신문 및 액정산업관련의 문헌.

LCD부재시장의 대부분에서 일본기업들이 높은 시장점유율을 차지하여, 상위
기업의 지위를 거의 독차지하고 있다. 예컨대, 2000년대 전반, 일본기업들이
세계 LCD부재시장의 약 80%를 차지했으며, 블루 LCD 유리기판, 반사 방지
필름, TAC(Triacetyl Cellulose) 필름, 시야각 확장 필름, 스페이서, LCD용 씨일,
감광재 시장 등에서 100%를 차지했다.[4] [표 6-1]을 보면, 2012년, 일본기업
은 편광판,[5] 폴리 비닐 알코올 필름(PVA), 위상차 필름,[6] LCD 배향막과 같은
대부분의 중요 부재시장에서 1위, 2위를 차지하고 있다.[7]

(2) 과점구조와 기술적 진입장벽

① 과점적 산업조직과 진입장벽

이처럼 일본기업이 강한 경쟁력과 높은 시장점유율을 유지하고 있는 데

---

4) 『月刊化学経済』.

5) 편광판에서는 한국의 LG화학이 시장점유율을 높여, 2017년에는 수위에 오르는 등, 일본의
편광판업체인 스미토모화학 및 닛토전공과 함께 상위 3사체제를 굳히고 있다. 18년에는 LG
화학이 채산 악화로 대중국 출하를 억제하였고, 닛토전공도 스마트폰용의 고부가가치제품으
로 제품전환을 하는 중에, 스미토모화학이 중국LCD기업으로부터의 수주를 확대해, 시장점유
율 1위에 올라섰다(『日経産業新聞』 2019年8月2日, p.7).

6) LCD 위상차필름시장에서는 이미 1990년대부터 후지필름과 닛토전공이 높은 시장점유율을
기록하고 있었다. 90년대 초까지의 LCD시장에서는 STN LCD가 시장의 주력제품이었고, 이
유형의 LCD에 맞는 위상차필름의 개발과 생산에서 닛토전공이 선두였으나 후발의 후지필름
이 그 후의 주력제품인 TFT LCD용의 위상차필름에 개발의 초점을 두어, WV필름을 개발하
여 선두대열에 진입하였다(桑嶋(2009b), pp.359, 381).

7) 최근 LCD의 대체부품으로 대두되고 있는 유기EL의 대부분 부재에 있어서도, 일본의 LCD부
재기업들이 압도적으로 강한 경쟁력을 발휘하고 있다(『日本経済新聞』 2018年2月11日).

는 여러 이유가 작용하고 있으며, 그 중 기업간 관계도 중요한 이유이다. 구체적으로 살펴보도록 하자.

먼저, [표 6-1]에서 볼 수 있듯이, 각 시장 세그먼트의 주력기업수는 많지 않다. 진입해 있는 기업수 자체가 적어, 과점시장구조인데, 이 과점시장을 장악하고 있는 것이 일본기업들이다.[8)]

이처럼 각 시장 세그먼트가 과점구조로 되어 있는 이유는 각 시장으로의 신규진입 장벽이 만들어져 있기 때문이며, 거꾸로, 과점구조가 지속되면서 신규진입의 장벽이 높아지고 있기 때문이다. 이 진입장벽으로 생각할 수 있는 것은 기술면의 장벽과 투자자금면의 장벽이다. 장벽을 돌파하고 신규진입하기 위해서는 일정정도의 기술력이 필요한 것이 전자이고, 신규진입해 정착에 성공하기 위해 필요한 자금능력이 후자이다. 이 중 LCD 부재산업에서는 투자자금면의 장벽보다 전자의 기술면의 장벽이 높았다. 실제로, 이 산업에 진출한 일본기업 중에는 대기업이라 할 수 없는 기업들이 많이 포함되어 있으며, 자금조달력이 그다지 강하지 못한 기업들도 적지 않다. 그럼에도 불구하고, 이런 기업들이 성공적으로 동산업에 진출할 수 있었다면, LCD부재 산업의 투자자금면의 신규진입 장벽은 그리 높지 않다고 추론할 수 있다.

② 높은 기술진입장벽

따라서, LCD부재산업에는 기술면의 진입장벽이 중요하다고 할 수 있다. 무엇보다 LCD부재를 개발하고 대량생산하는 기술과 지식을 축적하는 데는 시간이 걸린다. 예를 들어, LCD용 유리기판의 크기가 커질수록 편향량을 줄이고 강도를 높이는 것이 더욱 중요해진다. 기온변화에 따른 수축과 팽창의 비율을 더욱 낮추어야 한다. 또한 양품률(수율)을 높이기 위해 결함과 오염을 방지하는 것이 더욱 중요해진다. 결과적으로, LCD의 제품성능의 향상과 규모확대에 따라, LCD 유리기판 제조에 요구되는 기술수준이 높아지고, 따라서, 그 기술력을 갖추는 데 보다 긴 시간이 필요하게 된다.

또한, LCD의 제품성능 향상과 규모확대에는 LCD 편광판의 주요재료인

---

8) 2007년, 액정부재 및 반도체부재기업 60사 중 일본기업이 40사를 차지하고 있었다는 조사도 있다.

PVA 및 TAC 필름의 보다 높은 수준의 광학 특성이 필요하다. 결과적으로, 필름의 두께를 균일하게 하면서 오염 및 결함을 감소시키기가 더욱 어려워지고, 필름 제조에 있어 품질관리가 더욱 어려워진다. 이에 대응한 기술은 대량생산의 경험을 통해 축적할 수밖에 없고, 따라서, 기술의 축적 및 습득에 시간이 많이 필요하다. 또한, LCD 백라이트용 재료처럼, 제조에 다양한 원천기술[9]이 필요한 경우가 많으며 이러한 기술을 축적하는 데도 시간이 걸린다.

게다가, 이러한 기술의 축적은 기술개발 부문 등 특정한 기능의 인력의 투입에 의해 가능한 것이 아니다. 예를 들어, LCD 편광판 제조업체는 이물질로 인한 오염을 방지하고 표면의 불규칙성을 줄여야 하는데, LCD 편광판의 크기가 커짐에 따라 제조사양이 더욱 엄격해져, 생산현장에서의 높은 수준의 기술 축적과 그 활용이 요구되었다.[10] 시행착오를 포함하면서, 제조현장의 작업자, 엔지니어의 지혜와 경험, 대응능력 등이 이러한 기술력 축적과 관련되어 있었다. 따라서, 당연히 이러한 기술축적에는 시간을 요한다.[11] 실제로 동산업에서 경쟁력을 발휘하고 있는 기업들은 장기적으로 기술과 지식을 축적하고 있다.

이처럼 기술축적에 시간이 걸린다는 점을 고려할 때, LCD부재기업이 동시장에 진입하기 전에 쌓았던 경험도 이러한 기술면의 진입장벽의 형성에 기여했을 가능성이 높다. 예를 들어, 편광판 시장의 수위기업인 닛토전공은 전후, 접착제 및 전기절연재료 사업을 계속했고, 그 사업을 통해 접착기술과 폴리머에 대한 기술을 축적하여, 이것이 LCD용 위상차 필름, 편광판 제조에 전용되었다. 오오쿠라산업도 LCD부재산업에 진입하기 전에 축적한 합성수지 기술을 기반으로, LCD용 위상차 필름 및 편광 필름 시장에 진출했다.

LCD편광판의 재료인 PVA생산시 균일한 특성의 얇은 막을 형성하는 기술이 매우 중요하며, 또 고객기업이 요구하는 정밀도의 수준이 높기 때문에, 제

---

9) 『日経ビジネス』 2004年11月15日号.

10) JETRO, *Japan Economic Monthly*, November 2005.

11) 기술축적에 시간이 걸린다는 것은 장기적 성과를 중시하는 투자가 필요한 것으로, 따라서, 경영자의 의사결정 및 경영자세에 있어 장기적인 관점이 중요하다고 볼 수 있다. 이러한 LCD부재산업의 특성이 동산업에 진입했던 일본기업의 경영자들의 경영 마인드 및 자세에 적합했을 가능성이 높다.

조하기가 어렵다. 그런데, 동시장에서 세계 톱의 지위를 차지하고 있는 쿠라레이(전신은 쿠라시키 레이온)는 동시장에 진입하기 전 오랜 기간 합성수지를 가공해 필름을 만드는 기술을 축적해, 이 기술이 PVA 필름 제조에 활용되었다.

또한 후지필름은 사진용 필름사업에서 축적된 코팅기술, 유기 합성기술, 필름 증착기술, 광학 시뮬레이션 기술을 이용하여, LCD 편광판용 TAC 필름을 개발하는 한편, 균일한 특성의 박막을 형성할 수 있었다.12) 코니카 미놀타 역시 LCD 편광판용 TAC 필름사업에서 높은 경쟁력을 보유하고 있었는데, 동사의 경우에도 사진필름사업에서 축적한 기술이 TAC 필름의 제조에 크게 기여했다고 한다.

AGC(전신은 아사히 글래스)은 건설용 유리 및 자동차 유리를 장기간 제조한 경험을 통해 축적한 핵심기술, 예컨대, 유리재료의 가공 및 설계 기술, 불소 가공 기술 및 표면의 박막형성기술과 같은 핵심기술을 LCD 유리기판사업에 전용할 수 있었다. 일본 제온과 JSR(전신은 일본합성고무)은 합성고무사업에서 축적한 분자 제어 기술을 위상차 필름 및 컬러 레지스터의 제조 및 개발에 활용하였다. 스탠리전기도 자동차조명부품 사업에서 축적한 기술로 LCD 백라이트용 냉음극관(CCFL, Cold Cathode Fluorescent Tubes)을 제조할 수 있었다.

이처럼 기존의 사업에서 축적한 기술이 신사업으로의 다각화의 성공에 기여한 것은 앞서 언급한 이 LCD부재사업의 특성, 즉, 기술 축적에 시간을 요한다는 특성과 정합적이다. 기존사업에서 축적한 기술을 가진 기업들이 LCD부재산업의 초기에 선발기업으로 진입한 후, 높은 기술장벽을 구축했던 것이다.

---

12) 후지필름은 이러한 기존기술을 활용하여, 95년 12월 LCD광학보상필름(Wide View film)을 판매하기 시작한 것이 LCD부재사업에서의 성공의 계기였다(桑嶋(2009a), p.332).

제2절 국경을 초월한 시장원리와 조직원리의 결합

2000년대 들어, LCD산업에서 일본기업을 제치고, 한국 및 대만기업이 세계시장을 장악하게 됨에 따라,[13] 일본 LCD부재기업에 있어 주요한 고객기업은 외국기업이 되었다. 국경을 초월한 기업간 거래관계가 형성된 것이다. 이 점에서 앞서 본 철강업과 비교해, 산업의 매우 이른 단계에서부터 기업간 관계의 국제화가 진행되었다고 할 수 있다. 이러한 국제 기업간 관계에서 조직원리와 시장원리가 결합하여 작용했다. 구체적으로 살펴보자.

(1) 시장원리

일본의 LCD부재와 LCD기업간의 기업간 거래에서 시장원리의 작용을 보여주는 행동을 관찰할 수 있다. 먼저, 일본의 LCD기업인 샤프도 그러했지만, 한국과 대만의 LCD기업들은 복수의 LCD부재기업으로부터 동일한 부재를 구입했다. 예를 들어, 한국의 LCD기업인 LG 디스플레이는 AGC와 일본전기초자로부터 LCD 유리기판을 구입했다. 대만 LCD 제조업체도 스미토모화학 및 톳판인쇄로부터 컬러 필터를 구입했다. 또한 컬러 필터와 편광판을 사내 생산하는 한국 및 대만 LCD기업들은 이들 부재를 일본의 부재기업으로부터도 구입했다. 이러한 복사발주정책에 의해, LCD기업들은 일본의 LCD부재기업간의 경쟁을 촉진, 활용하고 있다. 기업간 경쟁이 작용한다는 점에서 시장원리를 나타낸다.

둘째, 동일한 부재시장의 각부재기업들은 해외의 동일한 고객기업으로부터 보다 많은 수량의 주문을 획득하기 위해 치열하게 경쟁하고 있으며, 이러한 현상도 시장원리를 보여준다. 이러한 경쟁 속에서, 일본의 LCD부재기업은 해외 LCD기업으로부터 보다 많은 수요를 획득하기 위해, 해외의 현지 부재생산라인을 포함해 세 군데 이상의 생산거점을 확보하고 있다. 예를 들어, 닛토전공과 JSR은 대만, 한국, 일본에 생산라인이 있다. 스미토모화학은 대만과 한국에 해외 생산거점을 만들어, 자사의 엔지니어를 파견하고 있으며 또한, 대만

---

13) 최근에는 중국기업도 LCD시장에 진입해 적극적인 설비투자로 존재감을 높이고 있다.

의 LCD기업, 한국의 LCD기업과의 공동개발을 포함해 차세대 LCD패널 관련의 신기술을 축적하고 있다. AGC는 삼성전자 및 LG디스플레이의 LCD 공장뿐만 아니라 대만 중부와 샤프의 LCD공장 근처에도 생산라인을 만들었다. 일본전기초자는 한국에 있는 삼성전자와 LG디스플레이의 LCD집적지와 대만 중부에 있는 LCD집적지에 LCD 유리기판의 생산라인을 보유하고 있다. 대규모 수요자로부터의 수요획득을 둘러싼 경쟁이라는 시장원리의 작용을 나타내는 행동이라 할 수 있다.

셋째, LCD부재기업과 해외의 LCD기업간의 이해대립을 나타내는 현상도 발생하고 있다. 예를 들어, 일본 LCD부재기업이 주요한 고객기업인 한국과 대만의 LCD기업의 공장부지내 혹은 그 근처에 생산라인을 설립하는 경우가 적지 않은데, 이때 대부분의 생산라인은 후공정에 집중되었다.14) 이 후공정은 생산비용면에서는 중요하지만, 기술 난이도는 전공정보다 낮고, 부재 생산의 핵심기술과는 거리가 있다. 이처럼 부재기업이 전공정은 국내공장에서 전담하고, 후공정만을 해외공장으로 옮긴 것은 제품 및 제조의 핵심기술에 대한 중요 정보가 고객기업에 유출될 것을 우려하기 때문이다. 정보의 교환 및 제공을 둘러싼 수요자와 공급자간의 이해대립을 나타낸다. 2장의 반도체IC의 공동개발에서 수요기업이 정보제공에 소극적이어서, 공급기업과의 사이에 이해대립이 발생한 것처럼, LCD부재기업과 LCD기업 사이에도 제품정보 및 기술정보를 둘러싼 이해대립이 존재했던 것이다. 반도체IC의 경우와는 달리 정보제공에 소극적인 것이 공급기업이라는 차이가 있으나, 거래주체간의 이해대립이 발생했던 것은 공통이었고, 이러한 이해대립은 시장원리의 표현이라 할 수 있다.

마지막으로, LCD기업은 거래상의 문제가 발생할 경우, 거래하는 부재공급업체를 변경하는 경우도 드물지 않다. 예를 들어 대만의 치메이전자(Chimei

---

14) 『日経マイクロデバイス』2006年1月号. 그러나, 최근에는, 해외생산거점에서 전공정의 생산을 하는 경우도 나타나고 있다. 예를 들면, 편광판기업인 닛토전공은 기존에는 원재료를 늘려서 필름형태로 겹쳐쌓는 전공정에는 최첨단의 생산기술이 필요하여, 국내의 오노미치(尾道)공장과 카메야마(亀山)공장이 전공정의 생산을 담당하였고, 편광판을 화면크기에 따라 절단하는 후공정은 해외의 7거점에서 담당해왔다. 그러나, 2016년부터, 중국의 광동성 심천의 후공정 공장부지내에 전공정까지 포함한 일관생산을 담당하는 신거점을 만들었다(『日本経済新聞』2016年6月18日, 朝刊, p.12).

Electronic)는 AGC로부터 거의 독점적으로 LCD 유리기판을 구매해 왔으나, 2004년 8월 갑자기 유리기판 공급업체를 대만 코닝 공장으로 변경하여 장기 거래 계약을 체결했다. 이는 AGC가 제품의 품질문제를 해결하지 못해, 6세대 LCD 패널 생산 개시에 맞추어 납입하지 못했기 때문이다.[15] 일본의 LCD부재 기업과 LCD기업간에 장기적인 거래관계를 맺고 있는 경우가 많지만, 상황에 따라서는 거래 관계가 중단되고, 다른 공급업자와의 거래로 전환될 가능성이 항상 존재하고 있으며, 이는 자원의 자유로운 이동을 의미하고 있는 점에서 시장원리의 작용을 나타낸다.

(2) 조직원리[16]

LCD부재기업과 LCD기업간의 관계에는 조직원리도 작용하고 있다. 먼저, 많은 일본 LCD부재기업은 한국과 대만의 LCD기업의 요청으로, 현지의 LCD 집적지에 생산라인을 건설해 가동하고 있다.[17] 유리기판, 컬러 필터, 편광판, 백라이트용 음전극관 등의 일본부재기업들이 삼성전자와 LG디스플레이의 생산집적지에 생산라인을 설치하고 있다.[18]

또한, 1990년대 후반, 대만 중부와 남부의 산업집적지 건설에 맞추어, 많은 일본 LCD부재기업들이 생산 라인을 설립했다. 대만의 LCD산업이 본격적으로 성장한 2000년경에, 특정한 LCD기업만을 위한 것은 아니었지만, LCD기업의 제조거점 가까이에 부재생산라인을 만들어, 가동했다.

예를 들면, 대만 남부에서는 1999년 지방정부와 치메이그룹에 의해 공업 단지가 만들어져, 여러 대만LCD기업이 그곳으로 생산거점을 옮겼는데,[19] 톳판인쇄, DNP 등 일본의 LCD컬러 필터기업들도 대만LCD기업과의 합작으로

---

15) 『日経産業新聞』 2005年9月3日.
16) 요시모토와 신탁은 동아시아 각국의 광드라이브기업과 광픽업기업간의 협력관계를 면밀히 조사하고 있다(善本, 新拓(2005)). 정밀 전자부품 등 중간재의 기업간 거래에서 국경을 넘는 기업간 협조가 이루어지는 것은 매우 일반적인 현상으로 보인다.
17) 최근에는 중국의 LCD기업들이 자사공장의 부지내에 일본의 부재기업을 유치하는 경우도 나타나고 있다. 예컨대, 華星光電이 11세대의 LCD제품의 대량생산공장을 건설함에 있어, 일본의 LCD유리기판기업의 가공라인을 유치했다(『日経産業新聞』 2016年12月14日, p.15).
18) 『日経マイクロデバイス』 2005年6月号; 2006年2月号.
19) 『日経マイクロデバイス』 2006年4月号.

생산라인을 동지역에 설립했다. 또한, 스미토모화학은 현지의 편광판 제조업체인 SC-IK 기술과의 합작으로 공업단지내에 LCD편광판을 제조하기 시작했으며, 칫소도 동단지내에 LCD부재 생산거점을 설립했다.[20)

　　대만 중부의 연구 및 산업단지에도 일본 LCD부재기업의 생산라인이 다수 설치되었다. 예를 들어, 닛토전공은 2005년 대만 중부의 과학공원에서 LCD편광판을 생산하기 시작했다. AGC는 00년 8월에 대만 중부의 산업단지에서 LCD 유리기판을 생산하기 시작했으며, 일본전기초자도 같은 지역에서 LCD 유리기판 생산라인을 가동하고 있다. JSR은 대만에 자회사 JSR마이크로 타이완을 설립하여, 06년에 컬러 레지스터의 대량생산을 시작했다.

　　더욱이, 대만 LCD기업들이 일본 LCD부재기업의 주식을 구입하는 등 자금면의 협력을 하거나, 기술면에서 협력하는 예도 있었다. 예를 들어, 대만의 LCD기업 AUO(AU Optoelectronics)는 컬러 필터기업 톳판인쇄의 대만 자회사의 발행주식 37.9%를 구매하였고, 이를 계기로, 톳판인쇄와의 기술면의 협력을 강화했다. 이러한 일본 LCD부재기업과 해외LCD기업 간의 국경을 넘는 협력 사례는 조직원리를 보여주고 있다. 시장원리과 조직원리가 결합되어 작용한 것이다.

제3절 기업간 관계에 의한 기술축적과 거래교섭력 변화

(1) 수요기업과의 거래에 의한 기술축적: 조직원리

　　LCD부재산업의 높은 기술장벽은 사실은 이들 부재의 기업간 거래와도 밀접한 연관이 있다. 즉, LCD부재기업이 중요 고객기업인 LCD기업과의 거래 관계에서 밀접한 정보교환을 하고, 또한, 수요기업의 높은 수준의 요구에 대응하는 과정에서 시행착오를 포함한 기술축적이 이루어져, 이것이 결과적으로 동산업의 기술장벽을 높였다. 이러한 기술축적이 수요기업과의 협력관계의 산물이라는 점에서, 조직원리의 작용을 나타내고 있으며, 따라서, 동산업의 기술

---

20) 현지의 대만부재기업으로의 기술이전 및 생산 아웃소싱도 실행했다.

장벽은 기업간 관계에서 작용한 조직원리의 영향을 받은 것이라 할 수 있다.

일본의 경영학자 누마가미의 연구에 따르면,[21] 기업간 협력이라는 조직원리에 의한 기술축적은 전후 오랜 기간에 걸쳐 이루어진 것이었다. 즉, 일본의 LCD기업와 부재기업 사이의 정보교환, 공동개발이 이른 시기부터 빈번히 이루어졌고, 이것이 LCD와 LCD부재 양산업의 기술발전과 기술력 향상에 크게 기여했다고 한다. 예를 들어, 1980년대 초 톳판인쇄는 마츠시타산업의 중앙연구소 엔지니어와의 공동개발에 의해, 비디오 카메라용 컬러필터를 개발했으며, 이 공동개발의 성과가 LCD 컬러필터 사업에서의 톳판인쇄의 성공에 공헌했다.

또한, 일본의 LCD부재의 기업간 거래는 연쇄적으로 이루어지고 있다. 예를 들어, AGC, 일본전기초자 등은 LCD 유리기판을 LCD기업에 판매하기도 하지만, 다이닛폰인쇄, 톳판인쇄, 스미토모화학 등 컬러 필터기업에도 판매하고 있다. 닛토전공, 스미토모화학 등의 편광판기업은 쿠라레이, 일본합성화학으로부터 PVA 필름을, 코니카미놀타와 일본제온으로부터 위상차 필름을, 미츠비시수지 및 토레이로부터 이면보호 필름을 각각 구입해서 가공한 다음, LCD기업에 판매한다. 후지필름과 코니카미놀타 등은 TAC를 다이셀에서 구입해 가공한 다음, 닛토전공, 스미토모화학 등 편광판기업에 판매하고 있다.

LCD 백라이트 유닛기업들은 토레이와 테이진듀폰으로부터 확산판을, 미츠비시레이욘과 스미토모화학에서 도광판을, 토요보로부터 확산시트를, 미츠비시케미컬(전신은 미츠비시화학)과 전기화학으로부터 LED형광체를 각각 구입해, 이를 조립한 후 LCD기업에 판매하고 있다.

이러한 LCD부재의 기업간 거래의 연쇄는 기술 축적에 플러스의 영향을 미치고 있다. 특히, 거래 연쇄에 있는 다양한 부재제품부문에서 기술변화가 발생할 수 있고, 어떤 한 부재제품에서의 기술변화가 거래의 연쇄구조를 통해 각 부재의 기술변화를 연쇄적으로 촉진하는 경향이 있다.[22] 그리고, 많은 LCD부재기업들이 부재의 수요기업이면서 동시에 다른 부재의 공급기업이 되

---

21) 沼上(1999), 11장.

22) 金(2006). 한편, 이러한 거래의 연쇄는 일부 일본기업에 부정적인 영향도 미칠 수 있다. 예를 들어, 일부 부재기업들은 연쇄상의 전후의 기업 사이에 끼여, 거래교섭력이 약해져, 그 결과, 수익성을 확보하기가 어려울 수도 있다.

기도 하므로, 이들 기업간의 이해가 일치될 가능성도 있다. 그 결과, 산업내의
기술변화가 더 빠르고 더 광범하게 이루어져, 기술축적에 유리한 결과를 낳고,
이것이 진입의 기술장벽을 높인다. 특정한 제품시장뿐 아니라 기술적으로 전
후방연관을 갖는 많은 부재제품시장에서 일본기업들에 의한 기술장벽이 높아
졌다. 많은 일본부재기업들이 다양한 부재시장에서 높은 경쟁력을 갖는 이유
는 이러한 기술적, 거래연쇄의 영향이 적지 않았다. 조직원리가 작용하여 신규
진입의 기술장벽이 높아진 것이다.

(2) LCD부재 거래에 있어서의 교섭력 변화: 시장원리

그런데, 이러한 기업간 협력에 의한 LCD부재의 기술축적은 LCD부재기업
의 거래교섭력을 강화하고, LCD기업의 거래교섭력을 불리하게 한 결과, 양자
간의 의도하지 않은 이해대립을 촉진하였다. 기업간 협력이라는 조직원리가
역설적으로, 거래교섭력을 둘러싼 기업간 이해대립이라는 시장원리를 강화했
던 것이다.

좀 더 구체적으로 보자. 일본의 LCD부재기업들은 대규모 고객기업인
LCD기업과의 거래를 통해 기술과 지식을 축적했으며, 이것이 LCD부재산업에
대한 기술면의 진입장벽을 높여, 시장의 과점적 특성이 강화되었다. 일반적으
로 과점시장에서는 경쟁기업간에 서로의 행동을 파악하기가 용이하여 다수기
업이 진입해 있는 경쟁시장에 비해 공급기업간에 공급량을 조정하기가 수월하
다. 더구나, LCD부재의 공급자수가 제한되어 있으므로, LCD기업은 특정업체
로부터의 부재 조달이 여의치 않거나 부족할 경우, 다른 조달처를 찾기가 쉽
지 않다. 그만큼 특정 부재기업에 대한 거래 의존도가 높은 것이다. 그러므로,
대형 LCD기업과의 거래에 있어서도, 일본 LCD부재기업의 거래교섭력은 높아
졌다.

사실, LCD산업이 형성되기 시작했던 시기, 일본의 LCD부재기업들이 신
규진입했을 때는, 대부분의 LCD기업은 일본기업이었고 또 대기업들이었다.
따라서, LCD기업과의 부재거래에 있어, LCD부재기업들의 거래교섭력은 매우
약한 입장에 있었으며, LCD기업들은 부재기업을 하청업체 정도로 취급하는
경우까지 있었다. 그러나, LCD기업과의 거래를 장기적으로 지속하는 가운데,
부재기업이 기술력을 축적한 결과, LCD부재의 거래에 있어 거래교섭력이 상

승하였다.[23)]

　거래 교섭력의 변화를 직접적으로 나타내는 증거는 없으나, LCD부재의 가격변화 양상을 보면, 거래교섭력의 변화를 추측할 수 있다. 한 가지는, LCD 산업의 경기가 침체했을 때, LCD부재의 가격하락이 LCD의 가격하락 보다 더 뎠던 점이다. 예를 들면, LCD의 가격은, 2004년 가을 이후 급락해, 05년 4월 TV용 LCD가격은 1년 전보다 약 50%나 떨어졌다. 또, 2006년 상반기 중, 32인치 및 37인치 TV용 LCD가격은 약 25% 하락했으며, 17인치와 19인치 PC용 LCD 가격도 약 30%나 떨어졌다. 이러한 LCD가격의 급락으로 LCD업체들의 채산성이 악화되어, LCD부재기업들에 대해 납입가격인하를 강하게 요구했다. 그 결과, 일부 LCD부재가격은 상당히 하락했지만, 전반적으로, LCD부재가격의 하락률은 LCD의 그것보다 낮았다. 예를 들어, LCD 유리기판의 가격은 2006년 상반기 동안 약 10% 하락한 데 불과했고, LCD 백라이트 제조에 사용되는 냉음극관의 가격도 같은 기간에 약간 하락하는 데 그쳤다. 같은 기간 편광판의 부재인 PVA 필름의 가격은 상승하기까지 했다.[24)]

　이러한 가격변화 양상은 LCD산업의 초기, LCD기업으로부터 하청중소기업으로 취급되던 부재기업들이 그 후 LCD기업에 대한 거래교섭력을 크게 높인 것을 간접적으로 나타낸다. 거래교섭력은 수급기업간의 이해대립을 반영하므로, 시장원리가 작용하고 있음을 알 수 있다. LCD기업과 부재기업간의 협력이라는 조직원리가 거래 교섭 과정에서 수요기업에게 부정적인 영향을 미쳐, 양자간의 이해대립을 현실화하는 형태로 시장원리와 결합하였던 것이다.

---

23) 다만, 컬러필터, 편광판처럼, 대만과 한국의 신흥기업이 신규진입해, 부재기업의 거래교섭력이 약화된 부재시장도 있다(『日本経済新聞』 2016年6月18日, 朝刊, p.12).

24) 『日本経済新聞』; 『日経産業新聞』.

제4절 수급기업간 협력과 비용절감 압력의 결합

(1) LCD부재기업과 LCD기업간의 협력: 조직원리

대만과 한국기업들이 LCD산업에서 대두되기 전인 1990년대까지는 일본의 LCD기업들이 동산업을 장악하고 있었다. 따라서, 이들 일본의 LCD기업들과 일본의 LCD부재기업들이 상대거래를 하고 있었고, 그 과정에서 많은 협력이 이루어졌다. 첫째, 특정 LCD기업의 제품을 위한 커스텀 부재를 일본의 LCD기업과 LCD부재기업이 공동개발하는 경우가 적지 않았다. 개발단계에서 양자간의 협력관계가 나타났던 것이다. 예를 들면, 95년 후지필름과 LCD제조업체 샤프는 LCD 유리기판에 붙이는 감광성 반사판 필름을 효율적으로 생산하는 방법을 공동개발했다. 이 공동개발의 성과로 후지필름은 96년 봄에 새로운 필름 대량생산 방법을 도입해, 생산공정이 훨씬 간소화되었으며, 생산비용이 절감되었다. 사실, 샤프는 LCD의 초기 설계단계에서부터 넓은 범위의 부재기업과 공동개발을 하였다.[25]

둘째, LCD기업과 LCD부재기업은 공동개발뿐 아니라, 기술정보를 교환하는 형태로도 협력했다. 예를 들면, 대형 LCD용 편광판을 개발하려면 필름 가공기술, 광학 분석기술, 코팅기술과 같은 매우 광범위한 기술이 필요하였고, LCD의 구조에 따라 광학특성을 조정하는 작업이 중요하였다. 때문에, 편광판 기업들은 LCD기업과 긴밀히 기술정보를 교환했다.[26] 이러한 빈번한 정보교환의 결과, LCD부재기업들은 고부가가치 제품기술 및 최첨단의 생산기술을 축적할 수 있었으며, 이에 따라 부재의 판매를 늘릴 수 있었다.

셋째, LCD기업과 LCD부재기업들은 다른 방식으로도 협력했다. 일부 일본 LCD기업은 인근지역 혹은 생산집적지내에 LCD부재기업의 생산라인을 설치할 것을 권유하기도 했고, 이러한 권유에 따라, LCD기업 근처에 생산라인을 만든 부재기업도 적지 않았다. 예를 들면, 샤프가 2002년 미에현 카메야마(龜山)시에 새롭게 LCD공장을 설립했을 때, 거래 관계를 맺고 있던 LCD부재기업

---

25) 『電子ジャーナル』 2006年9月号; 『日本経済新聞』 2005年6月17日.
26) 『日経エレクトロニクス』 2006年5月22日号.

에 대해 카메야마공장 부지내에 생산라인을 옮길 것을 권유했으며 일부 LCD
부재기업은 카메야마의 샤프공장부지내에 LCD부재의 생산라인을 이전했
다.[27] 수요자와 공급자간에 활동의 공간적인 근접성을 강화하는 형태로 협력
한 예이다.

이처럼, 공동개발, 그 외의 기술정보 및 시장정보의 교환, 가까운 곳에 서
로의 생산라인을 입지하는 등의 협력에 의해, LCD기업으로서는 수송비용을
줄이고, 공급기업과의 커뮤니케이션의 정확도를 높여, 거래상 발생할 수 있는
문제를 신속히 해결할 수 있고, 생산성 향상에도 긍정적인 영향이 있을 것으
로 기대되었다.

LCD부재기업으로서도, 이러한 협력에 의한 긍정적인 영향을 기대했을 것
이다. 첫째, LCD부재에 대한 수요가 변동하더라도 대규모 고객기업과의 튼실
한 협력관계로 안정적인 수주를 기대할 수 있었을 것이며, 개발 목표 및 생산
목표가 명확해져 부재의 개발 및 투자의 속도가 빨라질 수 있었다. 둘째, 특정
한 대형 고객기업과의 협력관계를 유지함으로써, 업계에서의 평판을 높여, 새
로운 고객기업의 확보, 판매 확대가 기대되었다. 따라서, 이러한 LCD기업과
LCD부재기업의 협력은 양자의 이해 일치를 나타내는 점에서 조직원리의 작용
을 보여준다.

이와 같이 LCD부재기업과 LCD기업이 긴밀하게 협력하는 한편으로, LCD
기업은 LCD부재공급업체에 대해 강한 코스트 다운의 압력을 가하기도 했다.

1990년대 후반, LCD의 수요가 증가함에 따라 많은 기업들이 LCD시장에
신규진입해, 비용절감 및 고품질의 제품을 둘러싼 LCD기업간의 경쟁이 격렬
했다. 특히 가격인하 경쟁이 치열했는데, LCD제조원가에서 차지하는 부재의
비중이 매우 높았기 때문에, LCD기업은 LCD부재기업에 납입가격 인하의 요
구를 강화했다.

이처럼 납입가격에 대한 강한 인하압력으로 부재거래에 있어서의 수요자
와 공급자간의 이해가 대립하였고 긴장관계가 발생했다. 이러한 긴장과 갈등
관계는 시장원리의 작용을 나타낸다고 할 수 있다.

---

27) 金(2007). 샤프가 해외에 새로운 LCD 생산거점을 건설했을 때, 일본의 일부 부재기업들은 그
   해외LCD공장에 공급할 목적으로 부재의 생산라인을 신설한 예도 있었다.

더구나, LCD기업은 복수의 부재기업에 동일종류의 부재를 발주하여, 부
재기업간의 경쟁을 촉진함과 동시에, 위험을 분산시켰다. 철강이나 반도체IC
의 거래에서 나타났던, 수요기업의 복사발주가 LCD부재의 거래에서도 나타났
던 것이다. 예를 들면, 샤프의 카메야마공장에서는 코닝사와 AGC로부터 대형
LCD 유리기판을 구입했다. 또한, 샤프는 컬러 필터를 다이닛폰인쇄와 톳판인
쇄로부터 구입했는데, 사내에서도 컬러 필터를 생산했다.

LCD기업의 이러한 복사발주정책은 LCD부재기업간의 경쟁을 촉진한 점
에서 시장원리의 작용을 나타낸다. 전술한 것처럼, 한편에서는 LCD기업과
LCD부재기업이 거래관계를 통해 긴밀히 협력하면서도, 다른 한편에서는 부재
의 거래에도 시장원리가 작용하여, 양 원리가 결합되었던 것이다. 시장원리와
조직원리가 결합되어 작용했다는 점에서, 앞서 분석했던 일본의 철강 및 반도
체IC의 기업간 관계와 유사하다. 따라서, 중간재의 기업간거래에 있어 매우 보
편적, 일반적인 현상이라 할 수 있다. 그리고, LCD부재는 일본기업들 사이에
서만 거래되는 것이 아니라는 점을 고려하면, 이러한 기업간 관계에 있어서의
양 원리의 결합은 일본에 특유한 것이 아니라는 것도 알 수 있다.

제5절 신시장으로의 경영자원 전용과 기업간 관계

일본의 LCD부재기업의 강한 경쟁력의 또 다른 원천이 있다. 새로이 성장
할 유망시장을 빨리 발견하여, 기술력을 신속히 신시장에 전용해왔던 점이다.
사실은 과거 LCD부재시장에 신규진입하여 다각화에 성공한 것도 그 한 예인데,
이러한 "유연한" 자원이동 행동에 일본LCD부재기업의 강점이 나타난다.[28]

즉, 일본부재기업은 기존제품의 시장 세그먼트가 완전히 성숙되기 전에
새로운 신흥시장 세그먼트를 찾아내, 그간에 축적된 기술력 등의 경영자원을
전용하여, 그 신시장에서 효율적으로 적용하는 행동을 반복해 왔다. 이러한 신

---

28) 金(2014), p.65.

시장의 발견과 경영자원의 전용은 기업간 관계와 관련되어 있으며, 또한 시장
원리와 조직원리가 결합되어 있었다.

예를 들면, 후지필름의 반사판 필름의 개발은 1987년 어떤 전자업체가 후
지필름에게 화면의 해상도를 높일 수 있는 소재 개발을 의뢰한 것이 계기가
되었다. 잠재적 수요기업의 요구가 신기술의 개발에 연결된 것이다. 또한, 후
지필름이 당초 개발했던 반사판 필름은 STN-LCD용이었으나, 1987년 그 샘
플을 가지고 수요기업들의 반응을 체크하기 위해 일본의 LCD기업들을 돌았을
때, 어떤 LCD기업의 엔지니어가 장래 LCD시장의 주류가 될 것으로 보이는
TFT-LCD용으로의 전환을 권고해, 그것을 받아들인 것이 그 후 후지필름의
동시장에서의 성공을 낳는 계기가 되었다고 한다.[29] 수요기업과의 기업간 관
계 속에서, 장래의 시장에 대한 정보 교환과 수집이 이루어져, 그것이 새로운
시장으로의 진출의 중요한 계기가 되었던 것이다.

또한, LCD시장의 급성장에 어느 정도 제동이 걸리는 시기가 오자, 일본
의 LCD부재기업들은 이번에는 터치 패널의 부재시장에, 그리고, 최근에는 다
시 유기EL[30]의 부재시장에 주목하여, 기존에 축적된 기술력을 이용하여 제품
을 개발하는 한편, 기존의 생산설비도 전용하여 신시장에 진출하여, 시장을 선
점하고 높은 점유율을 기록하고 있다. 예를 들면, 스미토모화학과 닛토전공은
편광판 필름사업에서의 기술과 설비를 유기EL용의 필름터치센서 시장에 전용
하여, 특히 스마트폰용 유기EL의 필름터치센서 시장에서는 양사가 시장을 장
악하고 있다.[31] 일본사진인쇄, 쇼와전공, 닛샤(NISSHA) 등의 일본부재기업도
이 유기EL 필름터치센서 시장에 성공적으로 진입해 있다.

스미트모화학은 유기EL용 발광부재시장에도 진출하여 미국의 다우 듀퐁
및 일본의 벤처기업 큐락스 등과 경쟁을 벌이고 있다.[32] 2018년, 우베흥산(宇
部興産)과 카네카는 유기EL기판용의 필름시장에 본격적으로 진입했으며, 이데

---

29) 桑嶋(2009a), pp.338-339.
30) 유기EL은 스스로 발광하는 빨강, 녹색, 파란색의 소자를 이용하여 영상을 표시하는 디스플레
이로, 기존의 LCD제품에 비해, 디스플레이 패널도 얇고 가벼우며, 세밀한 영상을 표시하는
데 장점이 있다고 한다(『日経産業新聞』2017年6月20日, p.13).
31) 『日経産業新聞』2017年9月28日, p.3; 2019年8月2日, p.7.
32) 『日本経済新聞』2019年4月1日.

미츠흥산(出光興産)도 유기EL패널의 중요소재인 발광재시장에 진입해, 독일의 메르크와 함께 시장의 7~8할을 장악하고 있다.[33] 미츠비시케미컬도 기존의 설비를 전용하여 유기EL용의 조명부재시장에 진입했다.[34] 미츠비시 머티리얼은 2017년 유기EL용 은합금 스패터링타겟의 세계시장에서 9할의 점유율을 기록하고 있다.[35]

이처럼 일본의 LCD부재기업들이 유연하게 신시장에 진출하고 있는 것은 경영자원의 유연한 이동이라는 점에서 시장원리의 작용을 나타냄과 동시에, 그 배경에 기존시장의 고객기업과의 관계 속에서 축적한 기술, 기존설비가 전용된 점은 기존고객기업과의 장기적인 거래관계에서 나타나는 조직원리의 작용도 더불어 시사하고 있다.

맺음말

일본의 LCD기업들은 2000년대 들어 한국과 대만의 LCD기업과의 경쟁에서 패하여, 대부분의 기업들이 사업을 축소하였다. 그러나, 일본의 LCD기업들과 대조적으로, 일본의 LCD부재기업들은 높은 경쟁력을 유지하면서, 한국과 대만, 최근에는 중국LCD기업의 생산에 필요한 부재를 공급하고 있다. 따라서, 1990년대까지는 일본기업들간의 LCD부재 거래가 대부분이었으나, 2000년대 이후에는 주로 일본부재기업과 해외LCD기업간의 거래가 중요하게 되었다. 이는 1장과 7장에서 보듯이, 일본기업간의 거래가 중요한 철강의 기업간 관계와 다른 점이다. 일국의 영역을 넘어선 기업간 관계가 중요해졌다는 점에서, "새로운" 중간재산업으로서의 특색이 나타나 있는 것이다. 시대의 변화에 의한 규정성이라 할 수 있다.

다만, 이처럼 해외의 수요기업과의 거래관계가 중요한 중간재산업에서 나타나는 기업간 관계의 여러 특징을 "일본 특수성"이라 할 수는 없을 것이다. 특정 공간으로서의 일본을 초월한 글로벌한 기업간 관계이기 때문이다.

이러한 "신" 중간재, LCD부재의 국경을 뛰어넘은 기업간 관계에서도 조

---

33) 『日本経済新聞』 2018年2月11日; 『日経産業新聞』 2017年9月28日, p.3.

34) 『日本経済新聞』 2017年9月26日, 朝刊, p.16.

35) 『日経産業新聞』 2017年6月20日, p.13.

직원리와 시장원리가 결합되어 작용했다. 먼저, 수요기업과 공급기업간의 협력이라는 조직원리가 작용하였다. 첫째, LCD 제조에 필요한 커스텀 부재를 LCD 기업과 부재기업이 공동개발하는 경우가 자주 있었다. 둘째, 공동개발뿐 아니라, LCD부재기업와 LCD기업간의 정보 교환도 빈번히 이루어졌다. 더욱이, LCD부재간에는 기술적으로 연쇄적인 연관이 있어, 정보교환과 협력의 연쇄가 형성되어 있다. 셋째, 과거에는 샤프와 같은 일본의 LCD기업, 그 후에는 한국과 대만의 LCD 기업들이 생산거점 혹은 그 근처에 일본 부재기업의 생산라인을 유치하여, 근거리에서 거래를 계속했다.

한편, 일본의 LCD부재와 LCD기업간의 거래에서는 시장원리를 나타내는 행동도 많이 관찰된다. 먼저, 일본의 LCD기업인 샤프, 한국과 대만의 LCD기업들은 복수의 LCD부재기업으로부터 동일한 부재를 구입하여, 부재기업간의 경쟁을 촉진하였다. 또한, LCD부재기업과 LCD기업간의 이해대립을 나타내는 현상도 발생하고 있으며, 이것도 시장원리의 작용을 나타낸다. 예를 들어, 일본 LCD부재기업이 주요한 고객기업인 한국과 대만의 LCD기업의 공장부지내 혹은 그 근처에 생산라인을 설립하는 경우가 적지 않은데, 이때 대부분의 생산라인은 후공정에 집중되어 있다. 부재기업이 제품 및 제조의 핵심기술에 대한 중요 정보가 고객기업에 유출될 것을 우려하기 때문이다. 정보의 교환 및 제공을 둘러싼 수요자와 공급자간의 이해대립을 나타낸다. 그리고, LCD기업은 거래상의 문제가 발생할 경우, 거래하는 부재공급업체를 변경하는 경우도 드물지 않다. 기업간 거래의 조직원리는 시장원리와 함께 작용했던 것이다.

또한, 기업간 협력이라는 조직원리의 작용은 일본의 LCD부재기업의 기술 축적에 플러스의 공헌을 했다. LCD부재의 기업간 거래의 연쇄는 기술 축적에 공헌을 해왔다. 축적된 기술은 LCD부재산업에 대한 진입장벽이 되어, 동산업의 과점구조를 강화했다. 이러한 부재산업의 과점구조와 LCD부재기업의 기술력 향상은 해외 LCD기업과의 거래에 있어 부재기업의 교섭력을 강화했고, 거꾸로 LCD기업의 교섭력을 약화시켰다. LCD부재기업과 그 수요기업간의 협력이라는 조직원리의 작용을 통한 기술력의 축적으로, LCD부재기업의 거래교섭력이 강화되어 수급자간의 잠재적인 이해 대립, 즉 시장원리가 촉진되었던 것이다. 이러한 형태로 시장원리와 조직원리가 결합된 점에서, 앞서 분석했던 일본의 철강 및 반도체IC의 기업간 관계의 역사에서 보는 현상과 공통적이며,

따라서, 중간재의 기업간거래에 있어 보편적, 일반적인 현상이라 할 수 있다.

한편, 일본부재기업은 기존제품의 시장 세그먼트가 완전히 성숙되기 전에 새로운 신흥시장 세그먼트를 찾아내, 그간에 축적된 기술력 등의 경영자원을 전용하여, 그 신시장에 효율적으로 적응하는 행동을 반복해 왔다. 일본의 LCD 부재기업들이 유연하게 신시장에 진출하고 있는 것은 경영자원의 유연한 이동 이라는 점에서 시장원리의 작용을 나타냄과 동시에, 그 배경에 기존시장의 고 객기업과의 관계 속에서 축적한 기술, 기존설비가 전용된 점이 있는 것은 기 존고객기업과의 장기적인 거래관계에 나타나는 조직원리의 작용도 더불어 시 사하고 있다. 일본의 LCD부재기업들의 신시장의 발견과 경영자원의 전용에는 기업간 관계와 관련되어 있으며, 또한 시장원리와 조직원리가 결합되어 있었 던 것이다.

참고문헌

일본문헌(일본어 50음순)

化学経済研究所『月刊化学経済』.

伊丹敬之(2013)『日本企業は何で食っていくのか』日本経済新聞出版社.

金容度(2006)「液晶部材の企業間取引」『赤門マネジメントレビュー』5巻11号.

金容度(2007)「液晶部材の産業組織と企業間取引」『経営志林』(法政大学経営学会), 43巻3号.

金容度(2014)「電気復活のヒントになる部材企業の力」『週刊エコノミスト』(毎日新聞社) 4月22日号.

桑嶋健一(2009a)「富士フィルム「WVフィルム」 ー統合型製品開発とアーキテクチャ戦略の転換(藤本隆宏,桑嶋健一 『日本型プロセス産業ーものづくり経営学による競争力分析』有斐閣)」.

桑嶋健一(2009b)「新日本石油「日石LCフィルムー差別化戦略と統合型組織能力の構築」藤本隆宏, 桑嶋健一(2009)『日本型プロセス産業ーものづくり経営学による競争力分析』有斐閣」.

Japan Economic Monthly, JETRO, November 2005.

『電子ジャーナル』.

『日本経済新聞』.

『日経ビジネス』.

『日経エレクトロニックす』.

『日経マイクロデバイス』.

『日経産業新聞』.

沼上幹(1999)『液晶ディスプレーの技術革新史』白桃書房.

善本哲夫,新宅純二郎(2005)「海外企業との協力を通じた基幹部材と完成品事業の連携モデル」, *Business Insight*, 13巻3号.

제7장
철강의 기업간 관계의 현상

제1절 국내기업간 철강 거래의 양적 변화

(1) 세계 철강공급의 지형변화와 일본의 철강 생산

21세기 들어, 세계 철강공급의 지도가 크게 바뀌었다. 20세기까지의 주요 철강 공급국이었던 구미 제국과 일본의 지위가 후퇴하는 대신, 중국, 인도, 한국 등 후발국의 철강 공급이 급속하게 증가하여 세계시장에서의 존재감을 높이고 있다.

특히, 공급 증가가 현저한 것은 중국이다(그림 7-1). 중국의 철강생산량 (조강 기준)은 2000년에 1억톤을 약간 넘는 수준에 불과했지만, 그 후 대규모의 증산을 계속해, 05년에 약 3억 5,000만톤, 08년 5억여 톤에 달했다. 2010년대 들어서도, 증산의 기세는 멈추지 않아, 12년에 약 6억 8,000만톤, 14년에 8억 2,000만톤에 달했으며, 19년에는 10억톤 가까운 생산을 기록하고 있다.

[그림 7-1]에서 보듯이, 주요 선진국의 철강 생산이 거의 제자리걸음을 하고 있어, 세계철강생산에서 차지하는 중국의 점유율도 급속히 높아졌다. 1995년 12.7%였던 중국의 철강 시장점유율은 2006년에는 34%로 상승해 2008년에는 세계전체의 40% 가까이를 차지했고, 그 후 지속적으로 세계 철강 생산의 절반 정도를 점했으며, 19년에도 2위의 인도, 3위의 일본과의 격차를 크게

그림 7-1 주요국 철강생산량(조강 기준) (단위: 천톤)

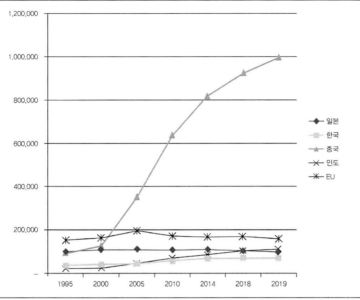

주: 2019년은 추정치.
자료: 세계철강협회.

벌리면서, 53.3％の시장점유율을 기록했다.[1]

    한편, 1990년대부터 지속적으로 생산이 감소되어온 일본은, 2010년대에
는 00년대보다 더욱 줄어든 생산량에서 추이하고 있다(표 7-1). 이처럼 중국
을 중심으로 하는 후발국이 철강생산을 급속하게 늘린 것과 대조적으로 일본
의 철강생산이 감소를 지속해온 것은 철강의 공급량이라는 면에서 일본기업간
의 철강거래의 중요성이 저하되어 온 것을 의미한다.

---

1) 世界鉄鋼協会資料; 『日本経済新聞』 2019年8月17日, 朝刊, p.10; 藤本(2009), p.139. 기업통
   계를 기준으로 보아도, 세계철강시장(조강) 기준에 있어서의 중국의 점유율은 1995년의
   9.5%에서 2015년에 48.5%까지 높아졌다(田中·磯村(2019), p.75). 또한 이러한 중국 철강기
   업 중에는 대기업도 있지만, 중소기업이 대부분이다. 즉, 중국철강산협회(CISA)에 가맹된 주
   요 100사는 대기업이지만, CISA 비회원 기업은 소규모의 민영기업이 많으며, 약 800사가 난
   립하고 있다(『週刊東洋経済』 2015年11月3日, p.22).

표 7-1 일본의 철강생산   (단위: 천톤)

연도	((조강))	(강재)	보통강	특수강
1960	23,161	18,033	16,443	1,216
70	92,406	74,634	65,524	7,365
80	107,386	96,011	83,143	12,868
90	111,710	104,924	88,820	16,104
2000년	106,901	96,891	81,371	15,519
01	102,064	92,216	77,101	15,115
02	109,786	97,963	80,236	17,727
03	110,998	98,802	80,315	18,487
04	112,897	101,273	81,919	19,354
05	112,718	98,008	78,426	19,581
06	117,745	103,138	82,872	20,266
07	121,511	106,459	85,830	20,629
08	105,500	91,336	73,927	17,409
09	96,448	82,755	68,068	14,687
10	110,793	95,298	75,542	19,756
11	106,462	91,567	72,385	19,182
12	107,305	91,746	73,471	18,275
13	111,524	95,028	75,923	19,105
14	109,844	94,441	74,973	19,468
15	104,229	89,481	71,881	17,600
16	105,166	90,254	71,764	18,490
17	104,834	89,297	70,137	19,160
18	102,886	88,419	69,103	19,316
19	99,285	84,838	66,941	17,897

출처: 경제산업성, 일본철강연맹 통계.

(2) 철강 수출비중의 상승

일본의 철강생산의 증가가 정체 혹은 감소 경향을 보이는 가운데, 철강 수출량에 큰 변화가 나타났다. 이미 1960년대 일본의 철강업의 생산성이 세계 최상위의 수준이 되었고, 높은 가격경쟁력을 가지게 되었는데,[2] 이때까지는 수출비율은 그리 높지 않았다. 예를 들어, 60년, 철강의 수출비율은 15% 미만

---

2) 岡崎(1995).

표 7-2 일본의 철강무역, 수출비율, 수입의존도 (단위: 천톤, %)

연도	수출	수입	수출비율	수입의존도
	철강전체	철강전체	조강환산	조강환산
1960	2,666	1,386	14.5	1.7
70	18,753	2,585	25.1	0.2
80	29,573	2,597	30.6	1.7
90	17,261	12,596	17.2	7.9
2000	28,438	7,495	28.8	6.7
01	32,676	5,466	33.6	5.6
02	36,093	5,392	35.3	4.7
03	35,382	6,211	34.4	5.1
04	34,616	7,719	33.3	6.4
05	32,074	7,784	30.7	6.6
06	35,913	8,695	32.8	6.2
07	38,448	8,102	33.8	6.0
08	34,153	7,253	34.4	6.3
09	39,003	5,075	42.6	6.5
10	43,630	7,563	42.3	7.7
11	39,992	8,424	40.2	9.5
12	43,797	7,796	42.9	9.4
13	42,482	8,584	40.6	9.7
14	42,280	8,732	41.1	10.0
15	41,450	8,066	42.6	10.4
16	40,680	8,167	41.8	10.3
17	37,723	8,372	39.1	9.9
18	34,670	8,605	36.7	10.0
19	36,667	8,324	36.9	9.3

출처: 경제산업성, 재무성, 내각부, 일본철강연맹 자료.

에 머물렀고, 70년에도 25%에 불과했다(표 7-2). 일본의 철강제품의 압도적인 부분은 국내수요자에게 판매되었고, 따라서 철강기업들에게 있어, 수요자로서 일본기업이 매우 중요했다.

그러나, 1970년대 내수성장률이 둔화되면서, 철강수출이 급증하여, 철강의 수출비율이 30% 안팎까지 상승하였다. 80년대에는 전반적인 내수 호조로 수출비율이 하락하였으나,3) 90년대에는 버블 붕괴와 경기침체 지속으로 철강

---

3) 藤本, 桑嶋(2009), p.137.

내수가 줄어드는 대신, 수출이 다시 증가하여, 2000년대 초에는 철강 수출비율이 30%대 초반까지 높아졌으며,[4] 2010년대에는 40%의 높은 수출비율이 계속되고 있다(표 7-2). 일본의 대표적인 철강기업의 사례를 봐도 수출비율이 높다는 것을 알 수 있다. 예를 들면, 신일본제철(2012년의 住金과의 합병으로 현재는 신일본제철住金이지만, 이하, 신일본제철이라 한다)과 JFE의 철강출하액에서 수출이 차지하는 비율은 낮을 때 40%, 높을 때는 50%의 고율이었다.[5] 세계 철강생산량의 절반을 차지하는 중국의 경우, 철강의 수출비율이 10% 미만에 머물고 있는 것과 비교하면 일본의 철강제품의 수출비율이 대단히 높은 편임을 알 수 있다.

이처럼 일본철강기업의 생산에서 수출시장에 판매되는 비율이 높아지고, 또한 높은 수준에 있다는 것은 일본의 철강기업들에게 있어, 일본 국내시장의 양적 중요성이 상대적으로 후퇴한 것을 보여준다고 할 수 있다.

제2절 자동차용 강재의 기업간 거래

(1) 낮은 수입 의존도와 높은 국산비율

한편, 전후 지속적으로 낮았던 철강의 수입의존도는 2000년대 들어서도 낮은 수준에 머물러 있다. 철강의 국내수요를 국산품에 의해 충족되는 정도가 지속적으로 높은 수준에 있는 것이다. [표 7-2]에서 알 수 있듯이, 1960년 일본의 철강 수입량은 수출량의 절반으로, 내수에서 차지하는 비율이 1.7%에 불과했으며, 그 후, 철강 수입이 점차 증가하고 수입의존도도 높아지긴 했으나, 2010년대에도 철강의 수입은 수출의 2할 정도에 불과하고, 수입의존도는 10% 정도에 그치고 있다(표 7-2). 과거에 비해 크게 높아진 수출비율과 대조적으

---

4) 조강환산의 수출비율은, 1990-1992년 평균 19.1%였으나, 2001-2003년 평균 34.4%로 상승하였다(川端(2005), p.113).

5) 『日経産業新聞』 2010年7月29日, p.20; 同, 2010年9月30日, p.1; 同, 2012年3月7日, p.14; 同, 2013年5月14日, p.13; 『日本経済新聞』 2013年7月24日, 朝刊, p.11; 『週刊東洋経済』 2015年 11月3日号, p.22.

로, 수입의존도는 과거와 변함없이 낮은 수준에 있는 것이다.

　따라서, 양적인 면에서 일본 철강기업에게 있어, 국내시장의 중요성이 상대적으로 낮아진 것과 대조적으로, 일본의 철강수요기업에게 있어서는 일본기업이 중요한 공급자이고 따라서, 이들 국내공급자와의 기업간 거래가 중요하다고 할 수 있다.

(2) 철강의 내수시장구성의 변화: 자동차용으로의 수요 집중

　내수의 비중이 하락했지만, 일본철강기업에게 있어 중요한 국내 수요부문도 있다. 대표적인 수요부문이 자동차산업(부품산업을 포함)으로, 일본의 철강내수에 있어 자동차산업이 차지하는 비중이 과거보다 크게 높아졌다. 더욱이, 수출되는 철강 중, 일본 자동차기업의 해외 공장에 공급하거나, 그를 위한 반제품 수출도 많다.

　1장에서 본 바와 같이, 고도성장기를 통해 건설, 토목용의 강재수요가 국내보통강 시장의 절반 이상을 차지하고 있었으며, 제조업은 그보다 낮은 30% 정도에 머물렀으나, 그 후, 건설, 토목용의 비중이 낮아진 대신, 제조업용의 비중이 높아졌다. 예를 들어, 건설, 토목용 강재가 2000년대 후반과 2010년대를 통해 25% 전후에 머물렀던 반면, 제조업용은 내수의 절반 가까이를 차지했다. 그 중에서도, 자동차산업으로의 수요집중이 현저하여, 제조업 수요의 40-50%가 자동차용이었고, 내수 전체에서도 약 2할을 점했다(표 7-3). 2000년대에 들어서의 약 20년간, 단일산업으로 자동차산업이 보통강강재의 최대수요부문이었다. 세계 철강소비에서 자동차산업이 차지하는 비중이 5% 정도인 것과 비교하면, 일본의 철강수요가 얼마나 자동차산업에 집중되어 있는지를 알 수 있다.

　보통강 강재뿐 아니라, 특수강[6])에서도 자동차부품을 중심으로 자동차산업의 수요가 많다. 특수강 생산의 약 40%가 자동차용이며 주로 자동차부품의 제조에 사용되고 있다. 구체적으로, 자동차 엔진 주변부의 크랭크 샤프트와 스티어링 기어, 서스펜션 등에 구조용강, 고장력강, 스테인레스강 등 특수강이

---

6) 특수강은 철에 텅스텐, 망간, 크롬 등 희소금속(레어 메탈)을 섞고, 탄소 등 원료배합을 조정하여 제조하는 철강제품이다.

표 7-3 일본의 보통강 강재의 수요구성(2006-2018년)   (단위: %)

연도	(내수)	(건설)	(제조업)	산업기계	전기기계	선박	자동차	용기	철강2차 차공정	(판매업자)
2006	100.0	23.9	46.2	4.3	3.7	8.7	20.4	2.6	4.6	29.9
2007	100.0	23.9	47.8	4.6	3.6	9.5	21.4	2.5	4.4	28.3
2008	100.0	24.9	47.5	4.1	3.6	12.0	19.6	2.5	3.9	27.7
2009	100.0	24.2	49.7	2.7	3.5	13.3	21.5	3.0	3.8	26.1
2010	100.0	23.0	49.6	3.8	3.7	12.5	21.1	2.8	3.9	27.4
2011	100.0	23.9	47.2	3.8	3.4	11.1	20.8	2.6	3.7	28.9
2012	100.0	26.2	43.5	3.4	3.3	8.7	20.1	2.5	3.6	30.4
2013	100.0	26.4	43.2	3.6	3.3	8.3	20.0	2.3	3.9	30.4
2014	100.0	26.5	43.7	3.6	3.5	9.3	19.8	2.2	3.5	29.8
2015	100.0	26.1	44.0	3.4	3.5	9.6	20.0	2.3	3.4	29.9
2016	100.0	26.3	43.7	3.6	3.5	8.9	20.1	2.2	3.6	30.0
2017	100.0	26.0	43.9	3.7	3.7	8.2	20.8	2.1	3.6	30.2
2018	100.0	26.1	42.9	3.7	3.6	8.7	20.3	1.9	2.9	31.0
2019	100.0	25.5	41.5	3.4	3.6	9.4	20.3	2.1	2.9	31.0

자료: 일본철강연맹 통계.

많이 사용되고, 베어링강, 공구강, 스프링강 등도 자동차부품 제조에 쓰인다.

[표 7-1]에서 알 수 있듯이, 장기적으로 보면, 이 특수강 생산이 보통강의 생산보다 빨리 성장해왔다. 예를 들어, 1960년과 70년에 일본의 특수강 생산은 보통강의 7.4%와 11.2%에 불과했으나, 2002년에는 20%를 넘어 19년에는 27%에 달했다. 이 특수강의 약 4할이 자동차용임을 감안하면 보통강에 대한 특수강 생산 비율의 상승도 넓은 의미에서의 자동차용 철강 수요가 다른 용도에 비해 빠르게 성장해 온 것을 나타낸다. 일본 철강기업들에게 있어, 자동차 및 자동차 부품업체가 양적으로 중요한 거래상대가 된 것이다.

(3) 자동차용 철강의 질적인 중요성

이 자동차용 철강제품의 개발, 제조에 요구되는 기술 요구수준은 매우 높다. 예를 들면, 자동차 외판에 사용되는 강판은 강도가 높으면서도, 형상이 쉽게 변하지 않고, 내식성이 있어야 한다. 또, 자동차의 피로와 충돌에 강해야 하며, 자동차의 성형, 용접, 도장 공정에서의 가공이 용이할 것도 요구된다. 자동차의 핵심부품 제조에 많이 사용되는 특수강은 내열성, 내식성, 강도가 요구되고, 자동차 보강부품용의 특수강에는 충격을 흡수하는 제품 기능이 요구된다.[7]

따라서, 제품의 가공이 어려워 높은 수준의 제조 노하우와 제조기술력 및 품질 관리능력이 요구되며, 제품으로서는 고급품이 많다. 대표적인 제품은 고장력 강판("하이 텐"이라고도 불린다)과 아연도금을 한 표면처리강판이다. 일본 철강기업은 1990년대 이후 자동차기업 및 부품기업에 사용하는 제품으로 생산라인을 전환하는 전략을 택했다.[8] 그 결과 이들 고급제품 분야에서 높은 개발력, 생산능력을 축적해, 철강후발국 기업에 대해 기술적 우위를 유지하면서, 높은 시장점유율을 차지하고 있다. 세계의 자동차용 강판 중 일본기업이 약 40%를 차지하고 있으며, 자동차 밸브 스프링용 선재 등에서도 세계수요의 절반을 일본기업이 공급하고 있다.

이처럼, 수요 중의 비중이 높은 자동차용 고급 철강제품에 일본기업간의 거래가 집중되고 있다. 따라서, 이하에서는 자동차용 철강의 기업간 거래에 초점을 맞추어, 시장원리와 조직원리의 결합양태를 분석한다.

제3절 자동차용 철강의 유통경로와 기업간 협조관계

(1) 유통경로와 수급변동의 영향

1장에서 언급한 바와 같이, 철강제품의 유통경로는 크게 나누어 상대거래인 히모츠키판매와 시장거래인 미세우리판매로 나눌 수 있는데, 20세기를 통해 대략적으로 일본 철강제품의 절반 정도가 미세우리로 판매되고 있었지만, 2000년 대 초반, 미세우리 판매의 비중이 약 40%로 하락했으며, 10년경에는 3분의 1, 15년 이후는 20%까지 떨어졌다. 반대로 21세기 들어 히모츠키 판매의 비중이 상승하여, 현재 80%를 차지하고 있다. 따라서, 조직성이 강한 상대거

---

7) 藤本, 葛, 吳(2008), pp.22, 33.
8) 藤本, 桑嶋(2009), p.137; 田中·磯村(2019), p.75. 예를 들면, 코베제강은 철강부문의 매출 중 자동차기업에 대한 판매가 4할을 차지했다(『週刊東洋経済』 2009年4月4日号, p.120).

래가 국내철강거래의 지배적인 거래형태가 되고 있다고 할 수 있다.

자동차용 강재의 경우에는 이미 고도성장기부터 히모츠키 판매가 많았으며, 21세기 들어서도 상대거래의 비중이 높다. 앞서 언급한 것처럼, 21세기 국내거래 중 히모츠키 판매의 비중이 높아진 것도, 원래 히모츠키 판매가 많았던 자동차용 수요가 내수에서 차지하는 비중이 높아진 것을 반영하는 면이 있다.

더욱이, 철강의 공급부족기에는 히모츠키 판매의 비중이 높아지는 현상도 나타난다. 즉 수요에 비해 공급이 부족할 때, 구매력에 앞서는 대기업들이 우선적으로 철강을 구입하고, 또 철강기업들도 수요규모가 크고 장기적인 거래 관계가 있는 이들 대규모 수요기업들에 우선적으로 철강을 공급하는 경향이 있기 때문이다. 1장에서 살펴본 것처럼, 제1차 세계대전기와 1930년대의 철강 공급부족기에도 특정 수요자를 위한 상대거래의 비중이 높아졌다. 똑같은 현상이 21세기에도 나타나고 있는 것이다. 시장의 수급상황 및 시장상황의 변동은 시장원리를 나타내고, 장기상대거래는 조직원리의 작용을 나타내므로, 이러한 현상은 시장원리가 조직원리을 강화하는 예라 할 수 있다.

(2) 자동차기업과 철강기업의 협력: 조직원리

히모츠키 판매는 특정기업간의 거래인 만큼, 수요기업과 공급기업간의 관계가 장기화되는 경향이 있다. 이처럼 장기상대거래가 계속되는 가운데, 거래 기업간에 협력적인 관계가 많이 나타났으며, 본서의 정의에 따르면, 이러한 기업간의 협력은 조직원리의 작용을 나타낸다고 할 수 있다. 구체적으로 어떠한 형태로 협력관계가 나타나고 있는지를 살펴보자.

① 공급자의 제안 및 수급자간 정보교환

일본의 대형철강기업과 자동차기업은 장기에 걸쳐 안정적인 거래관계를 맺어왔기 때문에, 서로의 경영에 대한 이해도가 높다. 특히 자동차용으로 사용되는 고급강은 "상호 조정형" 제품[9]이 많기 때문에 제품의 개발과 생산을 위해서는 수요자와 공급자 간의 협력이 중요하고 또 활발히 행해진다. 경우에

___

9) 藤本, 桑嶋(2009), p.147; 藤本, 葛, 呉(2008), p.34.

따라서는 철강기업의 기술자들이 자동차기업의 설계부문을 방문하여, 요구사항을 파악하고 의견을 나누는 등 정보교환도 빈번하게 이루어지고 있다.[10]

철강기업과 자동차기업이 최적의 강재조달과 생산계획의 정보를 공유하는 공급망 관리체제를 구축하고 있으며,[11] 이에는 양쪽의 긴밀한 협력이 불가결하다. 자동차의 부분과 용도에 따라, 이용되는 강판의 강도 등 특성이 다르며, 철강기업들은 고객의 요구에 따라 품종마다 첨가재료 등을 바꾸어 강판을 제조하고 있다. 또한, 자동차기업은 각 차종, 각 부품에 사용하는 철강을 어떤 제철소에서 생산한 반제품으로 어느 생산라인에서 압연·도금할 것인지까지 세세하게 지정하고 있다. 특정 수급자 간의 거래를 둘러싼 긴밀한 협력이 이루어지고 있는 것이다.

② 상담 및 공동개발

철강기업만큼 자동차기업과 의견교환, 정보교환을 하는 수요기업은 없다고 한다. 신차 개발시, 자동차의 설계단계에서부터 철강기업이 참여해, 자동차기업은 자동차용 강판의 전문가가 모여 있는 철강기업과 조정과 의견교환을 계속한다. 철강기업들은 오랜 거래관계를 통해 축적한 기술 데이터를 바탕으로, 자동차기업과 의견교환하며, 자동차기업에 대해 구조설계, 이용 가공기술, 생산방법의 제안까지 하는 경우도 있다.

더욱이, 주요 자동차기업의 대표적인 차종에는, 특정 철강기업과의 공동개발이 실시되는 경우가 적지 않다. 예를 들어, 2005년 닛산과 코베제강은 자동차 변속기의 기어용으로 기존제품보다 강도가 높은 철강제품을 개발하기 위해, 소재의 개발은 코베제강, 설계는 닛산, 제조기술은 변속기를 제조하는 닛산자회사인 자트코가 담당하는 형태로 공동개발을 실시했다. 12년 신일본제철과 JFE는 스즈키자동차의 주력 경차인 "와곤R"의 개발 초기단계부터 참여하여 공동개발을 실시했다. 특히, 성형 프레스가 어려운 작업이었는데, 신일본제철은 차체의 골격부품의 성형에 사용하는 고장력강판용 금형을 기본설계하고,

10) 『日経ものづくり』2010年6月号, p.36.
11) 『日経ものづくり』2016年9月号, p.57; 『週刊東洋経済』2017年10月21日号, p.70; 同, 2015年5月2·9日合併号, p.76; 『日本経済新聞』2012年9月26日, 朝刊, p.9; 『日経産業新聞』2017年3月17日, p.3; 同, 2004年3月12日, p.14.

성형기술을 제안하여, 부품가공의 경량화에 공헌했다. JFE스틸도 컴퓨터 분석 기술을 이용하여 성형 후 원래의 형태로 돌아가려는 관성을 고려한 부품 형상과 금형을 설계했다. 또한 닛산은 13년 여름에 출시한 고급차 "인피니티 Q50" 용의 강재를 신일철住金, 코베제강과 공동개발했다.12) 철강기업과 자동차기업은 개발단계부터 깊이 관여하여 협력하고 있었던 것이다.

이러한 공동개발은 철강기업에게 있어 주요한 고객기업의 주문을 선점하는 이점이 있으며, 자동차기업에게 있어서는 고급, 고품질의 철강제품을 안정적으로 조달할 수 있는 장점이 있다.13) 이러한 이해의 일치는 조직원리의 작용을 나타낸다.

③ 합리화 및 비용절감을 위한 협력

철강기업과 자동차기업들은 비용절감, 생산성 향상을 위해, 거래되는 강재의 품종수를 삭감하는 한편, 강재품질을 재검토하고, 제조가 용이하게끔 제강공정을 간소화하는 등의 협력도 했다.

구체적으로, 강재품종 절감을 위한 자동차와 철강기업간의 협력에 대해 살펴보자. 1980년대 후반의 버블기, 자동차기업간의 신차 투입 경쟁이 치열한 속에서, 두께와 강도가 다른 자동차용 강재 품종수가 급증하여, 90년대 후반에는 650종에 달했다. 이러한 강재품종 급증은 자동차기업들의 강재재고 확보 부담을 늘려, 원가상승 요인이 된데다 강재의 안정 조달을 어렵게 해 생산계획에도 차질을 초래했다. 철강기업에게 있어서도 제조공정이 복잡하게 되고 품종간 생산전환에 걸리는 시간을 늘려, 증산을 어렵게 해, 실질적인 생산능력 감소 요인이 되고 있었다. 이처럼 수급기업의 양쪽에서 강재품종 감소의 유인이 강해, 양자는 동일 종류의 강판을 여러 차종에 동시에 사용하도록 설계를 고안하고, 규격을 통합하는 등 공동의 노력을 기울여, 강재 품종을 줄이는 데 성공했다.

비용절감을 위한 다른 협력도 관찰된다. 예컨대, 자동차기업은 약간의 흠

---

12) 『日経産業新聞』 2005年11月7日, p.1; 同, 2014年8月28日, p.17; 『日本経済新聞』 2012年9月 26日, 朝刊, p.9.

13) 『日経ビジネス』, 2010年4月5日号, p.107.

집이 있는 강판을 재가공 없이 받아들이는 등 강재 품질기준을 완화하고 강재 구매조건을 평준화하였으며, 소량의 강재조달창구를 일원화하였다. 철강기업도 자동차기업이 요구하는 강재의 사양에 맞게 銅강판에 첨가하는 희소금속의 함유율을 낮추는 등, 저비용 재료로의 전환을 시도했다. 이처럼 원가절감대책으로서 수요기업과 공급기업의 양쪽이 다양한 협력을 했던 것이다.

합리화를 위해 개별기업 간뿐만 아니라 자동차업계단체와 철강업계단체 간의 협력도 이루어졌다. 예를 들어, 일본자동차공업회는 2008년 봄, 일본철강연맹에 대해 자동차와 철강의 양업계가 공동으로 合理化 추진방안을 강구할 것을 제안해, 실제, 양업계 공동으로 강판의 품종삭감을 골자로 한 구체안을 검토해 만들었다. 구체적으로, 자동차업계단체에서는 신일본제철, JFE스틸, 스미토모금속, 코베제강, 닛신제강 등 철강 대기업 5사로부터 강재 생산성 향상책을 제안받아, 제조비용이 저렴한 강판의 채용 확대, 강재의 규격수 감소 등 백여 항목의 대응책을 검토하고 이들 항목의 실시방침을 굳혀, 같은 해 10월부터 강판 품종의 통합, 삭감을 실행했다.[14]

비용절감 및 합리화 추진을 둘러싼 수요기업과 공급기업간의 이해 일치에 입각한 협력이라는 조직원리가 작용한 것이다.

제4절 기업간 거래교섭에서의 시장원리와 조직원리의 결합

(1) 거래교섭방식의 기본틀

앞서 지적한 것처럼, 자동차용 철강의 판매는 히모츠키 거래가 대부분이므로, 특정 철강기업과 자동차기업 사이의 직접교섭에 의한 거래가 많다. 일본의 경우, 철강의 톱기업인 신일본제철과 자동차의 최상위기업 토요타 사이에 정기적으로 이루어진 "챔피언 교섭"이 중요하다. 장기상대의 철강거래에서는 철강과 자동차 양산업의 최상위기업인 토요타와 신일본제철 사이에 연 1회 이루어지는 챔피언 교섭의 관행이 오랫동안 지속되어 왔다. 먼저, 수개월에 걸친

---

14) 『日本経済新聞』 2008年10月1日, 朝刊, p.9.

실무교섭은 양사의 부장급, 과장급이 담당하고, 그 후, 임원급의 교섭에 의해
합의를 도출한 후, 결정된 가격개정의 기준폭에 따라 개별 품종의 가격이 결정
되는 수순으로 진행되었다. 이 챔피언 교섭의 합의가격이 다른 철강기업 및 자
동차기업의 가격협상에 있어 사실상의 "표준"이 되며, 더욱이, 조선업, 전자산
업 등 다른 산업에 이용되는 강재가격의 결정에도 큰 영향을 미쳤다.

다만, 1999년 10월, 닛산의 카를로스 곤 신임사장에 의한 구조개혁의 일
환으로, 닛산은 철강조달을 입찰제로 전환하고, 조달처를 줄여 집중적인 조달
을 실행했다. 이른바 "곤 쇼크"이다. 닛산의 이러한 철강조달정책 변화의 영향
으로, 이후 한동안 토요타와 신일본제철간의 챔피언 교섭의 관행은 중단되고,
각사의 개별교섭으로 전환되었으며, 이에 따라, 乱売의 거래양상을 띨 때도
있었다.15) 이후 2008년부터 챔피언 교섭이 부활되었다.16)

(2) 교섭 간격의 단축

2010년부터는 챔피언 교섭의 간격이 짧아져, 년 2회, 즉 반년에 1회(원칙
적으로 매년 6월과 12월) 협상이 이루어졌다. 이러한 협상간격 단축은 공급자인
철강기업의 요청에 의한 것이었다. 즉, 2010년에 철강기업들은 "강재의 안정
공급"을 이유로, 강재 가격인상과 함께 가격협상 간격을 연도단위에서 반년단
위로 단축할 것을 요구했다.17)

철강기업이 강재가격 교섭의 간격단축을 요구한 주된 이유는 철강원료의
거래협상 기간과 철강거래교섭 기간의 차에 있었다. 즉, 2010년 철광석, 원료
탄 등 주요 철강원료의 가격협상 간격이 대규모의 자원공급기업의 요구로 1년
에서 4분기로 단번에 단축되었다. 일본 철강기업들은 이러한 자원기업의 요구
에 반대의사를 표명했으나, 결국 과점 자원기업의 요구를 받아들일 수밖에 없
었다.

그 결과, 철강기업으로서는 철강원료 가격의 변동을 철강의 거래교섭에

---

15) 『週刊東洋経済』 2008年5月24日号, p.66; 『日本経済新聞』 2004年8月27日, 朝刊, p.13; 同,
    2006年9月9日, 朝刊, p.13.

16) 『週刊東洋経済』 2008年5月24日号, p.66.

17) 『日経産業新聞』2008年10月21日, p.14; 『日本経済新聞』 2010年4月27日, 朝刊, p.11; 同,
    2010年6月10日, 朝刊, p.9.

반영하기까지 수개월의 시간차가 발생해, 철강거래협상에서 철강기업이 자동차기업에 가격면에서 양보할 수 있는 범위가 제한되게 되었던 것이다.[18] 이리하여, 철강 대기업은 2010년 가격협상시 자동차기업에 가격협상의 간격을 1년에서 4분기로 단축할 것을 요구했던 것이다.

그러나 토요타 등 자동차기업들은 생산비용이 불안정해질 것을 이유로 교섭개정 기간 단축에 반발했다.[19] 이러한 이해대립으로 양자간의 의견조정에 난항을 보여, 조정기간도 장기화되었다. 양자간의 이해대립이 표면화되었다는 점에서 시장원리가 작용했다고 할 수 있다.

그러나, 결과적으로는, 공급자의 요구를 수요자인 자동차기업이 수용했다. 즉, 수요자와 공급자의 타협으로 2010년 이후 반년에 한번 가격교섭을 실시하기로 합의했다.[20] 협상간격 단축은 공급자인 철강기업의 요구와 이해에 의한 것이었으나, 그것을 수요자인 자동차기업이 받아들이는 선에서 타협을 했던 것이다. 또한, 협상 간격이 당초 철강기업이 요구한 분기보다 긴 반년이 된 것도 일종의 타협의 산물이다. 타협을 통한 이해의 조정이 나타났다는 점에서 조직원리의 작용을 관찰할 수 있다. 챔피언 교섭 간격의 변화를 둘러싸고도 조직원리와 시장원리가 함께 작용하고 있었던 것이다.

(3) 거래가격 형성을 둘러싼 시장원리와 조직원리의 결합

철강거래교섭시, 교섭가격에 영향을 미치는 요인은 다양하다. 우선 수급자 양쪽 모두의 고려요인으로, 협상 시점에서의 철강수급상황 및 미래 전망이 중요한 요인이며, 일본과 해외간의 자동차용 강판가격차도 협상시 고려된다. 또한 공급측면에 있어서는 경영수지와 생산비용, 특히 철광석과 원료탄의 조달가격이 중요하다. 이에 더해, 물류비, 그리고 설비 갱신, 해외생산 확대, 신

---

18) 『日本経済新聞』 2010年9月16日, 朝刊, p.15.

19) 그 이후에도, 일부 수요기업들은 강재 조달비용을 확정하기 위해 장기계약을 선호하는 경향이 있었다(『日本経済新聞』 2017年3月31日, 朝刊, p.23).

20) 『週刊東洋経済』 2010年6月12日号, p.17; 『日本経済新聞』 2010年6月8日, 朝刊, p.11; 同, 2010年6月10日, 朝刊, p.9; 同, 2010年6月16日, 朝刊, p.11; 同, 2010年9月8日, 朝刊, p.11; 『日経産業新聞』 2010年6月17日, p.24. 전자, 조선 등의 대규모수요기업과의 거래에서는 이미 그 수년 전부터 반년 단위의 가격개정교섭이 정착되어 왔다(『日本経済新聞』 2008年9月9日, 朝刊, p.11).

제품 개발을 위한 투자 등의 투자비용도 고려요인이 된다. 환율 변동, 해외철강제품과의 가격 차 및 품질 차도 가격협상시 영향을 주는 요인이다. 수요 측면에 있어서는 자동차시장의 동향, 경영수지 상황이 우선 고려되고 경쟁기업의 가격 설정의 움직임과 그 수준도 고려된다. 이러한 수요와 공급 각각의 요인이 맞물리면서, 주요 철강기업과 자동차기업간 이해대립이 거래가격형성의 장면에서 나타나고 있다. 예를 들어, 2005년의 협상에서, 신일본제철은 원료가격 상승을 이유로, 톤당 만 수천엔의 가격 인상을 토요타에 요구하였다. 이에 대해 자동차기업측은 디플레이션 하에서 강재가격 인상에 따른 비용증가를 자동차가격에 전가하기 어렵다는 이유로 톤당 5천엔 인상으로 인상폭을 제한한다면 받아들일 수 있다는 주장을 굽히지 않고 있었다.[21] 가격교섭에 있어, 이해의 첨예한 대립이 계속되었던 것이다.

2008년 봄의 협상에서도 원료탄, 철광석 등의 자원 가격상승에 따른 비용증가로 신일본제철은 톤당 3만엔 인상(앞의 교섭기보다 약 37.5 % 상승)을 자동차기업에 요구했다. 그러나 자동차기업은 엔고에 의한 승용차의 수출채산성 악화와 내수침체 속에서, 이 정도의 강재가격인상을 받아들인다면, 2년 분의 비용절감 효과분이 없어져 버린다며 강하게 반발하였다.[22]

2016년 초반의 가격협상에서는, 토요타는 강재 시황악화와 자원가격하락을 이유로 강재가격인하를 요구했지만, 철강기업은 인하폭 압축을 주장했다.[23] 2017년의 협상에서도, 철강기업들이 비용상승 부담을 메울 수 있도록 대폭적인 가격인상을 요구한 반면, 토요타 등 수요기업은 이에 반발하여, 안정된 가격으로 거래를 해야 한다고 주장했다.[24]

이처럼 거래가격을 둘러싼 수요자와 공급자간의 이해대립으로 협상이 길어지거나 합의시기가 늦어져, 결정된 교섭가격을 몇 달 전 출하분에 소급적용할 수밖에 없는 경우도 적지 않았으며, 교섭가격을 둘러싼 이해 갈등이 표면

---

21) 『日本經濟新聞』 2005年6月1日, 朝刊, pp.11, 24.

22) 『日本經濟新聞』 2008年3月2日, 朝刊, p.7; 同, 2008年3月7日, 朝刊, p.13; 同, 2008年4月5日, 朝刊, p.13; 2008年4月16日, 朝刊, p.17; 同, 2008年4月17日, 朝刊, 3; 同, 2008年4月22日, 朝刊, p.1.

23) 『日本經濟新聞』 2016年2月20日, 朝刊, p.11.

24) 『日本經濟新聞』 2017年3月31日, 朝刊, p.23; 『日經産業新聞』 2017年10月4日, p.13.

화되는 경우조차 있었다. 예를 들어, 2018년 하반기에 철강의 업계단체는 "합리적인 설명도 없이" 철강가격 인하를 요구하는 자동차기업의 태도를 비판하고, 실태조사를 해야 한다고 정부에 호소하기까지 했다.[25]

다만, 대부분의 경우 가격 협상을 둘러싼 대형자동차기업과 철강기업간의 대립은 양자간의 타협에 의해 회피되어, 결과적으로는 교섭가격이 시장가격보다 안정적이었다. 토요타와 신일본제철 사이에 타결된 교섭가격수준을 정리한 것이 [표 7-4]이다. 이 표에서 먼저 알 수 있는 것은 교섭가격이 일정기간 일정수준에서 고정되는 등, 수시로 변화하는 시장가격보다 훨씬 안정적이었던 점이다. 게다가 교섭가격의 변화폭도 대체로 시장가격보다 작았다. 물론, 1999년, 2005년, 08년처럼 대폭적인 교섭가격 변화가 있었던 시기도 있었지만, 대체로 교섭가격 변화폭이 크지 않았고, 13년 하반기, 18년, 19년 상반기처럼 교섭가격이 동결된 시기도 있었다(표 7-4).

표 7-4 토요타자동차와 신일본제철 간의 철강교섭가격

대상시기	교섭가격	비고
1998년	상승	엔고로 인한 원료비 상승과 금융불안의 영향
1999년	20~30% 하락	「곤 쇼크」의 영향
2000년	하락	
2001년	10%하락	
2002년	상승.	
2003년	5~10% 상승. 강판가격은 5~10만엔.	「곤 쇼크」에 의한 가격인하 중 6~7할 회복.
2004년	5~10% 상승(2회).	2004년과 2005년에 걸쳐, 3회의 인상(합계 2~3만엔 인상).
2005년	10~20%상승 (상승폭은 1만엔으로 버블기 이후 최대). 가격은 5~10만엔.	2002~2005년의 가격상승 폭은 약 40%.
2006년	하락.	
2007년	5~10%상승. 강판의 약 5% 인상 (강판2,000~3,000엔 상승,	

	아연합금강판 5,000~7,000엔 상승)	
2008년	3할 이상(강판은 35%) 상승, 2~2.5만엔 상승(과거 최대 상승폭). 약 8~10만엔.	강판가격은 처음으로 10만엔을 초과. 버블 붕괴 직후인 1992년의 가격수준 (26년만).
2009년	10% 이상(15,000엔)하락.	
2010년 상반기	25%(약 19,000엔) 상승. 약 10만엔의 가격수준.	닛산도 약 2만엔 상승.
2010년 하반기	약 1%상승.	
2011년 상반기	약 15%(약 13,000엔) 상승.	닛산도 약 13,000엔 상승. 전자업체, 사무기기업체와의 교섭가격은 15,000엔 상승.
2011년 하반기	약 4%(약 4,000엔) 하락.	
2012년 상반기	약 2%(약 2,000엔) 하락.	
2012년 하반기	약 4%(4,000엔) 하락.	
2013년 상반기	10%(10,000엔) 상승.	
2013년 하반기	가격 동결(일부 품종은 500엔 상승).	
2014년 상반기	3% 정도(3,000엔 정도) 상승. 냉연강판은 25% 상승(약 10만엔).	
2014년 하반기	가격 동결.	
2015년 상반기	6,000엔 하락.	
2016년 상반기	하락.	
2017년 상반기	14,000엔 상승.	
2017년 하반기	5,000엔 하락.	
2018년 상반기	가격 동결.	
2018년 하반기	가격 동결.	
2019년 상반기	가격 동결.	

주: 각년은 4월에서 다음해 3월까지. 상반기는 4월에서 9월까지, 하반기는 10월에서 다음 해 3월까지임.
자료: 『日本経済新聞』, 『日経産業新聞』.

　　이러한 교섭가격을 자동차에 많이 사용되는 냉연강판의 시장가격과 비교해 보면, 교섭가격의 안정성을 확인할 수 있다. 냉연강판의 가격은 1995년 이후 대폭 하락했고, 98년 엔화 약세에 따른 원료비 상승 등으로 약간 상승했지만, 전술한 바와 같이, 99년부터 닛산이 거래철강업체수를 줄이면서 납입철강 가격 인하를 요구한 영향으로 다시 급락하였다.[26] 2002년에서 04년 사이에는 중국을 중심으로 한 아시아의 수요 증가를 배경으로 냉연강판의 시장가격이

26) 川端(2005), p.111; 『日本経済新聞』 2004年5月16日, p.14.

그림 7-2 보통강(내수, 수출) 가격지수(2015년=100) 및 냉연강판가격

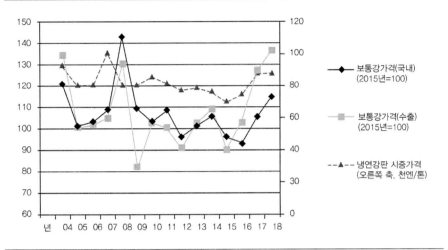

자료: 일본은행, 일본철강연맹, 재무성의 HP.

상승했지만, 05년에 급락한 후 07년에는 상승, 08년에 급락하는 등 급등락이 이어졌다(그림 7-2).[27]

시장가격보다 대규모 철강기업과 자동차기업간의 협상가격이 안정된 것은 양자간의 이해가 일치했기 때문이다.[28] 즉, 철강기업들은 국내 시장에서 시장점유율을 높이기 위해, 또한 자동차기업들은 철강의 안정적인 확보를 위해 장기적인 거래관계의 유지가 필요했다. 양자간에 이해가 일치했다는 점에서 조직원리가 작용했다.

사실, 일본의 주요한 철강기업과 자동차기업간에는 오랜 기간 "一蓮托生"의 관계를 유지해왔고, 장기적 관점에서 서로의 경쟁력을 유지할 수 있도록 협상가격 수준에 대해 조정과 양보를 반복했다. 공급 측에 단기적인 비용상승 요인이 있어도 고객과의 장기적인 관계를 중시하여 자동적으로 가격을 인상하지 않았다. 수요 측에서도 경영상황이 괜찮은 경우, 거래상대인 철강기업에 수

---

27) 이 표에 의하면, 전체보통강의 가격은 냉연강판보다 더 변화가 심했다.
28) 물론 거래가격을 안정적으로 억제하는 것 자체가 수요자와 공급자의 이해 충돌을 초래하는 면도 있다. 예를 들어, 시장가격보다 변화 폭이 억제되는 것은 가격 상승기에는 공급자에게 불리하고, 반대로 가격 하락기에는 수요자에게 불리하게 된다. 이러한 이해대립을 장기적인 거래관계의 유지라는 공통의 이해에 의해 조정했던 점에서 조직원리가 작용했던 것이다.

익을 환원하는 자세를 보여 자신의 경쟁력을 약간 저하시키는 면이 있어도, 시장가격보다 높은 수준의 교섭가격을 받아들이기도 했다.

또한, 장기적 관계 유지를 고려하여, 비용상승 요인 중, 일회의 협상가격에는 일부만 반영하고, 나머지 비용상승분은 다음번의 협상에서 반영하는 것을 의도하여, 결과적으로 가격 변화 요인을 여러 협상시기에 걸쳐 분산시킴으로써, 가격 안정을 가능하게 했다. 이처럼 수급자 간의 장기적인 관계의 유지에 대한 공통의 이해에서 가격 변화를 인위적으로 조정, 억제하는 형태로 조직원리가 강하게 나타났던 것이다.

또한, 전술한 바와 같이, 토요타와 신일본제철 사이의 교섭가격은 다른 철강기업, 자동차기업의 철강거래 교섭가격, 그리고 다른 업계의 철강거래 가격에까지 영향을 미친다. 따라서 철강기업들도 자동차기업들도 "다른 업계와의 형평성"을 고려하여 "자동차기업에 대한 특별 대우"라는 타업계의 비판이 없도록 교섭가격 수준을 결정하는 경향이 있다.[29] 인위적으로 가격 변화를 조정하는 외부의 요인이 있었다는 점에서도 조직원리가 작용했다고 할 수 있다. 수요기업과 공급기업간의 협력과 이해일치라는 조직원리가, 전술한 가격 협상을 둘러싼 수급자간의 이해 대립이라는 시장원리와 복합적으로 얽혀 작용했던 것이다.

제5절 가격교섭력에 있어서의 시장원리와 조직원리

제1장에서 밝힌 바와 같이, 고도성장기 이후 장기적으로 보면, 자동차용 철강의 거래에 있어, 수요자인 자동차기업의 교섭력이 높아졌는데, 2000년대 이후에도 교섭력의 균형은 수요기업, 특히 토요타 등 자동차대기업 우위에 있다.[30] 다만, 1990년대까지와 2000년대 이후를 비교하면, 수급자 중 어느 한

---

29) 金(2014), p.57.

30) 川端(2005), pp.110, 117;『日本経済新聞』2004年10月25日, 朝刊, p.4; 2009年12月16日, 朝

쪽의 교섭력이 명확하게 높아졌다고는 말하기 어렵다. 양자 각각에 교섭력을 높이는 요인이 있었기 때문이다.

먼저 자동차기업의 교섭력을 높인 요인으로 첫째, 대체로 자동차기업의 성장률이 주요 철강기업의 그것보다 높았다. 교섭력의 한 요소로서의 기업규모의 면에서는 자동차기업이 유리했던 것이다. 둘째, 각사에 있어 거래상대로서의 중요성을 보면, 철강기업들에 있어서의 자동차용 수요의 중요성이, 자동차기업들에 있어서의 철강기업의 중요성보다 상대적으로 높았다. 즉, 앞서 언급했듯이 과거보다 2000년대 이후 철강수요 중 자동차용의 비중이 높아져, 철강의 단일수요산업으로서는 자동차산업이 최대로 되었기 때문이다. 그 결과, 자동차산업의 경기가 철강기업의 경영실적에 큰 영향을 미치고, 자동차기업의 업적이 좋을 때, 철강기업은 자동차기업과의 기업간 거래에 의해 철강판매의 확대와 수익률 향상이라는 양면의 혜택을 입고 있었다.[31] 그에 비하면, 2000년대 이후 자동차기업들이 철강기업의 경영상황에 의해 받는 영향은 상대적으로 작았다. 이 점도 자동차기업의 교섭력을 높이는 요인이 되었다.

셋째, 전술한 것처럼, 1999년 10월 이후 닛산의 '곤'체제에서 구매 정책을 바꾸어 강재 조달처수를 줄인 결과, 철강기업간 경쟁이 더 치열해진 데다,[32] 토요타는 포스코, 중국 상해보강제강으로부터도 강재를 조달했다. 고급품이 많은 자동차용 강재를 후발국 기업으로부터 구입하는 것은 1990년대 이전에는 생각할 수 없는 일이었다. 자동차용 강재의 판매를 둘러싸고 해외철강업체를 포함해 철강기업간 경쟁이 더 치열해졌던 것이다. 이러한 철강기업간 경쟁의 격화도 자동차의 교섭력을 높이는 요인이다.

한편, 과거보다 2000년대 이후 철강기업의 거래 교섭력을 높이는 요인도 있었다. 첫째, 자동차용 철강을 공급하는 기업간의 합병이 진행되었다. 자동차용 철강을 공급하는 일관 고로철강기업은 과거에는 6사 있었지만, 18년 현재 3그룹 4개사로 재편, 집약되어 있다.[33] 원래 일본 자동차기업이 사용하는 고

刊, p.28. 이러한 수요기업의 강한 교섭력에 영향을 받아, 철강기업들에게 있어, 자동차용 강재시장은 채산성이 그다지 좋지 않은 시장이라고 한다.

31) 金(2014), pp.56−57.

32) 川端(2005), p.111; 『日経産業新聞』 2004年3月10日, p.16; 2008年10月17日, p.20.

33) 『週刊東洋経済』 2018年12月29日・19年1月5日合併号, p.101.

급철강제품은 일부의 대형일본철강업체로부터 조달할 수밖에 없는 상황에서, 대형철강업체간의 합병으로 기업수가 줄어든 것은 철강기업의 교섭력을 높인 요인이다.

철강기업간 합병의 계기가 된 것은 닛산의 "곤 쇼크"였다. 1999년의 닛산 신사장의 취임 후, 닛산에 납입하는 강재 조달처별의 점유율에 큰 변화가 있었다. 예를 들면, 신일본제철로부터의 조달비율이 3할 미만에서 약 60%로 높아졌고, 카와사키제철도 약 30%의 점유율을 획득했다. 반면, 닛산과 같은 부용그룹(후지은행 계열 기업집단)에 속해 있던 구NKK(전신은 닛폰강관)의 점유율은 20%대 후반에서 10% 정도로 하락했고, 코베제강은 소량의 특수강을 공급하는 데 그치고, 스미토모금속으로부터의 구입은 없어졌다. 이러한 변화로, 특히, NKK의 위기감이 높아졌고, 그것이 2002년, NKK와 카와사키제철이 JFE로 통합한 중요한 이유였다. 따라서 "곤 쇼크"는 철강기업간의 합병으로 주력 철강기업수를 줄임으로써 결과적으로, 철강기업의 거래교섭력을 높인 측면이 있었다고 할 수 있다. 또한 12년 10월에는 신일본제철과 스미토모금속이 합병하여 신일본제철住金이 탄생했다.

둘째, 철강의 경우 자동차를 포함하여 강판과 条鋼의 생산에 있어, 압연공정의 생산 설비는 다르지만, 상류의 제선공정, 제강공정의 설비는 공통이다. 강판류, 특히 자동차, 가전, 조선 등 서로 다른 수요분야의 강판 사이에는 공통적으로 사용되는 설비가 많다. 따라서, 용도간의 생산전환이 그리 어렵지 않으며, 생산 転用의 기술적 리스크도 크지 않다.[34] 이것도 철강기업의 교섭력을 높이는 요인이었다고 볼 수 있다.

단기적인 수급상황에 따라, 수요기업과 공급기업의 교섭력이 교대로 상승 또는 하강하는 현상이 반복되는 가운데, 21세기에 들어와, 수급자 중 어느 한쪽의 교섭력이 지속적으로 강해지는 경향은 보이지 않고, 수급자는 각각 대립하는 이해의 실현을 위해 협상을 계속했던 것이다. 이러한 이해 대립의 과정은 시장원리의 작용을 나타내고 있다.

그러나, 거래 교섭력을 놓고 조직원리도 결합되어 있다. 예를 들면, 후술하는 바와 같이, 2000년대에 들어, 일본의 철강기업들은 자동차용 강재의 해

---

34) 金(2014), p.57.

외생산을 늘리고 있다. 그 중요한 이유는 주요고객인 일본자동차기업이 해외
생산을 늘리고 있는 데 있다. 국내에서의 협력적인 거래관계의 연장으로서의
해외생산이라는 점에서 조직원리가 작용하고 있는 것이다. 실제, 철강기업들
의 해외생산은 투자부담과 위험을 수반하지만, 수요자와의 장기적인 관계를
유지하기 위해, 그 부담과 위험을 철강기업이 감수하면서까지 해외생산을 개
시하거나, 늘리고 있다. 장기적인 거래를 위한 협력의 필요성이 배경에 있는
것은 조직원리의 작용을 나타낸다. 그리고, 철강기업이 부담과 위험을 감수하
는 것은 그만큼 자동차기업과의 거래협상에서 철강기업의 교섭력을 높이는 효
과도 있다. 이 점에서는 시장원리가 다시 결합되는 것이다.

게다가, 철강기업과 자동차기업간의 장기적인 거래관계에는, 철강기업들
이 수요기업의 제조공정 자체에까지 깊숙이 관여하는 밀접성이 있다. 따라서
자동차기업에 대한 철강기업의 영향력이 크다.[35] 때문에 수요기업과의 깊은
협력관계가 철강기업의 교섭력을 상승시키는 요인이 되고 있다. 즉, 수요자와
공급자 간의 장기거래 속에서 서로 협력하는 조직원리가 수요자와 공급자의
이해대립을 강하게 반영하는 거래교섭력을 변화시킨다는 점에서 시장원리의
작용을 촉진하고 있는 것이다.

제6절 거래규모를 둘러싼 조직원리와 시장원리의 결합

자동차용 철강거래의 수량을 놓고 플레이어간의 이해 대립, 그리고 공급
자간 경쟁에 나타나는 시장원리와 수요자와 공급자간 이해의 일치 혹은 협력
에 나타내는 조직원리가 결합되어 작용했다.

전술한 바와 같이 1990년대 말, 닛산은 비용절감을 도모하여 철강조달기
업 수를 줄였는데, 이로 인해, 기존의 특정 철강기업과의 장기상대거래에 큰
변화가 나타났다. 주요 수요기업과의 관련을 둘러싼 철강기업간 경쟁이 치열

---

35) 金(2014), pp.56−57.

해졌을 뿐 아니라, 철강기업에 대한 수요자의 가격인하 압력이 더 강해졌다. 수급자간의 이해 대립이 현저해졌다는 점에서 시장원리가 더 강하게 작용하고 있다고 할 수 있다.

한편, 닛산은 강재 조달처를 줄이면서도 복수의 철강기업으로부터 강재를 조달하는 複社발주정책을 지속해, 철강기업간 경쟁을 활용했다. 토요타도 특정 철강기업으로부터의 강재구입이 40%를 넘지 않도록 하는 정책을 계속했으며, 2004년, 일본 국내생산에 사용하는 강판을 신일본제철로부터 약 50%, JFE에서 약 30% 조달하였다. 10년에도 신일본제철로부터 약 40%, 스미토모금속으로부터 20%, 다른 철강기업에서 40%를 조달했다. 스즈키도 신일본제철을 주력으로 하면서 스미토모금속, JFE로부터 강재를 조달했다. 혼다와 마츠다도 신일본제철과 스미토모금속에서 약 70%의 강재를 조달했다. 1장에서 본 바와 같이, 전후 고도성장기에 자동차기업은 철강의 複社발주정책을 견지했는데, 2000년대 이후에도 이러한 정책을 계속하여 시장원리가 작용하고 있었던 것이다.

닛산의 철강조달처의 축소는 몇년 후, 철강 공급자가 수요자의 이해에 반하는 행동을 취하게 하는 영향을 미쳤다. 예를 들어, 2004년에 자동차용 강재의 공급부족이 심화되었을 때, 닛산이 철강기업들에게 공급확대를 요청했지만, 철강기업의 협력을 얻을 수 없었다. 그 결과, 강재 조달난으로 닛산은 2004년 11월부터 12월까지 국내의 3공장(큐슈공장, 옷파마공장, 자회사의 닛산차체 공장)의 일시 조업정지를 할 수밖에 없었다.36) 강재기업에 대한 수요자의 엄격한 요구가, 시간을 두고, 거래량을 둘러싼 수요 기업과 공급기업간의 이해 대립을 낳은 것으로, 여기에서도 시장원리의 작용을 관찰할 수 있다.

한편, 자동차기업과 특정 철강기업의 거래비중이 매우 높다. 예를 들면, 2010년, 토요타에 납품되는 강재 중 신일본제철과 스미토모금속이 차지하는 비중은 약 56%에 달했다. 같은 해, 혼다와 마츠다의 강재조달 중 신일본제철과 스미토모금속의 비율도 약 70%나 되었다.

또한 특정차종에 독점적으로 특정 철강기업의 강재가 사용되는 경우도

---

36) 2004년에, 스즈키자동차도 자동차용강재의 조달난 때문에, 휴일조업, 감산을 실시했다(『日本經濟新聞』2004年11月26日, 朝刊, p.32; 2004年12月3日, 朝刊, p.1; 2004年12月16日, 朝刊, p.11; 2005年1月20日, 朝刊, p.11; 2005年1月21日, 朝刊, p.13;『日經産業新聞』2004年12月3日, p.14; 2004年12月8日, p.14; 2004年12月17日, p.13).

많다. 2012년 혼다가 출시한 경차 「N BOX」에는 신일본제철의 고장력 강판이 사용되었고, 닛산이 13년에 출시한 신차에는 신일본제철과 코베제강이 개발한 새로운 고장력 강판이 채용되었다. 또한, 스즈키는 11년 3월에 시장에 내어놓은 신형 경차 "MR 웨건"에 JFE의 외판용 강판을, 13년 봄에 출시한 경차에는 골격재로 신일본제철住金의 초장력강판을 채용하였다.[37] 10년, 마츠다가 구입한 자동차용 강판 중 75%는 신일본제철과 住金에서 조달했다.[38]

　일시적이긴 했지만, 특정 자동차기업의 해외공장에 특정 철강기업이 긴급 공급을 실행한 적도 있다. 예를 들어, 2002년 여름, 미국의 철강 긴급수입제한(세이프 가드)로, 혼다의 미국과 캐나다 공장에서 강재가 부족했는데, 신일본제철, 스미토모금속 등 일본의 철강4사가 전면 협력하여 20회에 걸쳐 일본에서 강재를 공수했다.[39] 대규모의 안정적인 수요를 제공하는 자동차기업과의 장기적인 관계를 유지하기 위해, 철강기업들이 그 특정 수요기업에 대한 공급을 배려했던 것이다.

　따라서, 거래량을 둘러싸고 특정 자동차기업과 특정 주요 철강기업간의 이해 대립, 경쟁의 활용 등의 시장원리가 작용함과 동시에, 높은 상대거래 비중을 배경으로, 대형 수요기업에 대한 공급수량면의 배려가 이루어지는 조직원리도 작용했던 것이다.

　이처럼 거래량을 둘러싼 시장원리와 조직원리의 결합은 자동차기업에게도, 철강기업에게도 긍정적인 영향을 미쳤다. 먼저, 자동차기업에 있어서는 자사의 특정사양에 맞춘 고급강재를 안정적인 가격, 안정적인 수량 공급받을 수 있는 이점이 있었다. 철강기업들에 있어서는 장기에 걸쳐 안정적인 수요를 확보할 수 있으며, 수요기업으로부터의 엄격한 품질 및 납입가격, 경량화 등의 요구에 대응하는 과정에서 경쟁력을 높여,[40] 기술력을 축적하고, 고급품시장에서 높은 시장점유율을 점할 수 있었다.

37)『日経産業新聞』2011年1月24日, p.16; 2011年3月1日, p.14; 2011年10月13日, p.2; 2012年6月18日, p.24; 2014年8月28日, p.17.

38)『日経ビジネス』, 2011年2月14日号, p.12;『日本経済新聞』2 011年5月3日, 朝刊, p.13.

39)『日経産業新聞』2004年11月26日, p.32.

40)『週刊東洋経済』2015年5月2・9日合併号, p.76;『日経ビジネス』, 2013年11月4日号, p.10; 2016年4月18日号, p.68; 川端(2005), p.111;『日本経済新聞』2007年10月11日, 朝刊, p.1;『日経産業新聞』2004年11月26日, p.32; 2007年11月7日, p.19.

제7절 해외생산의 확대와 기업간 관계의 신전개

(1) 해외생산 확대의 구도

21세기에 들어, 특히 2010년대 이후 일본의 주요 철강기업들은 중국, 동남아(태국, 인도네시아 등), 인도, 북미 등 해외에서 가공시설을 확충하거나 현지 철강가공기업에 투자하는 경우가 늘고 있다.[41] 특히 자동차용 강재의 현지생산 증가가 현저하다.

일본 철강기업의 해외생산은 현지기업이나 해외 경쟁기업과의 기술, 자본 제휴 또는 합작의 형태로 전개되었다. 예를 들면, 일본의 철강기업은 동남아 등에서 가공 시설의 대규모화와 현지 철강가공업체에 대한 대형투자 등을 진행하고 있다. 혹은, 현지기업에 강재기술의 이전을 가속하거나 합작대상기업이 생산한 반제품(母材)을 현지에서 가공하여 현지의 자동차기업에 공급하고 있다.[42] 동종기업간의 협력이 이루어지고 있다는 점에서 이러한 해외생산에서는 조직원리가 작용하고 있다.

또한, 이러한 해외생산거점의 확충은 "하류工程" 혹은 "後工程"에 집중되고 있다. 일반적으로 고로에서 선철을 생산하는 제선공정 그리고 제강공정, 열연공정까지를 "상류" 혹은 "전공정"으로 볼 수 있는데, 이들 공정의 설비는 규모가 크고, 설비투자 부담과 리스크가 크며,[43] 기술 유출의 우려도 있다. 따라서, 해외에 이들 전공정을 이전하는 것은 어렵고, 이 때문에, 해외생산은 주로 "후공정"에 집중되는 경향이 있다. 제품면에서는 "후공정" 중에서도 주로 자동차 외판에 사용되는 고장력강판의 최종공정, 부식방지처리되는 용융아연도금 강판 등의 표면처리(도금공정)가 해외공장에서 이루어진다.

역으로, 그 원판인 母材에 해당하는 열연 코일(열연강판)[44] 등 중간제품까

---

41) 金(2014), p.57.

42) 藤本, 葛, 吳(2008), p.20; 『週刊東洋経済』 2013年4月12日号, p.61; 『日本経済新聞』 2014年 11月22日, 朝刊, p.12.

43) 또한 제강공정에 투입되는 합금의 종류나 양, 열연공정에서의 냉각속도 등에 의해 최종제품 품질이 바뀌는 등 열연공정까지가 품질을 결정하는 부분이 많기 때문에 품질면에서도 상류 공정이 하류공정보다 중요하다(『週刊東洋経済』 2012年10月6日号, p.23).

44) 반제품인 슬라브를 가열하면서 얇게 압연해 제조되는 강판이다.

지는 일본 국내에서 생산한다. 열연 코일은 가공도가 낮고 수익성이 환율에 좌우되지 않는 점도 일본에서 생산을 계속하는 이유이다.

일본에서 생산된 중간제품을 현지의 생산거점으로 수송한 후, 현지생산거점에서 강판표면에 부식방지를 위한 도금가공과 열처리 등 최종가공을 해, 자동차기업에 납품하고 있다. 자원의 이동을 기업 내에서 조직적으로 실행하는 의미에서 조직원리가 작용하고 있다.

이러한 중간제품의 수출확대에 따라 일본의 철강 수출제품 구성도 변화하고 있다. 일본에서의 모재의 공급이 늘어나기 때문에 가공도가 낮은 열연코일 등 중간제품은 수출 중의 구성비를 높이고 있다. 수출강재 중 열연코일이 약 4분의 1이나 된다.45) 대신, 아연 도금강판, 표면처리강판 등 가공도가 높은 품종은 현지생산이 늘어, 수출 중의 구성비는 하락하고 있다. 그리고, 중간제품은 최종제품에 비해 부가가치가 낮으므로, 일본의 철강제품의 평균 수출단가는 하락하고 있다.

열연코일은 자동차뿐만 아니라 전자, 건설 등 다양한 분야의 최종재 강판제품의 모재로 사용되므로, 일본의 철강생산의 40%나 차지하는데, 이처럼 생산규모가 커, 일본의 주요 일관기업이 모두 진입하여 치열한 경쟁을 벌이고 있다. 예를 들어, 2007년의 열연코일 시장에서 신일본제철, JFE스틸, 스미토모금속, 닛신제강, 코베제강 등 5사가 97.3%를 차지하며, 상위 1위와 2위의 점유율이 각각 39.2%와 35.4%로 매우 근접해 있다.46) 또한, 중간제품인 만큼 제품차별화가 어렵고, 가격경쟁이 되기 쉬웠다.

치열한 경쟁 속에서 각사 제품 중의 생산비중도 높기 때문에, 각사는 수출비율을 높여 가동률을 유지하려는 유인이 강하다. 그러나, 열연코일의 수출가격은 분기별로 책정되거나 스폿 거래가 많으므로 가격변동이 심하다. 때문에, 수출용 열연생산의 조정은 국내 시장에서의 생산조정만큼 효과가 없다. 따라서, 열연코일의 수출에서는 기업의 지역간 생산재편이라는 조직원리를 나타내는 행동과 시장거래를 통한 치열한 가격경쟁이라는 시장원리를 나타내는 행

---

45) 열연강판의 수출은 1970년대와 80년대에 지속적으로 감소하는 경향에 있었지만, 90년대 후반부터 증가하고 있다(川端(2005), p.115).

46) 『日經産業新聞』 2008年8月4日, p.16. 2008년, 열연코일시장에서 3위인 스미토모금속의 점유율이 10.3%, 4위의 닛신제강이 6.5%, 5위의 코베제강이 5.9%였다.

동이 결합되어 작용하고 있다.

(2) 국내기업간 관계의 지리적 확장: 조직원리

일본기업들의 철강 해외생산 및 그 증가의 배경에는 해외생산을 늘려온 일본 자동차기업의 움직임이 있다. 일본의 자동차기업들은 2000년대 들어, 해외생산을 급속히 늘렸는데, 한 해외공장의 자동차생산이 연 50만대 이상이 되면, 자동차용 강재의 현지조달을 시작하게 된다고 알려져 있다. 2010년대 들어, 일본의 자동차기업은 신흥국 거점을 중심으로 일제히 강재의 현지조달 비율을 높이고 있다.

이처럼 일본자동차기업의 해외거점에서 강재의 현지조달에 적극적인 것은 먼저, 일본으로부터 강판을 수입하는 것보다 비용면에서 유리하기 때문이다. 또한, 안정적인 조달처 확보라는 측면에서도 유리하다. 일본철강기업의 현지생산이 이루어진다면 일본에서와 동등한 품질을 갖춘 강판 및 고기능제품을 현지 자동차거점에서 조달할 수 있고, 일본에서와 마찬가지의 기술 서비스를 받을 수 있는 이점도 있다.[47]

이러한 이유로 일본의 자동차기업으로부터 일본 철강기업의 현지생산을 요구하는 목소리가 높아지면서,[48] 철강기업들이 중요 고객기업의 현지생산거점에 가까운 곳에 공장을 건설하여 해외생산을 개시하는 경우가 늘고 있다.[49] 즉, 일본의 철강기업은 일본에서의 주요 수요기업인 자동차기업의 해외생산에 대응하여 현지에 자동차강판공장을 신설하고, 일본자동차기업의 현지공장에

---

47) 『日経ものづくり』 2010年6月号, p.36.

48) 신흥국뿐만 아니라 미국에서도 주로 일본 자동차기업의 요청으로 일본 철강기업들이 생산거점을 마련하거나 시설을 확충하고 있다. 예를 들면, 토요타와 닛산 등 일본 자동차기업의 미 현지공장은 중서부 및 남부에 집중되어 있는데, 남부에 입지하는 일본계 기업의 자동차공장에 강재를 공급하기 위해 신일본제철住金과 코베제강은 앨라배마 등에 새로운 생산기지를 두고 있으며, 열간압연공정을 도입하고 있다(『週刊東洋経済』 2014年6月21日号, p.20). 그 배경에는 미국의 연비 규제가 엄격해져, 이에 대응해, 일본의 자동차기업이 AI합금보다 저렴한 고장력강판의 구입을 늘리면서, 일본에서 생산되는 것과 같은 품질의 고장력강판을 현지조달하려는 사정이 있다(『日経Automotive』 2015年8月号, p.22).

49) 『週刊東洋経済』 2015年5月2·9日合併号, p.76; 『日経ものづくり』 2010年6月号, p.36; 『日本経済新聞』 2010年1月29日, 朝刊, p.13; 2013年5月3日, 朝刊, p.3; 『日経産業新聞』 2014年12月12日, p.12.

판매하고 있는 것이다.

따라서, 이러한 해외 철강생산 확대는 지금까지의 일본 국내에서의 장기 상대거래의 연장선상에서 이루어지고 있는 측면이 강하다. 일본 자동차기업과 철강기업의 협력적인 거래 관계가 해외로까지 확장되고 있는 점에서 조직원리의 작용을 나타낸다.

(3) 기업간 경쟁의 격화: 시장원리

한편으로, 일본자동차기업의 해외공장이 강재를 현지조달하는 경우, 꼭 일본철강기업으로부터 전량을 조달하고 있지는 않다. 현지의 철강기업이나 후발철강국 기업으로부터도 강재를 조달하고 있다.

사실, 현지의 일본자동차공장에서는 비용절감을 위해 일본내에서의 강재를 구입할 때보다, 구매 사양 기준을 완화해서라도 현지에서 철강을 조달하려 한다. 예컨대, 닛산이 선진국시장의 세계전략차로 개발한 "마치"의 해외생산에서, 강판을 인도 등에서 현지조달하기 위해 고장력강판의 요구强度를 낮췄으며, 태국산 "마치"에는 비용절감을 위해 고장력강판을 사용하지 않는 경우까지 있다. 혼다도 강판을 현지조달하기 위해, 사용하는 고장력 강판의 강도의 상한을 낮추었다.

이러한 완화된 요구수준에 대해서는 신흥국 현지의 철강기업들이나, 후발 철강생산국 기업들의 제품도 충족시킬 수 있어, 이들 기업으로부터도 현지의 일본자동차공장의 강재구입이 늘고 있다. 예를 들면, 토요타, 혼다보다 해외현지부품조달이 빨랐던 닛산은 글로벌 생산거점에서 타사보다 빨리 해외업체의 강판을 채용했다. 예를 들면, 중국에서 東風닛산은 2009년부터 자동차부품기업을 통해 무한강철과 안산강철 등 현지철강기업의 철강을 구입하고 있다.[50]

동남아에서도 일본계 자동차기업은 후발국 철강기업으로부터 강재를 조달하고 있다. 특히, 태국에서 일본계 자동차기업들은 포스코와 중국의 상해宝鋼그룹(바오스틸)이 모국에서 수출한 강재를 채용하고 있으며, 자동차의 차체 및 외형을 좌우하는 강재도 포스코로부터 구입하고 있다. 예컨대, 토요타는

---

50) 『日経ものづくり』 2010年6月号, p.35; 『日経ビジネス』 2010年4月5日号, p.107; 『日経産業新聞』 2009年11月4日, p.20.

2003년 이후 태국과 인도네시아 등의 공장에서 차체내부에 사용하는 강재를 포스코로부터 조달하고 있으며, 06년에는 중국 상해보강그룹으로부터의 강재 조달도 시작했다. 닛산도 태국에서 생산하는 「마치」에는 강재의 절반 이상을 포스코에서 구입해왔으며, 혼다의 태국공장도 포스코와 중국철강기업의 강판 구입을 늘려왔다. 인도네시아에서도 포스코는 동남아시아에서 처음으로 고로를 가동해 인도네시아 자동차시장을 장악하고 있는 일본계 자동차기업에 강재 판매를 늘리고 있다.[51)]

인도에서는 토요타가 저가소형차 "에티오스"에 현지의 타타제철의 철강을 구입하고 있으며, 혼다는 2000년대 전반까지는 신일본제철의 강재를 주로 구입했으나, 00년대 후반에 일부 강판을 현지조달하였고, 11년, 인도에서 생산을 시작한 저가격 승용차에는 현지의 타타제철의 강판을 채용했다. "2CV"라는 소형 전략차를 인도에서 일찍부터 현지생산하여 동국시장 점유율 선두로 올라선 스즈키자동차는 강재의 주된 공급처가 포스코이며, 인도 현지철강기업의 강판구입도 늘려왔다.[52)]

북미에서는 멕시코 중부에 다수의 일본자동차기업의 공장이 입지해 있으며, 이들 기업은 일본철강기업 이외로부터의 강재구매가 많다. 예를 들어, 2014년 1월에 가동한 자동차공장에서 사용하는 강판의 60%를 포스코 제품이 점했고, 신일본제철住金은 40%에 그쳤다고 한다. 포스코는 일본기업의 자동차 공장에 근접한 곳에 강판 창고를 4개 가지고 있으며, 닛산의 현지공장의 가장 중요한 공급기업이 되고 있다.[53)] 신일본住金도 아르헨티나기업 테르니움과 협력하여, 13년 8월부터 생산을 시작했지만, 생산량은 포스코의 절반 이하인 것으로 알려진다.

---

51) 『週刊東洋経済』 2011年9月24日号, p.83; 2012年10月6日号, p.23; 2013年4月12日, p.61; 『日経ビジネス』 2013年3月25日号, p.11; 『日経ものづくり』 2010年6月号, p.35; 『日本経済新聞』 2004年11月26日, 朝刊, p.1; 2010年1月5日, 朝刊, p.1; 2012年7月4日, 朝刊, p.11.

52) 『日経ものづくり』 2010年6月号, p.35; 『日経ビジネス』 2010年4月5日号, p.107; 『週刊東洋経済』 2011年9月24日号, p.83; 『日本経済新聞』 2010年1月5日, 朝刊, p.1; 2010年6月29日, 朝刊, p.11.

53) 포스코는 이미 2009년에 멕시코에 자동차 전용의 강판 공장을 설립해, 북중미에 공장을 가동하고 있는 자동차기업에 공급할 계획을 세우고 있었다(『日本経済新聞』 2009年7月20日, 朝刊, p.9).

　　이러한 현지조달 강화전략 중에서도 일본자동차기업은 강재의 複社발주 정책을 취하고 있다. 예를 들어, 토요타는 2010년, 중국에서 생산을 시작한 신차에는 신일본제철과 독일 티센 크루프의 합작기업 그리고, 중국 안산강철로부터 도금강판을 조달했다. 인도와 동남아시아의 일본자동차 공장에서도 일본철강기업과 함께 바오스틸그룹, 포스코, 타타제철 등에서 강재를 조달했다. 후발국 철강기업의 기술력, 공급능력의 향상에 따라, 현지 자동차용 강재 판매를 놓고 일본철강기업과의 경쟁이 치열해지고 있다고 할 수 있다. 기존의 일본철강기업뿐 아니라 현지 철강기업 또는 후발국 철강기업으로부터 함께 조달하여, 공급자간의 경쟁을 활용함과 동시에 안정적인 강재조달을 도모하였다. 시장원리가 작용하고 있는 것이다.

　　게다가, 철강기업이 현지생산을 시작한 중요한 이유는 일본자동차기업의 현지 공장으로의 판매뿐만이 아니다. 일본자동차기업 이외에도 판매를 늘리기 위해 현지생산을 단행하거나 현지생산을 늘렸던 것이다. 예를 들어, 미자동차기업들은, 일본에서의 제품과 동일한 품질의 철강제품을 미국내에서도 조달할 수 있게 해달라고 일본철강기업에 강하게 요구해와, 신일본제철은 현지의 새 생산거점에서 생산한 고장력강판의 공급을 시작했다. 신일본제철의 해외 그룹 회사의 우지미나스사도 일본자동차기업뿐만 아니라 다른 외자자동차기업으로부터 자동차용 강재의 수주가 늘고 있는 것에 대응하여, 자동차의 현지 생산을 늘리고 있다.[54]

　　2010년대 태국에서 일본철강기업의 신규투자는 일본자동차기업의 수요뿐만 아니라 포드의 공장신설도 의식한 행동이다.[55] 일본에서 깊은 관계를 맺어온 일본자동차기업 외에 해외자동차기업으로의 현지 판매를 꾀하고 있는 것이다. 일본 철강기업들이 현지생산 확대 경쟁을 벌이고 있는 데는 시장원리가 작용하고 있다고 할 수 있다. 자동차용 철강의 해외생산에서도 조직원리와 시장원리가 결합되어 작용했던 것이다.

---

54)『週刊東洋経済』2016年12月31日・2017年1月7日合併号, p.110.
55)『日経産業新聞』2010年11月8日, p.18.

맺음말

일본의 철강생산은 1990년대 이후 감소세를 지속했고, 또한, 수출비율이 급속히 높아진 결과, 일본 철강기업들에게 국내 수요기업과의 거래 비중이 과거보다 낮아졌다. 그러나, 자동차 및 자동차부품산업은 철강의 최대 수요부문으로, 일본의 철강기업들에게 있어 국내의 자동차기업과의 거래는 양적으로도 여전히 중요하다. 게다가 자동차용 철강제품에 요구되는 기술수준이 높아, 철강기업들은 자동차기업과의 거래를 통해 고급제품의 기술력을 축적하고 이 제품의 세계시장에서 높은 시장점유율을 차지하고 있다. 일본 철강기업들에게, 기술력의 축적, 고급제품시장에서의 높은 경쟁력의 획득에 있어, 일본의 자동차기업과의 거래는 매우 중요하다고 할 수 있다. 또한, 철강의 수입 의존도는 여전히 낮은 수준에 있어, 일본의 철강수요기업들에게 있어서도 일본의 공급자와의 거래는 중요하다.

일본의 철강시장에서는 상대거래의 비중이 높고, 또 장기적으로 그 비중이 높아지는 경향에 있다. 특히, 철강 공급부족기에는 동비중이 더 높아졌는데, 이는 제1차 세계대전기와 1930년대와 같은 공급부족기와 공통적인 현상이다. 시장의 수급 상황이나 시황 변동에 의해 조직원리가 강하게 작용하는 거래형태, 즉, 장기상대거래의 비중이 변화하고 있다는 점에서 시장원리와 조직원리는 결합되어 작용하고 있다.

자동차용 철강거래의 대부분은 장기상대거래이고, 이러한 거래에서는 거래기업간의 긴밀한 협력관계가 나타나 조직원리가 작용했는데, 이러한 협력관계가 결과적으로 철강기업의 거래교섭력을 상승시켜 수급자간의 이해대립을 촉진했다는 점에서 조직원리는 시장원리를 촉진하는 관계에 있다.

한편, 거래협상에서 철강기업와 자동차기업 간의 이해가 충돌되는 경우가 많고, 양자 간의 의견조정에 난항을 겪어 결국 거래협상이 장기화되는 예도 드물지 않았다. 이처럼 자동차용 철강의 거래에서는 수급자간의 이해대립이 빈번하게 나타났다는 점에서 시장원리가 작용했다. 그럼에도 불구하고, 자동차용 강재의 가격협상을 둘러싸고, 자동차기업과 철강기업이 서로 타협하여, 양자간의 협상가격은 시장가격보다 안정적이었다. 협상가격이 안정적인 배경에는 수급자간의 장기적인 관계유지라는 공통의 이해가 존재한데다, 양업계를 둘러싼 여러 상황을 고려하면서 인위적으로 가격을 조정했다는 점이 작용했는데, 이는 조직원리를 나타내며, 따라서, 자동차용 강재의 가격 형성을 둘러싸고 시장원리와 조직원리이 결합되어 있었다. 또한 토요타와 신일본제철의 "챔피언 협상" 가격은 철강도매업자가 중개하는 시장거래(미세우리) 가격에 영향을 미치는 점에서도 가격면에서 조직원리와 시장원리는 결합되어 있었다.

한편, 주요 철강기업와 주요 자동차기업 간의 협상간격 단축을 놓고도 양측의 이해 대립으로 시장원리가 작용했는데, 결과적으로 2010년에는 협상간격이 1년에서 반년으로 단축되는 데 합의되었다는 점에서 조직원리가 결합되어 있었다.

철강의 거래규모를 둘러싸고도 시장원리와 조직원리는 결합되어 있다. 즉, 특정의 자동차와 특정 철강기업 간의 거래 비중이 매우 높고, 철강기업들은 국내시장에서의 점유율 확보를 위해, 또한, 자동차기업들은 철강의 안정적인 구매를 위해 각각 안정적 거래관계의 유지가 필요하다는 점에서, 이해가 일치하고 협력의 유인이 존재한다. 또한 특정 차종에 특정 소수의 철강기업의 강재가 이용되는 경우도 눈에 띄고, 대량 수요자인 자동차기업과의 장기적 거래관계 유지를 위해 철강기업들이 그 자동차기업에 대한 공급량 배려를 우선하는 예도 있다. 거래량을 둘러싼 조직원리가 작용한 것이다. 그러나, 다른 한편으로는, 자동차기업으로의 판매를 둘러싼 철강기업간 경쟁도 치열해, 시장원리도 강하게 작용했다. 예컨대, 1999년, 닛산이 강재조달의 비용절감을 노려, 강재를 구입하는 기업수를 줄이면서도 복수의 공급자간 경쟁을 활용했다는 점에서도 시장원리가 작용했다. 거래량과 관련하여, 시장원리와 조직원리가 얽혀서 작용했던 것이다.

과거와 달리, 21세기에 들어와서 나타난 새로운 현상으로, 일본의 주요철강기업들이 중국, 동남아, 인도, 북미 등 해외에서 가공시설을 확충하거나 현지 철강가공회사의 설립 및 증설에 투자하는 경우도 늘고 있다. 이러한 철강의 해외생산 확대에도 기업간 관계를 둘러싼 조직원리와 시장원리가 작용하고 있다.

일본의 철강기업은 주요 고객인 일본자동차기업들의 해외생산 확대에 대응하여 이 자동차 해외거점에 강판을 원활하게 공급할 수 있도록 자동차 강판 공장을 신증설하고 있다. 따라서, 해외에서의 철강 생산확대는 일본 철강기업

과 일본 자동차기업간의 장기적인 거래관계가 지리적으로 해외로까지 확장된
것으로, 이런 의미에서 조직원리을 나타내고 있다. 철강의 해외생산 확대라는
새로운 현상도 과거와의 연속성을 갖는 기업간 관계의 조직원리를 나타내고
있는 것이다.

하지만, 해외생산에 따른 새로운 측면에서 시장원리도 작용하고 있다. 첫
째, 현지의 일본 자동차기업들의 철강 조달처는 일본철강기업의 해외거점뿐만
은 아니다. 즉, 현지국의 철강기업, 혹은 후발철강국 기업으로부터도 강재를
조달하여, 복수의 철강공급자간의 경쟁을 활용하고 있다. 현지생산을 하고 있
는 일본철강기업들도 현지에서 생산한 강재를 반드시 일본자동차기업에게만
판매하지도 않는다. 일본기업들만의 폐쇄된 거래관계가 아니라, 공급자간의
판매경쟁과 수요자간의 구매경쟁이 동시에 이루어지고 있다. 이는 시장원리의
작용을 나타내고, 따라서 철강기업의 자동차용 강재의 현지생산은 기업간 관
계상의 시장원리와 조직원리의 결합을 촉진하고 있다고 할 수 있다.

철강의 해외생산은 또 다른 면에서도 시장원리와 조직원리의 결합을 나
타내고 있다. 먼저, 일본 철강기업의 해외생산은 각기업의 단독이 아니라, 현
지 철강기업이나 다른 경쟁업체와의 기술 및 자본 제휴 또는 합작이라는 형태
로 전개되고 있다. 동종 경쟁기업간의 협력에 의해 해외생산이 이루어지고 있
다는 점에서 조직원리를 발견할 수 있다. 또한 자동차용 강재의 해외생산 확
대는 "후공정"에 집중되고 있으며, "前공정"의 제품, 예를 들어, 열연코일 등
의 중간제품은 일본에서 생산하고 그것을 현지생산거점에 보내 가공, 판매하
고 있다. 이처럼 기업의 생산자원 이동을 조직적으로 재편하고 있다는 의미에
서도 조직원리가 작용하고 있는 것이다.

그러나, 한편으로는, 시장원리도 작용하고 있다. 현지의 "후공정" 공장에
보내지는 열연 코일은 일본의 국내강재생산의 40%를 차지하는 중요제품으로,
가격경쟁을 포함해, 일본의 철강기업간 경쟁이 매우 치열하다. 이러한 치열한
경쟁 속에서 철강기업들은 수출비율을 높여 가동률을 유지하려는 유인이 강하
고, 이것이 해외에서이 열연 코일 가공거점을 확충하려는 압력이 되고 있다.
후공정의 현지생산 개시 및 확대는 국내에서의 중간제품의 기업간 경쟁이라는
시장원리가 기업의 지역간 생산재편이라는 조직원리와 결합된 현상인 것이다.

참고문헌

일본문헌(일본어 50음순)

磯村昌彦·田中彰(2008) 「自動車用鋼板取引の比較分析: 集中購買を中心に」『オイコノミカ』第45巻第1号.

磯村昌彦(2009) 「自動車用鋼板取引における集中購買システム そのコストメリット」産業学会 『産業学会研究年報』No.24.

磯村昌彦(2011) 「自動車用鋼板取引における集中購買システムの進化」『経営史学』第45巻第4号.

岡崎哲二(1995) 「鉄鋼業」(『武田晴人編 『日本産業発展のダイナミズム』東京大学出版会.

金容度(2007) 「鉄鋼業—復興期後半の製品価格乱高下と競争構造」金容度(武田晴人編 『戦後復興期の企業行動』有斐閣).

金容度(2014) 「半導体は鉄と異なり自動車の下請け化」『エコノミスト』8月19日号.

金容度(2018) 「日米企業システムの比較史序説(2)−鉄鋼の企業間取引史の日米比較」『経営志林』(法政大学経営学会)第54巻第4号.

川端望(2005) 『東アジア鉄鋼業の構造とダイナミズム』ミネルヴァ書房.

『週刊東洋経済』2008年5月24日号, 2008年7月26日号, 2009年4月4日号, 2010年3月27日号, 2010年6月12日号, 2011年1月29日号, 2015年5月2·9日合併号, 2015年11月3日号, 2017年10月21日号, 2018年12月29日·19年1月5日合併号.

田中彰·磯村昌彦(2019) 「日本モデルの成熟化と海外展開—鉄鋼」『第55回経営史学会全国大会(於慶応義塾大学)報告要旨集』, 10月27日.

田中彰(1999) 「鋼板紐付き取引における商社機能と商権」『流通』(日本流通学会), No.12.

『日経エコロジー』2011年2月号.

『日経産業新聞』.

『日経ビジネス』2009年5月4日号, 2010年4月5日号, 2011年2月14日号, 2013年11月4日号, 2016年4月18日号.

『日経ものづくり』2010년6月号, 2016년9月号.

『日本経済新聞』.

日本鉄鋼連盟(2019) 『鉄鋼統計要覧2019年版』.

藤本隆宏(2009)「日韓鉄鋼産業－競争・協調を通じたアーキテクチャ分化」(藤本隆宏, 桑嶋健一『日本型プロセス産業－ものづくり経営学による競争力分析』 有斐閣).

藤本隆宏, 葛東昇, 呉在フォン(2008)「東アジアの産業内貿易と工程アーキテクチャ」『アジア経営研究』No.14.

결 론

1. 일본의 기업간 관계의 역사

일국의 기업간 관계가 그 사회의 특성을 반영하는 면이 있다는 것은 부정하기 힘들다. 일본도 예외는 아니다. 그러나, 실제 어떠한 기업간 관계가 전개되었는지를 실태에 입각해 상세히 보지 않고는 일본의 특수성이 무엇인지도 알기 어렵다. 과정, 혹은 프로세스에 대한 분석이 중요한 것이다. 이러한 기업간 관계의 과정에 접근하기 위해, 본서에서는 시장원리와 조직원리가 어떻게 결합되어 작용했는가라는 분석시점에서 중간재의 기업간 거래의 역사를 관찰하였다.

먼저, 시장원리와 조직원리가 공존하면서 함께 작용하는 예가 대단히 많이 발견된다. 첫째, 수요기업과 공급기업간의 협력이라는 조직원리가 기업간 경쟁이라는 시장원리와 결합된 사례는 본서의 분석대상인 여러 중간재 산업에서 관찰된다. 일본의 중간재의 기업간 관계에서 나타나는 공통적인 현상이었다. 예를 들면, 전후 고도성장기의 자동차용 철강시장에서도 조선용 철강시장에서도, 조직원리가 강하게 작용하는 장기상대거래의 비중이 높았던 한편, 수요기업들이 複社발주를 통해 공급자간의 경쟁을 활용하는 형태로 시장원리가 결합되어 있었다. 반도체IC의 기업간 거래에서도, 수요기업과 공급기업간의 신뢰에 입각한 공동개발 등의 협력에 나타나는 조직원리가, 치열한 기업간 경쟁, 수요기업에 의한 엄격한 코스트 다운 요구 및 납입기일의 요구라는 시장 원리와 결합되어 나타났다.

둘째, 기업간 거래에 참여하는 상인의 투기적 행위에 나타나는 자유로운 자원이동이라는 시장원리의 작용이 일부의 경제주체에 의해 인위적으로 제어 되는 형태로 시장원리와 조직원리가 결합되는 국면도 있었다. 예를 들면, 제1 차 세계대전기, 철강의 공급부족에 의한 공급자시장에서, 일부의 철강상인들 이 가격급등에 편승해서 자원을 이동시켜 부당한 이익을 얻고 있었다. 이는 시장원리의 작용을 나타낸다. 이에 대해, 일본의 주요 철강기업들은 일부의 철 강도매상 및 수요기업으로 주요 거래처를 제한했다. 주요 철강기업에 의해 자 원의 이동이 제한된 의미에서 조직원리도 함께 기능하고 있었던 것이다. 거의 비슷한 현상이 1930년대 중반 이후의 철강공급부족 시기에도 나타났다. 20년 대에도, 가격 급등락에 편승하여 철강 도매상이나 상사에 의한 투기성 輸入과 투매가 빈발하였고, 이러한 도매상의 투기적 행동이 가격불안을 증폭시켜 철 강기업과의 이해대립이 발생하는 시장원리가 작용하였다. 이에 대응하여, 철 강기업은 "철강기업 – 지정 상인 – 중소 도매상"으로 이어지는 연쇄 판매망 을 구축하여, 거래의 조직성을 높이려 하였다.

셋째, 기업간 거래와 관련된 제도의 도입을 둘러싸고도 시장원리와 조직 원리는 함께 작용하였다. 1960년대, 철강거래에서의 저스트 인 타임의 도입이 그 예이다. 50년대 후반부터 60년대에 걸쳐, 철강업과 그 중요 수요산업이었 던 조선업, 자동차산업이 모두 빨리 성장하면서, 강재의 거래량이 증가하였고, 그 결과 이들 수요기업에 있어, 강재 재고의 효율적인 관리가 중요해졌다. 이 에 대응하여, 자동차기업과 조선기업은, 강재조달에 저스트 인 타임 시스템을 도입하려 하였다. 그러나, 저스트 인 타임 방식은 철강공급자에게 있어서, 재 고 유지비, 운송비 등 새로운 비용부담을 낳는 것이었으며, 따라서 철강기업과 수요기업들 간의 이해대립이 존재하여, 시장원리가 작용하고 있었다. 그럼에 도 불구하고 철강기업이 수요기업의 요구를 수용하여 저스트 인 타임 도입에 협력한 데는 두 가지 이유가 있었다. 하나는 철강기업들이 장기의 거래를 통 해 고객기업과 양호한 관계에 있었던 데다, 이 관계를 지속할 유인이 있었던 것이고, 다른 이유는 거래 교섭력이 수요기업에 유리하게 변화한 것이었다. 전 자는 협력의 조직원리, 후자는 이해 대립의 시장원리를 각각 나타내고 있다.

저스트 인 타임 방식의 도입과정에서, 시장원리와 조직원리가 얽혀서 작용하고 있었던 것이다.

넷째, 수요기업과 공급기업간의 거래에 나타난 조직원리가 공급자간, 혹은 수요자간의 경쟁이라는 시장원리와 결합되기도 했다. 일본의 주력 반도체기업들은 반도체IC사업뿐 아니라 다른 전자기기사업도 겸하고 있었고, 이들 기업 상호간의 반도체 거래가 많았다. 기기제품시장과 IC시장의 양시장에서 서로 경쟁하면서, 동시에, 서로가 IC의 공급기업 혹은 수요기업으로서 IC의 기업간 거래를 하고 있었던 것이다. 겸업반도체기업들이 서로간의 거래를 늘리고 있었던 것은 각사의 기기사업이 타사의 반도체에 의존하면서, 서로가 서로를 지원하는 이해 일치를 시사하고, 이런 점에서 조직원리의 작용을 나타낸다. 한편으로, 반도체기업간의 거래가 집중된 것은 주로 표준품IC칩이었다. 표준품 칩이 많았던 만큼, 동일 종류의 반도체 칩을 복수의 반도체기업으로부터 구입하는 경우가 많아, 복수 공급자간의 경쟁이 작용했으며, 더구나, 복수 반도체기업으로부터의 반도체IC 구입은 사내의 반도체사업부문에 경쟁압력을 가했던 점에서도 시장원리가 작용했다.

다섯째, 수요자가 공급자들의 경쟁을 활용하는 시장원리와 수요자가 그 경쟁을 의도적으로 관리하면서 조정하는 조직원리가 함께 나타나는 경우도 있었다. 예를 들면, NTT와 반도체기업간의 장기에 걸친 공동개발에서는 참가각사의 엔지니어간 경쟁이 치열하였다는 점에서 시장원리가 작용하였으나, 다른 한편으로는 이러한 반도체기업간 경쟁이 수요기업인 NTT에 의해 의도적으로 촉진되고, 관리되었다. 공동개발에 참여하는 복수의 반도체기업을 NTT가 선정하고, 통신기용으로 개발하는 IC의 제품사양기준도 NTT가 지정해, 경쟁의 범위와 목표를 수요기업이 인위적으로 설정하였으며, 공동개발에 참가한 반도체기업간의 생산품종 및 생산량까지 NTT가 분배할당했다. 조직원리가 함께 작용했던 것이다.

기업간 관계에서 시장원리와 조직원리가 보완관계에 있으면서 상호촉진하는 국면도 관찰된다. 첫째, 철강기업간 설비투자 경쟁이 특정 우량고객기업 획득을 둘러싼 상대거래 확대경쟁으로 이어져 결과적으로 장기상대거래가 확대되었다. 시장원리를 나타내는 기업간 경쟁이 조직원리를 나타내는 장기상대거래의 확대를 촉진하였다. 전전에는 설비투자 경쟁이 격화되어도 그것이 반드시 장기상대거래의 확대로 이어지지 않았던 사실에 미루어 볼 때, 전후의 새로운 현상이라고 할 수 있다.

둘째, 반도체IC의 기업간 거래의 경험이 그 후의 반도체기업간의 경쟁에 영향을 미쳤는데, 여기에도 조직원리가 시장원리를 촉진하는 관계를 볼 수 있다. 예를 들면, 1970년대, 일찍부터 표준품LSI 칩을 적극적으로 개발, 생산했던 일본기업은 NEC와 미츠비시전기였다. 그런데, 이 표준품 시장에서 NEC는 높은 시장점유율을 차지한 반면, 미츠비시전기는 그렇지 못했다. 이러한 기업간 차이의 원인은 조직원리가 강하게 작용한 커스텀LSI의 거래의 경험여부였다. 조직원리가 강하게 작용했던 과거의 기업간 거래의 경험이, 시장원리가 강하게 작용했던 표준품LSI 시장에서의 경쟁력을 좌우했다는 점에서 기업간 거래가 경쟁에 영향을 미쳤던 것이다. 비슷한 현상으로, 70년대 말 급성장한 일본의 마이콘시장에서, NEC는 전자계산기용 커스텀 IC의 기업간 거래에서 축적한 경영자원을, 인적, 기술면, 조직면의 연속성을 통해 마이콘시장에서의 기업간경쟁에 전용할 수 있었다. 기업간 거래의 협력관계가 치열한 기업간 경쟁에 영향을 미쳤다는 점에서, 조직원리가 시장원리를 촉진했다고 할 수 있다.

셋째, 다소 역설적인 관계로서, 수요자와 공급자간의 긴밀한 협력이 장기간 지속된 결과, 양자간의 이해의 대립이라는 시장원리가 촉진된 경우도 있었다. 전후 고도성장기에, 철강기업은 주요한 수요기업인 자동차기업 및 조선기업과의 장기거래를 통해, 양자간의 긴밀한 협력이 지속되었고, 이러한 안정적인 고객기업의 수요 증가를 의식해, 적극적으로 설비투자를 했다. 그러나, 그 결과 공급과잉이 자주 발생하였고, 이는 철강기업의 거래교섭력을 약화시켰다. 협력에 입각한 거래관계, 그리고 기업내의 인위적인 자원이동으로서의 설비투자라는 조직원리가 작용한 결과, 수요자와 공급자간의 교섭력변화라는 양자간 이해대립의 시장원리가 강화되었던 것이다.

한편, 시장원리와 조직원리가 서로 대체적인 관계로 나타나는 경우도 있었다. 예를 들면, 전전의 철강기업의 카르텔 활동이 대표적인 예이다. 1920년대 철강시장이 공급과잉인 상황에서, 압도적인 존재감을 보이던 관영 야하타제철소가 민수시장에 대한 판매를 본격적으로 늘리려 해, 민간철강기업과의 경쟁이 격렬해졌다. 이처럼 가격과 수급 상황의 변화 속에서 경쟁이 치열해진데다, 20년대까지 철강수입이 많았고, 이에 대한 철강기업의 대응이 철강카르텔의 결성과 그 활동이었다. 격심한 수급변화와 가격변동이라는 시장원리에 대응하여, 그것을 억제하는 행동으로서의 카르텔은 조직원리의 작용을 나타낸다. 그런데, 참가기업간의 이해대립이 빈발하여, 카르텔이 제대로 기능하지 않는 경우도 많았으며, 또한 카르텔에 의한 강재 판매에 있어, 입찰에 참가한 철강 도매상간의 조정이 제대로 이루어지지 않아, 도매상의 수량조절 기능이 발휘되지 못하는 한계도 보였다. 오히려, 카르텔을 통한 판매에 참가한 철강 도매상이 시황변동에 편승하여 투기적인 행동을 취한 흔적까지 있다. 이러한 현상은 카르텔을 통한 거래라는 조직성이 강한 거래형태에 한계가 있었음을 나타내고 있으며, 이는 곧 조직원리가 작용하기 어려운 부분이 넓게 존재했다는 점에서 시장원리가 조직원리와 대체적인 관계를 가지면서 작용했다는 것을 시사한다.

이처럼 일본의 중간재의 기업간 관계에서는 시장원리와 조직원리가 매우 다양한 형태로 관련되면서 작용해왔다. 이러한 역사적 사실을 볼 때, 일본에서는 어떤 특정한 기업간 거래의 형태, 예컨대 장기상대거래가 지배적이었고, 이것이 일본의 기업간 관계의 특수성이라는 점을 강조하는 기존 연구의 주장에는 과장된 면이 많고, 또한 일면적이라 하지 않을 수 없다. 더구나, 조건과 상황에 따라서는 다른 거래형태의 선택, 다른 거래형태로의 전환도 많았다. 예컨대, 전전기의 일본의 철강업에서, 시기별의 철강수급상황의 변화에 따라, 거래형태의 비중은 크게 바뀌어왔다. 1920년대처럼 공급과잉으로 수요자시장이던 시기에는 시장거래 비중이 높아진 반면, 제1차 세계대전기와 30년대처럼 공급부족으로 공급자시장이던 시기에는 상대거래의 비중이 높아졌다. 수급상황의 변동에 따라 시장원리가 강하게 작용하는 기업간 거래형태와 조직원리가 강하게 작용하는 기업간 거래형태가 교대로 나타난 것이다. 철강의 장기상대거래의 비중이 높았던 것은 역시 전후였다.

따라서, 일본의 오랜 기간의 기업간 관계의 특징을 어떤 특정한 거래형태를 중심으로 규정짓는 것은 부정확한 인식이라 하지 않을 수 없는데, 더욱이 일본에서 장기상대적인 기업간 거래가 적지 않았다 하더라도, 수요자와 공급자가 소수여서, 이러한 거래형태가 저절로 선택된 것은 아니었다. 반드시 거래 당사자간의 사전 의도대로 기업간 관계의 제도가 형성된 것도 아니었다. 기업간 관계를 둘러싼 환경은 항상 변화해왔고, 이러한 변화에 대응하기 위한 거래주체의 계속적인 고투, 시행착오를 포함한 대응의 결과가 그러한 기업간 관계의 형태로 나타났던 것이다. 이러한 기업간 관계의 전개과정에서 시장원리와 조직원리가 다양하게 결합되어 작용한 것은 당연한 귀결이었다. 일본 사회라는 사회적 문맥에 의해 기업간 관계의 특성이 결정되어, 일본의 특수한 기업간 관계가 고정된 형태로 나타났다고 할 수는 없는 것이다.

또한, 철강의 기업간 거래의 역사를 보면, 어느 시기에도 상대거래와 시장거래라는 서로 다른 두 거래형태가 공존하고 있었다. 전전에 비해, 전후에 철강의 상대거래 비중이 높아진 것은 사실이지만, 20세기를 통해 일본의 철강의 기업간 거래에서는 조직원리가 강하게 작용하는 거래형태와 시장원리가 강하게 작용하는 거래형태가 함께 존재한 것이다. 특히, 1920년대에는 철강 거래에 있어 시장거래의 비중이 높았으며, 전후에도 범용강재에서는 미세우리라는 시장거래형태가 상당히 많이 이용되었다. 일본의 반도체IC시장에서도 전자계산기용과 가전용 등에서 70년대 전반까지는 커스텀IC의 상대거래가 많았고, 통신기용IC시장에서도 NTT와 반도체기업간의 상대거래가 많았으나, 70년대 말 이후로는 전자계산기용 표준품IC, 가전용 표준품IC(ASSP)의 시장거래도 적지 않았으며, 범용품의 마이콘제품의 수요가 늘어, 시장거래의 비중이 급격히 높아지기도 했다. 일본에서도 장기상대거래뿐 아니라, 다양한 거래형태가 공존했던 것이다. 따라서, 거래형태의 면에서, "일본 특수성"이 명확히 존재했다고는 하기 어렵다.

게다가, 장기상대거래에서 거래당사자간에 협조적인 관계만이 있었다고도 할 수 없다. 즉, 조직원리만이 작용했다고는 볼 수 없다. 예를 들어, 조선용 강재의 가격 형성에 있어서, 카르텔간의 조정이 순조롭지 않았다. 일부의 카르텔간 강재거래에는 정부까지 개입했음에도 불구하고 여전히 수급의 극단적인 불균형을 완화할 수가 없었으며, 같은 시기, 철강의 공급부족으로 수요자시장이 되어, 철강기업의 거래교섭력이 높아졌다. 또한, 전후 반도체IC의 공동개발에 있어, 개발비 부담을 둘러싸고도 수요기업과 반도체기업간의 이해 대립이 존재했다. 이러한 수급자간의 이해대립과 거래교섭력의 변화는 시장원리의 작용을 나타낸다. 따라서, 장기상대거래에 있어서도 조직원리뿐 아니라 시장원리가 함께 작용했다고 할 수 있다.

기업간 거래의 경험이 그 후 시기에 반드시 긍정적인 성과만을 낳았다고도 하기 어렵다. 특정한 거래형태의 영향은 다면적이었을 가능성이 있는 것이다. 예를 들면, 반도체의 공동개발시, 수요기업이 정보제공에 소극적이었고, 정보의 교환 및 공유를 둘러싸고 반도체기업과 수요기업 간의 이해 대립이 존재했다. 이는 그 이후의 일본의 반도체기업에 마이너스의 영향을 미쳤을 가능성이 높다. 즉, 일본의 반도체기업들은 자사가 진입하지 않았던 기기사업의 제품에 대한 시장지식, 기술지식의 흡수와 축적이 제한되었고, 이것이 1990년대 이후 수요기업들에 대한 솔루션 제안 능력 면의 약점과 밀접히 관련되었던 것으로 보인다. 60년대와 70년대, 일본의 반도체기업과 수요기업간의 공동개발 및 장기상대거래의 경험이 그 이후에 반드시 플러스의 영향만을 미쳤다고는 할 수 없고, 양면적인 영향을 미쳤던 것이다.

많은 기존연구에서는 반도체IC산업의 초기, 전자계산기, 가전제품 등, 이른바 "민생용 기기"에 이용되는 반도체는 장기상대거래되는 경우가 많았고, 이러한 장기거래에서의 수요기업의 엄격한 코스트다운 요구 및 저가격 요구, 납입기일 준수의 요구가 그 후 일본 반도체기업의 기술력 축적과 경쟁력 향상에 공헌했다고 평가한다. 그러나, 이러한 기업간 거래의 경험이 일본반도체기업에 반드시 플러스의 면만 낳은 것은 아닐 가능성이 높다. 오히려, 잠재적인 문제점을 발생시킨 면도 있었다. 무엇보다, 저가격, 납입기한 요구가 엄격했기 때문에, 반도체기업들은 개발에 시간이 걸리고 코스트를 높일 수 있는 기초기술 및 첨단기술 개발 및 실용화를 뒤로 미루는 경향이 있었고, 이는 기초 및 첨단기술력의 축적에 부정적인 영향을 미쳤을 가능성이 높다. 장기상대거래의 영향은 양면적이었던 것이다.

2. 기업간 관계 역사의 일미비교

일국내의 기업간 관계에서 시장원리와 조직원리가 다양하게 결합되어 나타났다면, 일본의 특수성을 어떤 특정한 내용에 집약하기는 어렵게 된다. 무엇이 일본의 기업간 관계의 특수성인가를 객관화, 상대화할 필요가 있다. 이러한 문제의식에서 본서에서는 일본과 미국의 기업간 관계의 역사를 중요한 몇 사례를 중심으로 비교분석하였다.

　기업간 관계 역사의 미일비교를 통해 많은 공통점들이 관찰되었으며, 그 중에는 종래 일본의 특수성이라 여겨져 왔던 것들도 적지 않았다. 예를 들면, 일본의 자동차기업은 주로 부품을 외부의 부품기업으로부터 많이 구입하는 반면, 미국의 대형자동차기업은 주로 부품을 기업내에서 조달한다고 인식되어 왔고, 여기에 일본의 특수성이 나타난다는 주장이 많았다. 그러나, 역사적으로 보면, 미국에서도 1910년대를 제외하면 제2차 세계대전 이전의 대부분의 시기에 일본과 마찬가지로 부품을 주로 외주에 의존하고 있었다. 부품의 기업내 거래인가, 기업간 거래인가의 선택은 상황에 따라 유연하게 변할 수 있는 것으로, 따라서 장기적으로 보면, 일국의 기업간 관계의 특징을 나타내는 것으로 재단할 수는 없다.

　또한, 수요기업과 공급기업간에 장기적인 거래관계를 맺고, 또 그 속에서 상호 협력하는 현상이 일본뿐 아니라 미국에서도 관찰되었다. 기업간 관계에서 조직원리가 작용한 점에서 미일은 공통이었던 것이다. 구체적으로, 전전의 미 자동차산업에서 부품은 장기상대거래되는 경우가 많았으며, 이처럼 장기적으로 특정 거래상대와 거래를 지속했으므로, 협력관계가 형성되어, 공동개발, 정보교환 등 여러 루트를 통해 자동차기업과 부품기업간의 협력이 이루어지고 있었다. 부품기업은 자동차기업에 비해 상대적으로 기술력이 낮고 기업규모도 작아, 자동차기업이 부품기업을 지원하는 경우도 많았다. 이러한 관계는 조직원리가 강하게 작용한 것을 나타낸다고 할 수 있는데, 이런 현상은 전후의 일본의 경험과 유사하다.

　그리고, 대형 자동차기업의 생산거점 주변에 산업집적지가 형성되어, 이 산업집적지에서 자동차기업과 부품기업간의 장기상대거래가 행해지고, 자동차기업과 부품기업간의 협력, 지원, 정보교환이 빈번하게 나타났다는 점에서도 전전의 미국와 전후의 일본의 경험은 유사했다.

　미일간에는 시장원리의 작용을 나타내는 기업간 거래상의 공통점도 있었다. 예를 들어, 1900년대를 제외하고, 수요기업인 자동차기업이 공급기업인 부품기업보다 거래교섭력이 강했던 점에서 전전기의 미국과 전후의 일본은 공통적이었으며, 이러한 거래교섭력은 수요자와 공급자간의 이해대립을 반영한다는 점에서 시장원리의 적용을 나타낸다.

　기업간 관계에서 조직원리와 시장원리가 결합되어 작용했다는 점에서도,

일본과 미국 간에는 많은 공통점이 관찰되었다. 먼저, 자동차기업과 부품기업이 저스트 인 타임 시스템을 도입, 운영한 것이 전후 일본과 전전기 미국의 공통점이었는데, 이 시스템의 도입에는 양자간의 협력이 불가결하다는 점에서 조직원리가, 도입을 둘러싸고 공급자와 수요자의 이해대립을 수반했다는 점에서 시장원리가 작용했다. 양자간의 협력에 의해 기능하는 기업간 관계의 제도가 양자의 이해대립도 내포했던 점에서 일미의 공통점을 발견할 수 있는 것이다.

둘째, 일본과 미국의 주요한 자동차기업 모두, 부품공급자들이 필요로 하는 철강까지 한꺼번에 구입해서 배분하는 집중구매를 하고 있었다. 이러한 자동차기업의 철강 집중구매는 거래교섭력을 둘러싼 이해 대립을 전제로 하고 있는 점에서 시장원리를 나타낼 뿐 아니라, 자동차기업과 부품기업간의 협력관계를 촉진하는 행동이라는 점에서 조직원리를 나타내고 있다. 시장원리와 조직원리가 결합된 거래행동의 일미 공통점이다.

셋째, 미국과 일본의 주요한 자동차기업들은 특정부품에 대한 장기상대거래를 실행하는 경우에도, 複社발주정책을 견지하여, 철강기업들간의 경쟁을 지속적으로 활용하였다. 당시, 미국과 일본 모두 자동차용 강재시장에서의 기업간 경쟁이 치열하여, 이러한 기업간 경쟁의 활용은 자동차기업의 의도대로 기능하였다. 기업간 협력이라는 조직원리와 기업간 경쟁이라는 시장원리가 동시에 작용하는 현상이 미일양국에서 나타났던 것이다

넷째, 일본과 미국 양쪽의 자동차용 강재시장에서 철강기업의 적극적인 설비투자와 생산능력 증대는 경영자원을 조직에 의해 인위적으로 이동시킨 점에서 조직원리를 나타내는데, 이처럼 공급능력의 불연속적인 점프가 계속되어, 수요 변동에 따라 언제든지 공급과잉을 만들어 낼 위험성이 존재했고, 이러한 철강수급상황이 자동차기업의 대철강기업 거래교섭력을 높였다. 거래교섭력은 기업간 이해대립을 나타내므로, 시장원리가 강하게 작용한 것을 시사한다. 이처럼 자원의 인위적인 이동이 거래교섭력을 변화시키는 형태로 시장원리와 조직원리가 결합된 점에서도 일본과 미국의 기업간 관계의 공통점이 있었던 것이다.

그러나, 본서의 일미의 사례분석을 통해 일본에서만 혹은 미국에서만 관찰되는 양국의 기업간 관계의 차이점도 관찰된다. 먼저, 미일 모두 자동차용

철강은 장기상대거래가 많았으나, 그 가격의 안정성에서는 차이가 있었다. 미국에서는 장기상대거래라 하더라도 그 가격이 그다지 안정적이지 않았으나, 일본의 장기상대거래가격은 전전기에도 전후에도 안정적이었다. 같은 거래형태라 하더라도, 가격변동의 정도에 이처럼 차이가 있었던 것이다. 이 사실로부터도 거래 형태를 기준으로 일국의 기업간 관계의 특수성을 논하는 것은 한계가 있다고 할 수 있다. 그리고, 미국과는 달리, 일본에서는 "돈야(問屋)"라 불리는 도매상, 그리고 상사들이 철강의 기업간 거래에 밀접히 개입했다. 서장에서 보았듯이, 일본에서는 소매에 비해 도매판매의 규모가 특히 컸다는 것과 정합적인 현상이다.

또 다른 차이점으로, 예를 들면, 1900년대, 미국에서는 자동차부품기업들이 자동차기업들보다 거래교섭력에서 우위에 있었다. 전전의 자동차산업 초기부터 수요자인 자동차기업들이 부품기업과의 거래에서 줄곧 우위에 있었던 일본과는 다른 점이다. 그리고, 자동차기업과 철강기업간의 거래교섭력을 보면, 미자동차기업이 일본의 자동차기업보다 유리한 상황에서 철강을 구입하고 있었다. 대기업간 거래에 있어, 수요기업이 유리한 정도가 일본의 전후보다 미국의 전전기에서 더 컸던 것이다.

1910년대의 일시적인 것이기는 하지만, 상위 미자동차기업들이 부품의 내부생산을 크게 늘린 것도 일본에서는 없었던 일이다. 이러한 부품 내부생산은, 가격이 아니라 경영자의 의사결정에 의해 경영자원을 배분하는 행동이었다는 점에서 조직원리가 강하게 작용했다고 볼 수 있다. 그리고, 같은 시기에, 미국에서는 일본에서는 관찰되지 않는 부품표준화의 움직임이 나타났으며, 이는 중하위 자동차업체들과 부품기업의 이해관계의 일치를 반영하고 있다는 점에서 조직원리가 강하게 작용한 현상이었다.

미국의 전전기 자동차부품의 거래에 도입, 운영되었던 저스트 인 타임 시스템이, 1910년대 전반에 방기된 적이 있었고, 전후에도 유지되지 않았다. 1960년대 초반부터 지속적으로 저스트 인 타임 시스템을 유지하고 있는 일본과의 차이점이다. 저스트 인 타임이 유효하게 기능하기 위해서는 일정한 조건이 충족될 필요가 있으며, 이러한 조건이 충족되지 않으면 동일한 제도의 유효성도 달라지는 것을 시사한다.

이처럼 미국과 일본의 기업간 관계의 차이점도 관찰되나, 이러한 차이점이 "일본 특수론"에서 주장하는 것처럼, 특정사회의 특수한 문화적 요인, 혹은 특수한 행동방식 및 사고방식에 기인한 것이라고는 할 수 없다.

3. 일본의 기업간 관계의 현상

21세기에 접어들어, 일본의 중간재의 기업간 관계에도 적지 않은 변화가 나타났다.

먼저, 주요 수요기업이 일본기업이 아니라 해외기업인 중간재의 기업간 거래가 증가하였다. 6장에서 살펴본 LCD부재의 기업간 거래가 대표적인 예이다. 1990년대까지는 일본기업들간의 LCD부재 거래가 대부분이었으나, 2000년대 이후 일본부재기업과 해외LCD기업간의 거래가 중요하게 되었다. 일국의 영역을 넘어선 기업간 관계가 중요해졌다는 점에서, "새로운" 중간재산업으로서의 특색이 나타났음과 동시에, 시대 변화에 의한 새로운 기업간 관계가 나타났다고 할 수 있다. 철강의 사례처럼, 1990년대 이후 국내생산이 감소추세를 지속하는 가운데, 수출비율이 급속히 높아진 결과, 국내에서의 일본기업간의 거래의 중요성이 낮아진 경우도 있다. 더욱이, 철강업에서는 21세기 들어, 일본의 주요한 철강기업들이 해외생산을 늘리고 있어, 그 경우 철강 제품의 거래가 해외에서 이루어지는 변화도 있었다.

따라서, 새로운 현상으로, 기업간 관계에서도 이른바 글로벌화, 국제적 문맥의 영향이 커졌다고 할 수 있다.

그러나, 반드시 이러한 새로운 변화만 있었던 것은 아니고, 20세기와의 연속적인 면도 많았다. 일본의 중간재의 기업간 관계에 새로운 변화가 나타나고 있는 것은 틀림없지만, 이러한 변화를 과장해서도 안 될 것이다.

먼저, 전반적으로 철강의 국내거래의 중요성이 저하하긴 했으나, 자동차용 및 자동차부품용 철강과 같은 고급품에 관해서는 일본국내기업간의 거래가 여전히 중요하다. 그리고, 일본의 철강기업이 해외생산을 늘린 중요한 이유는 국내에서의 주요 고객인 일본자동차기업들의 해외생산 확대에 대응한 것이었다. 따라서, 해외에서의 일본기업의 철강 생산확대는 그간의 국내에서의 장기 상대거래관계가 해외로까지 공간적으로 확장된 면이 있다. 과거와의 연속성을 갖는 기업간 관계에서 조직원리가 작용하고 있음을 나타낸다.

더욱이, 국내에서의 거래와 마찬가지로, 해외생산품의 거래에서도 조직원리와 시장원리가 함께 작용하고 있다. 먼저, 일본 철강기업의 해외생산은 각기업 단독이 아니라, 현지 철강기업이나 다른 경쟁업체와의 기술제휴 및 자본제휴 또는 합작의 형태로 전개되고 있다. 동종 경쟁기업간의 협력에 의해 해외생산이 이루어지고 있다는 점에서 조직원리를 발견할 수 있다. 또한 자동차용 강재의 해외생산 확대는 "후공정"에 집중되고 있으며, "前공정"의 중간제품은 일본에서 생산하고 그것을 현지생산거점에 보내 가공, 판매하고 있다. 이처럼 기업의 생산자원 이동을 조직적으로 재편하고 있다는 의미에서도 조직원리가 작용하고 있다.

한편으로는, 해외거점에서 생산된 철강제품의 기업간 거래에서 공급자간의 철강판매경쟁과 수요자간의 구매경쟁이 동시에 이루어져 시장원리도 작용하고 있다. 또한, 현지의 "후공정" 공장에 보내지는 열연코일은 일본의 국내강재생산의 40%를 차지하는 중요제품으로, 가격경쟁을 포함해, 일본의 철강기업간의 경쟁이 매우 치열하다. 시장원리가 작용하고 있는 것이다. 이러한 치열한 경쟁 속에서 철강기업들은 수출확대로 가동률을 유지하려는 유인이 강하고, 이것이 해외의 후공정 생산거점의 신설 및 확충의 압력이 되고 있다. 국내에서의 중간제품의 기업간 경쟁이라는 시장원리가 기업의 지역간 생산재편이라는 조직원리와 결합된 것이다.

"신" 중간재, LCD부재의 국경을 뛰어넘은 기업간 관계에서도 조직원리와 시장원리가 결합되어 작용했다. 먼저, 수요기업과 공급기업간의 협력이라는 조직원리가 작용하였다. LCD 제조에 필요한 커스텀 부재를 LCD 기업과 부재기업이 공동개발하는 경우가 빈번했으며, 공동개발 이외에도, 기술 정보를 포함하여 LCD부재기업과 LCD기업간의 정보 교환이 빈번히 이루어지고 있다. 더욱이, 부재의 거래는 연쇄적으로 이루어지고 있어, 정보교환과 협력의 연쇄가 형성되어 있다. 게다가, 과거에는 샤프와 같은 일본의 LCD기업, 그 후에는 한국과 대만의 LCD 기업들이 생산거점 혹은 그 근처에 일본부재기업의 생산라인을 유치하여, 근거리에서 거래를 계속했다.

이러한 조직원리의 작용과 함께, 시장원리도 작용하고 있다. 예를 들면, 일본의 LCD기업인 샤프, 한국과 대만의 LCD기업들은 복수의 LCD부재기업으로부터 동일한 부재를 구입하여, 부재기업간의 경쟁을 촉진하였다. 또한, 정보의 교환 및 제공을 둘러싸고 LCD부재기업과 LCD기업간의 이해대립을 나타내는 현상도 발생하고 있다. 과거 반도체IC의 공동개발에서 수요기업이 정보제공에 소극적이어서, 공급기업과의 사이에 이해대립이 발생한 것과 유사한 현상이다. 여러 중간재의 기업간 관계에서 나타나는 일반적인 현상일 가능성이 높다.

마찬가지로, 국내에서의 기업간 관계에 있어서도 20세기와 마찬가지로 다양한 형태로 시장원리와 조직원리가 결합되어 작용하고 있다.

자동차용 철강의 기업간 거래를 보면, 거래협상에서 철강기업과 자동차기업 간의 이해가 대립되는 경우가 많다. 그럼에도 불구하고, 자동차기업과 철강기업의 타협으로, 양자간의 협상가격은 대체로 시장가격보다 안정적이다. 협상가격의 안정성의 배경에는 수급자간의 장기적인 관계 유지라는 공통 이해가 존재하고, 또한, 업계를 둘러싼 여러 상황을 고려하면서 인위적으로 가격을 조정했다는 점에서 조직원리가 작용하고 있다. 자동차용 강재의 장기상대거래가격의 형성을 둘러싸고도 시장원리와 조직원리가 결합되어 있는 것이다. 2010년, 주요 철강기업과 주요 자동차기업 간의 협상간격 단축을 놓고 양측의 이해가 대립하여 시장원리가 작용했으나, 결과적으로, 동년 협상간격을 1년에서 반년으로 단축하는 데 수급자가 합의했다는 점에서 조직원리도 결합되어 있었다.

자동차용 강재의 거래규모를 둘러싸고도 조직원리와 시장원리는 결합되어 작용하였다. 먼저, 특정 자동차기업과 특정 철강기업 간의 거래비중이 매우 높고, 철강기업들은 국내시장에서의 점유율 확보를 위해, 또한, 자동차기업들은 철강의 안정적 구매를 위해 각각 장기의 거래관계의 유지를 필요로 한다는 점에서, 양자의 이해가 일치하고 협력의 유인이 존재한다. 또한 특정 차종에 특정 소수의 철강기업의 강재가 이용되는 경우도 눈에 띄고, 대량 수요자인 자동차기업과의 장기적 거래관계 유지를 위해, 철강기업들이 그 자동차기업에 대한 공급을 우선하는 예도 있다. 거래량을 둘러싼 조직원리가 작용한 것이다. 그러나, 다른 한편으로는 자동차기업으로의 판매를 둘러싼 철강기업간 경쟁이 치열해 시장원리도 강하게 작용하고 있다.

새로운 중간재의 국내 기업간 관계에서도 조직원리가 시장원리를 촉진하는 현상이 나타난다. LCD부재기업의 경쟁력 향상에는 수요기업인 LCD기업과의 상대거래관계, 그리고, 기업간 거래의 연쇄를 통해, 기술정보를 축적한 것이 중요하였다. 수요기업과의 협력적인 관계에서 작용한 조직원리가 일본의 LCD부재기업의 기술축적에 공헌했던 것이다. 축적된 기술력은 LCD부재산업에 대한 진입장벽이 되어, 동산업의 과점구조를 강화했다. 동산업의 과점구조와 LCD부재기업의 기술력 향상은 부재기업의 거래교섭력을 강화하고, 거꾸로 LCD기업의 거래교섭력을 약화시켰다. 거래교섭력 변화를 통한 수급자간의 이해대립이라는 시장원리가 촉진된 것이다. 유사한 현상은 일본 철강의 기업간 관계 및 반도체IC의 기업간 관계의 역사에서도 관찰되며 따라서, 일본의 여러 중간재의 기업간 거래에서 장기적으로 나타나는, 일반적인 시장원리와 조직원리의 결합방식의 하나라고 할 수 있다.

이처럼 해외거점에서 생산되는 중간재의 거래, 일본기업과 해외수요기업과의 거래, 국내에서의 중간재 거래 모두에서 시장원리와 조직원리가 다양한 형태로 결합되어 작용했고, 또 유사한 현상이 관찰되는 것을 통해 볼 때, 과거와 현재 일본의 기업간 관계에서 나타나는 여러 특징을 "일본 특수성"이라 하기는 힘들다. 본서의 분석결과로부터 일본의 기업간 관계의 특성을 일본사회의 특수성이라는 문맥의 영향으로 설명해야 할 부분은 매우 제한된다고 할 수 있다.

현재, 글로벌화와 일본경제의 지위 저하 등의 변화 속에서, 계열관계, 메인 뱅크 시스템, 기업집단 등 일본의 기업간 관계를 상징하는 제도들에 제도피로가 나타나고, 일본의 기업간 관계가 크게 변하고 있다는 주장도 많다.

그러나, 최근의 일본의 기업간 관계의 변화가 과장되어 인식되고 있을 가능성도 있다. 본서 3부의 분석에서 명확해진 것처럼, 21세기에 들어서도 시장원리와 조직원리 결합의 양태에 있어서 과거와 유사한 점이 많고, 과거의 기업간 관계와 연속된 현상도 많이 관찰된다. 또한, 최근의 일본의 기업간 관계의 문제점이 과장되었을 수 있다. 이미 언급했듯이, 일본의 기업간 관계의 효율성이 높게 평가되었던 1980년대까지도, 그 후의 일본기업의 활동에 부의 영향을 미치는 문제점이 없었던 것이 아니다. 과거의 일본기업간 관계에 문제가 없었던 것이 아니라, 그것을 해결하는 노력이 이루어지고, 적어도 그러한 문제가 표면화되지 않게 하는 요인이 작용했을 가능성이 높은 것이다.

앞으로 일본의 기업간 관계가 보다 높은 퍼포먼스를 낳을 수 있을지를 결정하는 중요한 요인은 일본기업이 현재의 급격한 환경변화에 어떻게 대응하려 하는가라는 자세이다. 이에는 시장원리와 조직원리가 결합되어 작용했던 일본의 기업간 관계의 과거 경험이 힌트를 제공한다.

1970년대의 반도체의 거래와 경쟁의 관련이 그 한 예이다. 예를 들면, 74년 전자계산기용 LSI 시장에서, NEC가 그전까지 선두기업이었던 히타치를 역전시켜, 시장점유율을 크게 높였는데, 이러한 변화의 원인은 커스텀LSI시장에서의 조직적인 거래의 경험을 시장성이 강한 표준품LSI시장에 어떻게 전용하는가의 기업별 차이에 있었다. 조직원리가 시장원리와 결합되어, 커스텀LSI의 기업간거래가 표준품LSI의 기업간경쟁에 영향을 미쳤던 것이다. 또, 일본 LCD부재산업의 기업간 관계 사례에서도 중요한 시사점을 얻을 수 있다. 예컨대, 일본의 LCD부재기업들은 기존제품의 시장 세그먼트가 완전히 성숙되기 전에 새로운 신흥시장 세그먼트를 찾아내, 그간에 축적된 기술력 등의 경영자원을 전용하여, 그 신시장에서 효율적으로 적응하여 성공하는 행동을 반복해 왔다. 일본의 LCD부재기업들이 유연하게 신시장에 진출하고 있는 것은 경영자원의 유연한 이동이라는 점에서 시장원리의 작용을 나타냄과 동시에, 그 배경에 기존시장의 고객기업과의 관계 속에서 축적한 기술, 기존설비가 전용된 것은 기존고객기업과의 장기적인 거래관계에 나타나는 조직원리의 작용을 시사하고 있다. 일본의 LCD부재기업들의 계속적인 신시장 발견과 경영자원의 성공적 전용은 시장원리와 조직원리가 결합된 기업간 관계에 의해 가능했던 것이다.

찾아보기

기타

김용도(金容度)

호세이대학 경영학부 교수
서울대학교 경제학과 및 동 대학원경제학과 졸업(학사, 석사)
토쿄대학 대학원 경제학연구과 졸업(석사, 박사)
하버드대학 라이샤워 일본연구소 객원연구원

주요 저서 및 논문
『日本IC産業の発展史:共同開発のダイナミズム』(東京大学出版会, 2006)
"Interfirm Cooperation in Japan's Integrated Circuit Industry, 1960s-1970s"(Business History
Review(Harvard Business School), Vol. 86 Issue 4, 2012)
The Dynamics of Inter-firm Relationships: Markets and Organization in Japan(Edward Elgar
Publishing Ltd.,2015).

일본의 기업간 관계

초판발행	2020년 8월 30일
중판발행	2021년 10월 15일
지은이	김용도
펴낸이	안종만·안상준
편 집	전채린
기획/마케팅	손준호
표지디자인	이미연
제 작	고철민·조영환
펴낸곳	(주)박영사
	서울특별시 금천구 가산디지털2로 53, 210호(가산동, 한라시그마밸리)
	등록 1959. 3. 11. 제300-1959-1호(倫)
전 화	02)733-6771
f a x	02)736-4818
e-mail	pys@pybook.co.kr
homepage	www.pybook.co.kr
ISBN	979-11-303-1043-5 93320

정 가   22,000원